徳・商業・文明社会

坂本達哉・長尾伸一 編

目 次

はじめに　文脈主義(コンテクスチュアリズム)とその彼方　　　　　　長尾伸一　1

　1　近代社会思想史の転換　1
　2　古代，中世，文明社会　6
　3　モダニティ理解と文脈主義　10

序章（特別寄稿）　政治思想としての歴史叙述
　　　　　── ある研究計画の形成についての報告
　　　　　　　　　　　　　　　　　　　　　　J・G・A・ポーコック　15

　原題：J. G. A. Pocock, 'Historiography as Political Thought: A Report on the Formation of a Project.'

第Ⅰ部

第1章　17世紀イングランドにおける信用と基金
　　　　　　　　　　　　　　　　　　　　　　　　　　伊藤誠一郎　33

　1　質屋　36
　2　抵当銀行と基金　37
　3　土地登記と信用　41
　4　利子論争　49
　おわりに　52

第2章　ミシシッピ・バブル後のブリテン
　　　──ジョン・ロー来訪をめぐる信用論争　　　　　　　　林　直樹　59

1　はじめに　59
2　ロー氏への手紙　61
　　(1)『手紙』の著者について　　(2)『手紙』を読む
3　正しく語られたロー氏問題　68
　　(1) 1720年前後のデフォー　　(2)『手紙』への応答　　(3) デフォーの将来像
4　結語　78

第3章　ジョン・ロックと啓蒙の始まり　　　　　　　　　　　生越利昭　83

1　はじめに　83
2　理性による世界の合理的認識　86
3　蓋然性　88
4　神の存在の理性的証明　90
5　自由と自律　91
6　政治的自由と権利の確立　93
7　所有と富裕化　98
8　宗教的寛容　99
9　教育・訓練による啓蒙　100
10　むすび　102

第4章　ジャン・バルベラックの「啓発された自己愛」
　　　　　　　　　　　　　　　　　　　　　　　　　　　　門亜樹子　107

1　はじめに　107
2　プーフェンドルフの自然状態論　109
　　(1) ホッブズへの反論　　(2) スピノザへの反論

(3) 自然状態における「正しい理性」

3　「正しい理性」と「啓発された自己愛」　114

　　　(1) 自然法と「正しい理性」　(2) 社交性と「啓発された自己愛」

4　おわりに ── 「自己への義務」と「啓発された自己愛」　118

第5章　アベ・ド・サン＝ピエールの商業社会論
── 啓蒙の功利主義　　　　　　　　　　　　　　　　米田昇平　123

1　はじめに　123

2　人間本性 ── 快楽と苦痛　125

3　道徳論 ── 私欲と公共的利益との一致　132

4　商業　136

5　むすび　141

第Ⅱ部

第6章　「文明化された君主政」論の王党派的起源
── フィリップ・ウォリック，エドワード・ハイドと，
　　ヒューム　　　　　　　　　　　　　　　　　　犬塚 元　147

1　問題の所在　147

2　キャロライン君主政の歴史解釈における王党派とヒューム　150

3　「絶対的だが，しかし制限された」君主政　155

4　「ヨーロッパ的な，文明化された」君主政　161

5　結論といくつかの示唆　166

第7章　アダム・スミスにおける学問と思想
　　──個と普遍をめぐって　　　　　　　　　　　　　　篠原　久　173

1　アダム・スミスにおける知識人の役割　175
2　アダム・スミスの学問論　180
3　普遍からの脱却　186

第8章　文明社会史論としてのスミス経済学　　　　渡辺恵一　195

1　はじめに　195
2　社会発展の四段階論とスミスの文明社会論　196
3　スミスの古代文明論 ── 近代文明との比較史的考察　201
　　(1) 古代エジプトとアジアの文明
　　(2) ヨーロッパ古代文明 ── ギリシャ共和国と古代ローマの盛衰
4　近代文明社会と世界市場　211
　　(1) 近代文明社会の起源 ──「富裕の逆行的順序」と重商主義体系の成立
　　(2) 大航海時代の幕開けとヨーロッパ近代社会の発展
5　むすび　219

第9章　啓蒙の世界観
　　──ポープとスミスの「見えざる手」　　　　　　野原慎司　223

1　はじめに　223
2　ポープと「見えない」神　228
3　ポープにおける人間社会　232
4　スミスの「見えざる手」　235
5　おわりに　239

第10章　ルソーとプーフェンドルフ　　　　　　　森岡邦泰　243

1　はじめに　243

2　ルソーのプーフェンドルフへの言及　243

3　道徳的存在と物理的存在　245

4　ルソーの場合　250

5　おわりに　258

第11章　反革命思想と経済学
―― マルサス『食糧高価論』に関する一考察　　　中澤信彦　261

1　はじめに ―― もうひとつの「二人のマルサス」問題　261

2　マルサスとフランス革命　263
　　(1)イギリスにおけるフランス革命　　(2)『人口論』初版とフランス革命
　　(3)『人口論』の増補改訂とフランス革命

3　『食糧高価論』の分析　267
　　(1)『食糧高価論』の執筆背景　　(2)『食糧高価論』の価格理論と反革命思想

4　なぜケインズは『食糧高価論』を高く評価したのか？　275

5　おわりに　279

第Ⅲ部

第12章　ベンサム，アメリカ，共和政　　　　　　川名雄一郎　285

1　はじめに　285

2　ベンサムとアメリカをめぐる研究史　286
　　(1)ベンサムとアメリカ　　(2)アメリカ政治思想史研究における修正主義的解釈

3　第二期のアメリカ論　291
　　(1)アメリカの民主主義　　(2)マディソンとベンサム　　(3)上院の位置づけ
　　(4)悪政に対する安全　　(5)世論の役割

  4　ベンサムのアメリカ大統領宛書簡 ── 結びにかえて　302

第13章　コールリッジをめぐる理論家と歴史家の対話
  ── アレン＝モロウ論争再訪　　　　　　　　　小田川大典　307

 1　問題の所在 ── コールリッジ政治思想研究の現状と課題　308
 2　グラムシ的公職知識人論の先駆 ── アレンの非歴史的解釈　310
 3　シヴィック・ヒューマニズムの批判的継承者
  ── モロウの歴史的解釈　314
 4　むすびにかえて　317

第14章　ハイエクと現代共和主義論　　　　　　　太子堂正称　321

 1　はじめに　321
 2　ハイエクの「法の支配」論　324
  (1) 法の「上位の法」への従属と階層の構造
  (2) ハイエクの議会改革案と共和主義的特徴
 3　「法の支配論」の系譜　328
  (1)「法の支配」としてのイソノミア　(2) アメリカ独立革命への着目
 4　現代の共和主義論とハイエク　332
  (1) ペティットの規範的共和主義論とハイエク
  (2) ロールズにおける共和主義的契機とハイエク
 5　おわりに　339

第15章　アイン・ランド
  ── 経済学のマキアヴェッリ　　　　　　　　　村井明彦　343

 1　はじめに　343
 2　ランドの生涯と『アトラス』　346
 3　ランドの権利論　347

4 哲学の崩壊と資本主義の未成立　352
  5 おわりに　357

第 16 章　ゲーム理論とスミス『道徳感情論』　　　穂刈　亨　365

  1 はじめに　366
  2 Bénabou-Tirole（2011）のモデル　367
    （1）モデルの設定　　（2）AU/SE ゲームにおける均衡
    （3）SC ゲームにおける均衡　　　（4）比較静学
  3 おわりに　376

終章（特別寄稿）　「徳，商業，文明社会」の諸問題

田中秀夫　385

あとがき

坂本達哉　401

  執筆・翻訳者紹介　405

  索引（人名・事項）　409

はじめに ── 文脈主義(コンテクスチュアリズム)とその彼方

長尾伸一

1 近代社会思想史の転換

　本書への寄稿(終章)の中に記されてあるように，田中秀夫が京都大学大学院で研究を始めた時，思想史研究でまず学ぶべきとされていたのは，第二次大戦後の近代思想史研究が生み出した代表的な諸作品だった。その中でも田中の専攻分野である社会思想，経済思想について多くの学部学生たちが手に取ったのは，平易な名文で綴られた内田義彦の諸著書であり，さらにより実証的で学問的な風格を持つ小林昇の経済学史研究だった。また水田洋や平田清明の社会思想史，経済学史研究も，教科書，入門書から浩瀚な専門書に至る多数の著作が広く読まれていた。これらは日本の戦後思想を牽引したマルクス主義の文脈の中で書かれたテクストの一部であり，その中で以上の大半は，思想的には主体性論とか市民社会論と呼ばれた系統の業績とみなされていた。

　おそらく時代の思想的関心に導かれてだと思われるが，ある研究領域には特定の世代の研究者が集中して活動することが多い。日本の近代思想史研究でも田中の世代がその一つにあたる。彼等は，戦後近代思想史研究の代表者たちから大学で直接学ぶことができた最後の世代に属していて，そのため大きな課題に直面していた。それは大家の自身の思想に裏打ちされた言説の学問性に触れ，それを日々吸収しながら，次の新しい方向へと研究を進めることだった。この「戦争を知らない」世代の人々にとって，戦火を潜り抜けながら思想形成を行った戦後思想家兼思想史家たちの，体験の重みを伴う学問の迫力に負けず，自分自身の道を切り開くのは容易ではなかったと想像できる。

　これに加えて田中秀夫が研究者としての歩みを始めた70年代から80年

代初頭の京都大学経済学部の知的環境は，戦後近代思想史の影響から離脱する途上にあった。現在の大学とは異なり，この時期の日本の主要な大学にはいまだ「学生文化」の創造性が残存していた。現在も研究室組織を持つ理系学部ではそうだが，当時は文系学部でも，教員ばかりでなく大学院生や学部学生までが，知的創造に携わり，またそういう自負を持って内外の書物を読む雰囲気があった。田中秀夫の周囲の大学院ゼミナールに関連する年長の人々には，マルクス・レーニン主義以外の新しい視野を求めて先駆的なヨーロッパ・マルクス主義研究を行った竹本信弘や坂上孝，エコロジー経済学に向かった高橋正立などがいた。指導教官だった田中真晴ゼミナールの直接の先輩には，ソ連労働市場の先駆的研究をした大津定美，グラムシの影響を受けながらスラッファを経てマルクス主義から脱し，ローザンヌ学派研究に向かった松嶋敦茂などがいた。田中秀夫が院生時代の最後に一時籍を置いた平井俊彦ゼミナールには，後にポスト・モダニズムの流れを造った浅田彰が顔を出すようになり，フランス・ラディカリズムの市田良彦やネグリ，ハートの『帝国』の訳者となる水島一憲などが参加してきた。これらの人々全員が男性だったのは，田中秀夫が属したゼミナールがほとんど女性が入学しない旧帝大の経済学部で開かれていたためであり，知的環境にジェンダー・ディスクリミネーションがあったからではないが，経済学部生の半数程度が女性となった現在から回顧すると，それにも何らかの意味があったと思われる。現在の学部学生なら羨望の目で見るような，知的刺激がまだ残存する当時の大学の環境の下で，田中は近代思想史研究の方向を探ることになった。そこには以下のような独自の選択眼があった。

　終章で田中がとくに名前を挙げているのは，内田に加えて，水田洋と小林昇だった。友人たちを戦火で失った体験を背負い，剣をペンに替えて，文字通り学問に人生を賭けたこの二人の謦咳に接することは，学生や若い研究者たちにとって，書物を通じた出逢いよりはるかに重要だっただろう。伝説的な小林昇の京都大学での講義も，出席者に大きな影響を与えたと想像できる。当時思想史研究は理論的枠組みの構築から実証的研究方法の遂行へと変化しつつあったが，田中は戦後市民社会派の思想を吸収しながら，二人の着実な研究手法という点にも着目していった。おそらく日本では同世代同分野

での最高の知性の一人だったと思われる小林昇は，過酷な戦争体験もあり，その高い能力を意図的に自己限定して，資料性，論理性の両面で非常に緻密な経済学史研究を大成していた．

戦後市民社会派を代表する思想家の一人である水田洋は，学問的には優れた記憶力，語学力と行動力を生かし，徹底的な資料調査を行う実証史家でもあった．とくに国際的な図書館サーヴィスや電子データベースが完備していない時期に主要な研究業績を挙げた思想史家水田の手法は，時には同僚の目を憚らずに遂行された内外での頻繁な調査旅行と，図書費のみならず私費をも投じた文献収集にあった．その成果は水田が在籍した名古屋大学附属図書館のホッブズ・コレクションや水田文庫に集成されている．なお1960年代から欧米の研究は草稿資料研究に移行し，前世紀末からは大規模な電子文献データベースが構築されつつあるが，思想史的影響の源泉という点では刊本の意味は大きく，現物を手にした書誌学的研究の意義が消滅したのでもない．また電子データベースも，最も完備した英語圏でも18世紀の出版物までであり，対象とした時代についてもすべての出版物を網羅しておらず，データの収録方法では各版対照などの学問的利用が考慮されていない．それらの点で，現在でも資料調査上の水田の仕事が，研究技術の進歩によってまったく意味を失ったとは言えない．

彼らの実証的な学問的手法は，ウィッグ史観批判という，1960年代から欧米で進行していた歴史記述の新しい方向と合わせて考えることができた．第二次大戦後のある時期から欧米の歴史学では，従来の自由主義的あるいはマルクス主義的な，現代の正統的世界像に到達する歩みとして歴史を再構成する歴史叙述の方法に対する批判が広がっていた．その中のR.H.トーニーのマルクス主義的なイギリス革命像に対する批判には，政治的保守派に属する学者からの反論という面があった．その点でウィッグ史観批判にはイギリス史家の近藤和彦が指摘するように，政治的保守派と連動して近代史教科書の書き変えを推進した日本の「修正主義」史学に対応する面があった．だがアルベール・ソブールなどのマルクス主義史学を批判したフランソワ・フュレのフランス革命論などは，必ずしも政治的な保守派からの議論ではなかった．アメリカ思想史学については，マルクス主義が強い大学の知的環境を嫌

い，母国ニュージーランドを出た保守主義的な J.G.A. ポーコックと並んで，マルクス主義的な近代革命像を持つ M.C. ジェイコブなどが活躍し，建国神話に対する左右からの批判を行っていった。これらリヴィジョニズムとも呼ばれる研究動向は，政治史や経済史から離れて社会や文化の歴史を記述していく，日本では「社会史」と呼ばれた研究潮流と合わせて，戦後近代思想史の再検討を迫っていた。

　この中で特に重要だったのは，ジョン・ダンやクウェンティン・スキナーなどの 60 年代以後のケンブリッジの政治思想史記述であり，とくに佐々木武が最初に紹介した J.G.A. ポーコックによる，共和主義の再評価に基づく壮大な政治思想史だった。1970 年代から英語圏を席巻したポーコック思想史学は，ラテン語文献などの資料操作能力と高い哲学的能力を併せ持つ著者による，パラダイム論や言語行為論を駆使した「政治言説史」という精緻な方法論と，イタリア―イギリス―アメリカを結んだ遠大な歴史的射程を持っていた。ポーコックは合衆国の学者らしく，行論の端々で自己の研究の政治的現代性を隠すことなく主張しているが，彼の作品は実際には文脈主義という，ウィッグ史観に批判的な視点を持ちつつ，歴史の実態に即して丹念に資料を読み解いていくケンブリッジ政治思想史の代表作として読むこともできた。

　ポーコックの業績の検討は堀田誠三などによって名古屋大学の水田ゼミナールでも始まっていたが，水田学派は現代合衆国の保守主義につながっていく面を持つ共和主義像に批判的であり，ポーコックのマキアヴェッリ理解の一面性にも反対だった。それは合衆国では個人的にはむしろリベラルな立場に立つ歴史家，思想史家たちがポーコック史学を利用したのとは対照的だった。そのためポーコックの日本の学界への導入は，関西の経済思想史・社会思想史研究者たちの先頭に立って，田中が主に推進することとなった。大学紛争を経験し，マルクスやヴェーバーを読み耽った団塊最後の世代に属し，内田義彦に感銘を受けた田中に，思想そのものへの関心が切実ではなかったからではない。それは戦後近代思想史の見直しが，まず欧米の研究の最新動向の吸収と，文脈主義的方法への熟達から始まる必要があったからだった。

はじめに

　80年代の『富と徳』で一応の完成を見た欧米におけるアダム・スミス研究のルネサンスは，ケンブリッジ学派とも連動していた。スコットランド啓蒙研究に自己の足場を決めた田中は，ポーコックに大きく学びながら，ドナルド・ウィンチ，クヌート・ホーコンセン，ニコラス・フィリップスン，イシュトヴァン・ホント，リチャード・シャーなど，「ルネサンス」の代表的な研究者たちの業績を吸収しつつ，精力的に著書，翻訳などの業績を生み出し，また学会での研究の推進と若手研究者の育成を倦むことなく行っていった。とくに関西のこの分野の研究者で，さまざまな形で田中の恩恵を受けなかった者はいないと言えるだろう。こうしてケンブリッジの政治思想史学の受容は，共和主義だけでなく，多様な文脈の発見とその実証的追跡へと進んだ。関西における田中の先輩，同僚，旧ゼミナール生たちによる本書は，その現在における達成の一断面を示している。

　文脈主義の関心と方法は，田中が自己の研究方向を考えていた時期の前後に始まる，日本における「現代思想」の動向と背反していた。文脈主義的な近代思想史が扱うのはルネサンスから19世紀初頭までの時期であり，その大半は通常「初期近代」と呼ばれ，またその後半部分は，とくにイギリス史研究では「長い18世紀」と名付けられることもある。この時期に関する文脈主義的研究は，近代思想史学が形成された19世紀末から20世紀中葉にかけて成立したさまざまな代表的研究が描いてきた「近代」とは異なった思想世界の姿を提供している。現在から見てすでに半世紀ほど前に書かれている現代思想の古典は，世紀中葉までに書かれた後者に属する古典的な歴史像しか参照できていない。そのため「モダニティ」を論じる人々が批判と克服の対象として自明の前提としている近代像と文脈主義的「近代」との間には，今では大きな隔絶が生じている。たとえばアドルノ，ホルクハイマーの『啓蒙の弁証法』などのような，フランクフルト学派の科学と合理性についての古典的諸研究は，それらが含む優れた思想的卓見を除外するなら，この時期に関する現在の科学思想史の研究の水準から見て，思想史研究としてはもはや典拠とするに足らない。現代社会批判に関する数々の重要な視点を提供してきたミシェル・フーコーの諸研究も，啓蒙の時代の読解としては資料的に多くの難点を持っている。リヴィジョニズム以後の歴史家たちの目には，政

治社会学による「近代国家」成立の歴史的成立過程の叙述は，すでに過去の研究史に属するウィッグ史観の亡霊としてしか映らない。「再帰的近代」という優れたモダニティ論を展開したアンソニー・ギデンズも，克服の対象として「古典的近代」を描く際には，驚くほど素朴なウィッグ史観の上に立っている。モダニティを現代の思想的言説が扱う場合，それは往々にして以上のような，もはや学問的に無視できない難点を孕んでいる。そのため思想史家以外にとっても，文脈主義の成果の本格的な理解は不可欠のものとなっている。

2　古代，中世，文明社会

　本書はヨーロッパ近代思想史のいくつかの文脈をとらえ，テクストの詳細な分析によって解明しようとしている。その共通の関心にはポーコックが描いた共和主義の系譜と，啓蒙研究の中で重視されているストア主義の復活という大きなプロットがあるが，むしろ収録された各章はその他のさまざまで重要な思想史的文脈に注意を向けている。そのため全体として見た場合，この共同研究は単純で論理的に一貫した筋書きによって近代思想史を構成しているようには見えない。それとは反対に，入り組んで錯綜した，複数的な思想史の展開が目につくことだろう。それがあくまで歴史と資料に忠実な実証に基づいて進行している，文脈主義による近代思想史研究の現場だと言える。以下では理解のために，本書が取り上げているそれらの諸要素を概観しておく。

　とくに経済思想や社会思想にかかわる，ブリテンを中心とした初期近代の社会像という点では，財政革命論やポーコック政治思想史学が指摘し，イギリス歴史学の立場からもジョン・ブリューワーたちが18世紀イングランド国家像の中心に置いた，「信用社会」にかかわる言説の数々が注目に値する。かつての近代思想史は，現在の経済史学では実在が疑問視されている「産業革命」の視点から経済思想をとらえてきたが，他のヨーロッパの強国に続いて世界商業に乗り出し，やがて地球をほぼ覆い尽す商業帝国を築いたイングランドは，セクター別就労人口などの点で，「産業革命」の時期に先立って，

早く経済の「サーヴィス化」が進んだ社会だった。そこでは安定した信用システムの確立に向けた諸制度の設立が議論され，時には経済的混乱を引き起こしながら進められていった。本章の第1章は17世紀の貨幣，銀行，信用論争と，従来から経済思想史で取り上げられてきた利子論論争の実態を資料に即して解明している。続く第2章は，18世紀初頭のこれにかかわる重要な人物であるジョン・ローの信用論の意義を，それに対するダニエル・デフォーの批判と対比しながら扱っている。

　資料に即して検討していくと，しばしば自明のように語られる大文字の「啓蒙」が，じつは多様な小文字の「啓蒙」の集合であることが見えてくる。スコットランド啓蒙研究のように，その実像をとらえるために中心地フランスからヨーロッパ諸地域へと啓蒙研究が深化する中で，ロックやニュートンのような啓蒙の文化英雄を生み出したイングランドについても，「啓蒙」としてとらえる必要があるという見解が生まれてきている。では18世紀後半のフランスで絶頂を迎える啓蒙運動をその先例として導いた，「イングランド啓蒙」あるいは「ブリテン啓蒙」とは何だったのか。それを考える際には，18世紀を通じてヨーロッパと北米で大きな影響を与えた「ロック主義」の考察を欠くことはできない。第3章は「初期啓蒙」や「保守的啓蒙」とも呼ばれてきた17世紀末から18世紀初頭にかけてのイングランド思想を，中心人物であるジョン・ロックの思想を丹念に分析し，後年の盛期啓蒙との関係でとらえ，その「先駆的」で「初期」的な二重の性格を指摘している。

　近代思想史上ホッブズやマンデヴィルの著書を中心に論じられてきた「利己心」をめぐる諸観念は18世紀思想史の中心的なテーマの一つだが，これについても「近代人」という理解にとどまらず，伝統的な文脈とその発展・転換という視点からの研究が進められている。道徳的実在論者たちを含め，実際には個人の生存と幸福に必要な欲望を実現するという意味での自愛心の役割を否定した思想家はほとんど存在しない。その点で「利己心」の概念を思想史的に扱う際は，あくまで歴史的文脈に沿った精密な分析と定義を必要とする。第4章ではそれと自然法学の伝統とのかかわりが，プーフェンドルフにおける社交性と自愛心の分析を通じて研究されている。第5章では18世紀初頭の啓蒙の先駆者の一人であるサン＝ピエールの思想を中心に，「悪

徳」ではない自愛心の観念の起源がピエール・ニコルの人間観と対比されつつ，アウグスティヌス主義とそこからの離脱という視点から解明されている。なお自然法学の伝統は通常利己心と対立させられる，人間が個人的利害を超えて行為を行う道徳世界の領域についても追跡することができる。第10章はプーフェンドルフをルソーと比較し，倫理的行為が存在しない自然状態と厳密に区別される，道徳的行為が成り立つ行為空間として倫理的共同体の形成を把握するという点に，自然法学とルソーの共通性を見ている。

　20世紀に一般的に受け入れられるようになった自由民主主義という政治思想は経済的自由主義と一体と考えられて，現代国家の公式イデオロギーの一つとなっている。その点から遡行して見るとき，ヒュームやスミスの思考は奇妙に思われる。彼らの著作では政治的な民主主義と，国民大多数の経済的厚生を高める手段としての経済的自由主義，社会や市場での個人の自由な選択を保障する法と統治の体系とが切り離されてとらえられているからである。第6章は経済学の学問的形成の一つの基礎となったこの「文明社会論」という文脈の起源を取り上げ，初期近代イギリス政治思想のもう一つの大きな文脈である混合政体論との異同を指摘しながら，歴史学で再評価が進んでいるピューリタン革命以前の王政期の政治思想と結び付けて，それをこの時期における王党派の政治思想にまで遡って示している。

　文脈主義による研究の進展は，初期近代の思想がそれに先行する時代の枠組みに基づいていたことを明らかにしてきた。スコットランド啓蒙についても，ドゥンス・スコトゥスやウィリアム・オッカムたちのような後期スコラ哲学との関係が指摘される。現代のオッカム研究は彼の「唯名論」が19世紀以後に使用される意味での「経験主義」的な自然観，世界観に単線的に結びつくのではないことを示しているが，第7章は『哲学論文集』を使って，この唯名論とアダム・スミスとの方法論的なかかわりを，スコラ哲学と18世紀における経験主義的な論理学の確立の分析を通じてとらえようとしている。

　遺稿集『哲学論文集』ばかりでなく，スミスの主著についてもテクストに即した読みをさらに緻密化することが可能である。第8章は進歩主義の経済学的な論証ともとられる『国富論』における歴史記述を，スミスの経済発展

理論の適用として丹念に読解し,「憶測的歴史」といわれるその歴史描写には単線的,進歩史観的でない経済社会発展の理解があることを指摘している。同じく経済思想を扱う第 11 章は,フランス革命に対する T.R. マルサスの対応を,有効需要論にかかわる経済政策論の資料を用いて検討しながら,重農主義の急進的な自由主義的改革に同意できなかったスミスと同様,ウィリアム・ゴドウィンやトマス・ペインたちの革命思想に反対しながら,現実的に可能な貧者救済には肯定的であるマルサスの姿を描いて,漸進的進歩の思想としての政治経済学の系譜を提示している。また第 9 章はスミスの「見えざる手」の観念の起源を求めて,初期近代思想の大きな文脈の一つである自然神学や懐疑主義と知性の限界論を扱い,有名なポープの人間論との関係を探っている。

以上のような文脈主義の立場から見るとき,19 世紀自由主義の一つの哲学的基礎であり,現代でも現役の思想として存在している功利主義も,決して歴史から自由だとは言えない。第 12 章は功利主義と共和主義のかかわりをベンサムのアメリカ理解を主題として,ベンサムとフェデラリストの比較によって示そうとする。

このように本書では分野も時代も多彩な複数の文脈が検討されているが,それでも初期近代思想史の重要な文脈のすべてがここで扱われているのではない。たとえばハーバーマスの提起を受けて思想史学,歴史学で精力的に研究されてきた「公共圏」は,それ自体がさまざまな意味を持ちうる点で曖昧さを伴っている。とくに一つの権力中枢としての議会が諸団体間のコミュニケーションを集約する討議の場として,曲がりなりにも機能していたブリテンについては,この概念には基本的な修正が必要となる。イギリス史家たちはそういう点でハーバーマスの原意からむしろ自由にこの観念を利用してきたと言えるが,それらは近年に研究の多大な蓄積を持つ一つの重要な要素だと言えよう。また 18 世紀における「文明化」と社交性に関連するテイストや美の観念なども,それらのうちに挙げられる。さらには 18 世紀が「ニュートンの時代」だという点では,科学思想史の文脈も無視できない。

その他にもヨーロッパ初期近代思想史では,研究者のさまざまな専門性と関心に即して,他のさまざまで重要な文脈を確定し,その歴史的展開をたどっ

ていくことができるだろう。それらを丹念に掘り起こし，資料上で同定し，その継承と変容を描き出していく，いつ終わるともしれない果てしない地道な作業が続く限り，近代思想史の叙述はさらに何度も書き換えられていくだろう。だが本書が論じている範囲内でも，現実に初期近代思想の展開を支えてきた文脈の多様さと，それらと通常の「近代思想」理解との間の大きな差異が明らかになる。これらの文脈主義的研究の成果を吸収することなしには，ヨーロッパ思想史を基準にとって「モダニティ」を学問的に語ることは，もはや可能でなくなっていると言えるだろう。

3 モダニティ理解と文脈主義

　田中秀夫たちの世代が学生時代に学んだ第二次大戦後の日本のヨーロッパ近代思想史は，歴史記述であるとともに，戦争の廃墟から復活しようとする日本に理想的な将来像を提供しようとする試みでもあった。それに続いた文脈主義に基づく思想史研究は，資料の緻密な操作に基づき，ヨーロッパ近代思想を構成要素に分解し，その固有の運動を記述しようとする。文脈主義は通常の「近代思想」理解を解体するのみで，現代に「有効」な観念をまったく提供できないのだろうか。本書の末尾を飾るいくつかの章は，あくまで実証的な手法によって，現代という時代の深い理解に資するという点で，研究のある種の「有用性」を提供しようとしている。

　もはや直接の有効性を失った過去の思想を，現代的な思想の先駆として「再発見」することがしばしば行われる。文脈主義の立場からはそのような議論は学問的でないとして拒絶されるが，反面それは過去の埋もれたテクストに新しい照明を当てる利点を持つことがある。さらにはそのことが，現代という時代の深い理解に結びつく場合もある。こうして文脈主義に基づいて過去の思想の現代性を問う際には，現在と過去への周到な目配りが必要になる。たとえば通常保守主義的ととらえられてきた教会知識人に関するロマン主義の巨頭 S.T. コールリッジの認識は，20 世紀前半の知識社会学による知識人論の先駆として理解される場合があり，それをめぐって論争が行われている。第 13 章はこの研究史を取り上げ，コールリッジ自身のテクストに即

してこのような現代的理解を批判的に検討したうえで，政治思想史上での新しいコールリッジ論を歴史的文脈性と現代性の両面から探っている。

　反対に現代に生きる思想を歴史的文脈の中に置いて考察することは，その歴史的な位置を明らかにし，それによって長期的に見た意義を明確にするために役立つ場合がある。第14章と第15章はこのような視点から，現代自由主義の思想家たちを取り上げている。第14章は代表的な思想家 F.A. ハイエクの政治思想を，一見それとは整合性がないかに思える共和主義と比較し，いくつかの共通点を指摘している。第15章は同じく20世紀の自由主義者アイン・ランドの社会権批判を取り上げ，その議論を自然法学的な正義論の伝統の中でとらえようとする。

　あるいは忘れ去られた過去の思想に，現代的な意味が発見されることもある。たとえば K.J. アローが定式化した現代経済学における社会的選択論は，数学を使って代議制の公共性を理論的に確立しようとした啓蒙思想家コンドルセにさかのぼることができると言われる。前世紀末に明らかになってきた環境・資源制約に基づく経済成長の限界の意識化は，環境主義の勃興に始まり，現在では EU の「エコロジー的近代化論」や合衆国の「グリーン・ニューディール」や韓国の「緑色成長論」などのように，現代の主要な国家，地域の社会経済発展戦略の基調となっているが，「成長の限界」の指摘は，18世紀のポリティカル・エコノミーから J.S. ミルに至る経済学の古典的著作にひろく見ることができる。

　またこれとは反対に，現代の学問的展開の結果，過去の遺産に似た構図が現れてくることもある。17世紀の科学の発展は，当時大学で支配的だったアリストテレス自然学に対して古代の原子論を復活させることになった。同様な事態が19世紀の功利主義とローザンヌ学派に始まる，現代の新古典派的な経済学にも見られる。新古典派経済学は物理学の原子論的なヴィジュアル・イメージと「方法論的個人主義」に基づき，効用極大化を求めるアトムとしての個人の合理的な選択の総計として経済現象をとらえると思われていたが，新制度派などの研究の進展や認知心理学の知見の導入などによって，現在では個人の行動にとって「制度」が不可欠の条件だと考えるようになってきている。また社会学や政治学や経営学では，個人と個人の関係そのもの

を一種の社会的な資本としてとらえるソーシャル・キャピタル論などが発展している。そのような人間理解は，「窓を持たない」孤立した個人の機械的な総計でなく，情念と社交性を持った個人が織りなすものとして文明社会をとらえた 18 世紀的な人間観に，いくばくかの親近性がある。さらには現代倫理学や法哲学でも，ジョン・ロールズ以後さまざまな試みが行われており，その中にはスミスの『道徳感情論』を現代的に扱おうとするものもある。第 16 章は現代経済学の基本的な手法であるゲーム論を使用して，スミス的な「公平な観察者」を理論的に再構成しようとする試みを紹介している。

これらの直接に現代の思想を扱った諸章に加えて，残る本書の大半は，17 世紀から 19 世紀初頭にかけての主に社会思想，政治思想，経済思想を扱いながら，現代の支配的イデオロギーである自由民主主義や社会民主主義や環境主義と異なる，徳と商業と文明社会が交錯する独特の思想的世界を描き出している。本書が対象としたテクストが書かれたのは，個人の間の信頼に基づきながら，自分自身を大切にし，自分の能力を発揮しようとする意欲，それを支える実際に即した世界の理解などを重視して，それらを可能にし，保証し，発展させるための制度や法や国家のあり方が探究された時代だった。

それは工業化と近代国家と科学主義によって特徴づけられた 19 世紀以後の世界とは大きく異なっていた。この時代には身分と階級が存在し，政治的民主主義はなく，王権の絶対性の観念もまだ生きていた。知識人も含め，大半の人々が何らかの形で神を信じ，そこに最後の拠り所を求めていた。科学的知識は信頼され，ますます重視されていったが，それには常に限界があると考えられた。「古代」の理念や「中世」の学問も批判を受けつつ，形を変えながら継承され，生産的な役割さえ果たしていた。人間の物質的な豊かさは倫理的成長の基礎であり，人間は道徳的存在という意味で完成に近づいていくべき使命を持っていた。だが現代の多くの観念は，そこに起源を持っていた。この時代に指摘され，論じられていた諸問題のうちには，現代が積み残した課題さえあった。

古代哲学と古代政治学と法思想，キリスト教信仰と中世哲学，17 世紀以後の近代科学の展開など，過去と同時期のさまざまな観念を吸収し，利用しながら，この時代の思想家たちは，眼前に広がる社会的現実とその動態を理

解しようとし，それを説明するための理論を組み立てていった。そこに存在したのは，古代を代表する「徳」の観念と，近代の現実である「商業」とが緊張をはらみつつ，複雑な相互作用を繰り広げている，「文明社会」と呼ばれるものの形成と拡大だった。本書が扱った多彩なテクストを書いた人々たちは，それをさまざまな面から理解しようとし，そうした努力の中から，現代世界の骨格となる諸観念が徐々に現れてきた。それらを実証的に確認していくことは，現代のあり方を深く知るとともに，その彼方を展望することにも役立つだろう。或るものの起源の中には，それを終わらせるものの萌芽も含まれているからである。そうであれば，誰よりも勤勉で，つねに勉強家であり続けるアカデミスト田中が邁進してきた，文脈主義を踏まえた近代思想史の再構成は，これからその本来の意義を開示することになるだろう。

序　章

特別寄稿

政治思想としての歴史叙述
── ある研究計画の形成についての報告

J・G・A・ポーコック

　本頁下部に近年出版・再版された著作の一覧が付されているが[1]、私はそれらにおいてふたつの関連する研究をおこなってきており、そのうち第二のものが本章の主題である。第一のものは（1400年から1800年とされる）初期近代におけるヨーロッパ歴史叙述(ヒストリオグラフィ)の歴史のひとつのモデルを構築する試みであり、第二のものは政治現象としての歴史叙述に関する理論を構築する試みである。私はそれらを組み合わせておこなっている。なぜなら、私は政治思想をその歴史からは切り離しえないものとして研究することに全研究人生を注いできており、ひとたび歴史叙述を政治思想の一形式として想定するならば ── これまた私が全研究人生を通じておこなってきているように ──、歴史叙述の歴史が必要となるし、その歴史のモデルは歴史的および理論的の両方の目的のために構成されなければならないからである。それらが形を成すのに多くの貢献をしてきた田中教授に対して、私はあえてこの両方を呈したい。

　これらの研究のいずれも研究者によって十分に遂行されてきてはいない。近代思想史におけるそれ自体としてきわめて興味深い理由のために、それら

＊本章は、本書のために書き下ろされた以下の論文の全訳である。
　J.G.A. Pocock, 'Historiography as Political Thought: A Report on the Formation of a Project'
　ⓒ 2014 J. G. A. Pocock.
　なお、〔　〕内は訳者による補訳である。

1) *The Discovery of Islands* (Cambridge University Press, 2005), chs. 13-17〔犬塚元監訳『島々の発見 ──「新しいブリテン史」と政治思想』、名古屋大学出版会、2013年〕; *Political Thought and History* (Cambridge, 2009), chs. 10-13; "Historiography and Political Thought" in *Ideas in History*, III, 3 (2008), pp. 81-100: "Historiography as a Form of Political Thought" in *History of European Ideas*, 37, 1 (2011), pp. 1-6.

はともに大まかに哲学と呼ばれているもの（私は哲学の前提ではなく定義に関して述べている）によって広く支配されてきており，歴史哲学に関する文献が膨大に存在しているけれども，歴史書やそれらの歴史的内容についての著作に関する文献はごくわずかしか存在していないし（素晴らしい例外の一覧を付すことはできるだろうが），歴史叙述の歴史に関する体系的研究は始まったばかりである[2]。政治思想およびそれに対する政治理論・哲学による支配について言えば，この50年ほどの間に政治思想は歴史叙述の一形式としてうまく再定義されてきたが，別の種類の歴史叙述との関連は十分に研究されてきていないし，歴史叙述それ自体が一種の政治思想でありうる，あるいはそうあってきたという見解についてはいっそう不十分なままである。こうした理由から私たちは，歴史叙述を政治思想として理解するのを可能にするような歴史叙述の歴史を，そして，なぜ政治理論はそのような形で現れるのか，またそれが現れた時に何が起きているのかを示すような政治理論の一部門を必要としているのである。

　私は本章において，後者〔政治理論〕を追究するために前者〔歴史叙述の歴史〕を取り上げたい。私が述べた歴史叙述の歴史のモデルは実際に洗練されてきているし，そうした営み〔歴史叙述〕についての政治理論を構築する時よりも，それについての歴史を著わす時に，わずかながらより十分に適用されてきている。このような理由のために，後者〔政治理論〕を追究するのに先立って歴史叙述の歴史のモデルをあまり詳細に提示しすぎないほうがよいだろう。それでも，それがモミリアーノ・モデルと呼ばれ[3]，三つの段階を進んでいくものであること，そして，それぞれに言及する時にその内容と性格について説明しようとすることを予告しておこう。その上で，その〔歴史叙述の〕政治理論の代替モデルを構築する際に私が用いることになる，歴

---

2) E.g., Daniel Woolf, *A Global History of History* (Cambridge, 2011); *The Global Encyclopedia of Historical Writing* (1998); ed. *The Oxford History of Historical Writing* (2010–).

3) アルナルド・モミリアーノ（Arnaldo Momigliano, 1908-1987）に由来する名称である．彼の生涯と著作への優れた手引きは以下に見られる．Peter N. Miller (ed.), *Momigliano and Antiquarianism: Foundations of the Modern Cultural Sciences* (University of Toronto Press, 2007). 本章はとりわけ彼の "Gibbon's Contribution to Historical Method" (1954) という論考に負っている．

史叙述についてのいくつかの前提に取り掛かることにしよう。このモデルはそれ自体として準歴史的なものである。これは，歴史叙述が主として記録集成であるより物語(ナラティヴ)であることを想定している。そして，それは何が存在していたかよりも，何が起こっていたかに関心を向けている。それは政治的行為者たちの行為について詳述し，それからそれらの帰結が何であったかを問うものであり，それがある程度なされるのは，それらの行為とその行為者たちを，それらに影響を与え，またそれらが影響を与えた歴史的コンテクストに位置づけることによってのみである。しかし，政治的行為および歴史の著述がともに，そこへ吸収されるのを免れることが困難な程度にまで，それらのコンテクストが増幅され洗練させられているような歴史の配列が存在している。明らかに，私の歴史叙述の政治理論は第二の歴史モデルとなっており —— 私はいまだ第一の歴史モデルについて語り始めてはいない ——，どうして政治は本質的に自己歴史化するのかということに関する理論を提供することなしに，私は政治の歴史化に取り組んできた。これらの二つのモデルがそのような理論へと私たちを導きうるかどうか見ていこう。

　ここで私は日本の読者に，本章がもっぱらヨーロッパの根拠に基づいたものであることを認めておくべきであろう。もちろん，本章は歴史叙述がヨーロッパの知的文化においてのみ形成されてきたことを主張しているわけではなく，いかにして歴史叙述が形成されたのかを説明し，その歴史から推定される政治理論を構築しようとするものである。私は日本における歴史叙述の歴史について無知であるが，日本で19世紀以前に数々の歴史書が書かれてきたことは知っている。おそらくは明治維新期およびそれ以降に歴史と歴史叙述についてのヨーロッパ的前提が採用されただろうが，それらが以前から存在していた前提から影響を受けたこと，また日本の歴史における歴史叙述の政治理論はここで提示されている歴史的に限定されたヨーロッパ中心的なものとは異なっていたであろうことを学ぶのを私は期待している。どのような共通する見方が存在しているのかを私に教えるのは，もし日本の読者たちが価値のあることだと考えるならば彼らの役割である。

　それでは，モミリアーノ・モデルの第一段階へと目を向けよう。これはギリシア人やローマ人によって書かれ，初期近代を通じて新古典主義の著作家

たちによって模倣された古典的歴史叙述に他ならない。それはエドワード・ギボンの著作群においてもなお主要な役割を果たしており，このことは第二および第三の段階が現れてくる地点に屹立している人物としてのギボンという，モミリアーノの説明に付け加えておかれなければならない。この歴史叙述は功業(レス・ゲスタエ)，すなわちギリシアのポリスおよびローマ共和国の市民たちによって成し遂げられたことについての物語であった。これらの功業はポリスにおける決断の産物であり，歴史叙述が政治についての物語であって，歴史叙述が後者〔物語〕を再創造することによってそれ〔政治〕に影響を与える段階に私たちは到達しているのである。しかし，初期近代，近代，ポスト近代の視点から見てみると，古代の歴史叙述は，普遍的なものであることを主張しているけれども，きわめて狭窄なものである。それは決断とそれに起因する行為のみを物語り，それらは全体としてみれば，都市の設立と改革，およびそれらの都市の平和と戦争への関わりについてのものになりがちであった。それは過去という直接的感覚を持たない同時代史である。歴史家は記録や古事を研究するのではなく，自らの手で検証する機会が与えられた行為としてそれらを語るのであるが，このことだけが人に歴史家となる資格を与えるものなのである。古代の古事に関心を寄せた初期近代の歴史家は歴史家というよりも古事学者に近い存在であった。彼にとって，歴史とは歴史家が書き記したものであり，歴史家とは事件の同時代の語り部のことであった。それでは，彼は自らを何と称していたのか。エドワード・ギボンですら従うべき歴史家をつねに探していたのであり，彼は新しい，二次的な意味での「歴史家」であった。

　私はこのモデルの枠内で話しているが，それは歴史叙述の政治理論について私たちに何を述べているのだろうか。第一にそれが私たちに述べているのは，古代の歴史書は公の場での発話であったかぎりでは，政治的行為の文化の範囲に属するものであったということである。しかし，ひとたび続く世代においてそれらが記述，保存，反復されるようになると，政治システムは自らの行為についての書き記された記憶のシステムを生み出すし，また必要とするようになるだろうと言うことができる。ところが，古代の地中海に関して，私たちは自分たちが市民による行為の文化（これは彼らが自由によって意

味していたものである）を取り扱っていると想定している。すなわち，トゥキュディデスのもののような行為に関する歴史は，続く世代の市民にとって有用な情報であったかもしれないが，彼らの行動を統制する規範や法を構成することはなかった。アテネやローマから，宮廷官僚たちによって書かれた完全に規範的な特徴をもった古代歴史叙述が形成された漢王朝時代の中国までの道のりは長い。

　支配し支配される市民は，自分たちと同じような他者の行為は手本にするべき行為と避けるべき行為を教えているかぎりで有用なものであると考えていた。このことが意味しているのは，歴史が成功の記録であるとともに失敗の記録でもあり，正しい行動の記録であるとともに不正な行動の記録であるということであった。これはギリシア・ローマの歴史家にとっと同じように，中国の歴史家にとっても当てはまることであった。しかし，中国の歴史家が一つの宇宙的秩序の中に自らが生きていると想定していたように思われるのに対して，地中海のポリスは，つねに成功したわけではなかったけれども，その神々が高度に予測不可能な仕方で宇宙を制御しているホメロスの英雄の活力（すなわち力量）を市民の共同体の内部へともたらすことによって統制しようとする試みとみなすことができるだろう。その歴史が記録していた行為は，それらがなされていた都市を滅亡させたかもしれず，それらの行為はしばしば，その都市の外部の宇宙における，本質的に悲劇的な道徳（傲慢と天罰）へと還元されうる純粋な偶然性（運あるいは運命）のひとつとして理解された。ここに現われてくる支配的な命題は，物語が物語のままであり続けることを当てにすることはできないということである。それは誤りの記録，考慮もされなかったことの記録であり，ありえなかったことの記録であるかもしれない。歴史は勝者によって書かれるという格言の価値は限られている。偉大な古代および新古典主義の歴史書は，何が誤りであったのかを見極めようと試みた敗者たち ── トゥキュディデス，タキトゥス，グィッチャルディーニ，クラレンドン ── によって書かれていた。物語は，政治が制御していない世界における，そして政治がつねに自らを制御しているわけではない場所における政治を提示しているのである。

　古代の歴史書は物語を修辞として提示している。そして，修辞 ── これ

については私が検討を試みようとしていない膨大な研究文献が存在している——は昔も今も曖昧なものである。第一に，それは理想的なものを提示することに関心を抱いている。そして，修辞的な歴史書を読む際に，そのように行動すべきであるとされる仕方で行動している行為者についての説明を，あるいは，善いものであれ悪いものであれ，そのようなものであるべきだったか，そのようなものかもしれないか，おそらくそうであったと修辞が前提としているものとしての行為についての説明を，いつ読んでいるのか，あるいは読んでいるのか否かを知ることはしばしば困難である。そのような流れのなかで，私たちは詩的なものと史的なものとの間の懸隔を渡っており，修辞家としての教育を受けていた古代の歴史家が，自らの義務のひとつは，目撃者に問いただすことによって知ることができたものに限って真実を伝えること，さもなければ最善を尽くして何が真実であったかを推定することであるとつねに表明したことを思い起こすのである。真実の不確定性と物語の不確定性とが存在しており，こうして物語の政治に対する影響は，何が起きていたのか，何が起きているのか，なぜ起きているのかを知ることがしばしば困難な領域として後者〔政治〕を提示することの影響になる。修辞家の役割は，道徳的あるいは歴史的真実について私たちを納得させることである。しかし，何が真実でありうるかについての説明は複数存在しているし，どのように代替的な説明を，等しくありうるものとして，そしておそらくは相互に排他的ではないようなものとして提示するかを習得することによって，修辞家はそうした技法を習得するのである。私たちは修辞家から，政治と歴史が人間の行為が本質的に両義的であるような領域であることを学ぶのであって，このことが歴史家が哲学者よりもむしろ雄弁家やソフィストの流れをくんでいることの理由である。

　モミリアーノ・モデルの第一段階を離れる前に，もうひとつ述べておくべきことがある。物語は，政治的行為が不完全にしか制御していないような，そしてそれらを条件づけるか堕落させるような場においてなされるものとして，それらを提示している。これらの場は「コンテクスト」——近年の政治思想研究において多用されている用語である——と呼ばれうるものであり，このモデルは歴史叙述がますます行為のコンテクスト化を行うようなものと

なっていくだろう。しかしながら，〔このモデルの〕第一段階においては，こうした発展はほとんど始まっていなかったように思われる。私たちが行為している世界は，私たちが支配していないとしたら運ないし運命によってのみ支配されていると述べることは，世界は予測することのできない，因果関係に関する歴史書の著述を無にするような偶然性によって支配されていると述べることである。さらに，いまだ考慮されていないコンテクストがひとつ存在している。すなわち，意思決定する市民からなる共同体として定義される都市それ自体のコンテクストである。これは市民の行為を規律に従わせ，ひるがえってそれらによって影響されるものである。単なる修辞家にとどまらない古代の歴史家が存在しており，彼らはこうした政治体制を出現させ，変化させ，消滅させるような形態論を語ることができたのであった。共和政から元首政，帝政，衰亡へという変化をともなうローマ史は，ヨーロッパの歴史叙述において発展した大きな物語の一つとなった標準的典拠である。そして，ローマ人自身がこの物語の構築に参画していたのだから，私たちの歴史叙述の歴史における第一段階は，モミリアーノ・モデルにおいてそれ〔第一段階〕がなんであったかという点からみれば，歴史としてはやや異なったものに見える。しかしながら，コンテクスト化の増大していく物語は，モミリアーノ・モデルにとって中心的なままである。

　ここでモミリアーノ・モデルの第二段階の政治学へと転じよう。これは歴史叙述が行為の物語である状態から，言語，法，社会，文化の過去の状態に関する考古学である状態へと変化した契機であった。この変化は文献学者，あるいは後に名付けられた呼び方では文法学者の活動を通じて起こった。私たちの呼び方では人文主義者は，ギリシア・ローマ文化への熱烈な称賛ゆえに，その演説，価値，行為を完全に模倣することができるくらい完全にその文化が記録されていた言語を復元しようと試みていた。しかし，彼らはあまりにも完全に成し遂げたために失敗し，その代わりに発見したのは，古代の言語が演説，思想，実践をとりまいていた今では存在していないコンテクストを伴い保存していたために，古代ローマ人になることはできなくても，古代ローマ人になろうという試みの帰結を探求することはできるかもしれないということであった。古代の文学は文化を明らかにし，古代の法は社会を明

らかにし，それらは現在においても計り知れない権威を保持しているものの，変化の過程を経て —— にもかかわらず，かもしれない —— それを行使している。過去の慣習をそれらが古代のものだからという理由で研究することで，人は古事学者になるのだろう。現代において保持されている実践的な価値や権威であるか否かにかかわらず，過去の慣習が再評価されて，それらの慣習が現代が必要としている権威を提供しうる仕方を探し求めることで，人は法学者になるのだろう。あるいは —— これはより長期にわたるものだろうが —— まず物事の過去の状態を再構築し，それからそれが現代において存在しているものに取って代わったものへとなっていった過程を物語ろうと試みることで，人は歴史家になるのだろう。

　こうして私たちは，かつて他者が保持していた政治思想と，いま私たちが構築している政治理論の双方に影響をおよぼすものとして，政治の歴史を考察し始めることができるようになる。政治的生活は社会的存在の状態が過去から現在へと移りゆく歴史的過程のなかに存在するものとみなされていたし，今もみなされている。単一の運動，あるいはそのような運動すべてを包括する運動へと還元可能で，大文字Hをもってヒストリー〔History〕と呼ばれるに値するような壮大な普遍的過程を，この歴史的過程が伴っていたことはかつてなかったし，今でもその必要はない。というのは，過去から現在へと展開してきた構造が存在し，それぞれの歴史において物語ることができるものがあるように思われるからである。政治的生活が多少なりとも含まれており，それ自体の歴史をもっているような，それらの構造のそれぞれに対してコンテクストという言葉を用いることが有用であるように思われるのは二組の理由からである。第一は，政治的生活は現在では多コンテクスト的で多面体的なものとみなすことができるということである。それは，さまざまな法体系によって言い表されるさまざまな社会的宇宙に，さまざまな分野の文学によって言い表されるさまざまな文化的宇宙に，そして，言うまでもなく，単一のあるいは複数の人間世界の内部と外部の双方における神の行為についての歴史書が伴っている神中心的宇宙 —— それが私たちにもたらすであろうものを恐れて，言及することをいつも先延ばしにしているもの —— に含まれている。これらのすべては，その存在がヨーロッパ人に知られてきてお

り，ギリシア・ローマ的世界からヨーロッパ・キリスト教的世界への転移にまでさかのぼる，それぞれ自体の歴史をもっていたのである。しかし，モミリアーノ・モデルにおける第二段階を提示することで目にするのは，それらの歴史叙述を構築する仕方が強化されることなのである。

　政治研究のためのこれらの「コンテクスト」——別の言い方をすれば，政治的生活を一連の権威的パラダイムとして理解するこれらの仕方——は現在では共時的か通時的かのいずれかによって研究されるだろう。すなわち，それらは短期ないし長期にわたって相対的に安定して存続する，連動するシステムを形成することになるか，あるいは，人間の行為の結果としての政治的生活から出現し，変化し，消え去るものとして考えられることになるだろう。コンテクストを共時的に研究することは，それらに人間の行為や歴史的偶然性よりも上位の権威を与えるということになるだろう。コンテクストを通時的に研究することは，どのような権威によって，そしてどのような結果をもたらしながら，人々がそれらにおいてというよりも，それらに対して行為したのかという，政治的・道徳的問題を提起することになるだろう。しかし，歴史叙述の政治史と，おそらくは歴史叙述の政治理論はともに，ヨーロッパ史における初期近代という時代，とりわけ16，17世紀が，さまざまな法体系の間での，法と主権の関係についてのさまざまな認識の間での，人的権威と聖的権威の関係についてのさまざまな認識の間での激しい対立の時代であったという状況からの影響を受けていた。これらの対立はすべて，いかにして多様な権威の体系が人間の時間へと入りこみ，その内部に現れるようになり，人間の時間についての記録された歴史書において行使され，変化させられてきたかについての，それら自体が相対立する物語を伴っていた。社会的・政治的過去の発見としての歴史から，複数の過去から複数の現在への変動のなかでの権威の対立の産物としての，そしてそこにおける手段としての歴史へと，急速に移行してきた。そして，これらは，何が起こったのか，起こるべきであったのか，起こるべきではなかったのかについての，代替的で相対立する見解を提示する行為としての修辞の歴史叙述における役割を復活させ強化することに続くものであった。かつてアダム・スミスは，このことゆえに近代の歴史家は古代の歴史家が行なったよりもいっそう事実を検証す

る必要があると述べていた。彼ら〔近代の歴史家〕の修辞は弁論的なものとなっていたのである。

　この発展はモミリアーノ・モデルの第二段階において生じたが，いくぶん奇妙なことに，モミリアーノ自身はこのことに関心をもっていなかったようである。彼は古典主義者であって初期近代主義者ではなかったし，私たちは初期近代ヨーロッパ史を ── 現代のすべての政治思想史書が述べているように ── 主権と国家が激烈かつ複雑な政治／宗教紛争の参加者としてとともに，それを克服する好ましい手段としても現れてきた時代として考察している。私たちは政治思想の一形式として歴史叙述の歴史を研究する際にも同じことを述べるのだろうか。この時代の歴史叙述を弁論的なものとして定義したうえで，あれやこれやの大義や立場を擁護するためにこの時代の歴史叙述を構成している歴史が著わされる無数の方法に関心を向けてたどっていくことは魅力的なことであるし，明らかにそうするべきである。しかし，この話にはさらなる側面があるだろう。他の歴史と対立しながら書かれた歴史は対立についての歴史となるだろう。それは対立の原因を探し求め，自らの記述が対立そのものであることを認識するだろう。それが物語る対立は，初期近代の歴史叙述を構成する「コンテクスト」── 宗教的，法的，社会的，その他何であれ ── の中にたどられてゆくであろうし，その物語においてそれらのコンテクストのいずれに優先順位が与えられるかについては論議がなされてきたし，今でもなされているであろう（イングランド内戦は内戦期に発生した宗教戦争そのものであったのかそうでなかったのかについての論議）。私たちは，歴史叙述と，歴史叙述である限りにおいて政治思想とを，同一の記述についての代替的見解がつねに存在し，相対立する現実を構成しているような修辞の一種として定義することへと立ち戻ろうと議論している。このような歴史のモデルは私たちをひとつの理論へと導くことになる。

　この時代の論争は，立法権力の，それらの間にあってその権力が作用する，そしてその権力が作ったり作らなかったりしたであろう法体系に対する関係に焦点を合わせている。政治思想史書において中心的位置を占めている法の理論と哲学が存在している。しかし，現代の西ヨーロッパにおける法体系は多様であり，多様な歴史物語を生み出すとともに，それに訴えかけるもので

もあるため，政治理論を伴う論争は法の歴史叙述も伴っているし，その背後には所有およびその他の政治的行為の手段についての歴史叙述が伴っている。これがはるか以前に私自身が研究を開始した地点であり，それはフィルマーの再刊によって政府の起源および中世イングランド史の双方についての論議が引き起こされたように思われた時であった[4]。このモデルのこの段階に現れた法に関する論争的な歴史書について，ふたつのことに注意しておくのが重要であるように思われる。第一は，それらの歴史は個別的なものであり，それらがアイデンティティを与えているような個別の団体に属している法体系を扱っているということである。慣習としての法に関する理論あるいは哲学が存在しており，その慣習は漸進的に，人民の経験したことに対する応答による決断という諸契機（モーメンツ）なしに生み出され，その人民に対して彼らを他のいかなる人民とも異なった存在とするような「第二の本性」を与えているものである。しかしながら，慣習は，その人民の経験がどのようなものであったのかということについての物語を与えてはおらず，それを見出すためには，私たちは慣習を歴史化し，考古学者としての歴史家が発見することができるような過去の偶然性というコンテクストのなかにそれを位置づけなければならない。第二は，いかなる法 —— 少なくとも，慣習としての法はすべて —— の歴史も，その究極的な始まりの時点にまで遡ることはできないということである。法が最初に現在の形をとり始めた重大な変化の瞬間（モーメント）へと立ち返ることはできるかもしれないが，それがそれ以外の何かであった瞬間（モーメント）がその以前につねに存在していたであろうし，法ならざるものから法への移行の諸契機（モーメンツ）は究極的には理論家と哲学者にとっての問題である。法と歴史叙述は，諸行為，諸決断，諸契機（モーメンツ）の無限のコンテクスト化へと同時に，記憶を超えたものへも偏っている。

　もしここで私たちが，普遍的なものについての歴史叙述は存在せず，存在するのは個別的なものについての歴史叙述のみであると述べるとすれば

---

[4] *The Ancient Constitution and the Feudal Law* (Cambridge University Press, 1957 and 1987) を参照のこと．〔「フィルマーの再刊」とは，以下のピーター・ラズレットによるフィルマーの著作の再刊のことをさしている。*Patriarcha, and Other Political Works of Sir Robert Filmer*, edited from the original sources and with an introduction by Peter Laslett, Oxford: Blackwell, 1949.〕

——個別的なものを比較することは個別的なものの研究を深めることである——，このモデルの発展のなかのこの段階において想定される論争は，自らを作り出し導くことができる，そしてそれらに固有であって，固有のアイデンティティを与えるような歴史を自らに提供することができるような特定の政治的団体の内部でなされるものとして理解されるだろう。何らかの想定——政治体が対立によって崩壊へと解体し消滅したことはないというような——を考えてみると，論争とその歴史，そしてそこから生み出される歴史叙述は，政治体にその歴史とアイデンティティを提供する物語の一部になるであろう。歴史とは，歴史が何であったのかについての議論である。

モミリアーノ・モデルの第二段階から離脱することなしに，制度が生み出すのに役立ったような，そしてさまざまな過去から現在にいたるまでの社会の存続についての物語を構成しているようなある物語の範囲内で理解可能な制度によって支配されることの要求という意味での，自律を要求する社会を想定する地点に私たちはたどりついた。これは自律を物語ることであり，物語を構成し，対立させ，維持することを社会が要求するのは，その自律を主張するひとつのやり方である。「私たち」——人称代名詞のなかで最も問題のある言葉を用いるならば——は，「私たち」が誰であったのかについて私たちが何かを述べ論じることができるがゆえに，「私たち」なのである。そのような社会は，それがどのようなものであって何をおこなってきたのか，どのように現在のようになり，現在おこなっていることをおこなうようになったのかということに関して折に触れて決定がなされなければならず，それらは公的権威づけを必要とする公的決定となるだろうという意味で，その歴史に対する一種の主権を要求することになるだろう。社会によるその自律的歴史に関する物語がより広く知られ論議されるようになればなるほど，その決定やその他の決定はより適切なものとみなされるようになる。それによって国家の決定を論争相手に押し付けることはできないかもしれないが，国家は自らの歴史に対して発言権を有していることになる。

しかし，こうした物語は論争の産物であり，それは過去および現在の論争を物語り，コンテクスト化することを要求するけれども，それらの論争は論争的なままであり，それゆえ社会は自らの歴史的存在に関する論争が続く状

態の中に存在していることになる。啓蒙が宗教に取り組んでいたのと同じように，それはこの問題に取り組むだろう。すなわち，矮小化の手段として寛容を用いることによって取り組み，そうすることで私たちが何を考え信じているかを問題にしないのである。これは私たちが生きている実体として社会を物語ることの可能性を矮小化することで，社会の一貫性に有害な帰結をもたらすであろう。したがって，論争的なものとしてだけでなく，そして究極的に解決不可能な論争を伴うようなものとしてだけでなく，どれほど私たちが保持してきたか，あるいは保持しているかは不確定的なままにしておくような仕方で物語ることができるようなものしての自律の物語それ自体として，歴史叙述が自律の物語を提示することができるような仕方を吟味することは政治的に重要である。初期近代には，少なくともふたつの物語的な歴史書があり ── マキアヴェッリのフィレンチェ史とジャンノーネのナポリ史 ──，どちらの都市も自らの歴史を確定するのに必要な政治的独立を保持したことはなかったということ，そしてそれぞれの場合に書かれるべき歴史は都市がどのようにしてそうした境遇のもとで存続してきたかについての歴史であったということを前提としてそれらは書かれていた。おそらく，あらゆる歴史はこのことを前提として書かれているというのが，ポスト近代的な主張であろう。

　しかし，私たちは，歴史がどれほど自律的でありうるかについて歴史が質疑応答することができるという点で自律的なものとして，歴史を思い描こうとしている。つまり，それ自体を語り続けるという点である。そのような歴史は，それを語ることに関与する公的主体が存在するという点で政治的なものでなければならず，そのような何らかの主体が存在するかぎり，歴史はどの程度まで自律的でありうるかという問題に対して完全に否定的な答えを与えることはできない。「私」は存在したことがないと「私」が述べることはできないのであり，同じことは「私たち」にかんしてもほぼ真実である。「あなたは自律的であるか，あるいは自律的であったか」という質問に対しては，それに答えることができる人が存在するかぎり，肯定的に答えることができる。これが，いまヨーロッパ人 ── 私の知るかぎりでは，日本人はそうではないけれども ── が自問することを求められている問題である。

私が歴史叙述の政治学についてネオ・リベラル的な，啓蒙主義的ですらあるような説明を提示してきたように思えるということを示すために，——初期近代モデルの第三段階へとさらに進むことなく，またそれに続く近代モデルおよびポスト近代モデルについては言うまでもなく（最後のものについては後述するだろう）—— 探求をここで中断したい。それは，私的なものであれ公的なものであれ自己を物語り評価することが，その条件付けを強調することを包含する手段によって，その物語と判断の力を拡張しているようなものである。このことは，歴史叙述が政治を物語りうるものとして ——政治的なものそれ自体が物語の対象となる程度に —— 扱うことから，また，そもそも不可知（運と運命）ではあるが次第にそれぞれが自らの物語を生み出す程度に変形しうる，無限定的でおそらくは無限に多様なコンテクストにおいて物語がなされることから生じている。修辞は物語を話す方法がふたつ以上ありうることを発見した。文献学は，社会的，文化的，それゆえに政治的な生活が，古代文献はそれを明らかにするために書かれてきたと言えるくらい多くのコンテクストにおいて営まれてきたということを発見した。論争は，政治的行為者たちが過去の法と現在の自分たちの行為をさまざまな歴史的物語によって関連づけていたことを否応なく発見した。もちろん，歴史書は党派的なままであったし，代替的なものの可能性を否定する閉じられた体系であっただろう。しかし，歴史上の行為は別の可能性や道徳性があるなかでおこなわれたものとして理解されなければならないこと，そして歴史家と歴史上の行為者はともに，前近代人たちが深慮と決疑論と呼んだもの，すなわち別の道徳的・実践的な可能性が存在しているところでの行為の技法を用いていたことを否定することは難しい。複数の人間（神については言うに及ばない）の実践によって形成されたコンテクストのなかで人間の行為はおこなわれ政治社会は自らの決断に到達したという発見によって，歴史叙述はいかなる行為や過程にも複数の原因や結果，それをおこなったり物語っている人々にとっての意義があるということを認識するものになった。このような経路をたどって，歴史的物語は，そこからその多くを私たちが見出すような保守的リベラルの観点へと達した。それは，そこから人が国家ないし革命に対して，その行為には現在ありうるよりも重要なものが存在すること，そしてどのよ

うな権威も深慮の義務を免れてはないことを告げるような観点である。

　この時点で，歴史叙述の政治学はその限界を探求し始めるだろうし，それは政治的なものの限界にまで及ぶことになる。政治的行為の物語として生み出された歴史叙述は明らかに，そのような行為をおこなうこと，あるいは少なくともそれらについて熟考することに適した人々によって，そのような人々について，そのような人々のために書かれたものであった。それでは，それほど特別扱いもされず，明らかにそこから排除されていた圧倒的多数者についてはどうであろうか。コンテクストの増大は，排除された人々がそこで自らの生活を築いているような，そしてそれについての歴史が書かれうるような仕方で行為しているとみなすことができるような多くのコンテクストをもたらした。それらは政治からの排除の政治学と，そこ〔政治的行為をおこなう人々〕から他者を排除する政治学への注意を促した。サバルタンの歴史と呼ばれるようになったものの極致においてのみ，人はつねに虐げられけっして行為してこなかった人々の歴史について問うことができた。しかし，そのような歴史は政治的行為の手段だったのだろうか。また，それらは単に他者の排除の上に築かれた歴史を転覆すること，あるいはそうした排除をつねに伴っている政治的なものそれ自体を転覆することに役立つものだったのだろうか。このような問いは，政治的関心によるコンテクストの増大が，その増大が制御不能となり，政治的なものとその歴史の双方の転覆が始まる段階にまで達する過程の極端な事例なのかもしれない。それは18世紀，すなわちモミリアーノ・モデルにおける次の段階において現われ始め，そこで私たちは，人民の真の歴史は，彼らがおこなってきたことの物語にではなく，彼らが何者であったのかの描写に存していると歴史家が述べていること，そして，商業社会においては市民が別のより差し迫った決定をしなければならないので，市民が絶え間なく政治的決定をおこなうような純粋な共和国は奴隷所有社会においてのみ可能であるということをアダム・スミスが述べていることを見出すだろう。これが，ハンナ・アレントが『人間の条件』において「社会的なものの興隆」を探求し始めた地点であり，私たちが，絶え間のない商品化が，私たちが自らを見つめるための自己も行動を共にするための共和国も保持しえないくらいの速さで，私たちが自らを見つめ行為するコン

テクストを増大させているポスト近代の起源を位置づけ始めることになる地点である。この時点で，歴史叙述と歴史はともに存在しなくなる。しかし，歴史家は終末論で締めくくらないということを学んでおり，私は黙示録的な雰囲気で本章を閉じることはしないだろう。

(川名雄一郎・佐藤一進訳)

第Ⅰ部

第1章

17世紀イングランドにおける信用と基金[1]

伊藤誠一郎

　17世紀のイングランドで経済（当時の言葉で言えばトレイド）に関する問題を論じた文書[2]では，その最大の関心事は「貨幣不足（want of money）」であり，また，その多くにおいて解決策が紙券信用であったことはHeckscher (1935, part IV chap. III), Horsefield (1960, とくに part IV), Richards (1929), 杉山 (1963) らによって明らかにされてきた。さらにMuldrew (1998) は，この時期，付けや掛け売り・掛け買いのような，お互いの信頼関係の上に成り立つ，いわば制度化されていない信用が広範に広がっており，実際には貨幣不足という事態はなかったとまでいう。最近のWennerlind (2011) やPincus (2009) の言葉を用いれば，この時期はいわば，貴金属という物質の形をとった「有限」な貨幣に制限された世界から，もはや貴金属量という制限にはとらわれない紙券という「無限」の拡張可能性をもつ経済システムへと移行するプロセスとしても描かれる。長期国債の引受先としてのイングランド銀行の設立をはじめとする「財政革命」はこの信用の無限性の獲得ゆえにこそ可能となった (Dickson, 1967)。

---

1) 本章はIto (2008; 2011; 2013) を通ずるテーマである信用と基金という問題に焦点をあて，この時期の信用の制度化に関する多様かつ多量の議論においてなにが本質的な争点であったかを見出すことを試みたい。また，本章は科学研究費基盤研究（A）「野蛮と啓蒙―経済思想史からの接近」研究会第8回研究会（京都キャンパス・プラザ，2013年1月26日），および経済学史学会第77回全国大会（関西大学，2013年5月26日）で報告された原稿に基づいている。
2) McCormick (2009, 6) は，ペティの政治算術が，政府や知識人などの間で回覧されることを念頭において書かれた手稿によって形成されていったことを指摘しているが，ここで扱う信用制度形成の議論も，刊行物のみならず，一部でのみ流通した手稿類をまじえてなされている。

しかし，その一方でこの無限性への試みが制度の脆弱性のみならず社会・道徳的不安定要素を伴っており，多く議論されてきたことも確かである。いや，むしろ「貨幣不足」解消の議論はたとえいかなる建設的な提案であったにせよ，つねにその影の部分へのいいわけをともなっていた。

たとえば，最近の政治思想史研究の文脈から取り上げられるのは，共和主義思想の徳論の視点からなされる，信用という新しい経済の「エンジン」への批判である。土地という基盤をもたない新興の商業がつくりだす富は，なによりも信用の活用によって生み出される堕落した富であり，とくに公信用が作り出す貨幣利害関係者 (moneyed interest) は政治道徳の腐敗の根源であるとともに (Pocock 1975, chap. xiii)，地主階級にとっては自らの負担のもとに引き出される公債利子の受け取り手でもあった (Dickson 1967, part I)。

しかし，この時代の論客にとってより切実な問題だったのは，こうした思想上の対立よりも，そもそも信用という制度がいかにして成り立つのかという，より根本的な問題であった。多くの論者がジェノヴァ，ベニス，ハンブルク，そしてなによりもアムステルダムでの銀行制度の実践経験を高く評価し，それを真似ろとさえいうが，しかし，「制度化された信用」である銀行というものが何を根拠に成り立つのかという問題は未解決のままであった。少なくともイングランドの文脈においては。

この信用そのものの不安定性については，最近多くの歴史家が取り上げるようになってきた。例えば伊藤 (1995) は，名誉革命後の長い戦争の戦費調達のための公債の累増という事態に直面したチャールズ・ダヴナントが，信用がトレイドの強力な「エンジン」でありながらそれ自体としては空虚であり脆弱なものであることを強調していたことをみた。Hoppit (1990) はダニエル・デフォーやジェームズ・ステュアートの信用概念が「社交性 (sociability)」という不安定な社会道徳のうえに成り立っていることを指摘した[3]。しかし，なによりも初期近代のイングランドの信用の力強さと脆さを

---

3) 林 (2012) がジャーナリストとして描き出すデフォーは，世論の力を重視し，だからこそそれを操ろうとする。そうしたデフォーにとっての信用は当然ながら世論や政治という不安定要素の中で存在せざるをえない。古谷 (2007; 2013) は，1764 年の草稿段階では信用は不動産担保に基づく「私的信用」のみに限定しておくべきだとしていたステュアートが，1767 年の『経済の原理』にいたっては，交易の発展にあわせて「商

われわれに強烈に印象付けさせたのは Muldrew (1998) である。Muldrew によれば，確かに 16・17 世紀のイングランドは隣近所での付けや掛けのような非制度的な信用が広まっていたものの，それはあくまでも地域内での人的な信頼関係，つまり「評判 (reputation)」にもとづくものであった。Ito (2011) や Wennerlind (2011) は，17 世紀に書かれたさまざまな形の銀行案においても，そうした信用の本質としての社会・道徳性が重要な要素になっていたことを見出した。

　本章で焦点を当てたいのは，ダヴナントがいうように元来空想の産物である信用が，どのようにその脆弱性を克服されるべきとこの時期の諸論者が考えたか，ということにある。結論からいうと，17 世紀に信用制度の設立を提唱する多くの論者が強く求めていたのは，資本や貨幣の不足への対策というよりはむしろ，健全な基金の設立，別の言い方をすれば安全な担保の獲得であった。よりよい銀行をつくるということはなによりもよりよい基金，担保を提示するということであった。そのことによってこそ貧民が高利貸しからの不正なとりたてにおびえることなく，また経験がなく社会的信頼も得ていない若くて有能な商工業者が国家にとって有益な経済活動を行うことができた。そして，こうした基金を維持するにあたっては，信用を扱う機関やそれを担う人間だけでなく，貧民や商工業者といった借り手についても常に信頼や高い評判が求められた。結局のところ，国に富をもたらすトレイドの原動力であった信用の基礎は，基金や担保という形で表現される名誉や正直さに求められていた。

　また，議論の前提として 17 世紀が社会構造の変動期であったことも思い起こさなければならない。しかしその動きは法制度についてもビジネスの世界においてもゆっくりであり，常に伝統と革新の間で揺れていた（法制度については Brooks, 2008; ビジネスについては Grassby, 1995）。したがって，以下で見ていく議論のなかでは，新しいものへの恐怖と挑戦という二つの側面が常に本質的な論争点となってくる。

業的信用」も利用すべきとしており，経済の動態にあわせた信用制度の展開を見据えていたことを指摘している。古谷の見るステュアート信用論は，本章で見ていく不安定な社会における信用論のその後の展開の一例といえる。

第Ⅰ部

1 質屋

　17世紀の前半のイングランドの経済において，もっとも厄介な問題は質屋という形をとった高利貸しであり，まずはこうした悪徳な質屋にどう対処すべきかが取り組むべき問題であった。

　たとえば，1612年のハニマン（Thomas Hunniman）の提案は，銀行設立ではなかったが，盗品を質として受け取り，高利で貸し付け，質流れ品を高額で売る「泥棒のような質屋（theevinge Brokers）」(Hunniman n.d., fo. 1) をやめさせるよううったえていた。

　十年ほどしてマリーンズ（Gerald Malynes, fl. 1585-1641）は，商人などに貸し付ける質屋 'Pawne-houses'（低利で貸し付ける）と慈善銀行 'bank of charity'（利子は取らない）の設立を提案するが，そこでもその最大の目的は「容認できない」質屋への対策であり，質の適切な扱いであり，生物や腐敗するものは質として取らない，質は所有者の合意のもと公開市場で売られなければならない，質は安全に保管されなければならない，質を持ち込んだ人に名前を申告してもらい記録簿に残さなければならない，不法にとられた質は本来の所有者に戻さなければならない（Malynes 1622, 342-4）といった提案であり，かならずしも慈善それ自体がその主眼ではなかった。

　たしかに質にはつねに否定的なイメージがつきまとったが，逆にいえば，これをうまく管理できれば高利貸しや悪徳な質屋への有効な対抗策となった。チャールズ1世の治世に書かれたとされる手稿『質屋または慈善銀行の設立案』は，タイトルの通り，マリーンズが提案したのと同じく商人向け質屋と慈善銀行の設立を提案する。これは，必ずしも貧民の救済のみを目指したものではなく，貧しい商人のみならず資金が必要な金持ちへの貸し出しも念頭においていた（Anon. n.d., fo. 18）。しかし力点は，やはりマリーンズと同様，「利益や収益なしに」質をとって貸し付けることにある。したがって，質を安全に保管するために必要な建物の建設と修繕，従業員の賃金だけが必要な経費となる（Anon. n.d., fo. 20）。「マリーンズが示すように」，悪徳な質屋（Brokers）は，質を横流ししてしまう。したがって，著者は，そうしたこと

を防ぐために，質を記録する係を雇うべきだとする（Anon., n.d., ff. 22-3）。

1646年にベンブリッジ（John Benbrigge, 1646）は，貧民から担保（pledge）をとって貨幣を貸す慈善銀行の設立を提案した。彼の意図は明確に貧民救済にあった。クック（John Cooke）は，「隣人への善をなすために」，すなわち貧民を救うために「質または担保（pledge or good security）」（1648, 33）をとって貨幣を彼らに貸すべきとした。このように，初期ステュアート朝期の慈善銀行案の目的は，慈善の精神にもとづく貧民救済であるとともに，なによりも質のとりかたの適切さにあった。

2 抵当銀行と基金

大空位期のイングランドでは，ハートリブ（Samuel Hartlib, c. 1600-62）を中心としたいわゆるハートリブ・サークルが，こうした変動期の社会の代表的な社会改良運動の担い手であった。はっきりとした形をもたないこの知識人グループは，文通などを通じて広い範囲にわたっていた（Leng 2008, 22; McCormick 2009, 41-4; 大倉 2013）。例えばヘンリー・ロビンソン（Henry Robinson, 1605-73），ピーター・チェンバレン（Peter Chamberlen, 1601-83），ヒュー・ピーター（Hugh Peters, 1598-1660）などの指導的役割を担っていた論者を含む多くが政治的な急進派でもあり，かれらの社会改良案の内容は多岐にわたっていた。チェンバレンは貧民の救済のみならず，泥棒や強盗を労働訓練所に送ること，また，若者の教育施設の設立，そして「公共の銀行（publique Banck）」を提案した（1649, 48）。ロビンソンによる社会改良案のトピックは，自由，トレイド，貨幣，植民地，港，為替手形，遺言の登記，労働訓練所，病院，学校，そして「抵当銀行（Lombards）」（1652, 22）であった。

これまでの慈善銀行案においてすでに，その利用対象は貧民だけでなく商人も含んでいたが，この時期になると徐々に「抵当銀行」という言葉が好まれるようになっていった。ロビンソンはその一例である。ハートリブ・サークルのひとりであったウィリアム・ペティ（William Petty, 1623-87）もしばらく先ではあるが，1682年に『貨幣詳論』のなかで，銀行の設立が「全商業世界のトレイドを遂行するのに十分なストックを供給する」（1899/1682, 446）と

指摘している。ここではもはや慈善の意図は消えている。

　ポッター (William Potter) は，信用のあるところではトレイドが栄えるというテーゼのもと，「アムステルダム銀行にも劣らない」(1650, 45) 信用を提案した。「堅固で知りわたった信用 (a firme and knowne credit)」は「最良でもっとも知られた担保 (security)」によってのみ作られるとした (1650, 41)。ポッターはこの担保の内容が何であるのか，すなわち貨幣や物品であるのか土地であるのかは明示しないが，しかし，用語として，それまで否定的なイメージがつきまとった「質 (pawn)」でなく「担保」を使った。

　他方で，この時期になると銀行それ自体の有用性を明確に主張し，そもそも銀行とはどのようなものかを明らかにしようとする論者があらわれてくる。たとえば，ガービエ (Sir Balthazar Gerbier, 1592-1663/67) はやはり高利をとる質屋を根絶することによってこそ貨幣不足を解消できるとした。彼はベニスとオランダの例を参考にしながら，その具体的な内容についての説明はないものの，「支払いの銀行 (banck of payment)」と「貸付銀行 (Bancks of Loan)」の設立を提案した (1651b, 14)。しかし，彼の提案においても当然のごとく貸し付けは質をとることによってなされた。彼の想定する質草は貨幣，商品，宝石，貴金属食器であったが，なによりも特徴的なのは，これらが国家によって没収されないかという懸念も同時に示していることである。このときガービエはとくにフランスのことを念頭においていた (1651a, 6)。

　ラム (Samuel Lambe) はまず，トレイドは国民を豊かにするだけでなく「強くする」([1658], 6) とし，銀行は「想像的貨幣 (imaginary money)」を発行することによってトレイドを促進すると主張する。ここでは，トレイドの促進が貧民の雇用対策になることは指摘されるが，慈善という意味における貧民救済への興味はない。ラムの銀行案はガービエのそれよりは具体的であり，銀行を明確に定義づける。彼によれば，「銀行は，結合したストックでともにつながった，資産と信用をもつ一定の十分な人数の人々のことである」。そして彼らは低利で「想像的貨幣」を発行し，商人に貸し付け，その譲渡によって支払いをする。この銀行の設立によって，鋳貨の偽造，訴訟のきっかけとなる計算間違い，盗難，強盗を防ぐことができると主張する ([1658], 12)。

しかし，悪徳な質屋に対する批判がおさまったわけではない。1661年に書かれた匿名の手稿では，提案された機関の信頼性と安全性に，その中心的論点がおかれている。彼自身提案する慈善銀行の貧民救済への有用性はみとめるものの，最大のメリットは，質草を壊されたり，着服されたり，改造されたり，換えられたり，あるいは質流しの没収のときに，貸した額を超える余剰分の利得を無効にされたりしないことにあると著者はうったえる（Anon. 1661, 3)。この著者もこれまでの議論でもみられたように，自らの慈善銀行設立案と「通常の質屋（ordinary pawn-brokers)」を比較するが，そこでの力点は前者の推奨というよりは，後者への厳しい批判にあった。かつてハニマンやマリーンズが懸念したように，この著者も質屋が盗品を受け入れること，そしてそれが怠惰，窃盗，強盗を推奨することになると指摘した（Anon. 1661, 5)。

チェンバレンの息子ヒュー（Hugh Chamberlen）が1665年に書いたパンフレット『信用の機関の説明』は，銀行の有用性と担保の問題をより有機的につなげて議論した。彼によれば，彼が設立を提案する機関は，「抵当銀行（Lumbard)」のように物品を抵当として取るが貨幣を貸すのではなく，また銀行のように信用を提供するが貨幣を準備として預かるのでもない。それは，抵当をとって信用を供与するものであった。ここで強調されるこの提案の特徴はもはや慈善ではなく，銀行そのものの在り方についてであった。

このあとしばらく銀行をめぐる議論はおさまるが，排斥法危機の時期に再び内乱と混沌の恐怖が現実味を帯びてくる中，人々が「危険からの防御」（Knights 1994, 362）をさまざまな側面から考え出したのも不思議ではない。こうした状況の中，信用の機関はそれまで以上にその機関の信頼性を高めるべく，担保の質向上の議論をすすめていった。

ルイス（Mark Lewis, 1621/2-1681）は1677年から1678年にかけていくつかの銀行案を提示する。一つは教区への課税により基金を作るというものであり，これは「公的信頼（Publick Faith)」であり，「良質な担保（good security)」だという（1677a, 5)。二つ目は，「あらゆる物品を質として受け入れ，それに基づいて信用手形を融通する」典型的な抵当銀行である。しかし，注目すべきは，「所有権がはっきりしている」という条件付きで土地を担保として認

39

めている点と，預かった担保を安全に保管するために，「土地を所有し，正直であるという評判のある人」を任命すべきだとしている点である (1677b, 3-4)。こうした銀行案は，「新しい思いつき (a new Whimsie)」(1677b, 8) だとして人々には受け入れられないのではないかという批判をルイスは想定するが，これについて彼は，この銀行は「商品保管庫 (Warehouse)」と同じで，新しいところかまったくなじみのあるものであると答える。商品保管庫の管理者が，「名の知れた (known)」人である限り，その商品預かり証は実際貨幣のように流通していることを指摘する (1677b, 8)。

　三番目に，ルイスは優良な「基金 (fund)」をもつ銀行を提案する (1678a; 1678?b; n.d.)。これは実質的には第二のものとおなじ抵当銀行であるが，ここで彼がいう基金とは，単なる抵当だけでなく，それを管理する組織そのものも含めている。この組織は，担保を強盗から守るため，上級，下級の管理者をもち，日々の管理に当たり，担保を構成する船舶，家屋，土地は記録される。また，この銀行の手形を盗んだり偽造したりすることを反逆罪とすることも提案する。

　この後，いくつかの銀行案が立て続けに登場する。それらにはもはや慈善の目的も，悪徳な質屋への批判もなかった。そしてもはや質という言葉は消え，安全で確かな基金が彼らが共通に目指したものであった。息子のチェンバレンは1665年のパンフレットの拡大・改訂版を1682年に刊行する。そこでは，銀行に求められるのは，抵当 (pledge) の横領，家事，盗難，破損，消耗を防ぐことであり，このことこそが銀行のこれまでになかった評判 (reputation) を築く。興味深いのは，貨幣が信用の基金であるアムステルダム銀行との比較である。著者によれば，結局アムステルダム銀行も，抵当が安全な場所においてあるという「知れ渡った評判 (known reputation)」ゆえにその信用が流通しているのだから，原理は同じである (1682, 13)。さらには，アムステルダム銀行の基金は貨幣であり，盗難のリスクが高いのに対し，ヒューの提案する銀行の場合，抵当は物品という運搬にはかさばるものであるのだから，こちらの方が安全という点から考えるとむしろ有利であるという (1682, 6)。

　このように諸銀行案においてもっとも関心がよせられたのは，基金をどの

ように安全に管理するかであった。ホートン (John Houghton) は，物品，土地，家屋，相続財産からなる基金と，それに基づいて供給される銀行手形 (Bank-Bills) を提案した。この銀行では，それにふさわしい市民が忠実に管理人の任にあたり，そこでは多くの職員が銀行の保全に努めているので，「いかなる不正もみつからずにおこなうことは事実上不可能である」（[Houghton] 1683?, 5-6)。ある匿名の銀行提案においても，なによりも銀行に「預けられた物品」の安全が最大の関心事であり，そこでは，銀行に預ければ「昼も夜も」監視され，私宅におかれるよりはずっと安全であることがなによりもの売りであった (Anon. 1683a, 15)。他の銀行案でも，銀行の倉庫に預けられた物品は「昼も夜も」管理されるので，問屋や個人の倉庫においてあるいかなるものよりも安全であることが強調される (Anon. [1682]d, 1)。また，預託されたものは安全に保管され，これに基づいて発行された信用手形 (Bills of Credit) は「世界で最良の担保 (ye best Securitye in ye World)」であることを唱える案もあった (Anon. [1683]c, fo. 39)。マリ (R. Murray) の銀行案では，保管人とそれぞれの銀行社屋の倉庫管理人は，その銀行が発行した分の価値のものがあるかどうかを検証し，職員は宣誓をして銀行の安全をまもり，倉庫の鍵は役員，会計官，倉庫管理人が保有する。このようなところでは偽札などはつくられようもないとする ([Murray] 1683, 11 [10] -12)。

3 土地登記と信用

以上みてきたように17世紀の諸銀行案では，その主眼が貧民救済からトレイドの推進へと移行しながらも，一貫して貸し出しの際にあずかる担保の扱いこそが最大のセールスポイントであった。担保または基金の安全が確保されるからこそ発行される信用の信頼度も高まった。

しかし，そもそも担保そのものの信頼度はどのように判定できるのだろうか。多くの銀行案が物品を担保とする抵当銀行案であった一方で，耐久性と収益性においてはるかに優れている土地を担保とする抵当銀行，すなわち土地銀行が提案されるようになってくるのは当然であり，実際名誉革命後にブリスコウ (John Briscoe, d. 1697) らによって多くの土地銀行案が提示され，失

敗したものの国民土地銀行 (National Land Bank) も設立されはした (Horsefield 1960, chap. 15)。しかし，土地を抵当とする貸し出しをするという考えはこの時突然出てきたのではなく，いかにして土地をより確かな抵当とするかという長きにわたる議論の延長に土地銀行案はでてきた。それは，これまで見てきた銀行諸提案と並行し独立しながらも，しばしば重なり合う論争の歴史でもあった。そこでの争点は，土地の登記の是非であり，議論は法学固有の領域に属しながらも，当時のトレイドの自明の推進エンジンであった信用制度の確立こそがそのゴールにあり，これまで見てきた銀行論争と合流していくこととなった。

　エリザベス 1 世からチャールズ 1 世にかけての時期，イングランドの法は，コモン・ローとローマ法の併存，競合状態にあり，ローマ法の枠組みにあった登記の問題も論争点になっていた (Brooks 2008, 308; Brooks, Helmholz and Stein 1991, chap. 1)。イングランドにおいても文書を記録し公的権威を与える公証人 (notary public) はいたが，土地の譲渡証書にかかわる場合に司法の場でかならずしも十分な役目を担ってはいなかった。したがって，文書の偽造や不正使用を防ぐには公的に権威づけられた登記所の設立が求められた (Brooks, Helmholz and Stein 1991, 38; 101-7)。大空位期に法制度改革について活発な議論が展開されたが，その背後にはこうした文脈があった。1649 年の新政府発足後なされた法改革の議論では，「遅く，費用がかさみ，恣意的な」司法プロセスが問題とされたが，多くの改革案において登記制度の確立こそがこうした問題の解決のために必要であるとしばしば唱えられた (Veall 1970, 56; 219-224)。クロムウェルに忠実な，そして急進的な社会改革運動家であったヒュー・ピータースは，すでに 1647 年に，司法の混乱をなくすために，あらゆる不動産とその譲渡に関する全国の記録をウェストミンスターに集めることを提案していた (Peters [1647], 13)。1651 年 7 月 7 日付けのパンフレットにおいてピータースは 21 の法制度改革案の最初に，登記所の設立を掲げ，そこですべての土地と家屋，そしてその譲渡について記録するよう，各教区に登記簿がつくられるべきだとした (P[eters] 1651, 27-8)。他の論者たちによっても，不動産取引における不正や詐欺，そしてそれによって引き起こされる訴訟が，こうした登記によって防げることがしばしば主張され

第 1 章　17 世紀イングランドにおける信用と基金

ている (Anon. 1649, 19; Anon. [1650], [1]; Leach 1651, 2-3)。法改革者というより，社会改革者でありハートリブ・サークルの一員であるヘンリー・ロビンソンも同様の目的で不動産譲渡や負債についてのカウンティごとの登記所の設立を提案した。

　こうした議論を背景に 1651 年 12 月 26 日に下院で，法改革を検討するために，いわゆるヘイル委員会 (The Hale Commission) の設置が命じられ，登記については 1652 年の 5 月，6 月の委員会で集中的に審議された。ピータースはこの間開かれた 10 回の委員会のうち 7 回出席した (*Minutes*, fos. 17b-82b)。そこでは，各カウンティに公共の登記所とロンドンに統括的な登記所を設置すべきこと，登記すべきもの，不動産の隠ぺいの処置の仕方について議論された (*Minutes*, fo. 72; fo. 76; ff. 73-; fo. 81; fo. 82b.)。

　ヘイル委員会のあとも，例えば J. F. と名乗るパンフレッティーアはあらゆる土地関連取引を州ごとに登記すべきだと主張した (J. F. 1653, 5)。しかしこのころからその他の論者は，登記がもたらす悪影響について懸念するようになる。『カウンティ登記簿，遺書，遺産管理に関する法と題された法案に反対する諸理由』と題する匿名のパンフレットは，もしすべての不動産譲渡が登記されたら，不正な不動産が発見され，多くの人が罪を犯すことになってしまい，またそれとともに密告者とそうした不正不動産権探しがはびこり，訴訟も増大するだろう，と警告する (Anon. 1653, 7-8)。こうした懸念に対し，『ハートリブ文書』におさめられた，同時期に書かれたであろう手稿は，6 か月の不服申し立て期間をもうければ，訴訟も防げるだろうと答える (Anon. n.d., 66/16/4B; 3A; 4B)。J. W. と名乗る著者は，登記の有用性を認めながらも，登記情報は登記財産保有者以外には公開すべきでないとした (J. W. 1653, 12)。1657 年に，シェパード (William Sheppard) も，法に関するすべての問題を解決しようと試みた大著において，不動産取引や債権をすべてカウンティごとに登記することを提案する (1657, 112; 113-4; 121)。1659 年には，ビリング (Edward Billing) (1659, 3) や，ベイコン主義者スプリグ (William Sprigg) も，不正や詐欺を防ぐためにカウンティごとの登記を提起する (1659, 73)。

　これらの登記所設立案は，基本的には法改革の一部として提示されたが，

43

第 I 部

「幸せを願うひと（Well-willer）」を名乗る匿名の著者によるパンフレットでは，天地創造の 6 日間になぞらえて社会改革案を論ずる中で，登記所設立をその 2 日目に位置づける。そこでは，ウェストミンスターに中心となる「国民登記所（National Register）」，州ごとに「地域登記所（Provincial Register）」，そのもとに「下部地域登記所（Sub-provincial）」，さらに教区ごとに「教区登記所（Parochial Register）」をおき，それぞれに職員を置くことを提案する（Anon. 1659a, 6-14）。登記されるべきものは，あらゆる不動産諸権利，その譲渡，負債のみならず，不動産を保有する子供や，結婚，誕生，洗礼，死亡，遺言，使用人にまでわたる（Anon. 1659a, 9; 17-8）。こうした 2 日目の作業は，司法手続き，議会選挙，公収入，貧民のための労働訓練所，商業，教育といったその後の世界創造の基礎となる。

ある論者たちによると，登記に期待される最大の効果は土地所有権をめぐる係争や訴訟の削減であった（Anon. 1659b, 3; Cole 1659, 12）他方で，やはりこの年に書かれた，ヘイル（Matthew Hale）の著とされるパンフレットは，完全な登記がなされない限り，情報の過剰な開示は逆に訴訟の増加に帰結することを指摘する（Hale 1694, 1; 4; 7; 13）。こうした情報開示への懸念はその後も争点であり続けた。

注意すべきは，これらの登記所設立案は，あくまでも法改革の枠組みのなかで議論されていたことである。しかし，王政復古直後の 8 月 2 日にバルバドスの総司令官に任ぜられたフランシス・クラドック（Francis Cradock）は（CSPC AWI, vol. 1, no. 33），1661 年 4 月 25 日の日付のあるパンフレットで，銀行設立をめぐる議論と，登記所設立をめぐる議論の文脈を結びつけた。彼は自らの書庫がマリーンズ，ロビンソン，ラムの著作を含んでいることを明らかにし，オランダやジェノヴァやフィレンツェに習って銀行を設立すべきだと提案する。ただし，クラドックの提案する銀行はこれら大陸のそれとはことなり，貨幣なしに設立できるポッターの「土地銀行のアイデア」を参考としたものであるという（Cradock 1661, -2）。クラドックは，まず銀行を，現金を保管し，貨幣の所有権を移転させることによって支払いをする機関，と定義づけた後で，では，鋳貨だけでなく，金銀の塊や容器，さらには繊維製品や砂糖，ワイン，煙草のような商品でもいいのではないか，そして最後に，

第 1 章　17 世紀イングランドにおける信用と基金

土地でもいいのではないか，と問いかける (Cradock 1661, 4-7)。もしあらゆる不動産と地代が登記される銀行または登記所が設立されれば，土地という「不動産担保 (real security)」が信用の基礎となり，効果的に機能する (Cradock 1661, 7; 10; 14)。クラドックは，登記が議会において「これまで議論されてきた」課題であり，隠された不動産の発見のリスクという問題があったことを認識しており，これに対し彼は，この土地銀行案は不動産所有権をめぐる訴訟を減らすという (Cradock 1661, 32; 27; 29)。この年の 11 月 19 日にクラドックはこの「貨幣をもたず」土地と物品を担保とし，不動産に関する記録を保持する事務をとり行う銀行をバルバドスに設置することを請願し，12 月 9 日に認可された。1662 年 3 月にクラドックは銀行設立の権限を与えられたが，彼が死ぬ 1667 年 8 月までに実際にそれが行使されたかはわからない (*CSPC AWI, Volume 5*, no. 183; no. 183. II; no. 183. III; no. 194; no. 265; no. 266; no. 696; no. 759; no. 759 I; no. 759 II; no. 1555)。

クラドックによって結びつけられた土地登記と信用という二つのテーマは，ウィリアム・ペティにおいてもそれぞれ認識されてはいるものの，相互に関連するテーマではなかった。例えば 1662 年の『租税貢納論』において，登記が訴訟を減らすということは指摘されながらも，それは信用とは無関係であった (Petty 1899, 26-7)。1661 年に書かれた「アイルランドの登記所に関する提案」という手稿では，不動産の諸権利が登記されれば，土地を担保とする銀行ができること，そしてこの登記が訴訟を半減させることを指摘してはいる (Petty 1927, vol. 1, 78) が，それ以上の議論の展開はない。しかし，王政復古よりは前に書かれたであろうハートリブの覚え書きは，「土地の登記というやり方」が諸問題を解決し，その担保は借金の健全な基礎となることを指摘している (*The Hartlib Papers*, [27/14/1A-1B])。

登記と信用の関係が本格的に議論されるようになったのは，1669 年暮れに貴族院で，「トレイドの衰退と地代の下落についての検討委員会」が設置されてからである。ここで検討を命じられた課題は，利子率，不動産登記，帰化の問題[4]であった。登記の問題については，不動産の権利の不確定性が

---

4)　帰化の問題は本章では扱わないが，門 (2008) を参照。

第 I 部

地価と地代下落の原因であり,登記の法案が必要であると,1669 年 11 月 24 日にエセックス卿の報告があった (*LJ*, vol. 12, 274)。明らかにこの貴族院での議論をきっかけに再び登記をめぐるパンフレットが活発に書かれ,訴訟の削減と不正の防止が重要なトピックとはなったが,しかし同時にトレイドとの関係がむしろ主たるテーマとなっていった。そこでは,Pocock (1987) によって「フィルマー主義者」(215-7) として描かれた,王政に好意的な,ファビアン・フィリップス (Fabian Philipps, 1601-90) が中心的な役割を担った。

フィリップスは 1662 年に,もともと 1656 年に書かれていた『登記の改革』というパンフレットを刊行し,登記所の設置に反対していた。その理由は,記録は誤記され,不注意に,また悪意をもって登記され,カウンティの登記所では騒乱時にはロンドンほど安全には保管されず,すべての譲渡証書の登記の強制はコモン・ロー上の権利と自由に反し,偽造を引き起こし,訴訟における密告者を増やす,という点にあった (1662, 3; 4; 8; 14-5; 19; 29; 47)。しかし,なによりも特徴的であり,その後の論争において重要な意味を持つ反対理由は,債務証書がもし登記されたら人々の財産状況が過剰に他人に知れ渡ることになり,信用によって商売をしている勤勉な商人や,まだ信頼も得ていない「若く有望な商人」が,債権者から十分な資金をえられなくなってしまうという点である (1662, 58-9; 60-1; 1671, 64-5)。

1669 年の匿名のパンフレットは,不動産登記所の目的を明確に訴訟の削減のためとするだけでなく,法律家が登記に反対する理由は訴訟が減って稼ぎが下がるからだとさえ言う (Anon. 1669, 3)。信用によって生きている商人の妨げになるというフィリップスの批判に対しては,貨幣が不足しているときに必要なのは「正直という貯え (the Stock of *Honesty*)」であると答える (Anon. 1669, 5)。正直さは登記によってつくりだされ,この正直さがあれば若い勤勉な初心者も資金の貸し付けを受けることができる (Anon. 1669, 5; 7-8)。

しかし同年にフィリップスはパンフレットを書いて反論を試みる。登記批判の理由は「革新 (Innovations) は少なからず危険である」ということにあった。そして,過剰な情報の開示が信用で生きている人々を窮地に追いやると

いう指摘をここでも繰り返した。ただ，興味深いことに，フィリップスは，「非キリスト教的」な高利貸しや質屋対策として，慈善銀行の設立をあげている。先にも見たように，この時期になると銀行案のなかでの慈善の位置づけは小さくなっていっているが，フィリップスにとっては，リスクの高い不動産登記よりもより確かな対策であったのであろう (1669, 13)。

1671 年のニコラス・フィルポット (Nicholas Phillpott) のパンフレット『登記擁護の理由と提案』では，フィリップスとは正反対の立場が示される。彼は，隠ぺいされた抵当権など，訴訟を引き起こすような詐欺や不正を防ぐために，「公的登記所 (publick Registry)」を各カウンティに設けることを提案する。そしてこのことによって，借り手は「よい担保 (good security)」をもっているという評判を得ることができ，これまでのように貨幣の借りるときに「法外な担保 (too unreasonable securities)」を請求されることもなくなるという (Phillpott 1671, 1-5)。

この年にフィリップスは『登記の改革』の大幅な拡大版を刊行し，諸外国の例もあげて登記制度への批判を重ねる。確かにオランダにも公証人がいたが，登記は強制ではなかったし，スペインでは公証人制度ゆえに，逆に信用の低い貧民は借入をしづらかった，と指摘する (Philipps 1671, 94-5; 113-4)。さらにフィリップスによると，スコットランドではローマ帝国の頃より，私文書の偽造を防ぐため公証人制度があったが，偽造公文書が横行し，再び人々は私文書を好むようになった (Philipps 1671, 118-9)。

先の諸銀行案同様，しばらくの沈黙が続いたあと，排斥法危機のころになって議論が再燃する。ルイスはさきほども取り上げた 1678 年のパンフレットで，「登記所は担保を作り，担保は貨幣をもたらすだろう」と端的に担保と貨幣のつながりを言い表している (1678, 33 [32])。しかし，なによりもこの時代にこの担保と貨幣の問題を詳細に論じたのは，「失敗した」河川技師アンドゥルー・ヤラントン (Andrew Yarranton, 1619-84) によって 1677 年に刊行された長大なパンフレット，『イングランドの改良』であった。「戦わずしてオランダを打ち負かし，貨幣なしで負債を支払い，われわれ自身の土地の成長をもってイングランドのすべての貧民を仕事につかせ，任意の登記によって不必要な訴訟を防ぐために」という副題は，登記と貨幣の問題を簡潔に説

明している。

　ヤラントンによると，トレイド振興のためには，「軍隊における規律と同様通常の正直さが必要であり，王国や共和国内で通常の正直さが不足しているところではトレイドが離れていく。なぜなら，政府の正直さがあるところに豊かさはあり，名誉と正直さと豊かさがあるところには強さがあり，名誉と正直さと豊かさと強さがあるところにトレイドがある」。この「名誉と正直さと豊かさと強さとトレイド」の「五姉妹」はオランダを，公立登記所，容易な河川運行，公立銀行，商業裁判所，保管倉庫によって繁栄させた基本原理でもある（Yarranton 1677, 6-7）。登記された土地はそれに基づく信用がトレイドに貨幣と同等のものをもたらす。したがって「登記はトレイドをはやめる」。オランダの繁栄も，銀行に「大量の現金」があるからではなく，登記された土地という安全な基礎があるからであり，それゆえに「五姉妹」の原理が機能するからである（12; 13; 23）。登記所を運営するにあたっても，名誉と正直さは基本的な原理となり，登記所は名誉と正直さをもっているジェントルマンによって管理されなければならない（33-4）。

　さらに彼は，「公共穀倉銀行（Publick Bank-Granary）」の設立を提案する。そこには穀物が送られ，ロンドンのギルドホールに登録される。これは「良質の信用（good credit）」をもたらし，トレイドを促進する（122-3; 126; 127）。穀倉登記所 Granary-Register の登記簿に登記された穀物のかわりに発行されたチケットは市場で流通し，貨幣不足や信用不足を補うこととなる。

　翌年1678年には，2月4日付けのパンフレット『登記の擁護の理由[5]』が刊行された。その主張は，もはやこの時点ではすっかりなじみのものであった。つまり，トレイドは貸し付けに依存しており，それには確かな「基金または担保（a Fund, or security）」（Anon. 1678a, 7）が必要であり，それはなによりも登記された土地である，と。この著者も，不動産保有に関する私的な事柄の開示が，借り手の評判を落とすのではないかという不安を予想する。しかし，結論として著者は，そうした不安は，いかなる革新にもともなう無知と誤解にすぎないと反論する（Anon. 1678a, 9-19）。

---

[5]　大英図書館にはカタログに1700年頃のものとされるほぼ完全な書きうつしの手稿がある（Anon., circ. 1700）。

これに対して，同年に『土地登記の反対の理由』と題する匿名のパンフレットが出される。ここでも，新しいものへの懐疑が示され，いまは「そのような奇異で，新奇で危険な方策」をとるべきではないとされる(Anon. 1678b, 2-3)。登記は，「新しい病のための新しい薬」というよりは，全身を不調にする「有毒な薬」であった(Anon. 1678b, 16-7)。しかし，著者は結論にいたって，これが単なる登記批判でないことを明らかにする。すなわち，著者が批判していたのは任意の登記であって，もしやるのであれば，あらゆる土地取引を完全に登記すべきだというものであった(Anon. 1678b, 12; 17)。そのことによってこそ訴訟も減らせるし，また経済取引も安全に行えるとした。

4　利子論争

　これまでも見てきたように，オランダは社会・経済のあらゆる面でイングランドの見習うべき手本とされてきたが，17世紀はじめから，その利子率の低さは常に称賛と羨望の的であった(Israel 1989, 78[6])。R. H. Tawneyは，トマス・ウィルソン(Thomas Wilson)の『徴利論』のなかに，宗教道徳の観点からの利子批判のみならず，利子がすでに経済社会に実在しているという事実を前提として論じられていることをみた(Wilson, 1925 [1572])。そして，これまでみてきたように，17世紀とくに前半の諸銀行案において，高利貸し批判という形をとりながらも，信用の制度化のためのより建設的な提案として，多くの慈善銀行案が示されてきた。しかし，高利貸し批判と法定利子率引き下げの問題はかならずしも同じ枠組みのなかで論じられたわけではなかった。たとえば，父トマス・カルペパー(Thomas Culpeper, 1577/8-1662)は1621年にすでに法定利子率の引き下げを提案しているが，これと高利をとる悪徳な質屋への批判とは別の話であった。利子率の問題の争点は，利子率の低さは経済の繁栄の原因か結果か，そして，オランダの場合どちらのケースにあてはまるのかにあった[7]。カルペパーにとってそれは原因であり，ま

---

6)　オランダとイングランドの関係については他に，Ormrod (2003), Pincus (1996)を参照。

7)　Habakkuk (1952), Tucker (1960, chap. 2), Appleby (1978, 87-93), Kelly (1991, 7-

さにオランダがその典型例であった。

　イングランドがオランダから学ぶべきものは，利子論争の論者においても，先にみたハートリブ・サークルと同様，たんに利子率の低さだけではなく，社会のあらゆる部面にわたった。カルペパーの考えを再生させようとしたジョサイア・チャイルド（Josiah Child, 1631-99）は1668年に『簡単な諸観察』を刊行したが，彼はまずイングランドがオランダに「真似できる」十五の方策を提示した。すなわち，商人の知識と経験，男子均分相続土地保有，評判の高い商品，技術革新の推奨，低費用の大型帆船，節倹，教育，低関税と高い消費税，貧民の雇用，銀行の利用，宗教的寛容，商取引法，負債の手形の譲渡に関する法，すべての土地家屋の公的登記，そして低利である（1668, 3-6）。しかし，彼は論考の最後に，オランダの豊かさのさらなる四つの理由を，繰り返しも含めて付け加える。それは，公的登記によって不動産担保を確実なものにすること，銀行と抵当銀行の設置，負債手形譲渡にかんする法，そして極度のつつましさの習慣（1668, 19）である。この15プラス4のオランダの利点はその後の論争における共通の争点を提供した。先にも見たように，翌年1669年に貴族院で設けられた委員会で検討を命じられたのは，外国人帰化の問題と，不動産登記，利子率引き下げの問題であったことを考えると，不動産登記が15項目の最後から2番目，つまり低利の直前に来ているだけでなく，プラス4のなかにも登記と銀行が含まれている点に注意しなければならない。ちなみに，チャイルドは公的な登記が「費用のかさむ訴訟を防ぐ」（1668, 6）と指摘しており，これが本章で見てきた登記に関する論争を意識したものであることは明らかである。しかし，チャイルドの主張は父カルペパーと同じく，とにかく低利こそが人々の豊かさの「根本原因（*CAUSA CAUSANS*）」（1668, 7）であるのだから利子率の引き下げこそがなすべき方策だという一点にしぼられる。たしかに怠惰な人々がより容易にカネをかりることをできるようにさせるため，人々の勤労を弱める可能性を認めるが，それはチャイルドにとってはそれほど深刻な問題ではなかった（1668, 14）。いずれにせよ，利子率の低さ以外は彼にとっては重要な意味を持たな

12; 47-55），Keirn and Melton（1990）参照。

かった。チャイルドはペティの『租税貢納論』に言及しながら，「自然は自らのコースを取らねばならないし取るだろう，イングランドの状況は利子の引き下げのための準備はできている」(1668, 17) と，少々矛盾したレトリックで自らの主張を補強した。

しかし，この論点は，他の論者にとってはチャイルド批判の材料となった。例えばある匿名のパンフレットは，チャイルド自身オランダの利子率が法的に強制されていないことを認めており，だからこそ利子率の低さ以外の14プラス4の項目を提示しなければならなかったのだと指摘する (Anon. 1668a, 8)。しかし，この著者がチャイルドの主張を受け入れられない最大の理由は，イギリスが低利子率に耐えうるような状態になっていないという点にあった。したがって，著者は，14プラス4の項目が達成されることなく，法定利子の引き下げに賛成することはできなかった。そもそも，「もしイングランドが利子引き下げのための準備ができているのであれば，そうする理由はない，自然は自らのコースを取るのだから」。このように著者はチャイルドを揶揄する (Anon. 1668a, 9-10)。著者によれば，人口の増大こそがトレイドを活発にし，それが多量の貨幣をもたらし，おのずと利子率の低下をもたらす。

この年にチャイルドへの反論を明確に意図して書かれた別の匿名のパンフレット『トレイドと貨幣利子に関するJ. C. の簡単な諸観察の簡単な検討』は，チャイルドの14項目を，項目ごとにそれがイングランドに取り入れるにはふさわしくないことを説明する。とくに登記に関しては，さきにみた論争のフィリップス陣営と同様の理由でこれを不適切だとする。すなわち，確かに登記は信用の状況を改善することによってトレイドを振興するかもしれないけど，他方で逆に信用を傷つける場合もある。登記は貸し手，借り手のいずれの得にもならず，「訴訟を防ぐどころかむしろ増やす」であろう (Anon. 1668b, 21-2)。著者によれば，もしイングランドが低利になって外国の資金が引き上げられるとすれば，それはイングランドの貸し手が，よく知らない担保 (security) を取って4％の利子で貸し付けるより，3％の利子でもよく知った担保で貸すことを好むからである (Anon. 1668b, 40)。また，著者は，利子を下げることによって，自らの評判をまだ得ていない若者が，資金を借

りにくくなってしまうとも懸念する。もしそのような勤勉で有望な若者が貸し手から審査をうけたら,「法外な担保」と引き換えにしか貸付をしないだろうけど, もし高い利子を払うのなら「わずかな担保」で貸してもらえるだろう (Anon. 1668, 53)。これは, 先に見た登記をめぐる議論でしばしば登場した説明である。

翌年トマス・マンリー (Thomas Manley, c. 1628-76) は, チャイルドの最初の14項目を「最も合理的な観察」として評価し, オランダの繁栄が彼らの節倹, 勤勉, 技芸, 諸政策によるものであり, その結果として「あたかも自然法によってかのように」利子率は低くなる, という (1669, A4-B)。マンリーいわく, たとえば,「長く熱望されている」登記所の設立は, 利子率の引き下げよりもより適切な政策であった。それは「支払い能力のあるジェントルマンにとってより容易に借り入れができるようにするだろう」し, 詐欺や訴訟を防止するだろう (Manly 1669, 5)。とはいえ, マンリーにとって, トレイドの衰退の真の原因は, 怠惰な貧民の高い賃金であり, その意味で全体としてはいわゆる低賃金の経済論に収束する議論だったのかもしれない。

おわりに

以上みてきたように, 17世紀イングランドにおいて, 貨幣不足の問題は基本的には信用によって置き換えられるべきという共通認識があったものの, 問題はどのような信用が必要かということにあった。人々が直面した問題は, 高利をとる悪徳な質屋であり, 他方で確かな質が取れない場合には高利で貸さざるをえないということにもあった。より信頼のおける資産である土地を確かな担保とするためには, 登記所の設立が求められ, それはトレイドの促進という視点からすると, 利子率引き下げという選択肢と二者択一であるかのように議論された。

Muldrew (1998) は, 法の権威が経済取引の安全性, 安定性を保証していない社会において, 人々が, 信頼や評判という非常に脆い裏づけにもとづく信用によって貨幣不足という問題を解決しようとしていたことを示した。しかし, 17世紀のイングランドの人々はただその信用の脆さをほうってお

たわけではなかった。本章で描こうとしたのは,その脆さを克服するために,どのような経済の制度を作っていったらいいかについての議論である。そして,その際一貫して諸論者がこだわったのが,質,担保,基金などの言葉で表現される信用の基盤の必要性,そのあり方であった。

参考文献

1) 一次文献

手稿類

Anonymous. (n.d.). *A scheme for the erection of pawn-houses, or mounts of piety, for the accommodation of poor persons, and others, by lending money at small interest.* BL MSS Lansdowne 351, (n.d. but written in the time of Charles I), ff. 18-40.

Anonymous (n.d.) *Proposals concerning county registers.* In *The Hartlib Papers.*

Anonymous (circ. 1700). *Reasons for a registry.* BL MSS Add28092, fos. 106-127,.

Anonymous. ([1683]c). *Some consideration on the bill of credit.* National Library of Scotland MS Adv. fo. 39.

Chamberlen, Dr. H. & Murray, R. (1682, 29th August). *Articles of agreement between the mayor and court of common council [of London], Dr. Chamberlen and Mr. Murray*, London Metropolitan Archives, COL/SJ/27/618, fo. 1.

Hunniman, T. (n.d.a). *Treatise on brokers' registration of stolen goods, temp. Jas. I.*, BL MSS Royal 18 A. lxvii, ff. 1-6.

Hunniman, T. (n.d.b). *Tract on the 'unlawfull dealings of thieving brokers', temp. Jas. I.*, British Library (BL) MSS Royal 18 B. xviii, ff. 1-19.

Lewis, M. (n.d.) *A model of a bank*, BL ADD MSS 28079, fo. 148.

Philippe [= Philipps], F. (1665). *An expedient to prevent the fraudes and deceites in the king's eustomes*, 17 Mar. 1665, BL, Add28079.

Robinson, H. (n.d.). *Proposalls for a perpetual treasurie by meanes of an office of exchanges and a banck*, dellivered in by Henry Robinson, BL MSS Add 4159, ff. 219-220b.

刊行物

Anonymous 1649. *The Representative of divers well-affected persons in and about the city of London touching the present laws and government.* London.

Anonymous [1650]. *Several proposalls tendered to the consideration of the honorable committee for regulating of courts of justice, for a through reformation thereof, etc.* [London].

Anonymous 1653. *Reasons against the bill, intituled, An act for countie-registers, wills and administrations.* London.

第 I 部

Anonymous 1659a. *Chaos, or, a discourse wherein is presented to the view of the magistrate.* London.

Anonymous 1659b. *The honest design: or, the true commonwealthsman.* London.

Anonymous 1661. *Observations manifesting the conveniency and commodity of mount-pietyes, or publick bancks for relief of the poor, and others in distresse upon pawns, ,,,.* London.

Anonymous 1668a. *Interest of money mistaken.* London.

Anonymous 1668b. *The brief observations of J. C. concerning trade and interest of money briefly examined.* London

Anonymous 1669. *A seasonable proposal to the nation concerning a register of estates in this kingdom.* [London].

Anonymous 1678a. *Reasons for a registry.* London.

Anonymous 1678b. *Reasons against a registry for lands.* London.

Anonymous [1682] a. *The bank bills of credit are provided with great care.* n.p..

Anonymous 1682b. *Corporation-credit, or a bank of credit made currant, &c.* London.

Anonymous 1682c. *Englands interest or the great benefit to trade by banks or offices of credit in London, &c.* London.

Anonymous [1682] d. *The many advantages the bank of the City of London will afford, both to the publick, and to all sorts of traders, as well by wholesale as retail ....* n.p..

Anonymous 1683a. *Bank-credit: or the usefulness & security of the bank of credit examined.* London.

Anonymous 1683b. *The broken merchant's complaint.* [London].

Benbrigge, J. 1646. *Usura accommodata.* London.

Billing, E. 1659. *A mite of affection, manifested in 31. Proposals.* London.

Briscoe, J. 1694. *A discourse on the late funds* (2nd version). London.

Bush, R. 1649. *The poor man's friend.* London.

Chamberlen, Dr. P. 1649. *The poore mans advocate.* London.

[Chamberlen, H.] 1665. *A description of the office of credit.* London.

[Chamberlen, H.]. [1682]. *Several objections sometimes made against the office of credit, fully answered.* [London]

Child, Sir J. 1668. *Brief observations concerning trade and interest of money.* London.

Child, Sir J. 1668. *A short addition to the Observations concerning trade and interest of money,* London.

Cole, W. 1659. *A rod for the lawyers.* London.

Cooke, J. 1648. *Unum necessarium.* London.

Cradock, F. 1661. *Wealth discovered.* London.

Culpeper, Sir T. 1621. *A tract against vsurie: presented to the High Court of Parliament,* London.

Culpeper, Sir T. 1668. A tract against usurie ... printed in the year 1621, in Child, *Brief observations* 1668.

Culpeper, Sir T. 1668. *A discourse shewing the many advantages which will accrue to this*

54

第 1 章　17 世紀イングランドにおける信用と基金

kingdom by the abatement of usury .... London.
Culpeper, Sir T. 1668. *A short appendix to a late treatise concerning abatement of usury*, London.
Davenant, C. 1698. *Discourses on the Publick Revenues, and on the Trade of England.* London.
Firmin, T. 1681. *Some proposals for the imployment of the poor, and for the prevention of idleness and consequence thereof, begging.* London.
Gerbier, Sir B. 1651a. *Some considerations on the two grand staple-commodities of England*, London.
Gerbier, Sir B. 1651b. *To the Parliament. The most humble remonstrance of Sir Balthazar Gernier Kt.* [London].
Gerbier, Sr. B. 1652. *A new-years result, in favour of the poore* ..., London.
Great Britain 1803. *The journals of the house of commons Vol. I.*
[Houghton, J.] [1683?]. *An account of the bank of credit in the City of London.* London.
Hale, Sir M. 1694. *A treatise shewing how usefull, safe, reasonable, and beneficial the inrolling & registring of all conveyances of lands may be to the inhabitants of this kingdom.* London.
H. R. 1668. *The brief observations of J. C. concerning trade and interest of money briefly examined.* [London?].
J. F. 1653. *The laws discovery.* London.
J. W. 1653. *A mite to the treasury of consideration in the common-wealth.* London.
Lambe, S. [1658]. *Seasonable observations humbly offered to His Highness the Lord Protector.* [London].
Lambe, S. [1659]. *The humble representation of Samuel Lambe of London merchant.* [London].
Leach, W. 1651. *Propositions.* [London].
Lewis, M. 1677a. *Proposal to the king and parliament, how this tax of one hundred sixty thousand pounds per moneth, may be raised, by a monethly tax for one tear* .... London.
Lewis, M. 1677b. *Proposals to increase trade and to advance his Majesties revenue* .... London.
Lewis, M. 1678a. *Proposals to the king and parliament, or, A large model of a bank* .... London.
Lewis, M. 1678?b. *A short model of a bank, shewing how a bank may be erected without much trouble* .... London.
Malynes, G. 1622. *Consuetudo, vel lex mercatoria.* London.
Manley, T. 1669. *Usury at six per cent. examined.* London.
[Murray, R.] 1683. *An account of the constitution and security of the general bank of credit.* London.
Peters, H. [1647]. *A word for the armie.* [London].
P[eters], H. 1651. *Good work for a good magistrate* .... [London].
Petty, W. 1899. *The economic writings of Sir William Petty*, ed. C. Hull. Cambridge: Cambridge

第Ⅰ部

University Press.
Petty, W. 1927. *The Petty Papers*, ed. Marquis of Lansdowne, 2 vols. London: Houghton Mifflin Co.
Philipps, F. 1662. *The reforming registry*. London.
Philipps, F. 1669. *The pretended perspective-glass*. London.
Philipps, F. 1671. *The reforming registry*. London.
Phillpott, N. 1671. *Reasons & proposalls for a registry*. Oxford.
Potter, W. 1650. *The key of wealth*. London.
Price, F. G. H. 1876. *Handbook of London bankers*. London: Guildford.
Robinson, H. 1651. *Certain considerations in order to a more speedy, cheap, and equall distribution of justice throughout the nation*. London.
Robinson, H. 1652. *Certain proposals in order to the peoples freedome and accommodation in some particulars*. London.
Sheppard, W. 1657. *Englands Balme*. London.
Sprigg, W. 1659. *A modest plea for an equal common-wealth against monarchy*. London.
Wilson, T. 1925 [1572]. *A discourse upon usury, ... with an historical introduction by R. H. Tawney*. London: G. Bell.
Yarranton, A. 1677. *England's improvement by sea and land*. London.

その他

Minutes of the extra-parliamentary committee for regulating the law, Hardwicke Papers. British Library, Add. MSS. 35, 863.
Calendar of state papers colonial, America and West Indies (*CSPC AWI*), Volume 1: 1574–1660 (1860); Volume 5: 1661–1668 (1880).
The Hartlib Papers 2nd Edition (Sheffield, HROnline, 2002).
Journal of the House of Commons (CJ).
Journal of the House of Lords (LJ).

二次文献

Appleby, J. O. 1978. *Economic thought and ideology in seventeenth-century England*. Princeton: Princeton University Press.
Brooks, C. W. 2008. *Law, politics and society in early modern England*. Cambridge: Cambridge University Press.
Brooks, C., Helmholz, R. H. and Stein, P. 1991. *Notaries public in England since the Reformation*. Norwich: The Erskine Press.
Dickson, P. G. M. 1993/1967. *The financial revolution in England: A study in the development of public credit 1688–1756*. Aldershot: Gregg Revivals. (Original work published 1967)
Grassby, R. *The business community of seventeenth-century England*. Cambridge: Cambridge University Press.
Habakkuk, H. J. 1952. The long-term rate of interest and the price of land in the seventeenth

第 1 章　17 世紀イングランドにおける信用と基金

century'. *The Economic History Review*, 5, pp. 26–45
Heckscher, E. F. 1935. *Mercantilism*. (Vols. 1–2). (M. Shapiro, Trans.). London: Allen & Unwin. (Original work published 1931)
Hoppit, J. 1990. Attitudes to credit in Britain, 1680–1790. *The Historical Journal* 33(2), 305–322.
Horsefield, J. K. 1960. *British monetary experiments 1650–1710*. London: G. Bell and Sons Ltd.
Israel, J. I. 1989. *Dutch primacy in world trade, 1585–1740*. Oxford: Oxford University Press.
Ito, S. 2008. Interest controversy in its context. *HETSA2008 Conference Papers*, pp. 321–343.
Ito, S. 2011. The making of institutional credit in England, 1600–1688. *European Journal of the History of Economic Thought*, 18(3), pp. 487–519.
Ito, S. 2013. Registration and credit in seventeenth-century England. *Financial History Review*, 20(2), pp. 137–62.
Keirn, T. and Melton, F. T. 1990 Thomas Manley and the rate-of-interest debate, 1668–1673. *Journal of British Studies* 29, pp. 147–73.
Kelly, P. H. 1991. Introduction. In P. H. Kelly Ed., *Locke on Money Vol. I*. Oxford: Clarendon Press.
Knights, M. 1994. *Politics and opinion in the exclusion crisis, 1678–81*. Cambridge: Cambridge University Press.
Leng, T. 2008. *Benjamin Worsley 1618–1677: trade, interest and the spirit in revolutionary England*. Woodbridge: The Boydell Press.
McCormick, T. 2009. *William Petty and the ambitions of political arithmetic*. Oxford: Oxford University Press.
Muldrew, C. 1998. *The economy of obligation*. Basingstoke: Macmillan Press.
Ormrod, D. 2003 *The rise of commercial empires: England and the Netherlands in the age of mercantilism, 1650–1770*. Cambridge: Cambridge University Press.
Pincus, S. C. A. 2009. *1688: The first modern revolution*. New Haven; London: Yale University Press.
Pocock, J. G. A. 1975. *The Machiavellian moment; Florentine political thought and the Atlantic republican tradition*. Princeton: Princeton University Press.
Pocock, J. G. A. 1987 [1957]. *The ancient constitution and the feudal law: a study of English historical thought in the seventeenth century*. Cambridge: Cambridge University Press.
Richard, R. D. 1965 [1929]. *The early history of banking in England*. London: Frank Cass & Co Ltd.
Tucker, G. S. L. 1960. *Progress and profits in British economic thought 1650–1850*, Cambridge: Cambridge University Press.
Veall, D. 1970. *The popular movement for law reform, 1640–1660*. Oxford: The Clarendon Press.
Wennerlind, C. 2011. *Casualties of credit: The English Financial Revolution, 1620–1720*. Massachusetts: Harvard University Press.

第I部

伊藤誠一郎. 1995「チャールズ・ダヴナントの『信用』論 —— その特徴と変容」『三田学会雑誌』87巻4号，pp. 92-112.
大倉正雄. 2013「初期ウィリアム・ペティの社会・経済構想 (1)」『拓殖大学論集 (289) 政治・経済・法律研究』第15巻第2号，pp. 23-56.
門亜樹子. 2008「ジョン・ロックにおける『集団帰化』」『經濟學論究』61巻4号，pp. 83-112.
杉山忠平. 1963『イギリス信用思想史研究』未来社.
林直樹. 2012『デフォーとイングランド啓蒙』京都大学学術出版会.
古谷豊. 2007「ジェイムス・ステュアートの銀行論 —— 銀行信用の発展的拡張」『経済学史研究』49巻2号，pp. 1-17.
古谷豊. 2013「十八世紀の銀行券論 —— ジョン・ローとジェームズ・ステュアート」勝村務・中村宗之編『貨幣と金融　歴史的転換期における理論と分析』社会評論社，pp. 254-73.

第 2 章
ミシシッピ・バブル後のブリテン
―― ジョン・ロー来訪をめぐる信用論争

林　直樹

1 はじめに

　シュンペーターによって「管理通貨 (Managed Currency) 思想の純然たる始祖」と呼ばれた人物がいる (Schumpeter 1994, 322/ 訳 678)。スコットランド出身の財政家で，太陽王亡き後のフランスが抱えていた莫大な国債を償還するために卓抜した財政金融制度を導入したことで知られる，ロー (John Law, 1671-1729) である。ローの「システム」が結果的に破綻したという周知の史実は揺るがない。システム破綻後のフランスには信用取引に対する疑心が深く根を下ろし，彼のシステムを模倣して失敗したブリテンには，合本会社 (joint-stock company) 設立を厳しく規制する，いわゆる「泡沫会社禁止法 (Bubble Act)」が遺され，以後およそ 100 年間にわたって株式・債券投資市場の成長を抑制した。しかしながら，シュンペーターの評価に首肯する現代の研究者マーフィが述べるように，「ローは政策立案者としては失敗した。だが著作では偉大な理論的展望を示し，その展望はわれわれの近代的貨幣制度が有する現実の構造に近似している」こともまた，確かかもしれない (Law 1994, 15)。

　アダム・スミス『国富論』が，後年，価値のパラドックスと呼ばれることになる概念を提起するはるか以前に，「すべてのものは用益 (use) から価値を受け取り，その価値は質，量，需要に応じて評定される」と主張したローは (Law 1994, 86)，需給理論に基づいて財の使用価値と交換価値の統合を図ったうえで，それと表裏一体のものとしての貨幣の需給分析へと踏み込ん

だ (Murphy 1997, 57-58)。また「1年後，10年後，あるいは100年後に支払われる100ポンドは現在支払われる100ポンドと等価値ではなく，わずか1年か2年か3年の期間に過ぎなくても予想 (anticipation) はすべて予想年数に応じて割り引かれる」とした彼は，期待収益の割引現在価値を明敏に把握し (Law 1994, 81)，さらに（為替を一定としたうえで）「貨幣利子が他の諸国よりも低いことは確実にその国のためになる」という見通しさえ抱いていた (85)。これらの理論的洞察に触れた者ならば，マーフィがほのめかしたように (Murphy 1997, 6)，ローを18世紀のケインズと見なしたくもなるだろう。けれどもケインズ自身は，ごく控え目なかたちでローに言及したに過ぎない[1]。

われわれが将来に向けて経済行動を決意するとき，その動機は「計算」による「厳密な数学的期待値」に依拠することは不可能で，多くの場合に「気まぐれ (whim) や感情 (sentiment) や偶然 (chance)」に類する，おそらく非合理な，しかし確実に強力な心理的要素に寄りかかっていることを指摘したのは，ケインズである (Keynes 1973, 162-63 / 訳 160-61)。スミスは，「各自の運動原理」を保持する個々人を「チェス盤上の駒」のごとく容易に操作しうると夢想する「システムの人 (the man of system)」について否定的に論じた (Smith 1976, 233-34 / 訳（下）144)。スミスを踏まえたであろうケインズが「個人の創意工夫 (initiative)」の揺籃たる「人生の多様性」を「将来をよりよいものにするための最強の手段」と結論づけたことからも知られるように (Keynes [1936] 1973, 380 / 訳 382-83)，各人がそれぞれの「運動原理」のもとにおいて各様に働きかけうる領域を基底的なものとして確保することを前提とし，その前提とともに歩を進めて初めて，近代社会の「将来」は「よりよ

---

[1] マーフィは，「ローのシステムはケインズが唱えたそれと多くの相似点 (parallels) を有している」ことから，ケインズが『雇用，利子および貨幣の一般理論』でローにまったく言及せず，わずかに前著『貨幣論』で短く触れるに止めたのは「驚くべきことである」とした (Murphy 1997, 6)。『貨幣論』でケインズは，古代中国や「ジョン・ローとその先駆者たち」の紙幣を別とすれば，国家貨幣 (State money) としての「代表貨幣 (representative money)」は「フランス革命の時代」以降に重要性を高めたと述べている (Keynes 1971, I, 13 / 訳 I, 15)。代表貨幣は法定不換紙幣 (fiat money) と兌換可能な管理貨幣 (managed money) とに二分される。ローの紙幣は後者に分類されよう。

いもの」となるのではなかろうか[2]。対してローは，システムの合理性を「大衆」なるものの「偏見と情念」から截然と区別したうえで後者を前者に一律に従わせてよしとする，スミスが批判した「チェス盤」型の社会構想から，ついに脱却できなかった。

本章は，システム破綻後にローが逃れた先のブリテンにおいて生じた，ある論争の検討を通じて，ロー・システムをめぐる初期近代西欧の言説史ないし思想史の文脈をあくまで歴史内在的に描き出そうとする，一つの試みである。

2　ロー氏への手紙

(1)『手紙』の著者について

自らの設計した「システム」の破綻に直面したローが，庇護者に当たる摂政オルレアン公から得た通行証を携えてフランスを離れたのは，1720年12月半ばのことであった。彼はブリュッセルからコペンハーゲンを経由して翌年1月にヴェネチアへと抜け，ローマに短期滞在後，同1721年8月にヴェネチアを発ってコペンハーゲンへと向かう。そして10月にブリテンの土を踏んだ（Murphy 1997, 310-16）。

---

[2]　『一般理論』公刊直後のことになるが，1937年に出版されたスコット著『学生そして教授としてのアダム・スミス』を翌年書評したケインズは，「彼自身の師ハチスンを別にすれば，アダム・スミスはおそらく，近代的手法で近代的学科を教えた教師たちのなかで最高かつ最大の教師であった」と述べた。そして「アダム・スミスの教育原理は，ビジネスにおけると同様，自由交易（free trade）ならびに私的競争（private competition）の原理だった」し，スミスの考えでは「学生は出席する講義をできるだけ自由に選択すべきであった」と見る（Keynes 1983, 546）。ケインズの判断では，「スミスの人格的資質 ── 率直さ，信頼性，性格の愛らしさ ── は教え子たちのためのものであり，スミスの社会生活は，彼がいつも熱心に育成しようとした討論クラブやサークルに対してのものだった」(545)。自身教師として，ケインズは「教師とはいかにあるべきか」をめぐるスミスの姿勢に多分に共鳴していたようである(547)。それはスミスが，「非人道性」を帯びた「経済人」に対する「不自然な反動」にいたることなく「同感」の原理でこれを制御し（Scott [1937] 1965, 121），多様な「学生」あるいは個人が各自の創意工夫を発揮するなかで社会を改良していく過程にこそ，価値を見出していたからであろう。

その直後の 11 月,『ロー氏への手紙』(以下『手紙』) と題する小冊子がロンドンで匿名出版された。この『手紙』の著者は, フランスにおけるローの功績を称えると同時に, システムの破綻をもっぱらローの過失に帰そうとする目下の風潮を批判して, 生国に戻ったばかりの彼を人々の「偏見と情念」から救い出そうとする。もっとも, ブリテン人, とりわけイングランド人がローを警戒したのは, 彼が「バブル」の引き金となったシステムの設計者に他ならないという理由のみからではなかった。フランスの事実上の首相たる財務総監に就任する前月の「1719 年 12 月, ローは仰々しい行列と儀式を伴ってカトリック信仰を受け入れた」ために (Dale 2004, 69), 以後の彼はローマの「王位僭称者」を戴くジャコバイトに通じているとの疑惑を免れなかったのである。フランスに舞い戻る日をロンドンで待ち望んだローであったが, 1723 年 12 月のオルレアン公の死により, それはもはや叶わぬ夢となった。やがて彼は終焉の地ヴェネチアに向けて旅立つ。

　『手紙』の著者が誰であったかについては必ずしも明白ではないが, これをバッジェル (Eustace Budgell, 1686-1737) と見なすことは可能である。文人アディスン (Joseph Addison, 1672-1719) の親族に当たるバッジェルは, オックスフォード大学とイナーテンプル法学院を出たのち,「X」の署名で『スペクテーター』に幾度か記事を書いた。ハノーヴァー王位継承後にはアディスンの恩顧でアイルランドに事務官職を得, 同国議会議員にも選ばれることになる。しかし, ウィッグ政権の国務大臣の地位に就いていたこの著名なパトロンが世を去った翌年に起きた南海バブル事件で巨額の損失を被った彼は, 同様の苦汁をなめたポートランド公 (Henry Bentinck, 1st Duke of Portland, c. 1682-1726) の援助を受けつつ, 南海会社批判を意図する小冊子をいくつか出版している。

　それから 10 年が経過した 1731 年, バッジェルは『ユースタス・バッジェルからスパルタ王クレオメネスへの手紙』と題する書物を公刊し, 先の『手紙』を巻末「付録」に収録するとともに,『手紙』の著者は彼自身だと公言した。彼によれば,「故ロー氏」は「商業 (Trade), 貨幣 (Money), 信用 (Credit) について現在の誰よりも正当かつ明瞭な考えを持っていた」のであって,「彼がイングランドに到着した当初, そして世の中のわめき声が最も強く彼に向

けられていたとき，私はあえて彼を擁護する短編を書き，それはちょっとした喧騒を生んだ」という。そして，その「短編」すなわち『手紙』によって「私は，フランスのミシシッピ計画とわれわれのばかげた南海事業との本質的な相違というべきものをまさに提示したと自負している」とする（Budgell 1731, 248）。

以下では『手紙』の著者がバッジェルであると仮定したい。では，先の引用箇所中，彼が「ちょっとした喧騒」と表現したもの，すなわち，『手紙』の出版直後に現れた批判の書としてバッジェルが念頭に置いていたものは何であったろうか。その一つは，ほぼ間違いなく，1721年にデフォー（Daniel Defoe, c. 1660-1731）が匿名で出版した『正しく語られたロー氏問題』（以下『問題』）だと考えられる。『問題』の副題には「ロー氏への手紙と題された小冊子への回答」と記されていたことから，この小冊子が『手紙』への反論としての性格を持たされていることは明白であった。デフォー『問題』については節を改めて検討することとし，まずは『手紙』に焦点を当てたい。

(2)『手紙』を読む

『手紙』の冒頭で，バッジェルは「現在のこの世界であなたほど目立っている人物は他にいないでしょう」とローに呼びかける。彼こそ，およそ「12か月」前はあらゆる人々から崇められる「ヨーロッパで最も誉れ高い臣（Subject）」に他ならなかった人物であるが，いまや「まさにその同じ人々から一度ならず命を狙われ」て「大ブリテン」に戻ることを余儀なくされた。しかし，ここでもローは人々に「憤り」を向けられることになるだろう。なぜなら「何らかの合理的企画を示す素振りもなければ，商業や貿易（Commerce）を成長させるための何かしらの企図すらない」南海事業の運営者が，ローの「システム」に便乗して破滅的結果を招いたからである。ブリテンの「雑多な不幸者たち」のなかにはローをこそすべての「災厄と零落の直接的原因」と見なす者も少なくない。こうした「俗人の偏見と情念」にはこの島国の「自由（Liberty）」をもって対峙し，ローの「尋常ならぬ才能」を読者に伝えるために筆を執ると，バッジェルは宣言する（5-7）。

バッジェルに言わせれば，ローの「偉大な企画」を狂わせたのはむしろ世

第Ⅰ部

人の「強欲(Avarice)」と「嫉妬(Envy)」のほうであった。それゆえ

> 帰結のすべてがあなたの責任だ、などと考えることは、商人が、最初に彼の船を建造し進水させた船大工を、その後不慣れな船頭のせいで座礁して損傷を受けたからといって訴えるのと同じくらい、愚かで非合理なことでした。

ミシシッピ会社株と南海会社株は、双方ともに「人々の狂気(Madness)」に煽られた「途方もない高価格」によって破壊されたのである。南海会社の「思慮を欠いた貪欲な運営者たち(Managers)」が自社株を高騰させようとしたことは間違いない。彼らは市価を上回る価格で莫大な数の株式を発行した。逆にローは「この帰結を予見し、前者の高騰をくい止めようと努力した」のであって、そのことは次の事実からして明らかである。

> ミシシッピ株はしばらくのあいだ［額面価］100当たり［市価］1800リーヴル以上が続き、あるときには2050リーヴルで売却されました。にもかかわらず、……あなたは100当たり1000リーヴルの募集をわずか三度行ったのみで、それ以上を自制しました。つまり換言すれば、その価格で最高額の募集を行うことで、株が本来は実売価格の半分の価値しか持たないことを暗示したのです。

したがって、現下の「偏見と情念」に曇らされた目が両者を「どれほど一緒くたに混同しようとも、将来世代はあなたを公正に取り扱い、あなたの卑劣な模倣者と、その模倣者が模写しようと努めた偉大なる原本とのあいだに、大きな違いを設けることでしょう」とバッジェルは説く。そのうえで「将来の歴史家(Historian)」に仮託し、『手紙』の紙幅の大半を割いて、数々の「驚異」に彩られたミシシッピ・バブルの顛末を彼なりの視点から描き出そうとする(8-10)。以下、バッジェルの手になる歴史叙述を忠実に再現しておくこととしよう。

フランスは「大王ルイ」(14世)時代の戦争に起因する「莫大な債務」を抱えていた。いたるところに「警戒と分裂の種」がまかれ、摂政オルレアン公は国内に多数の敵を抱えていた。そのような折にローが姿を現した。「大ブ

リテンの古い家柄に生まれた」彼は不幸な「決闘」ゆえに故国を追われたが，「計算」をめぐる「才能の数々と天分」を具えていたことから，「上流紳士の娯楽」の領野で「優秀かつ人並み外れた技能」を発揮した。さらに彼は大陸各地の宮廷をめぐって「財政運営」に関する所見を開陳し，評判を高めた。そうしてフランス宮廷を訪れたのである。「人柄と物腰は優雅で心地よく，思考法は力強くたくましかった」彼は完璧なフランス語を操り，摂政の面前で，フランスがその債務を完済して「失った権力と信用」を取り戻すことは可能である旨を強調した。「彼の提案と論拠にたいそう喜んだ」摂政は国王の名による「保護と助力」を彼に確約する (11-12)。

ローはまず「彼自身とその友人たちの自発的出資」によって政府のための「銀行」を設立し，「おびただしい数の紙幣 (Notes)」の発行を開始した。兌換要求にはつねに「最高度の厳密さ」で対応がなされたため，紙幣の信用は急速に上昇した。警戒心に駆られた「オランダ人たち」は「銀行の破壊」を企てて大量の紙幣をかき集め，ある日「2500 万」リーヴル超の兌換を一度に請求したが，ローはこの額をすべて「ピストール金貨」で支払うことに成功したばかりか，その翌日の王令によって金貨を減価させるという「巧妙」な手法で彼らに応酬した。この一件を通じてローとその銀行は「最高の評判」を得た。これとほぼ同時にローはメキシコ湾からカナダ居留地にまで及ぶ広大な「北アメリカ植民地」の開発を企図し，「ミシシッピ河からその名をとった」会社を組織する (13-14)。当時の「国債 (State-Bills)，借入債 (Loans) その他の公共紙券」は大いに信用を落としており，市価は「額面価格 (par)」の「57 パーセントから 65 パーセント」程度割引かれていたが，市価ではなく額面価で評価したこれらの「公共紙券」を元手に新会社株に出資することをローが認めたために債券価格は急騰し，「ただちに 20 パーセント，やがては 30 パーセントも額面を上回った」(13-15)。

このミシシッピ会社は「貨幣鋳造」権と「タバコ独占 (Farm of Tobacco)」権を手にし，「すぐ後に東インド会社を合併した」[3]。その「信用」は「フランス

---

3) 『手紙』のこの記述は不正確である。1717 年 8 月の設立当初は「西方会社」と呼ばれていたローのミシシッピ会社は，翌年夏にタバコ独占権を取得したのち，1719 年 5 月から 6 月にかけて東インド会社・シナ会社・アフリカ会社を合併して「インド会

にこれまで出現したなかで最も豪胆な天才」の監督を受けて日に日に高まり続け，ついには「国王の歳入の完全管理」を委ねられるにいたる。これによって会社は「間接税収 (General Farms) から年 400 万［リーヴル］を調達した」のみならず，「当時 15 億［リーヴル］にも達していた王権の全債務を引き受けさえした」のである。会社株は上昇を続け，ロー自身もついに「財務総監 (Comptroller-General of the Finances)」の地位にまで登り詰めた。彼は前例のないほど「多数の接見と多大な拍手喝采」の最中でも舞い上がることなく企画を練り続け，しかも役職に伴う通常業務を「無類の入念さ」でこなしたという。「歳入の管理」を一任されることになった彼は，それ以前の「徴税請負人ら (Farmers)」による苛烈な税の取り立てを廃して「無数の収税官や通行税徴収吏 (Toll-gathers)」を解職し，貧民のためとして「パリ入口の遮断棒を撤去したり，肉や魚や果実やワインや薪炭に課せられていた税のごとき重税をことごとく廃止したりした」ため，公然と「フランスの救世主」と呼ばれた。新工業の導入や新都市の建設，運河掘削計画や「ロアンヌ (Roan) をフランス随一の武器庫 (Magazine) にしようとする企画」はローの評判をさらに引き上げ，フランスの強大化に対して「最高度の警戒心」を傾けていた隣接諸国の「懸念」をなおいっそう増幅させた (15-17)。

　それからまもなく，「ヨーロッパの最果ての地からやって来た外国人を含む 50 万もの人々」がパリに押し寄せ，「世界中の富を買い占めようとしているかのような」「投機家 (Adventurers) の一団」と化した。ミシシッピ会社株は著しく高騰し，資本 (Capital) の増強のため新たに多数の株式が発行されたにもかかわらず，「［額面］100 当たり 2050」の比率で取引された。したがって 7 割近く減価した債券で最初に株を購入した人々は，この時点で「2000 リーヴル以上の純利得者となった」のである。ローは「過度の株価上昇」の破壊的な影響に気づいていたが，適切な歯止めをかけるべき時機に「宮廷で影響力をふるう者たち」の妨害を受けた。そして「結果」が彼の「危惧」の正しさを証明した。

社」と名を改め，同年 7 月には造幣局を手中に収めて，その収益基盤を大幅に強化した。

先頭を切る投機家たちは，当時の言葉で現金化（Reallizing [sic]），つまり桁外れの利得の正貨兌換を考え始めた。このことが応じられないほどの支払い要求を銀行にもたらした。これをくい止めるため，政府はいくつかの異常な手段に頼ることを余儀なくされた。だが強制力と信用はその本性上相反するため，治療は病以上に悪しきものであることが判明し，それはたちまちのうちに構造物全体を転覆させてしまった（17–19）。

　ローのこの「構造物」は次の「諸原理」のうえに打ち立てられていた。第1に「一国の力と富は人口にある」こと，第2に「人口は商業に依存する」こと，第3に「商業は貨幣に依存する」こと，第4に「信用は貨幣に等しい」こと，第5に「銀行家や私的商業者のあいだでうまく営まれている信用は彼らの資本金（Capital Stock）の10倍に値するが，一つの巨大な商業会社と化した王国の全正貨によって支えられる王立銀行の信用は前者の信用に比して著しく有利であり，したがっていっそう先にまで拡張させられる」こと，第6に「紙は銀を代位しうるだろうし，出納がより容易になり，どこでも同等の価値を持ち，損耗なく保存や分割ができ，刻印を入れることが可能で，偽造されにくいので，貨幣として用いるのにいっそう適してさえいる」こと，そして最後に「フランスがその全力をふりしぼり，摂理が与えたもうた利点を生かしきるならば，世界最強の王国となることは間違いないであろう」ことである（19–20）。

　確かに，彼の「計画」の転覆はそのあまりに「美しい」純理的性格や実行の性急さによるところもあったかもしれない。しかし多くは「他の人々の嫉妬と無知」によるものでなかったかどうか。この点の当否は次の史実に委ねよう。彼の「巨大な器械」は「とても見栄えがよ」く，そのためフランスで「数千の家族が自ずとその崩壊に巻き込まれた」のちでさえ，「イングランドとオランダ」では稼働が続いたのである。しかしながら，かの地の「運営者が異なる国制に合わせてシステムを調整するだけの指導力や技能を欠いていた」ため，それは「まもなく粉々に砕け」てしまい，「愛するか嫌うかがつねに極端な人民」は怒りをひたすら原本に向けた。つい先頃まで「フランスの善良なる天才」と呼ばれていた男はいまや「生命さえ」奪われかねない窮地

に陥ったが,ローは「勇敢」に「最大限の精励」をもってシステムの立て直しに努め,かたや「彼の真の欠点をめぐる最善かつ事実上唯一の判定者」であった摂政は,君公なら「誰しも見習うべき決意」を抱いてローを「民衆の憤激」から保護した。ついに「世の流れ(Tide)」を抑えられなくなったとき,摂政は彼に「通行証」を与えてフランスの地を去らせた。そして「ロー氏はまずフランドルに隠棲し,そこからヴェネチア,ハンブルク,コペンハーゲンに向かい,ついには故郷大ブリテンへと逃れ,その地で ──」(20-22)。ここで歴史は閉じられている。

　『手紙』の結びにおいてバッジェルは,ブリテンの地にあってもローは「偏見」や「嫉妬」ゆえの抵抗を受けるだろうとした。そして「どの政府のもとで生活することをお選びになるとしても,あなたが最も有益か,さもなければ最も有害な臣でありうることは明らかです。われわれとともに暮らすおつもりなら,あなたが大ブリテンにとっての前者であることをぜひとも証明なさってください」とローに呼びかけ,「将来の歴史家」に続いて自らも擱筆する。末尾には「1721年11月11日」の日付が残された(22-23)。

3　正しく語られたロー氏問題

(1) 1720年前後のデフォー

　1721年初頭をもってデフォーは「政治に背を向けた」としばしば言われる(Furbank and Owens 2006, 185)。その含意は,ロー・システムと南海企画が世相をにぎわせているなかで彼が書き進めた『ロビンソン・クルーソー(*Robinson Crusoe*)』三部作(1719〜20年)が尋常ならぬ成功を収め,これをもってついにデフォーは「党派政治」から自由になりえた,つまり「ノヴェリスト」としての彼がこの時点で成立したということである(174)。大小の「小冊子と新聞」に彩られたアン女王時代が終焉を迎えたのちに訪れたのは「4シリングから6シリングするノヴェルが多様な主題の書籍と一緒に買い手を惹きつける」ジョージ王時代であり,デフォーはこの「読書する公衆」の要望に応えることで,いわゆる「職業作家」としての道を切り開いていく

(Novak 2003, 567-68)。『スペクテーター』を模倣した『コメンテーター (*The Commentator*)』を1720年1月から9月まで発行し，続いて『ディレクター (*The Director*)』の発行を10月に開始するなど，デフォーは『レヴュー (*A Review*)』(1704〜13年) の独力発行を通じて力量を認められて以来のジャーナリストとしてなお活躍を続けていたが，翌1721年1月16日付の号をもって，彼自身の手になる「新聞」はついに姿を消す。

　ジャーナリストとしてのデフォーがキャリアの最終局面において取り組んだ主題は，ドーヴァー海峡を挟んだ大陸と島とで相乗的に生じたバブルをめぐる，世相のうねりであった。彼は早くからローの政策には実体的基礎が伴っていないと批判しながらも，そこに一種の「魅力」を感じずにはいられず (Novak 2003, 573-74)，また，南海会社にその設立時から関わっていた人物の一人は他ならぬ彼自身であった。もっとも，彼は保有していたわずかな南海会社株の「すべて」に当たる「127ポンド10シリング」分を1719年時点ですでに手放していたため (Wilson [1830] 1973, III, 425)，翌年に生じた証券市場の熱狂に振り回されずに済んだ。彼は，自らの属する社会に投機が蔓延していく様を，あたかも『ペスト (*A Journal of the Plague Year*)』(1722年) の架空の語り手のごとく淡々と語ることができたのである。「1720年から21年にかけての南海熱 (South Sea fever) にロンドンが『とらわれた』さまを論じるために，デフォーは疫病の記録を用いた」(Schaffer 1989, 23)。バブルに翻弄された下院議員モールズワース (Robert Molesworth, 1656-1725) が「南海熱」と同種の語彙を用い，「この疾患 (distemper)」の原因究明をウォルポール (Robert Walpole, 1676-1745) らの政権に迫っていた頃 (Rogers 1985, 160)，デフォーは抑制の効いた筆致で「新聞紙上にものを書きながら，安定 (stability) を打ち立てようと尽力していた」(Novak 2003, 573)。彼は世相の狂騒に対して苦言を呈さずにはいられなかったが，しかしバブル直後の公信用を支え持とうとする政権に対してジャーナリストとしての立場からの力添えを怠らなかったのであり，決して「魔女狩り」を煽り立てるような真似は行わなかった (Backscheider 1989, 457)。

　デフォーが『問題』を出版したのは，『手紙』が世に出た翌月，すなわち1721年12月のことである。この頃の彼は『アップルビーの週刊誌 (*Applebee's*

Original Weekly Journal)』(1720〜26年)のような娯楽誌に引き続き寄稿していたとはいえ,すでに述べた通り新聞発行からは手を引いていた。バッジェル著『手紙』は,それゆえ,時事評論を通じて現実に応答し続けてきたジャーナリスト=デフォーが最後に狙いを定めた対象だったと言える。

(2)『手紙』への応答

　デフォーは『問題』以前に小冊子『キメラ』を著し,1719年半ばまでの状況を観察したうえで,ローのシステムを「それが現在立脚している基礎に構造物が見合っていない」「幻影 (Phantosme [sic])」と呼んでいた (Defoe [1720] 2000b, 186)。ケンブリッジ大学フェローであった別人物の蔵書目録と混合している点で問題含みとはいえ,デフォーの蔵書目録とされるものにローの手になるものがただ一点だけ含まれている事実は注目に値する。それは,財務総監に就任したローがその後立て続けに発表した複数の書簡形式の論説を英訳して収録した『フランスの歳入と商業の現状』(1720年) である (Heidenreich 1970, 105)。『キメラ』執筆時にはこの書物を目にしえなかったはずのデフォーも,『問題』の執筆時点ではすでに入手していたものと考えられる。

　論説の一つであるロー著「信用とその利用についての書簡」(1720年3月11日付) には,翌年バッジェル『手紙』において紹介されることになるローの見解の多くがすでに表明されている。例えば,「銀行家や商業者」の営む信用は「資金 (Stock) の10倍」の価値に達する程度に過ぎないが,「君公」の営むそれは「その比率をはるかにしのぐ」という見解や (Law 1720, 43-44),金銀塊のかたちで「貨幣をため込もうとする狂気 (Madness to hoard up Money)」が「現金化 (Realizing)」を生んでいるという観測は (51),『手紙』にほぼそのまま引用されているものである。この書簡においてローは「理性に対する根深い偏見のいつもの頑迷さ」だけが「新システム」の敵になるとし,「偏見というものは単なる本能から生じる慣習 (Custom) に他ならず,多数者の感情を導くだけで,つねに視野が狭く世界を一面的に思い描き続ける」ため (46-47),「大衆 (Multitude) に真の利益 (Interest) を確信させ,それを追求させることほど難しいことはない」旨を説いているが (52),これらもまた,

人々の「偏見と情念」や「狂気」が理性に基礎づけられたシステムに対立してついにはそれを破壊したとする，『手紙』の随所に見られる言明に通じるものだろう。ここでローは「世論（Public Opinion）に初め反対されていた真理がついに世論自体と化す」恰好の例として「デカルトの諸原理」を挙げ，自らのシステムをそれに擬えた（47）。ただし，次のように断言するところにローの焦燥があらわれていたと言えるのではないだろうか。すなわち，デカルトは自らの哲学が確立するまでの「40 年間」をただ待っていることができたが，哲学とは違って「財政の新決済（new settlement of the Finances）」には「迅速さ（speed）」が求められるので，この新システムは「専制的権力（despotick [sic] Power）」の後押しを受けて「世論」化されなければならないというのである（53-54）。

　『問題』においてデフォーは，「人々の狂気」とそれによる株価高騰がすべてを滅ぼしたとする『手紙』の主張は奇妙だと批判する（Defoe［1721］2000c, 191）。『手紙』はローが株価上昇に反対したと述べているが，デフォーに言わせれば，「信用によって，わずかな実体的価値（real Value）を巨大な空想的価値（imaginary Value）にまで高めることが，その莫大な企て全体を支えるための唯一の方法だった」システムを設計した当の人物が，株価高騰をくい止めようなどとするものだろうか（192）。ローのシステムとそれを模倣したに過ぎない南海会社の企画は，いずれも「それ自身の重みとそれ自身の動作の激しさによって自壊した器械」のごときもので，それ自体に欠陥を抱えていた。ローのシステムとは「人々の冒険気分」をふるい立たせて新奇な事柄に着手させ，「キメラ（Chimera）を別のキメラで支えつつ，無限なるもの（Infinite）のうえに無限なるものを建て，結局は明らかにすべてを限りなき混乱のもとに沈めてしまうに違いない」代物であった。さらには，「宮廷で影響力をふるう者たち」として『手紙』で悪し様に描かれたローの敵のほうこそがむしろ，早くからシステムの欠陥を見抜いていた人々だったのだと，デフォーは述べる（195）。

　ローの敵とは誰だったのか。バッジェルは「オランダ人」がローの銀行に対して巨額の兌換要求を行った例を挙げた。これとほぼ同一の事例が『キメ

ラ』に記されているので，ここに引いておきたい[4]。

> それ自体としてはいかに善なる企図であり，いかにわれわれの国の全般的善に適うものであったとしても，敵なしでは済まされない。嫉妬（Envy）は最善の企図に絶えず抗い続ける。この銀行はパリの商業者の一団から恐るべき攻撃を受けた。彼らはアムステルダム出身のユダヤ人だったとも，パリに住まっていたオランダ商人だったとも，フランス人だったとも言われる。もしかしたら，それら3種すべてからなる者たちだったかもしれない。というのも，少数ではなしえないことだったからである。彼らは2500万［リーヴル］も携えて現れた。その計略は，簡単に言えば大量の紙幣を集めて一挙に支払いを求め，銀行の信用に一撃を見舞おうというものだった。つまり，われわれの用語で言えば，取りつけ（Run）を起こそうとしたのである（Defoe［1720］2000b, 168）。

引用中で，デフォーはパリ商人の「嫉妬」がローの善良な「企図」に抗ったという図式を提示しており，この図式はバッジェル『手紙』のそれと共通するが，のちに見るように『問題』のデフォーはもはやこの図式を採用していない。事実として，1716年5月に認可されたローの銀行（1718年12月に「王立銀行」となる）は「攻撃」を受けた。例えば，有力な徴税請負人だったパリ兄弟（Antoine Pâris, 1668-1733 以下四兄弟）による紙幣兌換要求が繰り返され，それへの対抗措置として，『手紙』にもあったように1719年5月から9月にかけてルイドール金貨を36リーヴルから33リーヴルへと段階的に引き下げる「王令」が発布された（Murphy 1997, 197）。パリ兄弟については，ローのシステムの破綻を狙った「反制度」の構築者ダルジャンソン侯に協力した事実が知られる（吉田 1968, 40）。ただ，彼ら兄弟は初めからローに敵対していたわけではない。1718年8月，1億リーヴルの株式を発行して同額の無償還長期国債（rentes）を引き受ける間接税徴収請負会社を設立した彼らは，その際にローの援助を受けたことが分かっている（Murphy 1997, 183-84）。しか

---

[4] 『手紙』が挙げている数々の事例のうち1719年以前に起きた（とされる）ものの大半は，すでに『キメラ』が取り上げていた。デフォーが当該事例をどこから入手したかは不明である。Defoe（［1720］2000b, 306）の編注を参照のこと。

しこの会社の経営は振るわず，翌年8月にはミシシッピ会社が同社を吸収し，上記の国債保有から生じる年400万リーヴルの収入（年利4パーセント）を獲得する。『手紙』に記されていた「年400万」の間接税収がそれである。事態がこのように推移したことで，パリ兄弟はシステムの強力な敵へと転じたのであった。

　ロー・システムの中心は設計者自身が述べるように銀行である。「財政に関して言えば，銀行は王国の心臓である。全貨幣が循環を新たにするためそこに向けて還流する」(Law 1720, 50)。このシステムにおいては「全国民が商業者の一団となり，彼らは現金のために王立銀行を持ち，結果的に，貿易，貨幣，商取引をめぐるあらゆる利点が王立銀行の場で再統合 (re-unite) される」であろう。これが，「銀行」や「南海会社」が「互いに対立し，自らの身とその信用とを滅ぼし合うリスクを冒している」隣国イングランドにおいて見られる「不都合」との相違であると，ローは述べた (44-45)。ところで，国を代表する銀行を有することの利点は，かなり早くからイングランド人デフォーによっても認識されていた。彼の『企業論』(1697年) に収められた「銀行論 (Of Banks)」がそれである[5]。「王立銀行 (Royal Bank)」への資金の集中は「貨幣利子を引き下げる」効果を生むが，それは「銀行の数の多さ」に起因する相互対立が生じていては叶わないことだとデフォーは言う (Defoe [1697] 2000a, 47-48)。「商人間の内戦 (Civil War among Merchants)」は利子の引き下げのみならず信用の創造と拡張を困難にする (52)。首都ロンドンに王立銀行を置き，国内各州に支店を設け，わずかな為替差額で「手形 (Bills)」を相互融通する仕組みを作れば，「銀行は資金の実体的価値と同等にまで達する手形の想像的価値 (suppositious Value) の恩恵を最大限享受する」ことができよう。かくして「現金はどこにも見当たらないにもかかわらず，王国全土がそれ自体一つの銀行と化すであろうことは間違いない」(54-55)。「銀行論」を締め括るに当たってデフォーは，『企業論』公刊の前年にアスギル (John

---

[5]　ノヴァクはかつて次のように指摘した。「ローの企画に対するデフォーの批判の背後には，この企業者 (projector) の『天分と力量』に向けられた明らかな称賛があった。信用や紙幣や土地銀行に関する，そして貨幣量が勤労に及ぼす活性化効果に関するローの様々な考えと，デフォーの『企業論』に見られる数々の提案とのあいだには，多くの類似性があった。だが，称賛は承認とは違う」(Novak 1976, 14)。

第 I 部

Asgill, 1659-1738) が公表していた土地銀行論に短く言及し，それを大いに称賛した。

　アスギルの土地銀行論，すなわち『金銀以外の正貨を創出するためのいくつかの論証』(1696 年) では貨幣の性質に関する考察が試みられており，それは初期のローが『貨幣と商業』(1705 年) において行った分析と相通ずる。アスギルによれば，貨幣とは「人間の便宜 (Policy) によって見出された商業上の道具」である (Asgill [1696] 1906, 9)。貨幣の要件となる性質は 5 つ存在する。第 1 に「他の用益からくる実体的価値を内包する」こと，すなわち (スミス『国富論』の用語を借りれば) 使用価値を有していること，第 2 に耐久性を有し腐敗しないこと，第 3 に分割可能であること，第 4 に「各片の価値は刻印によって保証される」こと，そして最後に，たやすく譲渡可能なことである (12)。アスギルは「貨幣の性質すべてを具備しうるものなら何であれ，貨幣とすることができる」とし，金や銀以上に土地が貨幣にふさわしいと主張する。ここでの土地とは，地代収入を担保に発行される「土地証券 (Securities on Lands)」を同時に意味するものである (13-15)。土地証券はいま列挙した性質をすべて具えているばかりか，土地そのものが「他の機能を失うことなく貨幣に転換されうる」ので (16)，用益に基づく実体的価値が金銀以上に大きく，担保としていっそう確実である。ローも同じく次のように言う。「土地は貨幣発行の担保 (Pledge) として使用されていても，他の用益を奪われることはない。銀は同時に貨幣としたり皿としたりすることができない」と。現状の銀には貨幣としての用益があるため，「金属としての [使用] 価値」のみに裏打ちされた場合の交換価値 (需給で定まる「価格」に他ならない) の 2 倍から 3 倍の高値で取引されている。もし貨幣として使用されなくなれば，そして需給関係が変われば，銀価値は大幅な低下を免れない。対して土地の実体的価値ははるかに安定的だが，その究極的理由は「すべてのものは土地によって生み出される」点にこそある (Law 1705, 91-92 / 訳 288-290)。

　『貨幣と商業』が当時のスコットランドのために著されたことは，よく知られている。ローが見たスコットランドは，「商業は没落し，国民の資金は枯渇し，国民は故郷を見捨てており，地代は支払われず，都市の家屋や地方

の農場は所有者の手に帰し,貸方は生計を立てられるだけの貨幣利子を得られず,借方は人格も財産も法の前にさらされている」という悲惨な境遇にあった (113 / 訳 309)。ローは,銀のかたちをとる貨幣がオランダ人の手で大量に保有されている一方で,スコットランドは明らかに貨幣不足の状況にあると診断した。「商工業が成長するにつれて貨幣需要 (Demand for Money) は増大するだろうから,この国が必要とする総量 (Sum) を完全に知ることはできないにしても,われわれがつねに抱えている多数の貧民は貨幣が決して十分ではないことを強く推定させる」(117 / 訳 313)。したがって貨幣量を増大させねばならないのだが,オランダやスペインが銀を大量保有している現状のもとで十分な量の銀貨を獲得することは到底叶うまい。よって,自らの手で新通貨を創出すべきだとローは主張する。「商業が貨幣に依存しているのと同様に,人口の増減は商業に依存している。国内に雇用 (Employment) があれば人々はそこに留められる。商業がその国の人口を雇用する以上の大きさになれば,雇用のない場所から人々を連れてくるだろう」(19 / 訳 219)。商業(実体経済)と貨幣と人口(雇用)の相互依存関係をめぐる洞察にあふれたこの箇所は,バッジェル『手紙』にも引用されている。だがこれに対するデフォーの評言は実に冷ややかであった。ローの「諸原則」は「以前なら信用がほとんど顔を見せなかったフランスで実践される際には偉大なるロー氏の天才にふさわしいものでも,申し訳ないが,この国では株式仲買人なら誰しも熟知しているありふれた話題に過ぎない」というのである。そして,商業は貨幣に依存し,信用は貨幣に等しく,王立銀行の持つ公的信用の大きさは複数の私的信用の集合をはるかにしのぎ,貨幣は紙幣によって代位しうるとする「諸原則」を,デフォーは「確かに正しい」と(ごく淡泊に)認めておきながら,ローが貨幣の量や商業活動の規模と結びつけて論じた「人口」という要素にだけは,明らかに言及を避けているのである (Defoe [1721] 2000c, 202)。

『貨幣と商業』公刊の前年に書かれたと見られる草稿『土地銀行論』で,ローは「人民のために営まれる」土地銀行ないし「土地造幣局 (land mint)」を「私的」銀行と比較し,保有正貨つまり「銀貨」と一定の比率を保つように紙幣を発行せねばならない後者に対して,「正貨とはすなわち土地のこと」に

第 I 部

他ならない「土地造幣局の信用は，一国の土地すべての価値に等しいところまで拡張されうる」がゆえに，金融機関として「はるかに有益でかつ安全である」と論じた（Law 1994, 88-89）。地価を担保に紙幣を発行するという，以上の土地銀行論の基本思想を，彼はその後も捨て去りはしなかったようである。先に挙げた「信用とその利用についての書簡」で，人々の「現金化」に直面した 1720 年 3 月時点の彼は，なおも次のように不平を漏らしているからである。「パリの家屋（Houses）をすべてまとめて資本金（capital Stock）に組み入れれば，価値のうえではおそらく王国の全正貨をしのぐだろう[6]。フランスの土地はペルーの鉱山にいまだ埋蔵されたままの金すべてを超える価値を持っている。にもかかわらず，これらの家屋や土地にはキメラ的価値（chimerical Value）しかないというのか」（Law 1720, 52）。

(3) デフォーの将来像

1717 年半ば，市価が額面価の 3 割程度に落ち込んでいた国債（billet d'état）を額面価額で 1 億リーヴル分引き受け，それを額面 500 リーヴルのミシシッピ会社株 20 万株に転換するところから始まった（Dale 2004, 61）。ローによる「財政の新決済」は，500 リーヴルの額面は終始維持したまま，1719 年 6 月から 7 月にかけて 1 株 550 から 1000 リーヴルで行われた 10 万株の募集，同年 9 月から 10 月にかけて三度にわたった 1 株 5000 リーヴルでの 30 万株の募集を経て，60 万株を超える株式を創出した。翌 1720 年 1 月，ローの財務総監就任直後にミシシッピ株の市価が 1 株 10100 リーヴルの最高値を付け，最初の 20 万株の応募者が『手紙』のいう「2000 リーヴル以上の純利得者」と化した時点で，会社資本の市場評価額は 60 億リーヴルを上回るまでになった（Murphy 1997, 166/208）。これと併行して総額 27 億リーヴルに達する紙幣が印刷され，21 億分が市場に供給された（245）。このときがまさに絶頂であった。

以後，暫時 1 株 9000 リーヴル台を保ちつつも株価は下降局面に入り，証

---

[6] 当時，株式・債券投資の過熱がパリにおびただしい人口を集めたために住居が不足し，随所で「新家屋や新街路」の建設が進んでいたという（Defoe [1720] 2000b, 186）。

券市場の冷却を目途として株価および紙幣額面価の段階的引き下げを命じる王令の出された（すぐに撤回された）直後の5月末、4000リーヴル台まで急落した。南海会社発行の株式（額面100ポンド）はこれに少し遅れた値動きを見せるが、結局は暴落する。すなわち、「当時花を咲かせていた、雑多な、合法でさえある企業の数々を阻む」ことで自社株の高騰を支えようとする南海会社の企てに従うかのようにして泡沫会社禁止法が制定された同年6月、最高値の1050ポンドを付けたのち、さらなる規制強化を謳う告知令状（Scire facias）が8月に公にされたのを機に始まった市場の動揺にさらされ、姉妹会社の刀剣会社（Sword Blade Company）が破綻した9月下旬、ついに190ポンドまで激しく落ち込んだ（Sperling 1962, 31-32）。

　デフォーは自国のバブルについて、「あくなき強欲に目を曇らされた」国民が自ら「南海の館」になだれ込んだ、つまり一種の「狂気」にとらわれた面があったことを指摘している（Defoe [1721] 2000c, 201）。「強欲という疲れを知らぬせっかちな悪徳」（南海会社）が「泡（Bubble）」のひとつとなって他の「小泡」（新規設立の会社群）と張り合い、やがて「自らの古い祖先である嫉妬」を焚きつけて他の泡をつぶそうと企んだが（告知令状）、「この企ては意図されていたことと真逆に作用し、事態はすぐさま別の展開を迎えた。かなり高値にのぼっていたあらゆる会社の株式が、たちまちのうちに致命的一撃を被った」ためである。この「衝撃」を受けて証券市場では「売手」の数が「買手」の数を一挙に上回り、株価は即座に下落した。同時に人々の「冒険気分」が萎えたため、当の南海会社株も「同様の衝撃」を免れなかった。かくして「大災害（Catastrophe）は始まり、現在にいたっている」とする。とはいえ、この「狂気」の背後で抜け目なく利益を得た者たちもいた。彼らは巧みに「現金化」を遂行して株式を「正貨」に換え、さらにこれを実物資産に換えたとデフォーは述べる。フランスでもブリテンでも、いったん始まった「現金化」の流れは止めようがなかった。両者の違いは、前者のそれが「あからさまに、そして不用心に」行われたのに対し、後者は「巧妙に、そして内密に」行われたことであった。パリの「カンカンポワ街（Rue de Quincampoix）」で早速に株式を売り払って土地や建物を購入した者たちを「偉大なる人々」と呼んだデフォーは、つまるところローもそのひとりに過ぎなかったのだと痛烈

第Ⅰ部

に皮肉な。「偉大なるロー氏、実に多くの者が彼を模範にしていたが、その彼もこの点の巧妙さに関してはジョン・ブラント卿 [John Blunt, 1665-1733 / 南海会社役員] の後塵を拝した。それでも彼は、地所 (Estates) を、貴族身分を、御殿を、いや聞くところでは、王公の身分さえ買ったのだ」(197-98)。

バッジェルが『手紙』において描き出した「偉大なる天才」の内実をこうして巧みにすり替えたデフォーは、自らの振舞いが他者の「現金化」を誘発しかねないことにローは配慮しなかったのかと、えぐるような問いを発し、さらに次のごとく畳みかける。

> 仮にそれを予見していなかったのだとしたら、彼が当時そうだと信じられていたほどの偉大な人物であったはずがない。仮に予見しており、そのうえであからさまにそうしたのだとすれば、彼は自らが冒険 (Adventure) の結末にいることに気づいていて、乗船の避けようのない難破を最初に悟る熟練の船頭と同じく、自身の安全のために備え、かつ船荷の一部を自らのものにしようとしたのだと、見なさなければならない (197)。

この一節は、明らかに、「不慣れな船頭」による座礁の責を「船大工」すなわちローに負わせることの「非合理」を説いた『手紙』の一節に対応させられている。ここでデフォーはローを船大工でも不慣れな船頭でもない「熟練の船頭」に擬え、いかなる熟練者でも抗いようのない非人格的「器械」すなわちシステムそのものの内在的欠陥を強調する一方で、「敵」や「大衆」を含めた人格的なる要素を座礁の原因として、つまり非を負わせるべき人格としてこき下ろす言説を用いることは、徹底して避けている。そしておそらくは、難破をただ一人生き延びた「冒険」すなわち投機物語の主人公の影をこの叙述に重ね合わせてさえいたのである。ロビンソン・クルーソーが漂着する島は無人島、つまり「人口」の増減とまったく関わりを持たない場所であった。

4 結語

以上見てきたように、バッジェルの彫琢した「偉大なる」ロー像を解体せ

しめたデフォーではあったが，その意図ないし狙いはどのあたりに存したと考えられるだろうか。デフォー自身の言葉をそのまま繰り返すなら，ローの才覚がブリテンの現状において無力なことを明らかにする作業を通じて「彼がわれわれを利することも害することもできないこと」を示し，「あらゆる偏見や警戒心」からローを救い出すことこそが，その狙いだったことになる (199-200)。ローという人間は「有益」か「有害」か，と二者択一を迫る『手紙』の結びの文句は，ローの身をむしろ危険にさらしかねないというわけである。

デフォーは「現在のわれわれがいかに思慮深くなっているか」を力説する。南海株の暴落を見て人々の気分が改まったブリテンでは，「国民的錯覚 (National Delusion) の季節は過ぎ去った」と見てよい。「熱狂 (Frenzy)」は和らぎ，人々は目覚めた。「2度目を恐れなくてよい」のだ。ローはすでに脅威ではない。「町で最高の仲買人といえども，いまやわれわれには手を出せず，われわれを出し抜くこともできない。偉大なるロー氏といえども，そうである」(201)。われわれの「信用」はなお深手を負ったままには違いないが，それを「復興させる (restore)」ことができるのは「時間 (Time) と呼ばれる一箇条の助け」のみであって，ただ一人の天才による「企業」ではない。それは「ロー氏が，あるいはこの世のいかなる人物が生み出しうる，いかなる会社の光輝とも両立することのない」ものであった。信用の回復に必要なのは，漸進的かつ着実に，商業の担い手たる社会構成員一人ひとりが「正直 (Honesty)」を取り戻していくことに他ならないからである。

デフォーの結論は慎重だが，将来像は決して後ろ向きではない。なぜなら彼は，信用はやがて還って来ること，そして人々が自ら正直を取り戻す日がいずれ訪れることを知っているからである。彼はローのそれのような才覚を否定したわけではなかった。それが公益と背反することなく機能するための前提にこそ目を向けるべきことを説いたのである。

　　正直と信用はともに去った，そしてそれらはともに戻るのでなければ，どちらも戻りはしない。このたとえの正しさはいずれ明らかとなろう。帰結は明白である。時の経過に従って商取引上の正直を回復させるまでは，わ

れわれには信用を完全に復興させることなどできず,また信用が復興するまでのあいだは天才的人物の立脚すべき基礎を欠いており,われわれのみならず彼自身にとっても,益するところは何もないということである。現在,ロー氏もわれわれも同じ世間に暮らしているわけだが,彼はこの地で新事業を起こすには賢明であり過ぎる人 (too wise a Man) だと,私は思う (204)。

参考文献

Asgill, J. [1696] 1906. *Several Assertions Proved, in order to Create another Species of Money than Gold and Silver*, ed. J. H. Hollander. The Lord Baltimore Press.
Backscheider, P. R. 1989. *Daniel Defoe: His Life*. The Johns Hopkins University Press.
Budgell, E. 1721. *A Letter to Mr. Law, upon his Arrival in Great Britain*. London.
———. [1721] 1731. A Letter to Mr. Law, upon his Arrival in Great Britain, 7th ed. In *A Letter to Cleomenes King of Sparta, from Eustace Budgell, Esq*, 2nd ed. London.
Dale, R. 2004. *The First Clash: Lessons from the South Sea Bubble*. Princeton University Press.
Defoe, D. [1697] 2000a. An Essay upon Projects. In *Social Reform*, ed. W. R. Owens. Pickering and Chatto.
———. [1720] 2000b. The Chimera: or, the French Way of Paying National Debts, Laid Open. In *Finance*, ed. by J. McVeagh. Pickering and Chatto.
———. [1721] 2000c. The Case of Mr. Law, Truly Stated: in Answer to a Pamphlet, Entitl'd, A Letter to Mr. Law. In *Finance*, ed. by J. McVeagh. Pickering and Chatto.
Furbank, P. N. and W. R. Owens 2006. *A Political Biography of Daniel Defoe*. Pickering and Chatto.
Heidenreich, H. (ed.) 1970. *The Libraries of Daniel Defoe and Phillips Farewell: Olive Payne's Sales Catalogue (1731)*. Berlin.
Keynes, J. M. [1930] 1971. *A Treatise on Money*. 2 vols. Macmillan. 小泉明・長澤惟恭訳『貨幣論 I・II』東洋経済新報社, 1979-80.
———. [1936] 1973. *The General Theory of Employment, Interest and Money*. Macmillan. 塩野谷祐一訳『雇用,利子および貨幣の一般理論』東洋経済新報社, 1995.
———. 1983. *Economic Articles and Correspondence: Academic*, ed. by D. Moggridge. Macmillan.
Law, J. [c. 1704] 1994. *John Law's 'Essay on a Land Bank'*, ed. A. E. Murphy. Aeon Publishing.
———. 1705. *Money and Trade Considered, with a Proposal for Supplying the Nation with Money*. Edinburgh. 吉田啓一訳『貨幣と商業』(吉田 1968 所収).
———. 1720. Letter about Credit, and its Use. In *The Present State of the Revenues and Trade*,

and of the Controversy betwixt the Parliament of Paris, and Mr. Law. London.
Murphy, A. E. 1997. *John Law: Economic Theorist and Policy-Maker*. Clarendon Press.
Novak, M. E. [1962] 1976. *Economics and the Fiction of Daniel Defoe*. Russell and Russell.
―――. 2003. *Daniel Defoe: Master of Fictions*. Oxford University Press.
Pocock, J. G. A. [1975] 2003. *The Machiavellian Moment: Florentine Political Thought and the Atlantic Republican Tradition*. Princeton University Press. 田中秀夫・奥田敬・森岡邦泰訳『マキァヴェリアン・モーメント ―― フィレンツェの政治思想と大西洋圏の共和主義の伝統』名古屋大学出版会，2008．
Rogers, P. 1985. *Eighteenth Century Encounters: Studies in Literature and Society in the Age of Walpole*. The Harvester Press.
Schaffer, S. 1989. Defoe's Natural Philosophy and the Worlds of Credit. In *Nature Transfigured: Science and Literature, 1700-1900*, ed. J. Christie and S. Shuttleworth. Manchester University Press.
Schumpeter, J. A. [1954] 1994. *History of Economic Analysis*. Oxford University Press. 東畑精一訳『経済分析の歴史2』岩波書店，1956．
Scott, W. R. [1937] 1965. *Adam Smith as Student and Professor*. Augustus M. Kelly.
Smith, A. [1776] 1976. *An Inquiry into the Nature and Causes of the Wealth of Nations*, ed. R. H. Campbell, A. S. Skinner and W. B. Todd. 2 vols. Clarendon Press. 大河内一男監訳『国富論Ⅰ・Ⅱ・Ⅲ』中公文庫，1978．
Smith, A. [1790] 1976. *The Theory of Moral Sentiments*, ed. D. D. Raphael and A. L. Macfie. Clarendon Press. 水田洋訳『道徳感情論（上）（下）』岩波文庫，2003．
Sperling, J. G. 1962. *The South Sea Company: An Historical Essay and Bibliographical Finding List*. Baker Library.
Wennerlind, C. 2011. *Casualties of Credit: The English Financial Revolution, 1620-1720*. Harvard University Press.
Wilson, W. [1830] 1973. *Memoirs of the Life and Times of Daniel Defoe*. 3 vols. AMS Press.
天川潤次郎．1966．『デフォー研究 ―― 資本主義経済思想の一源流』未来社．
杉山忠平．1963．『イギリス信用思想史研究』未来社．
吉田啓一．1968．『ジョン・ローの研究』泉文堂．

第3章
ジョン・ロックと啓蒙の始まり

生越利昭

1 はじめに

　「啓蒙」とは，カント（[1784] 1950, 7-11）に倣って，「人間が自分の未成年状態から抜け出ること」と理解するのが通例である。そして，カントによれば，このためには「自分の理性をあらゆる点で公的に使用する自由」，すなわち，自らの理性を閉じ込めている足枷からの解放が必要である。したがって，啓蒙とは，人間が神話的世界から脱却し（魔術からの解放），かつ専制的支配から解放されることでもある。

　このような啓蒙理解を歴史過程に適用してみると，イギリスにおいては，カントの時代よりもはるか以前に，こうした解放が実現していたことがわかる。それを象徴するように，ヴォルテールの『哲学書簡』（[1734] 2005）は，この事実を克明に伝えている。その中で，「第十三信　ロック氏」は，ジョン・ロックが生得観念を打破し，人間理性の能力と限界を正しく考察したことを強調する。すなわち「ロックの賢く謙虚な哲学」は，「自分がはっきりと理解できることだけを是認し，自分の能力の不十分なのを率直に口にすることができ，ひとたび人が第一原理を検討する際には神の助けにすがらなければならない」ことを教えてくれる（102）。ヴォルテールはまた，ベイコンとニュートンを高く評価していた。

　イギリスが，このような新たな哲学を生み出したのは，イギリスが自由を確立した国だったからである。「第八信　国会について」で，ヴォルテールは，「イギリス国内で自由を確立するまでには多大な犠牲が払われた。……

しかしイギリス人は，立派な法律を獲得するのに払った代価があまりにも高かったとは，少しも思っていない」と称賛し，別の個所で「人間の理性は今世紀にイギリスで誕生した」と明言しているのである (55, 188)。

　こうした見解に従うならば，啓蒙はイギリス（正確にはイングランド）から始まったということができよう。しかしながら，これまで啓蒙について論じられる際には，フランス，ドイツ，イタリア，スコットランドの啓蒙は語られても，「イングランド啓蒙」の語は敬遠された。それはなぜか？　Pocock (1980, 93-95) によれば，「フランスにおける啓蒙という最初の語は，アングロマニアの時代と一致する。イングランドは，啓蒙思想家にとって決定的に重要なモデルであった。そうした全体の動きの出発点に，イングランドの理神論者のグループ，トーランド，コリンズ，ブラウントがおり，彼らはヨーロッパ中に名声を得て，われわれが啓蒙の中心的特徴として認める啓示宗教を転覆させる半秘密思想の普及に携わった。啓蒙なるもの (an Enlightenment) は存在した。イングランドやイングランド人はそれに大きく関与していた。」しかし，「固有の，あるいはひとつのまとまったイングランド啓蒙 the or an English Enlightenment は真実には聞こえない。」「もしイングランドに啓蒙が存在するならば，それはフィロゾーフなき啓蒙である。」ポーコックは，大陸の啓蒙に火をつけたイングランドの理神論者が共和主義者であり，その開拓者ジェイムズ・ハリントンがホッブズ同様に「キリスト教聖職者の秩序の政治的起源を破壊する意図があったこと」を強調する。彼はまた別の書 (1975, 276-7 / 訳 413) で，「理神論，および一般的に言って『啓蒙』とは，預言，啓示，およびヘブライ的な思考様式一般のきわめて完全な拒絶に基礎をおくもの」と規定し，「イングランドは『啓蒙』を必要とするにはあまりに近代的であり，近代性そのものとの争いにすでに携わっていた」と論じている。

　しかしながら近年，イングランド啓蒙とスコットランド啓蒙をまとめて「ブリテン啓蒙」として理解する見解が現れた。ポーター (Porter 2000, xvii) は，その膨大な研究によって啓蒙全体の見取り図を描き上げ，最終的に（ヒュームやスミスなどの）スコットランド啓蒙思想家をも取り込む「ブリテン啓蒙」という概念を提起した。この見解は，さらにヒメルファーブ (Himmelfarb 2004, 5, 13, 19) によって補強され，次のように規定される。「啓

第3章　ジョン・ロックと啓蒙の始まり

蒙とは，理性と宗教，自由と徳性，自然と社会についての思想であり，それはフランス，ブリテン，アメリカにおいてドラマティックに展開された。その先駆者はブリテン，特にイギリスの尊敬すべき三巨頭ベイコン，ロック，ニュートンで，フランス人は彼ら自身の啓蒙をこれによって鼓舞された」「ロックとニュートンはブリテン啓蒙の父，これに第三代シャフツベリー伯を加え，スコットランド啓蒙の父となる。」「ブリテン啓蒙の原動力は理性ではなく，『社会的徳性 (social virtues)』ないし『社会的情動 (social affections)』であった。アメリカでは，原動力は『政治的自由 (political liberty)』であり，それが革命の動機となり共和国の基礎になった。」

このような「ブリテン啓蒙」概念に対しては，スコットランド啓蒙の研究者からの反発が強く，ハーマン (Herman 2001) のように「スコットランド人が近代世界を創出した」と主張する見解も現れた。ただしシャー (Sher 2006, 18-20) が言うように，スコットランド啓蒙が知的・道徳的啓発のための洗練された文芸と学術を発展させ，社交的・知的・文化的統合性と凝集性という独自の特徴をもっていたことは否定できないが，他方で，その基盤となったイングランド啓蒙を無視することもできないだろう[1]。それゆえ，これまでの啓蒙研究を踏まえつつも，これらの相互連関についての慎重な考察が不可欠である。

評価に違いはあるものの，イングランドにおいて「理性の自由な使用」，「専制権力からの解放と政治的自由の実現」，「宗教的寛容」という，啓蒙の三要件が最初に実現したのは事実であり，これを「プレ啓蒙」「初期啓蒙」「イングランド啓蒙」ないし「ブリテン啓蒙」と呼ぶかどうかは別にして，啓蒙の始まりとみなすことに誰も反対しないだろう。また，このような啓蒙の画期をなす思想家がジョン・ロック (John Locke, 1632-1704) であることにも，異論はないであろう。ところが，様々な啓蒙研究において，ロック思想を啓蒙の出発点として断片的に紹介する例は多く見られるものの[2]，ロック思想全

---

[1]　「ブリテン啓蒙」概念の問題，および「スコットランド啓蒙」擁護の立場に立つシャーとマイクル・フライの説明については，ハーマン前掲訳書の篠原久氏による「監訳者あとがき」に詳しい（472頁以下）。
[2]　例えば，Hampson (1968, 28, 38-9) は，「宇宙を理性や論理を基礎に再構築することに着手した思想家」として，デカルト，ロック，ライプニッツの名を挙げ，「ロックは，

体の特徴を啓蒙の観点から総合的に描き出す作業は、従来からそれほど十分になされてきたようには思えない[3]。

そこで本章では、ロックから啓蒙が始まるという基本的観点に立って、彼が提起した問題がいかなる意味で啓蒙と言えるのか、さらにその後の啓蒙思想にどのように継承され展開されていくかを総合的に解明する。

2 理性による世界の合理的認識

世界を客観的に認識するという啓蒙の特徴は、近代科学によってもたらされた。それは、「眺める人間」（見る主体）と「眺められる自然」（客体）との区別によって、自然を外から眺め理性によってその法則を解明する観察者視点を特徴としている。それは、世界を、神の創造した自然法則によって独立して動くことのできる一個の機械とみなし、その事物や現象の中に神の御業を探求しようとした。この近代科学の形成に大きな貢献をしたのは、デカルト（Rene Descartes, 1596-1650）とベイコン（Francis Bacon, 1561-1626）であった。

ロック自身は、この二人から多くの影響を受けつつ[4]、この方向をさらに

人間精神の科学的法則を切り開いた」のであり、それは「人間がより幸福なより合理的な方向で社会を構築することを可能にする」ことによって、「人間とその未来に対する新たな自信を映し出し、近代的聖杯 Grail の遂行に拍車をかけた」と論じる。先述の Porter (2004, 66, 70-71) も、ロックの哲学は「偉大な分水嶺となり、彼はイングランド啓蒙の主宰者となった」と断言する。Jacob (1981, 55) は、「ヨーロッパ啓蒙は 1689 年に始まった」として、「イギリス革命の様々な政治的・イデオロギー的遺産がその輪郭を形成し……それはロックの政治的および哲学的著作に具体化されている」と明言している。ダン (1987, 35-6) の理解は特異である。すなわち「ヨーロッパの啓蒙運動をロックの遺産とみなすこと、そこにロックの勝利と悲劇を見ることは決して不当ではない。……もしも啓蒙思想が確かにロックの遺産であったとすれば、それは、断じて、ロックが後に残そうとした遺産ではなかったと言わなければならない。」

3) タイトルに『ロックと啓蒙』や『ロックの啓蒙』を掲げる Schouls (1992)（self-mastery がロック思想の核とみなすのは卓見）や Rogers (1998) も、哲学的論議が中心で包括的ではない。
4) ロックは 1656 年（学位取得年）から 1660 年の間にデカルトの書を読んでいたはずだと推定されている（Cranston, 1957, 215）。他方、ベイコンは 17 世紀イギリス知識人に大きな影響を与え、実験的科学を実践したシドナム（Thomas Sydenham, 1624-89）やボイル（Robert Boyle, 1627-91）はベイコン主義者として知られるが、ロックは彼らとの交流を通して自らの経験論哲学を発展させ、ベイコンの著作を多く所蔵し、ベイコンの natural history の方法を自らの historical plain method として取り入れ、人間

推進して，人間理性の真の姿を謙虚に解明し，この世界（自然世界と人間世界の両方）を認識する正しい道筋を探求した。すなわち，独断と盲信を克服するために，デカルトの「生得観念」論を批判し，ベイコンの実践的な科学的方法や人間可謬説をそのまま継承し，ア・プリオリな理性ではなく，普通の人の経験や実験こそが真の知識にいたる鍵であることを示したのである。

ロックはすでに初期の『自然法論』(Locke [1660-66] 1954) において，自然法が「人々の精神に刻み込まれている」先天的知識ではなく，感覚と経験に支えられつつ，人間に賦与されている「自然の光 (light of nature)」としての理性によって，主体的に認識されうるものだとして，経験論の立場を展開していた。そして「草稿 A」(Locke 1990, 1) において，「すべての知識は，感官 (sense) ないしそれに類似して感覚 (sensation) と呼ばれるだろうものを基盤にし，究極的にそこから自らを引き出す」と述べ，人間が生得的に物質や精神の本質についての知識をもつ可能性を明確に否定している。『人間知性論』(Locke [1690] 1975) はこの論点をさらに発展させて，第 1 巻を「生得観念」批判にあて，権威の盲信や依存による独断的偏見を厳しく戒め，各人が「自分自身の理性 (Reason) と判断力 (Judge)」に立脚する実践的認識主体になるべきことを強調した（第 1 巻 3 章 25 節）。そして第 2 巻では，すべての知識が経験から導かれるとする経験論を確立し，有名な「精神白紙（タブラ・ラサ）説」を展開したのである（第 2 巻 1 章 2 節）。

ロックの観念形成過程の説明は，極めて力学的・物理学的である。固性，延長，形などの「第一性質」については，物体の作用による衝撃⇒身体のある部分の運動⇒脳の刺激⇒感覚⇒観念形成という，一連の運動経路が示されている。色，音，味などの「第二性質」についても，「感知できない分子が感官へ作用する」ことを想定し，「さまざまに運動するさまざまな形，大きさ，数のこうした分子がわれわれの感官を刺激し，われわれのうちに物体の色や匂いから来る様々な感覚を産む」という (Locke [1690] 1975, II-viii-§12〜13, 138／訳 1 巻 188-9)。この説明だけでは，ロックが想定する観念は，まったく受動的で，物的実在の単なる反映・模写にすぎず，人間の主体的認識能力

知性の限界についてベイコンのイドラ説から学んだものと思われる (Wood, [1975] 1990, 340, 347.)

は機能しないように見える。

こうした誤解をなくすために、ロックは、観念が物的世界から独立した能動的な「精神の作用」の産物であることを一貫して強調した。この人間精神の積極的・能動的側面は、「内省 (Reflection)」と呼ばれ、それは「知覚、考えること、疑うこと、信じること、推理すること、知ること、意志することであり、われわれ自身の精神のすべての様々な働きである」と定義される (II-i-§ 4, 105 / 訳 1 巻 135)。ロックは、この「内省」を基盤に、観念を作り上げる精神の独自な作用を「人間の力能」と呼ぶ。

ロックにとって、認識作業とは、外的世界と人間との不断の相互交渉であり、受動的でも能動的でもある。人間は自然や社会に影響され、そこから認識の素材を得て、それを媒介にして能動的主体的に観念を形成し、それによって外界を認識する。人間と外界のこうした不断の交渉が「経験」であり、いわば弁証法的な相互交渉であるといってよい。認識主体は、自然や社会から遊離した孤立的存在ではありえず、自然的かつ社会的な存在である。人間は、生得観念に支配されているのでなく、自然に賦与された感覚と反省の能力によって、事物それ自体の観察を基盤に、知識を得ることができるのである。こうしてロックは、自由に自力で確実な知識を形成する、人間の主体的認識能力を解明した。

これは、啓蒙の本質的特徴である「理性による世界の解明、人間の主体的能力による合理的世界の構築」を意味する。ロックは、自然的・物質的世界を基盤としつつ、人間はそこから独立して自由に観念の世界を形成することができるとしたのである。

3 蓋然性

ロックの認識論は、感覚経験にのみ基づくから、それが個々人の私的感覚である限り、普遍的客観的真理に到達できないのではないかという懐疑論や不可知論を導く可能性をもつ。しかし、これに対してロックは、観念が外界の事物と合致している限りにおいて確実であると答えている。「単純観念はわれわれの空想の虚構 (fictions) ではなく、現実にわれわれに作用する、わ

れわれの外部の事物の自然的規則的産物である。」(Locke [1690] 1975, IV-iv-§4, 564／訳4巻74) 複雑観念も，単純観念の集成であり，外界の事物の実在的本質を表象する限り，確実である。これは，ロックが素朴実在論に立ち，それとの合致によって観念世界の確実性を求める，二元論的世界観に依拠していたことを示している。

　ただしロックは，人間の認識能力は完全ではなく，人間知性の届く範囲は極めて限定的であることを認めている。人間は，実在的世界から受けた経験を元に形成される観念を通して世界を知るが，それは，自ら形成する観念の世界でしかない。観念は実体そのものではなく，人間が世界の本質を直接知る保証はないのである。

　したがって，人間知性の基本は，絶対確実な真理ではなく，絶対確実な知識に近接し，「真でありそうだという」蓋然性 (probability) にほかならない。蓋然性は，絶対確実性と違って，人々が信念，同意，意見によって命題を真と受け止めたものである (IV-xv-§3, 655／訳4巻241)。ロックは，蓋然性の根拠として，「経験との合致」と「他人の経験による証言」の二つを挙げている。ある命題の蓋然性が，あらゆる時代のあらゆる人によって一般的賛同を得られるならば，その命題は絶対確実性にきわめて近いものとして容認され，人々に「確信」さえ与えるであろう。

　このように，人間能力の不十分さは，人間を混迷に陥れるのでなく，自らの知的限界を悟って他の人々の証言を受け入れる謙虚さへと導くことになる。その結果，人間はむしろ独断と偏見を避け，実践における慎重で着実な行動をとることができる。

　この知的交流の重視は，認識主体を社会的存在とみなすロックの特徴を示し，啓蒙思想の本質につながる。各人の知識が不完全なものであるとすれば，それを他者の知識・情報によって補完し，できるだけ高い蓋然性にまで高める必要がある。ロックの認識主体は，自らの個人的経験に留まらず，より広範な社会的経験を基盤として，その知識を，個々人の限界を越えた社会的知識や常識・習慣へと高めることができる。これは，ベイコンの構想した「知の共同体」とつながり，また啓蒙のコミュニケーション的主体を先取りしている。

第 I 部

4　神の存在の理性的証明

　ロックはすでに『自然法論』において，神が存在し，神の命令が自然法であることは自明であり，人間がそれを認識しうるのは理性によってであると論じていた。さらに『草稿 A』および『草稿 B』で，すべての存在の「第一原因」である神についての知識は絶対確実であることを強調した。これを踏まえて，『人間知性論』では，まず第 1 巻で，神の観念が生得的でないことを論じ，その証拠として，人や国によって神の観念が異なっている事実をあげ，第 2 巻では，神の観念も複雑観念と同様に「内省から受け取る単純観念から作られる」と明言した (Locke [1690] 1975, II-xxiii-§ 33-4, 314-5 / 訳 2 巻 275-6)。ロックは，人間の主体的認識能力の働きを徹底させ，神も人間の観念の産物であると主張したのである。

　ロックの神の存在証明の論理は，極めて合理的であり，それまでの信仰の姿を大きく変貌させるものであった。神の存在も，数学的確実性と等しく論証によって証明しうるのであり，信仰さえも理性に基づき，合理的科学の対象とされる。理性は「自然の啓示 (natural Revelation)」とも呼ばれる。

　しかしながら，ロック自身は，敬虔なキリスト教徒として，理性の光とは別の，神による明確な直接的啓示を信じていた。すなわち，「神自身の生の証言 (bare Testimony)」としての「啓示 (Revelation)」は，「最高度の同意を要請」し，その同意がわれわれの「信仰」を形成する (IV-xvi-14, 667 / 訳 4 巻 262)。このような神の直接的啓示は，理性を越えた「あるもの」，すなわち神の刻印としての「奇跡 (miracles)」を意味している。

　この神の直接的啓示を強調する点で，ロックは理神論者と一線を画している。イギリス理神論の潮流は，一般にチャーベリーのハーバート卿 (Edward Herbert of Cherbury, 1582-1648) から始まるとされ，チャールズ・ブラウント (Charles Blount, 1654-93) を経て，ジョン・トーランド (John Toland, 1670-1721) とアンソニー・コリンズ (Anthony Collins, 1676-1729)，さらにマシュー・ティンダル (Matthew M. Tindal, c. 1657-1733) へと展開された。その代表的思想家トーランドは，その『キリスト教は神秘的にあらず』(1696 年)

で，ロックの認識論を基盤にしつつ，聖書の教義はすべて理性に合致し，「理性を越えたもの」，すなわち神の直接的啓示としての奇跡は何もないことを明らかにしようとした。コリンズも，その『理性の使用に関する一論』(1707年)で，ロックが容認していた理性を越えた真理を明確に否定した[5]。

これに対して，ロックは，イエスの出現とその奇跡の意義を強調する。本来，自然の働きが神の存在を証明し，理性によって真理や道徳を発見できることは明らかであるが，それは一部の「理性的にものを考える人」だけに可能であり，一般の人々は，誤った宗教観念や儀式によって正しい認識から閉ざされ，暗黒と誤謬の状態にある (Locke [1695] 1824, 135 / 訳 189)。ロックは，人類の大部分がこれを理解するには，理性による「長い，時としてこみいった推論」(自然の啓示)よりは，直接的啓示の方が手っ取り早い方法であると断言する。哲学者や賢人には，数学のような学問によって倫理学を教えることは妥当である。しかし，民衆を教化するには，「病んだ者を癒し，一言で盲人に視力を回復させ，死者を甦らせ，立たせた」奇跡が必要であり，それは「最も平凡な理解力にお似合いのもの」なのである (138 / 訳 200-201)。

このような対比に着目すれば，ロックにおける啓蒙は，特別なエリートにのみ可能な一面的なものであることになる。ただし，従来の研究が示す通り，「初期啓蒙」の段階では，有産者層のエリート知識人による「個人の物質的・精神的自立」が中心であり，「エリート啓蒙」がその本質をなしていた (Porter 1990, pp. 48-9 / 訳 70-71)。その面から見れば，ロックの啓蒙はまさに初期啓蒙の特徴を如実に表しているということもできよう。

5 自由と自律

上で見たような経験的認識論は，さらに道徳的行為原理の問題にも適用され，ロックに独自の理性的・自律的人間像を構築することになる。

ロックは『知性論』第1巻の中で，人間の中に自然が植えつけた「幸福への欲求と不幸への嫌悪」という感覚，つまり「至福への欲望という傾向」こ

---

5) 理神論については，大津 (1986, 第二章) や Hefelbower (1918) を参照。

そ，「いっさいの行動の恒常的動因・動機」であると論じた（Locke [1690] 1975, I-iii-§3, 67 / 訳1巻72-3）。これは，自己の感覚に基礎をおいた快楽主義的な感性的個人の明確な表現である[6]。

ところが，この快楽主義的側面に対しては，『知性論』出版直後にいくつかの批判がなされたので，ロックは第2版（1694年）で，第2巻21章の「人間の自由と必然」の個所を大幅に改定した。

ロックは，人間を欲望の奴隷とみなす危険性を回避するために，新たに「落ち着かなさ（uneasiness）」の概念を導入する。ロックによれば，人間行動の起因は，快苦に向かう意欲の直接的結果というよりはむしろ，快の欠如の結果もたらされる「最も差し迫った落ち着かなさ」の感覚を充足することである。ただし，人間はこの不安な感覚を即座に解消しようとせず，自らの「意志」によって，その一時的な不安状態に耐え忍び踏みとどまることができる。人間の中にあるこのような「欲望の遂行を停止する力」こそ「すべての自由（liberty）の源泉」である（II-xxi-§47, 263 / 訳3巻179-180）。この力により，人間は一時的な欲望を抑制し，自己の欲望充足行為が真の幸福につながるかどうかを慎重に検討することができる。「われわれの自由の目的そのものは，われわれが自分の選ぶ善を手に入れることにある。」（II-xxi-§48, 264 / 訳3巻181）人間の尊厳は，自らの行為を選び取るところにあり，それが「自由」であり「自律（autonomy）」である。この自由は「われわれの本性の完成」とも表現されている（II-xxi-§47, 264 / 訳3巻180）。

ただし，自由とは，単に観念上の自由ではなく，現実の生身の人間の生活実践の中で実現される自由である。ロックによれば，「絶えず繰り返して起こる飢渇，寒熱，労働の疲れ，眠気など」から起こる落ち着かなさが人々の行動の大部分を動かし，その他「名誉，権力，富」のように，「風習や実例や教育によって獲得された習性がわれわれに定着させた落ち着かなさ」も強

---

6) ロックの快楽主義は，1675年から79年までのフランス滞在中に，ピエール・ニコル（Pierre Nicole, 1625-95）の『道徳論』から影響を受けたらしい。ロックはそのうちの三編（「平和論」「神の存在について」「奇跡論」）を英訳し，シャフツベリー伯爵夫人に献呈している。その中で，プロテスタントを批判したニコルの表現をカトリック批判に改変しているのは，ロックの宗教的立場を如実に表現している（Yolton (eds) 2000）。

く，これらの基本的欲望充足が幸福の重要な要件である。さらに「来世における完全で安全な永続的な幸福」が存在し，これこそが最大の幸福＝最上の善（the greatest good）とされる（II-21-§44～5, 260～2／訳2巻176～7）。

人間は，その知性により「永続的至福についての確かな期待を伴う有徳な生活」を選び取るはずであるが（II-21-§70, 281／訳2巻219），より確かな道を進むためには，法の賞罰によって導かれる必要がある。この道徳規則ないし法には三種あって，神の法，市民法，「世論ないし世評の法」がそれである。このうち「世論ないし世評の法」は，称賛される行為を徳，非難される行為を悪徳と判断する風習法であり，この称賛ないし非難の賞罰に導かれて，人々は正しい行為を行うのである（II-28-§6-14, 353-8／訳2巻340-353）。ここでロックが道徳的規準を「世論ないし世評の法」に求めたことは注目に値する。これは，人々の社会的相互関係を通して形成された内面倫理であり，ヒュームやスミスの同感理論につながる内容を含んでいる。ただし，ロックの場合，これも究極的には神の法（その理性的表現たる自然法）に合致するはずで，つねに賞罰によって人々を導くものなのである[7]。

6 政治的自由と権利の確立

啓蒙の原点としての専制権力からの解放，政治的自由の確立にとって，ロックの『統治論』（Locke [1690] 1960）が画期をなすことは周知の事実である。ロックは，名誉革命前夜の政治的動乱期の中で，一貫して彼独自の「万人の自然権」を基礎にする人民主権原理を探究したのである。

イギリスにおける議会制度の発展を見るとき，国王の絶対権に対抗する議会の正当な権利は，「古来の国制」に根拠を置くものであった。それは，伝統的世襲的特権を保持する地主貴族の権利を保障する慣習法に基礎づけられ，時効取得や権威などの具体的・歴史的な根拠に訴え，国王と地主貴族との妥協の上に成立した立憲制であった。「マグナ・カルタ」（1215年）や「権利請願」（1628年）がその代表例である。

---

7) しかしロックは，人類の大部分が，仲間の評判を気にかけ，神法や国法を顧慮しない傾向がある事実を認めてもいる。Ibid., II-21-§12, 357／訳2巻351。

しかし，ロックの提示した原理は，そのような具体的・歴史的論証とは根本的に異なる合理的論理に基づくものであった。彼以前にホッブズが，利己的個人を前面に出して伝統的共同体の土台を破壊し，「個人の欲望」対「社会全体の調和」という近代的アンティノミーの問題設定を先鋭に提示したのであるが，ロックはこれをそのまま引き継いでいた。彼は，ホッブズの「自然権」論を継承し，政府の存在しない「自然状態」においてはあらゆる人が平等に生きる権利をもっていると明言した。この自然権の内容に，生命・健康・自由・財産にたいする権利とともに，それを執行する権利と侵犯者に対する処罰権を含めている点にロックの特徴がある。ロックの自然状態においては，あらゆる人が自らの「個体性（property）」としての「自然権」をもつ自由で主体的な個人として独立しているのである。ロックによれば，自己の権利を守るには他者の権利も守らなければならないことは，理性をもつ人には誰にも自明（「自然法」の教え）であって，自然法に従う限り，自然状態は「自由かつ平等な状態」かつ「平和な状態」であり，「放縦な状態」ではない。このようにロックは，万人の自然権を提唱することによって，旧来の世襲的特権を排除したのである。ただしロックは，古来の国制につながる混合政体（国王，貴族院，庶民院の均衡政体）について，その惰性的存続を批判的に論じつつも（Locke [1690] 1960, II-§223, 414 / 訳310），反面で，国民の平和と安全を緊急に確保する最も優れた方法は古来の国制の復活であるとも言って（1689年2月8日のクラーク宛書簡，Locke 1976-89, vol. 3, 545），微妙な立場を示している。

しかし，果たしてロックが本当に，万人の権利を平等に認めていたのかどうかという点については，いくつかの疑問が出されている。例えばラズレット（[1965] 1986, 296）は，ロックが「万人」という中には現実の女性や子供は含まれていず，召使いのような人も排除されており，権利は家長に限定されているという。その証拠として，ロックの友人の一人ジェイムズ・ティレル（Tyrell 1681, 83）から次の文章を引用している。

> 女性や子供が，その能力がないのに無差別に投票権を有するが如き政府など存在したことはないが，だからといって，合法的市民政府が人々の合意

に由来するものでないことにはならない。というのは，家族の父たち，すなわち他からの拘束を受けない自由人たちだけが，実際投票権を必要とする人々であって，……その父たちの家族の中の子供たちはサーヴァントの概念に含まれ，動産，不動産を問わず，財産はいっさいもたないのであるから，統治制度上投票権を有する理由はないのである。

　ティレルの指摘は，「古来の国制」論に固有の考えであり，一面で「共和主義」の系譜にも連なる内容を含んでいる。共和主義は奴隷制を基盤にした古代ギリシャ・ローマ世界に思想的淵源をもつ能動的な政治参加の思想であり，その資格は一定の財産や徳を有する自由人たる男性市民に属していた。この自由と徳の結合を強調する思想は，マキアヴェッリ（Machiavelli, Nicolò, 1469-1527）によって再生され，ハリントン（Harrington, James, 1611-77）などを通じてイングランドに導入され，広義の共和主義（ポーコックの解明した「シヴィック・ヒューマニズム」の系譜）として継承された。そこでは，土地財産こそ徳の基盤であり，権力バランスは財産バランスに依存するとされ，土地をもつ自由人（市民）が対等に政治参加しうる共和国が展望された。ただし，その市民はあくまで土地所有者に限定されていた。

　はたしてラズレットが言うように，このようなティレルの考えをロックも共有していたのであろうか。確かに，『統治論』において，ロックは年齢や徳，優れた才能や功績，男女に差があることを認め，「平等」について一定の留保条件を付け，子どもや精神病患者や白痴も親の管轄下にあることを認めている（II-§54-60, 179-184 / 訳193-6）。また，国家共同体（Common-wealth）の起源を語るとき，家族の中で父親を支配者とする統治が始まり，家族が次第に大きくなって一つの国家共同体になり一人の人間の手中に支配を委ねるようになったとして，家父長的起源も認めている。しかし，それはあくまで「生まれながらに自由な人びとが，自らの同意によってその父親の統治に服するか，あるいは数家族が結合して統治をつくった」ことを意味し，「人民の同意に基礎を持つ」という万人の参政権を否定するものではなかった（II-§105, 110, 112 / 訳227-234）。彼の趣旨は，年齢や徳，才能や功績は尊敬の対象であっても政治的な支配服従の根拠になるものでなく，万人の自然的平等

や自由は否定されない，すべての統治の基礎は人民の同意による，というものであった。彼は，政治的な権利から女性を完全に排除したわけではなかった（II-§82／訳211）。ロックは自然権の中に財産を含めており，万人の財産権を認めていた。後に見るように，彼の想定する財産は，土地財産だけでなく貨幣を含む動産を意味し，だれもが自らの労働によって所有し富裕を実現しうるという論理は，商品交換経済における財産概念に適合的であった。

　万人の自然権を前提にした人民主権原理を主張した点で，ロックはきわめてラディカルで，彼を革命政府の保守化に対する批判へと導くことになる。ロックは，1689年2月8日付のクラーク宛書簡で，ウィリアムの王位継承を承認した暫定議会（コンヴェンション）が，憲法制定の国政改革を断行すべきなのに，通常議会としてだけ行動していることに不満を述べ（Locke 1997, 306-313／訳258-268），また1690年4月の同じクラーク宛書簡では，ウィリアム王の「合法性と正統性」を国民全員による「明示的同意」によって確立すべきと訴えている（Locke 1976-89, vol. 3, 545）。これは，ウィリアム王の正当性を，ただ王位に就いている事実だけに求めるウィッグ支配層の「デ・ファクト論」の明白な拒絶であり，前国王たちの非行によってウィリアムが王に就いたとする厳格な社会契約論の主張であった。ロックは，家長中心の現実の不平等な政治状況に一面では妥協しながらも，一般的な政治原理として「万人の自然権」を宣言したのである。

　ロックは，自然状態においてあらゆる人が理性によって自然法を知ることができると断言し，先述の理性的・自律的人間像を政治の担い手に据えていた。しかし，自然状態においては，理性からはずれた異常者による権利侵害の危険が常に存在しており，人びとは，この侵害を未然に防ぎ，自然権の安全のための確実な保障を得るために，進んで政治社会を形成する。それが，個人の執行権・処罰権を公的権力に譲渡し委託する社会契約である。ロックにおける権利の譲渡とは，ホッブズのように全面的無条件的でなく，自然権のうちの執行権・処罰権だけの譲渡に限定されたものであった。人民は政府設立後も自然権を保持する主権者であり，政府は権利保障のための代理人でしかない。ここから，権利保障の役割を果たさない政府を解体することができるという，ロック独自の「抵抗権」思想が導出される。

しかし，ここで示されたロックの契約概念には2つの意味が含まれている。第一は，自然状態から直接国家を建設する「結合契約 (Pactum Unionis)」であり，第二は，権力所持者が人民の権利を守ってくれる限りでの，人民の既成権力に対する「服従契約 (Pastum Subjectionis)」である。この両者の関係についてのロックの論理は微妙で曖昧である。第一の「結合契約」は，最初の政治社会の形成（国家建設）の際に提示された概念であり，国家・政府は自然権保護のための人工的創造物であり，あくまで人民が主権者であるとするものである。ところが，国家がいったん成立してしまうと，必然的に人民と権力との間に第二の「服従契約」が発生する。人民は既存の特定の政府・権力の下に生まれ，これに信託し服従するほかないのであって，人民が主権者であると言っても，実際の執行権は政府や君主の側にある。だから政府を解体させる「抵抗権」の行使は容易には行えない。

この二つの契約概念は，政治状況や立場に応じて便利に使い分けられうる。第一の概念は，既成権力を解体させ新しい権力機構を打ち立てようとする革命勢力のラディカルな理論として有用であり，第二の概念は，すでに権力を握る支配勢力が自らの権力を安定化させるための正当化論として有用である。実際，名誉革命政府は，体制安定のためにロックのラディカルな論理を危険視し，第二の保守的な論理の方向に傾斜してゆく。18世紀におけるロック政治論の継承と批判の問題は，ロック以後の啓蒙の変容と不可分の関係にある。

すなわち，その後の政治過程において，ウィッグ対トーリーの対立とは次元の異なる，コート派対カントリ派との対立が先鋭化し，そこに共和主義の新たな形態が展開されていく。それは，「人民の同意による反君主制」という狭義の共和主義概念[8]を否定し，古典的徳を重視して君主制と両立可能な

---

8) サミュエル・ジョンソンの『英語辞典』(Johnson [1756] 2011) では，共和国 (Republic) とはコモンウェルス，すなわち「権力が二人以上の者に委ねられている国家」であり，共和主義者 (Republican) とは，「君主制以外の国家 (commonwealth) を最善の政体と考える者」と定義されている。また，自然権に基づく人民主権を嫌悪した Tucker (1781, 22) は，人民主権を唱えたジョーゼフ・プリーストリーやリチャード・プライスを「ロック主義者」や「共和主義者」と呼んで批判し，共和主義と人民主権を同義と考えていた。こうした共和主義概念とロックとの関係については，坂本達哉 (2011, 283-8) に興味深い分析がある。また Pocock (1985, 166 / 訳 314) も参照。

混合政体論を模索する広義の概念である。この系譜の新たな展開により，ロックのラディカルな論理は完全に棄却され[9]，ウィルクス (John Wilkes, 1725-97) による急進主義的な世論扇動を契機にして，これに対抗する新たな保守イデオロギーと共和主義とが結びついていく。それに対して，ロックの急進的論理を引き継ぐ急進主義者たちは，ロックよりさらに過激に人民主権を主張していくのである[10]。

ロックの政治論は，「人民主権の原理」の表現であり，従来の政治論とは異なり，あらゆる人が政治に関与する論理を提示した。いかなる人でも，自らの自然権を維持するために，それを守ってくれる政治社会に結合することができ，それが与えてくれる便益の見返りとして権力に服従し，その権力が不都合なものであれば「抵抗権」によってそれを変革し破棄することもできる。この関係は，「福祉の享受・保障」のための人民と政府権力との相互交換的な契約関係として描かれるのである。

7 所有と富裕化

上述のように，ロックは，万人の自然権を「生命・身体・自由・財産」から成る一体のものとし，それを「個体性 (property)」と表現した。これは，肉体をもった生身の人間が，食物・飲料その他の生存資料を確保するための所有権を含むものであった。

この所有権を確立するため，ロックは，「労働による所有」理論を展開した。「人は誰も自分自身の人格 (person) について所有権をもっている。……彼の身体の労働，彼の手の働きはまさしく彼のものである。」この労働を自然の事物に付加することによって，「他の人々の共有権を排除する何者かがそれに付け加えられた」のであり，それによって私的所有が確立する，というのである (II, §27, 287-8 / 訳 176)。

---

[9] Wootton (1994, 9) によれば，「ロックと彼に由来する自然権理論は，［共和主義の］構図から追放された。」
[10] この政治過程の理解は，Dickinson (1977) の詳細な研究に負っている。またロック政治原理の位置づけについては，愛敬浩二 (2003) の研究が最も説得的である。

また，この所有を基礎づける労働は，価値を創造する生産行為であり，剰余を生み出し，その剰余物を貨幣と結びつけて財産として蓄積する可能性をもつ。この財産蓄積は，個人の富裕化と不平等化をもたらしつつ，社会全体の富の拡大を可能にする。このように，「労働による所有」は「労働による剰余生産」を実現し，私的経済活動と経済発展とを結びつけるのである。この論理は，誰でも自らの労働によって財産を所有でき，富裕になりうるという機会均等原理を示している。しかし，現実の不平等な所有形態の中では，これはそのまま適用されえない。ロックは実際，労働の差による所有の不平等を正当化するだけでなく，既存の不平等を容認し，子供の相続権も自然的な権利として認めていた。ここにロック所有論の曖昧さがあるが，それは啓蒙の「不平等による富裕化」の論理につながるのである。

　ロックの所有論は，曖昧さを残しつつ，基本原理として，誰でも自分の労働に精出せば私有財産を獲得でき，経済的に自立できるという万人の所有権を確立し，人々を勤労へと駆り立てる実践的意義をもっていた。ロック自身も，経済発展のための実践的経済政策問題に取り組み，『利子・貨幣論』(Locke [1692] 1991) を始め，多くの経済的著作を表し，勤労に基づく経済活動が，啓蒙の必須条件である経済的繁栄を実現する道筋を追求したのである。この面から見ると，ロックの想定する社会の担い手は，先述の理性的・自律的個人であるだけでなく，自らの労働によって自立する所有者でもあるということができる。

8　宗教的寛容

　啓蒙の前提条件として，政治的自由や経済的繁栄と並んで重要なのは，信仰の自由と宗教的寛容である。ロックは，宗教的寛容の問題に当初から関心を寄せ，早くも1665年に外遊先のブランデンブルクからボイルに当てた手紙の中で，クレーヴという町において三種類の信仰が公認されている状況を知らせ，「クラレンドン法典」による宗教弾圧を暗に批判していた。王政復古時の1660年『世俗権力二論』で，秩序の安定を第一義に優先していたロックは，この頃になると，国家は秩序に反しない限り個人の信仰に介入すべき

でないという寛容思想へと強調点を移行していった。その明確な表現が1667年から書かれた『寛容論手稿[11]』であり，この中で「宗教問題に対する行政権の不介入」＝「教会と国家の分離」という宗教的寛容の本質が明らかにされ，後の『宗教的寛容に関する書簡』(1689年)において集大成される。宗教的寛容の問題は，国家権力の目的があくまで「生命，身体，自由，財産」から成る人民の自然権の保全にあり，国家権力はそれに限定されるべきだという『統治論』の主張と重なる。このように，「救済」と「永遠の生命」を成就する「来世の幸福」を目的とする教会と，「世俗的平和と繁栄」を目的とする国家との明確な区別(寛容思想)が，ロック政治思想の基本前提となっているのである。

ロックの寛容論において特に注目すべき特徴は，信仰の自由とは「自分がいかなる信仰を持つかについての判断権」であり，それが各人の自然権に属するという観点である。この判断権は，国家設立以前に各人に属するのであるから，国家権力はこれに介入してはならない，これがロック寛容論の本質である。

9 教育・訓練による啓蒙

ロックが自己の理想とする社会の構成メンバーを，教育によって育成しようとしていたことは明らかである。彼の目指す人間は，第一にキリスト教信仰に支えられた理性的・自律的人間であり，第二に経済的発展に寄与する勤勉な労働者・生産者であった。

ロックは，草稿『学問論』において，「学問の目的は知識を獲得することであり，知識の目的は実践ないしコミュニケーションにある」と明言している(Locke [1675-79] 1968, 406 / 訳166)。また『教育に関する若干の考察』において，「健全なる精神は健全なる肉体に宿る」という心身一体の実践的教育を

---

11) 手稿は4種あり，1667年に書かれた手稿に追加，削除，挿入したもの，それからの筆写分を含み，執筆時期や追加・修正の意味内容も推測の域を出ない。その推測に関しては，ミルトン版『寛容論』(Locke, [1667-83] 2006)と山田園子 (2006)に従っている。

基本とし,「肉体を精神の命令に従わせる理性」ないし「克己 (self denial)」を強調している。「しつこく迫ってくる目前の快や苦に,いかに抵抗するかを知らぬ人は,徳と勤勉の真の原理を欠いていて,何事にも役に立たぬという危険にさらされている。」(Locke [1693] 2007, §45, 44 / 訳 61 頁) ロックはまた,徳の基盤が真の神の観念と信仰にあることを強調し,「他人を愛し,他人に親切にすること」を教えることが,子どもの徳を築く基礎だと言っている (§139, 108 / 訳 218 頁)

ロック教育論の核心である克己の徳と勤勉の奨励は,その後の教育論に大きな影響を与えた。チェンバーズの『百科全書』が伝えるように,「ロックの優れた教育論は,あらゆる人に知られて」おり (Chambers 1728, vol. 1, 279),ロックの忠実な後継者ワッツ (Isaac Watts, 1674-1748) は,「彼の統治の起源と教育に関する議論は,真の自由の基盤と,若者および成人のための正しい自制 Restraint のルールを築いた」と断言した (Watts [1742] 1990, viii)。18 世紀には,ロックの『教育に関する考察』は,1705 年の 6 版後少なくとも 25 の再版,フランス語版は 1695 年に出て 16 版,ドイツ語で 3 版,イタリア語版は 1735 年に出て 6 版,スウェーデン語で 1 版,オランダ語で 2 版が出版された[12]。これとともに,ロックに同調する多くの教育論が出版され,教育論のブームをもたらした。

しかし,こうした教育論は,実践的教育の意義を重視していたとしても,基本的にジェントルマン階級のための教育として,庶民にまで一律に適用しうる内容のものではなかった。庶民教育には,別の観点が必要だったのである。

1696 年 5 月に設立された「通商植民委員会」の有力メンバーとして,ロックは 1697 年に報告書を提出した。それは「貧民救済・雇用計画案」として,「怠惰な浮浪者 (vagabonds) に対する取り締まり強化」と「強制的な訓練による貧民の矯正」を主張するものだった。それは,貧民を矯正・訓練し,一人前の勤勉な労働者として育成して,働く場を提供することを目指すものであった。そのために,怠惰な浮浪者を強制的に収容し労働訓練する「感化院

---

[12] Parry (2000, 29) および Porter (2000, 342) を参照。

(House of correction)」や「労役場（Workhouse）」の必要性が説かれた。

これと関連して，3～14歳までの労働者の子供たちのための「労働学校（working school）」の設立が提案される。それによって，母親が働くことができ，幼児期からの環境整備によって「真面目で勤勉な人間」が育成され，貧民救済費の負担が軽減される。また，子供が労働学校において一定の職業技術を修得した後には，各区内の親方職人は，少年たちを無報酬で雇用することになる（Locke [1697] 1876, 384-7）。

このように，ロックの貧民政策は，統合と排除の論理を見事に使い分けて表現している。このような論理は，当時の社会に見られた一般的特徴であり，啓蒙の負の側面，すなわち「理性」と「非理性」との区分，不合理や狂気の「監禁」など，と結びつくものであった。

10 むすび

以上みてきたように，ロックの思想は，啓蒙思想の基本的特徴をほとんどすべてにおいて先駆していたということができる。むしろ，啓蒙思想とはロック思想の継承発展過程であると規定してもよいほどである。その過程において，ロック思想は，ある面では保守的に，別の面では急進的に改変され，実践的知識と教育と科学の発展，立憲的統治と経済的繁栄を介して，人間の進歩についての楽天的な展望につながっていく。それゆえ，ロック思想が18世紀においてどのように継承ないし批判されていくか，の探究は，啓蒙思想の内実を描き出すことにもなると言ってよいかもしれない。

ロック思想の改変は，政治論の側面において，先述した「服従契約」に基づく保守的共和主義や社会契約論批判として，逆に「結合契約」に基づく「人民主権」論理を主張する急進主義として，展開された。また，ロックが神の理性的証明を進めながら，人間の不完全性を根拠に啓示宗教による信仰を重視したのに対し，理神論者はロックの論理を徹底させ，人間理性に対する絶対的自信を表明することになる。ロックにとって，人間の主体的意志は根本的に重要であるとしても，それは神の被造物としてのそれであって，人間が神への信仰を捨て自ら神になることは，人間の存在根拠を失わせることで

あった。啓蒙は，やがてロックのこの歯止めを越えて，快楽主義や世俗化の方向を推進していくことになろう。

参考文献

Chambers, E. 1728. *Cyclopedia, Or an Universal Dictionary of Arts and Sciences*.
Cranston, M. 1957. *John Locke, a biography*, Longmans.
Dickinson, H. T. 1977. *Liberty and Property*, Weidenfeld and Nicolson. 田中秀夫監訳/中澤信彦他訳『自由と所有』ナカニシヤ出版，2006年.
Hampson, N. 1968. *The Enlightenment*, Penguin Books.
Hefelbrower, S. G. 1918. *The Relation of John Locke to English Deism*, Yniversity of Chicago Press.
Herman, A. 2001. *Scottish Enlightenment: The Scot's Invention of the modern World*, Forth Estate, London. 篠原久監訳・守田道夫訳『近代を創ったスコットランド』昭和堂，2012年.
Himmelfarb, G. 2004. *The Roads to Modernity, The British, French, and American Enlightenment*, Alfred A. Knopf, New York.
Jacob, Margaret C. 1981. *The Radical Enlightenment*, Cornerstone Book.
Johnson, S.〔1756〕2011. *A Dictionary of the English Language*, 2vols, London, rep. by Nobu Press.
Locke, J.〔1660～66〕1954. *Essays on the Law of Nature*, ed. by W. von Leyden, Oxford. 浜林正夫訳『自然法論』(世界大思想全集2)河出書房新社，1962年.
Locke, J.〔1667-83〕2006. *An Essay concerning Toleration and Other Writings on Law and Politics*, edited by J. R. Milton and Philip Milton, Oxford (Clarendon Edition of the Works of John Locke).
Locke, J.〔1675-79〕1968. *Of Study*, in James L. Astell (ed.), *Some Thoughts concerning Education*, in *The Educational Writings of John Locke*, Cambridge. 岩田朝一訳「学問論」『ロック教育思想の研究』理想社，1963年所収.
Locke, J.〔1690a〕1975. *An Essay concerning Human Understanding*, in *The Clarendon Edition of the Works of John Locke*, ed. by Nidditch, vol. 1. 大槻春彦訳『人間知性論』(岩波文庫)全4巻，1972-77年.
Locke, J.〔1690b〕1960. *Two Treatises of Government*, ed. by Peter Laslett, Cambridge U. P., repr. 1970. 伊藤宏之訳『統治論』柏書房，1997年.
Locke, J.〔1692〕1991. *Some Considerations of the Consequences of the Raising of the Value of Money*, in *Locke on Money*, ed. by Patrick Kelly, Clarendon Press. 田中正司・竹本洋訳『利子・貨幣論』，東大出版会，1978年.
Locke, J.〔1693〕2007. *Some Thoughts Concerning Education*, reprinted and edited by Adamson, Dover Publications Inc.

第 I 部

Locke, J. [1695] 1824. *Reasonableness of Christianity, as delivered in the Scriptures*, in *The Works of John Locke in Nine Volumes*, vol. 6. 服部知文訳『キリスト教の合理性』国文社, 1980 年.

Locke, J. [1697] 1876. *A Report for Working School*, in Fox Bourne, *The Life of John Locke*, London. vol. 2. 岩田朝一訳（抄訳）「労働学校案」『ロック教育思想の研究』理想社, 1963 年所収.

Locke, J. 1990. *Drafts for the Essay concerning Human Understanding, and other Philosophical Writings*, ed. by Nidditch and Rogers, Clarendon Press, vol. 1.

Locke, J. 1976-89. *The Correspondence of John Locke*, 8 vols. ed., by E. S. de Beer, Clarendon Press.

Locke, J. 1997. *Political Essays*, ed. by Mark Goldie, Cambridge University Press. 山田園子・吉村伸夫訳（抄訳）『ロック政治論集』法政大学出版会, 2007.

Parry, G. 2000. Education Can Do All, in *The Enlightenment and Modernity*, ed. by Geras & Wokler, Macmillan.

Pocock, T. G. A. 1975. *The Machiaverian Moment; Florentine Political Thought and the Atlantic Republican Tradition*, Princeton U. P.. 田中秀夫・奥田敬・森岡邦泰訳『マキァヴェリアン・モーメント』名古屋大学出版会, 2008 年.

Pocock, T. G. A. 1980. Post-Puritan England and the Problem of the Enlightenment, Zagorin ed., *Culture and Politics from Puritanism to the Enlightenment*, University of California Press.

Pocock, T. G. A. 1985. *Commerce and History, Essays on Political Thought and History, Chiefly in the Eighteenth Century*, Cambridge. 田中秀夫訳（抄訳）『徳・商業・歴史』みすず書房, 1993 年.

Porter, R. 1990. *The Enlightenment*, Macmillan. 見市雅俊訳『啓蒙主義』岩波書店, 2004 年.

Porter, R. 2000. *The Creation of the Modern World; Untold Story of the British Enlightenment*, the first American edition, New York & London.

Rogers, G. A. J. 1998. *Locke's Enlightenment*, Georg Olms Verlag

Schouls, P. A. 1992. *Reasoned Freedom, John Locke and Enlightenment*, Cornell University Press.

Sher, R. B. 2006. *The Enlightenment & the Book: Scottish Authors & Their Publishers in Eighteenth-Century Britain, Ireland & America*, Chicago & London.

Tucker, J. [1781] 1993. *A Treatise Concerning Civil Government*, London, in *The Collected Works of Josiah Tucker*, vol. 4, Thoemes Reprints.

Tyrell, J. 1681. *Patriarcha non Monarcha*, printed for Richard Janeway, London.

Wood, N. [1975] 1991. The Baconian Character of Locke's Essay, in *History and Philosophy of Science*, vol. 6, no. 1, repr. in Ashcraft, Richard (ed.), *John Locke: critical assessment*, Routledge, vol. 2.

Watts, I. [1742] 1990. *Philosophical Essays on Various Subjects*, Thoemmes Antiquarian Books.

Wootton, D. (eds) 1991. *Republicanism, Liberty, and Commercial Society, 1649-1776*, Stanford

University Press.
Yolton, J. (eds) 2000. *John Locke as translator, Three of the Essais of Pierre Nicole in French and English*, Voltaire Foundation, Oxford.
愛敬浩二．2003．『近代立憲主義思想の原像　ジョン・ロック政治思想と現代憲法学』法律文化社．
今井宏編．1991．『イギリス史2』山川出版．
大津真作．1986．『啓蒙主義の辺境への旅』世界思想社
カント（篠田英雄訳）．1950．『啓蒙とは何か』（岩波文庫）．
坂本達哉．2011．『ヒューム　希望の懐疑主義』慶応義塾大学出版会．
ダン，J.（加藤節訳）．1987．『ジョン・ロック』岩波書店
ヴォルテール（中川信訳）．2005．『哲学書簡』中公クラシックス．
山田園子．2006．『ジョン・ロック『寛容論』の研究』渓水社．
ラズレットP.（川北・指・山本訳）．1986．『われら失いし世界』三嶺書房．

第4章

ジャン・バルベラックの「啓発された自己愛」

門　亜樹子

1 はじめに

　ジャン・バルベラック (Jean Barbeyrac, 1674-1744) は，南仏ベジェ (Béziers) の改革派教会牧師アントワーヌ・バルベラックの長男として生まれ，1685年のナント勅令廃止後，スイスに亡命した (Meylan 1937, 29-31)。その後，ベルリン滞在中にザームエル・プーフェンドルフ (Samuel Pufendorf, 1632-94) の『自然法と万民法』([1672] 1706) および『人間と市民の義務』([1673] 1707) の仏訳版を出版し (Meylan 1937, 60)，ローザンヌ大学法学・歴史学教授職 (1711-17) を経て (Meylan 1937, 69, 72)，フローニンヘン大学公法・私法学教授在職中にフーゴー・グロティウスの『戦争と平和の法』([1625] 1724) の仏訳版を出版した (Meylan 1937, 124, 126)。Haakonssen (1996, 59) によれば，バルベラックによるプーフェンドルフとグロティウスの仏訳版は，これらの著作の英訳版の基礎となって[1]，スコットランドで重大な影響を及ぼし，ガーショム・カーマイクルとフランシス・ハチスンにも影響を与えた[2]。バ

---

1) バジル・ケネット (Basil Kenett, 1674-1715) は『自然法と万民法』のラテン語原典を英訳し，1703年に出版した。英訳版の第3版 (1717) 以降には，バルベラックによる仏訳版の訳注の英訳が追加され，第4版 (1729) 以降の冒頭には，バルベラックの「訳序」(Préface du Traducteur. 以下「道徳哲学史」) の英訳が追加されている。「訳序」の英訳の題名は「道徳の科学と，最初の時代からプーフェンドルフの『自然法と万民法』の出版までに世界中で道徳の科学が遂げた進歩の歴史的・批評的解説」。訳者は「リンカンズ・インのケアリ氏」と記されている。
2) 前田 (2011, 58-60) は，カーマイクルがバルベラックのプーフェンドルフ評価とは無関係に，倫理学講義のテキストに『人間と市民の義務』を選定したと指摘している。

ルベラックは仏訳版『自然法と万民法』の訳注で三義務論（神への義務，自己への義務，他人への義務）の枠組みを強調する。三義務論はプーフェンドルフの『人間と市民の義務』で明示され，グラーズゴウ大学道徳哲学講座の歴代教授カーマイクル，ハチスン，トマス・リードの道徳哲学体系にも見られる[3]。

また，バルベラックは，広教会派（Latitudinarian）にシンパシーを抱いていたピーターバラ主教リチャード・カンバーランド（Richard Cumberland, 1631-1718）の『自然法論』（[1672] 1744）と同派のカンタベリ大主教ジョン・ティロットスン（John Tillotson, 1630-94）の『著作集』（[1696] 1708-16）の仏訳（全6巻の内第5巻まで）を手がけている（Meylan, 1937, 245-247）。広教会派の道徳は，人間の生来の社交性が強調される点で（Rivers 1991-2000, vol. 1, 77），プーフェンドルフと共通する[4]。

プーフェンドルフによれば，自然状態にはトマス・ホッブズ（Thomas Hobbes, 1588-1679）が主張する「全てのものに対する権利」は存在せず，「正しい理性」から導き出される自然状態（平和状態）の法には，自己の保存とともに他人の保存への配慮が含まれる。プーフェンドルフの「正しい理性」は，社交性（la Sociabilité）とは矛盾しない自己愛（l'Amour propre）を自然法の基礎として据えている。バルベラックはこの「自己愛」を「自己への義務」に位置づけ，「啓発された自己愛」（l'Amour propre éclairé）と解釈する。このような「自己愛」観は，他人の苦痛に対する「同情」を「自己愛の感情」と見なすバルベラックの著作『娯楽論』（1709）の見解と共通するものである。

---

3) この3名はそれぞれ，初代，第2代，第5代の道徳哲学教授（第3代がトマス・クレーギー，第4代がアダム・スミス）である。

4) Palladini (2008, 59) は，プーフェンドルフとホッブズはともに，自然法の基礎として「社交性」（socialitas）を据え，両者の基礎は非常に類似するものであったと主張する。

2 プーフェンドルフの自然状態論

(1) ホッブズへの反論

　プーフェンドルフは『自然法と万民法』第2編第2章で自然状態（l'Etat de Nature）について論じている。「他人との関係において考察される自然状態は戦争状態（un état de guerre）であるのか，または平和状態（un état de paix）であるのか」というホッブズが提起した問題を，プーフェンドルフは「互いに服従し合うことなく自然的自由（la Liberté Naturelle）の状態で生きる人々は，互いに敵または友のいずれと見なさねばならないのか」(Pufendorf [1706] 1732 [以下 DNG と略記], tom. 1, 159) と言い換える。ホッブズの自然状態は，孤立した人々が相互の交際（commerce）を避けて生活している状態である（DNG, tom. 1, 160）。彼らは戦争状態にあって，他人が所有するものを横取りし，他人からそれを奪う意図を抱いていると見なされる。

　ホッブズの主張の真の意味について，プーフェンドルフは以下の2点にまとめている。1) 我々の保全に資するものが相互の協定によって分割されるまでは，自然はそれらを共有状態にしておくこと，2) この世に上位者が存在しない限り，各人は自らの「理性の光」すなわち「正しい理性」に従って，自らを長期間保全するのに資する全てのことを行いうること（DNG, tom. 1, 155）。

　プーフェンドルフは『市民論』第1章第7節から第10節で展開されるホッブズの原理を修正する必要があると述べ（DNG, tom. 1, 155），ホッブズの次の文章を引用している。ホッブズは「生まれながらの権利の第一の基礎は『全ての人は自分の生命や四肢を守るために自分ができる限りの努力をする』ということである」(Pufendorf [1672] 1934 [以下 JNG と略記], vol. 1, 108. Hobbes [1642] 1983 [以下 DC と略記], 94 / 訳 762) という前提に基づき，「目的への権利を持つ人が，もしそれに必然的に伴う手段への権利を否定されたならば，それは空しいことになるので，当然の帰結として，全ての自己保存の権利を持つ人はまた『その人がそれなしには自己保存ができない全ての手段や行動

を行う』権利が許されなければならない」(JNG, vol. 1, 108. DC, 94 / 訳 763) と主張する。また，自然状態において，自らの意志と判断を従属させる上位者はこの世に存在しないため，「彼がまさに使おうとしていたり，行うつもりである手段が彼の生命と四肢の保存に必要であるのかそうではないのかについては，生まれながらの権利によって，彼自身が裁判官である」(JNG, vol. 1, 108. DC, 95 / 訳 763) と述べて，「自然は『全てのものに対する権利を全ての人に』与えた。すなわち，全ての人々は，全くの自然状態においては，もしくは何らかの同意によって義務付けられる以前の時点においては，全ての人が，どのような人に対してもどのようなことをすることも許され，そして，自分が欲し入手可能であるどのようなことも，保持し，使用し，享受することが許された。……我々は，自然状態においては，利益が権利の尺度であると理解する」(JNG, vol. 1, 108. DC, 95 / 訳 763-765) と結論する。

これに対しプーフェンドルフは，ホッブズのこの論証から「各人は自らが望む全てのことを，自らが望む者に対して行うことができる，と推論してはならない」(DNG, tom. 1, 154) と反論する。なぜなら，ホッブズは自然状態にある人間を「自然法と正しい理性の指導」(la direction des Loix Naturelles & de la droite Raison) (DNG, tom. 1, 154) に服従させているからである。ホッブズが「正しい理性」を「全く不可謬な能力 (*Facultatem infallibilem*) と理解しているのではなく，自己の便益や他者の損害をもたらす自己の行為に関する自分自身の正しい推論の行為」(DC, 99 / 訳 779, 一部, 本田 2008, 50) として理解していることに対して，バルベラックは，ホッブズの言う「正しい推論」は『市民論』第1章第2節から第6節で論証された原理つまり「全ての人々が生まれながらに互いに戦争状態にあるという誤った仮説」(DNG, tom. 1, 154, n. 1) に基づいていると注記している。

プーフェンドルフによれば，理性を有する人間の精神は，人間を長期間保全するのに適した手段として，「無限の放縦さ」(license sans bornes) (DNG, tom. 1, 154) を認めていない。また，自然は誰に対してもそのような放縦さを認めていると仮定することもできない。ある人間が「無限の放縦さ」を行使しようと試みるならば，人々が自然状態において全てのものに対して有する「この権利と称されるもの」(ce droit prétendu) (DNG, tom. 1, 154) が彼自身

にとっていかに有害であるかを，彼はただちに悟ることになるからである。

(2) スピノザへの反論

　プーフェンドルフは，「全てのものに対するこの権利」(ce droit sur toutes choses) をホッブズ以上に「率直に」主張する論者として，バルーフ・デ・スピノザ (Baruch de Spinoza, 1632-77) を挙げ，彼の著作『神学・政治論』第16章 (JNG, vol. 1, 109-111. Spinoza [1670] 1843-46 [以下 TTP と略記], vol. 3, 207-208 / 訳（下）163-167) から「この権利と称されるものについての不快な記述」を引用し，その各々に批判を加えている (DNG, tom. 1, 155)。以下では，引用されたスピノザの2つの文章を取り上げる。

　プーフェンドルフの批判は，スピノザが「自然の権利と自然の法則」(le droit & l'institution de la Nature) (DNG, tom. 1, 155) の概念に不適切な意味を与えていることに帰着する。

> 自然の権利と自然の法則を私は各個物の本性〔自然〕の諸規則そのものと理解する，我々の考えによれば，この諸規則によって各物は一定の方法において存在し・活動すべく自然から決定されるのである。例えば魚は泳ぐように，また大なるものが小なるものを食うように自然から決定されているのだ。(JNG, vol. 1, 109. TTP, vol. 3, 207 / 訳（下）163-164. 訳文加筆)

スピノザの言う「権利」は，人間が従わねばならない法 (le Loi) でも，各人が他人に損害を与えずに行いうることでもなく，「活動する (agir) 生来の能力」を指し，理性を欠く被造物 (les Créatures) に見られる活動する力と方法をも含意する (DNG, tom. 1, 155)。プーフェンドルフは「活動する権利」は本来，知的存在 (les Etres Intelligens [*sic*.]) にしか相応しくないと反論し，各々の事物が自らの作用を特定の決められた方法で生み出す物理的性質を，スピノザが「自然の法則」(Loi Naturelle) と呼ぶことは，不適切であると断じる (DNG, tom. 1, 155)。

　さらに，プーフェンドルフは，スピノザの「誤った原理」から導き出された次の結論を引用する。

各物は出来る限り自己の状態に固執しようと力(つと)めること，しかもそれは他物を斟酌することなく単に自己をのみ斟酌してそうなのであることが自然の最高の法則であるから，これからして，各々の個物は自己の状態に固執する最高の権利を，換言すれば（既に言ったように）自然から決定されている通りに存在し・活動する最高の権利を，持つということが帰結される。(JNG, vol. 1, 109. TTP, vol. 3, 207 / 訳（下）164. 訳文加筆)

これに対し，プーフェンドルフは以下のように反論する。1) スピノザは「自然の法則」という用語を不適切な意味で解釈している，2) 人間本性は，他人を斟酌せずに，自らの利益だけを目的として，自己を保存するようには定められていない，3) スピノザの思想には，自由な主体とは対照的な，一定で不変の行動様式を課される事物しか存在しない，4) その管理が人間に依存する行動を，何らかの行動様式に定めるべきは，法であって，自然ではない，5) 人間があることを行う生来の力を有するというだけでは，彼がそれを行う権利を有することにはならない (DNG, tom. 1, 156)。プーフェンドルフの枠組みにおいて，自然状態と自然法は「正しい理性」の使用を必然的に前提としており，自らの欲望だけで行動する人々は，権利の対象にも法の対象にもならない。人間が理性に一致して生きることを余儀なくされるには，他人に損害を与えたり，悲しみをもたらすことを慎むための十分な力を生まれながらに有しているだけでよい (DNG, tom. 1, 157)。

(3) 自然状態における「正しい理性」

プーフェンドルフは，自然状態について問題となるのは，「その主要な部分と他の諸能力を管理する理性を有する動物の状態であって，分別を欠く衝動と感覚の印象のみによって行動する動物の状態ではない」(DNG, tom. 1, 165) と述べる。自然状態においても，理性は一般的で，確実で，確固とした一定の規則すなわち「事物の本性」(la nature des choses) を有する。それは全ての注意深い人々に，人生の一般的教訓と自然法の基本的格率を付与する。自然状態の正しい観念を示すには，「正しい理性」の使用を排除せず，それを人間の他の諸能力の働きと固く結び付ける必要がある。人間は自らの情念

の声のみを聞く能力ではなく，本人が望むならば，自らの理性の助言に従う能力を有する。過度の情念が「各人の各人に対して想定される戦争」(DNG, tom. 1, 165)をそそのかす一方で，理性は，攻撃を受けずに企図される戦争がいかに下品で有害であるかを指摘し，人々を思いとどまらせることができる。

誰もが自分自身だけで存在しているのではなく，上位の存在 (un Etre Supérieur) から生命と卓越を得ている (DNG, tom. 1, 165)。したがって，上位の存在がその者に対して権限を有することは容易に確信しうる。このことが認められるなら，2つの行動原理に気づくことができる。一方は現在のことにのみ取り組み，他方は欠けているものや最も離れた将来に目を向ける。前者は危険で不確実で下品な物事へと推し進め，後者は確実で正当な物事へと推し進める。創造主は人間が後者の原理の導きに従うことを望んでいる。人々が過度の情念に服従して理性の助言を無視した後，誤った選択をしたことを軽蔑すべき経験として認める場合，そのような経験によって，彼らは今後，理性の光に反して同様の間違いを犯さないようにしようと努める。そして，理性が人々に想起させる平和は明白に有益であるため，彼らは本来，平和へと導かれざるをえないのである。

したがって，政治社会 (Société Civile) の外部で生きる人々自身にとっての自然状態は戦争状態ではなく，平和状態であり，そこでの主要な法は以下の4点である。1) 自らに損害を与えない人々に損害を与えないこと，2) 各人が自らの財産を平穏に享受させておくこと，3) 約束したことを几帳面に守ること，4) より厳格でより免れられない義務が可能にする限りにおいて，隣人の役に立つことを願う傾向にあること (DNG, tom. 1, 165)。

このように，理性の使用は自然状態と不可分であるため，理性が想起させる義務についても自然状態と切り離すことはできないし，また切り離すべきではない。他人の敵意よりもむしろ好意を招くように行動することが有益であることを，人々は自らの経験によって確信することができる。また「同一本性の一致」(la conformité d'une même nature) (DNG, tom. I, 166) によって，人々は他人が自分と同様の感情を抱くことを容易に推測しうる。そのため，自然状態における人々，少なくともその大半が，自然が人間の行動の最高の

管理者として据え付けた高貴な能力である理性の格率を平然と踏みにじると主張するのは誤った推測である。プーフェンドルフはホッブズを念頭に置き,「全ての原理の中で最も自然的な原理の軽視または誤用が生み出すものを自然状態と呼ぶことは誤りである」(DNG, tom. I, 166) と結論する。

3 「正しい理性」と「啓発された自己愛」

(1) 自然法と「正しい理性」

『自然法と万民法』第2編第3章「自然法全般について」の冒頭で,「自然法」(*Droit de Nature*, ou LOI NATURELLE) は, 人間の行動の最も一般的な規則, すなわち, 各人が理性的動物の資格において従わねばならないものと定義される (DNG, tom. 1, 169)。それは, 人間の自然的条件は, 人間が確固たる行動原理もなく, 気まぐれに行動することを許さないということに基づいている。自然法は, 全ての人々がそれを遵守しなければならないことから「普遍法」(Loi Universelle) と呼ばれ,「実定法」(Droit Positif) のように変化を被らないことから「永遠法」(Loi Perpétuelle) とも呼ばれる (DNG, tom. 1, 169)。

プーフェンドルフは「自然法の規則が啓発された理性 (une Raison éclairée) の格率から生じる」ことに基づき,「聖書そのものが, 我々に自然法を『人の心に記されたもの』(「ローマの信徒への手紙」第2章第15節) (共同訳聖書実行委員会編 [1987] 2005 [以下新共同訳と略記],（新）274) と示している」(DNG, tom. 1, 189) と述べる。聖書の著述者は, 自然法の原理をより確実かつ明瞭に知るための光を示した。しかし, 啓示の助けがなく, 創造主 (le Créateur) が全ての人間に与えた自然的理性の力だけでは, それらの原理を発見し, 確実に証明することはできない。最も一般的な自然法の原理は, 人間とともに生じたものではなく, 人間が誕生した瞬間から知性 (l'Entendement) の中に存在する明瞭な命題の形で, 人間の精神 (Esprit) に刻まれているものでもない (DNG, tom. 1, 189)。人間の正と不正を区別する能力は, 幼児期または自らの理性を使用し始めて以後, 善が称賛され, 悪が罰せられるのを見るたびに, 少しずつ形成されてきた習慣から生じる。「自然法が正しい理性の格率

に基礎づけられる」という言葉が意味することは，人間の知性は人々の本性と構造を熟考することで，自らの行為を自然法に一致させる必要性を明瞭に発見する能力を有し，また，これらの自然法が確実で説得力のある論証によって演繹されるような基本的原理を見出すということである（DNG, tom. 1, 190)。

ある格率が「正しい理性」に一致するか反するかを，人間は次のようにして知ることができる。「正しい理性」の格率は，十分に検討された事物の本性に一致するか，それ自体は真である何らかの第一原理から，正当な帰結によって推論される真の原理である。逆に，誤った原理に基づく場合，または，それ自体は真である原理から誤った結論を導き出す場合，それらは「堕落した理性」(la Raison corrompue)（DNG, tom. 1, 190）の格率である。したがって，自然法の格率として与えられたものが，実際に事物の本性に基づいている場合，それは真の原理として，したがって「正しい理性」の原理として確実に見なすことができる。この点について，カンバーランドは『自然法論』において，国家の外部において「誤った理性」と「正しい理性」は区別できないとするホッブズの主張を退け，「実際の事物とは異なるように判断する者は正しい理性に従って判断していないか，自らの判断力を十分に使用していない。実際の事物に応じて肯定または否定する者は正しい理性に従って判断しているということを，異論の余地のない格率として定立しよう」(Cumberland 1744, 116) と述べている。

さらに，自然法が理性を使用する全ての人々に知られていると主張するには，全ての人々が理性の格率を体系的に論証できることは必要なく，最も平凡な人間がこのような論証を提示された場合に，それを理解することができ，彼ら自身の本性の構造とその論証を比較し，そして，その論証が真であることを明確に認めうるということで十分である（DNG, tom. 1, 191）。

(2) 社交性と「啓発された自己愛」

プーフェンドルフは『自然法と万民法』第2編第3章で，自然法の真の基礎について考察し，それは，ある物事を正または不正と見なす人々の同意 (le consentement) や，実践における人々の一致 (accord) ではなく，また，人々の

個別的便益（l'utilité particulière）もその基礎の全てではなく，人間の構造そのものから導き出される必要があると主張する。人間とその他の全ての動物に共通するものは，自らを大いに愛すること，あらゆる手段によって自己保存に努めること，そして善を求め，悪を避けることであるが，一般に自己愛（Amour propre）はその他のどの性向よりも強力である（DNG, tom. 1, 192）。人間は自己保存を非常に好む動物であるが，生まれながらに貧しく困窮しており，善行を施し合うことのできる同胞の援助がなければ，自己保存は不可能である（DNG, tom. 1, 194）。他方，人間は悪意を抱き，無礼で，他人を容易く怒らせ，侵害する傾向があり，十分な武力で武装もする。人間は社交的でなければ，つまり，同胞と協調して暮らし，彼らの利益を維持するように，彼らと共に行動することを望まなければ生活は維持できず，この世における身分に相応しい財産を享受することもできない。したがって，自然法の真の基礎となる法は，「各人が，社会に依存する限りにおいて，その他の全ての者とともに全人類の構成と目的に例外なく従い，平和な社会を形成し保全しなければならない」ということになり，また，「全般的な社交性（Sociabilité Universelle）に必然的に貢献するあらゆるものが，自然法によって命じられたと見なされねばならない。そして，逆にそれを妨げるあらゆるものが，同法によって禁じられていると見なされねばならない」（DNG, tom. 1, 195）ということになる。

プーフェンドルフによれば，「人間は社交的でなければならない」という言葉は，「他人の利益とは無関係に自らの個別的利益を気に掛けてはならない」（DNG, tom. 1, 197）ことを意味している。つまり，「他人の利益を斟酌せずに，彼らに損害を与えることに甘んじてはなら」ず，「他人を不正に侵害するならば，また，他人に関わる全てのことに完全に無関心であれば，誰も幸福に生きることを期待しえない」（DNG, tom. 1, 197）ということである。これがプーフェンドルフの「社交性の原理」（principe de la Sociabilité）（DNG, tom. 1, 197）である。

人間が「社会的動物」（un animal sociable）（DNG, tom. 1, 198）と呼ばれる理由の1つは，全ての動物の中で，人間が彼らの相互的利益を最も推進できるからである。人間は他人の利益に資することによって，確固たる真価を獲得

第4章　ジャン・バルベラックの「啓発された自己愛」

することができる。このような意図のもとで為される行為は最も高貴であり，能力と知恵を最も要求する行為と見なされる。多くの人々の主要な利益が相互に対立し合う場合には，これらの相反する意図のそれぞれが「正しい理性」に同時に一致すると見なされるか，または，ただ1人の人間が自らの個別的意図が他人の個別的意図に勝ると主張しうることが必要になる。しかし，このような権利は誰も有しておらず，他人の個別的利益を斟酌せずに自らの個別的利益のみを企図することは，理性に反すると見なされる。人々が相反することを望めば，全ての事物と全ての人間関係が各人の意志に従って調整されることは不可能であり，互いに身を滅ぼし合うことになる。同じ事物が一方によって求められ，他方によって放棄されるなら，人々の間に無数の対立が引き起こされることは避けられない (DNG, tom. 1, 199)。

したがって，自己保存への配慮そのものが，「社交性の義務」(les Devoir de la Sociabilité) を遵守する必要を人々に課すことになる (DNG, tom. 1, 198)。「自己愛あるいは我々自身の保存への配慮」(Amour propre, ou le soin de nôtre propre conservation) は社交性を決して排除しないように，社交性も自己愛と非常に上手く調和しうる (DNG, tom. 1, 199)。その根拠として，プーフェンドルフは「マタイによる福音書」第22章第39節のイエス・キリストの格率「隣人を自分のように愛しなさい」(JNG, vol. 1, 146 / 新共同訳，（新）44) およびキケロの次の言葉「競技場の走者は精いっぱい頑張って力のかぎり勝とうとせねばならない。これと同じく人生においても，各人が自分に有益なものを求めるのは不当ではないが，他のものから奪い取る権利はない」(JNG, vol. 1, 146. Cicero [1913] 2005, 310-311 / 訳 300) を引用する。つまり，「正しい理性」が示していることは，自己保存に専心する人は他人の利益に対する全ての配慮を無視しえないということである。「人間は自己を啓発された愛 (Amour éclairé) で愛すれば愛するほど，他人に尽力し彼らを愛するように努めねばならない」(DNG, tom. 1, 200)。バルベラックが「啓発された」(éclairé) と仏訳した語は，原典（ラテン語）では cum ratione と記され (JNG, vol. 1, 146)，バジル・ケネットによる英訳版 (1703) には rationally と訳されている (Pufendorf [1703] 1729 [以下 LNN と略記], 140)。éclairé は理性に関する語で

あり[5]，自己保存への配慮を他人の利益への配慮と両立するように導く「正しい理性」に基づいていることを示している。

4 おわりに ――「自己への義務」と「啓発された自己愛」

プーフェンドルフは『自然法と万民法』の翌年に出版された『人間と市民の義務』(1673) 第 1 編第 4 節で「神 (DIEU) に対する人間の義務 (Devoirs)」(Pufendorf [1707] 1741 [以下 DHC と略記], tom. 1, 107)，同第 5 節で「自己 (LUI-MESME [sic]) に対する人間の義務」(DHC, tom. 1, 130)，同第 6 節で「人々の相互的義務」(Des DEVOIRS MUTUELS DES HOMMES) (DHC, tom. 1, 192) について論じる。神への義務，自己への義務，他人への義務から成るこの三義務論の枠組みは，グラーズゴウ大学道徳哲学講座初代教授のカーマイクルがプーフェンドルフの『人間と市民の義務』を講義のテキストとして使用したことで，ハチスン，リードらの道徳哲学体系にも受け継がれる。バルベラックは「神，我々の隣人，我々自身」を「我々の全ての義務の主要な対象にして，3 つの大きな源」であり，「この区分は非常に自然的であり，非常に古い」(DNG, tom. 1, 217, n. 1) と述べている。この三義務の区分を，バルベラックは「福音」(l'Evangile)(「テトスへの手紙」第 2 章第 12 節) と，キケロ(『トゥスクルム荘対談集』第 1 編第 26 章) およびマルクス・アウレリウス(『自省録』第 8 編第 27 節) に見出す (DNG, tom. 1, 217, n. 1)。

プーフェンドルフは『自然法と万民法』第 2 編第 3 章の最終節で「私 [プーフェンドルフ] にとって最も適当と思われる自然法の区分は，私がこの著作で従う区分である。まず，各人が自己に対して負う義務を検討し，次に，他人に対して義務づけられた義務を検討する」(DNG, tom. 1, 216) と述べているが，バルベラックは訳注で「神に対する義務を [ここに] 付け加えるべきである」(DNG, tom. 1, 217, n. 1) と指摘し，プーフェンドルフにおける三義務論の枠組みを強調する[6]。

---

5) Oldfather (JNG, vol. 2, 213) による英訳版では，éclairé は訳出されていない。
6) Brooke (2012, 145) は，哲学史の観点から，バルベラックの「道徳哲学史」を取り上げ，バルベラックが同書の第 27 節でストア派の倫理学を自然学と区別して論じたことの

バルベラックは『自然法と万民法』の訳序として付した「道徳哲学史」で，ストア派の道徳に対して，「その格率のいくつかを修正し，若干異なる方法で説明すれば，福音道徳（la Morale de l'Evangile）つまり正しい理性の光に完全に合致する唯一の道徳に，きわめて類似する体系に帰着させることは，容易である」（DNG, tom. 1, CVI）と高い評価を与える。とりわけ「ストア派哲学者の道徳の優れた側面」（DNG, tom. 1, CVI）と見なされているのが，三義務論である。

国教会聖職者トマス・ガタカ（Thomas Gataker, 1574-1654）は，マルクス・アウレリウスの『自省録』のラテン語訳を 1652 年に出版し，同書の「序言」（Præloquium）において，マルクス・アウレリウス，エピクテトス，セネカ，キケロの著作から多数の「賞賛に値する考え」（Antoninus 1701, 23）を引用している（Antoninus 1652, 頁数記載無し / Antoninus 1701, 23-26[7]）。そして，それらを「神と神に払われるべき敬意に関するストア派の原理」と，ストア派が「人類に対して抱く見解」（Antoninus 1701, 24）に分類する。バルベラックはガタカの引用文を「ストア派の道徳に関する最も見事な教訓の簡潔な概要」（DNG, tom. 1, CVII）と評し，その一部を省略または補正した上で，「道徳哲学史」第 27 節に引用している。ガタカの言う「人類に対して抱く見解」を，バルベラックは「自らの同胞に対する人間の義務に関すること」（DNG, tom. 1, CVII）と訳し，その後半部分の引用の前に「我々自身に関して」（DNG, tom. 1, CVIII）という言葉を補っている。バルベラックは神・他人・自己の 3 区分を明確に提示し，ストア派の道徳に三義務論を読み取ろうとした。

ガタカが提示した「概要」において，バルベラックの区分に基づけば，最も多いのは「神への義務」に関する引用であり，最も少ないのは「自己への義務」である。プーフェンドルフの『人間と市民の義務』においては，三義

意義について述べている。
7) 国教会聖職者ジェレミ・コリア（Jeremy Collier, 1650-1726）は自らの英訳版『自省録』（1701）にガタカの「序言」の英訳を収録しているが（Antoninus 1701, 1-36），コリアが英訳したのは「序言」のラテン語原典（全 30 頁）の 19 頁目までで，原典の注記にあったギリシャ語およびラテン語の原文は削除され，注記の一部は省略されている。バルベラックが「道徳哲学史」で引用した箇所は，ラテン語原典の 12-14 頁目である。

務は並列的に論じられるが、最も頁数が多いのは「自己への義務」である。また、『自然法と万民法』において、第2編第4章の章題は「自己（LUI-MEME）に対する人間の義務について」(DNG, tom. 1, 218) であるが、「神への義務」と「他人への義務」は独立した章で論じられず、三義務の中で「自己への義務」が強調されている。

　『自然法と万民法』第2編第4章の構成に関して、初版は全5節で「自己保存への配慮」(le soin de se conserver) が論じられるが、第2版以降では「自己保存への配慮」の節の前に「自己改善への配慮」(le soin de se perfectionner) に関する14節が増補され、全19節となっている (DNG, tom. 1, 218, n. 2)。バルベラックは、「自己に対する人間の義務」は直接的かつ間接的に「啓発された自己愛」から生じ、そして、「啓発された自己愛」は「自己への義務」すなわち「自己を保存することと、全ての幸福を可能な限り獲得するために、自らを可能な限り最善の状態に置くこと」(DNG, tom. 1, 218, n. 2) を人々に余儀なくすると注記している。

　バルベラックは、「我々の著者」つまりプーフェンドルフの自然法 (la Loi Naturelle) の全般的基礎として、宗教、自己愛、社交性を挙げ、それぞれを神への義務、自己への義務、他人への義務に位置づけている (DNG, tom. 1, 195, n. 5)。自己愛については、「私が意味するのは、啓発された自己愛 (un Amour propre éclairé) である」と述べ、「自己愛」(l'Amour propre) は「あらゆる曖昧さを取り除くため」には「自分自身への愛」(l'Amour de soi-même) と表現する方がよいと述べている (DNG, tom. 1, 195, n. 5)。ケネット版では「啓発された自己愛」は「真の意味での我々自身への愛」(Love of Ourselves, in a true Sense) と英訳される (LNN, 137, n. 5)。

　バルベラックは『娯楽論』(1709) 第1編第3章で、三義務と徳の関連について考察し、「福音道徳」の簡潔な要約である「テトスへの手紙」第2章第11、12節から、「節制 (la Tempérance)、正義 (la Justice)、信仰心 (la Piété) を含む義務」(Barbeyrac 1709 [以下 TJ と略記], tom. 1, 42) を導く。節制は「我々自身に関わる全ての徳 (Vertues)」を含み、正義は「他人に関わる徳」、信仰

心は「神 (Divinité) を対象とする徳」である (TJ, tom. 1, 42-43[8])。節制に関しては，「自らの義務を妨げることなく欲望を満たす」範囲内での名誉・富・快楽の追求を是とする「キリスト教的節制」概念を提唱する (TJ, tom. 1, 45)，また。名誉の追求に関して，「自己愛」(l'Amour propre) を，キリスト教に反するものとして，「虚栄心」(la vaine gloire) と同列に捉えている (TJ, tom. 1, 51)。一方，同書の第3編第5章では，理性的被造物としての人間は概して残忍さ (la Cruanté) よりも同情 (la Compassion) を好み，「人が自分自身に晒されうる苦痛 (maux) を他人の中に見ていやだと思うのが，自己愛の感情である」(TJ, tom. 1, 270) と述べている。ここで言及されている「自己愛」は，他人に損害を与えてはならないという意味での社交性を，人間に命じる「正しい理性」に基づく「啓発された自己愛」である。

参考文献

Antoninus, M. A. 1652. *Markou Antoninou tou autokratoros ton eis heauton biblia 12: Marci Antonini imperatoris de rebus suis, sive de eis qae ad se pertinere censebat, libri XII: locis havd pavcis repurgati, suppleti, restituti: versione insuper Latinâ novâ; lectionibus item variis, locisq[ue] parallelis, ad marginem adjectis; ac commentario perpetuo, explicati atqe illustrati; studio operâqe Thomae Gatakeri Londinatis*. Cantabrigiae: T. Buck.
―――― 1701. *The Emperor Marcus Antoninus his Conversation with himself: Together with the Preliminary Discourse of the Learned Gataker. As also, the Emperor's Life, written by Monsieur D'acier, and supported by the Authorities colllected by Dr. Stanhope. To which is added the Mythological Picture of Cèbes the Tehban &c*, translated by Jeremy Collier. London: R. Sare.
Barbeyrac, J. 1709. *Traité du jeu: où l'on examine les principales questions de droit naturel et de morale qui ont du rapport à cette matière*. 2toms. Amsterdam: P. Humbert. (Réimpression, Whitefish (Mont.): Kessinger Publishing, 2009.) [TJ]
Brooke, C. 2012. *Philosophic Pride: Stoicism and Political Thought from Lipsius to Rousseau*. Princeton: Princeton University Press.
Cicero, M. T. [1913] 2005. *De officiis*, with an English Translation by W. Miller. Cambridge (Mass.): Harvard University Press. 中務哲郎・高橋宏幸訳『キケロー選集9：哲学II』(全16巻) 岩波書店，1999.

---

8) なお，リードの場合，「自己への義務」には節制 (Temperance)，慎慮 (Prudence)，剛毅 (Fortitude) が含まれ，「他人への義務」は正義 (Justice) に対応する (Haakonssen, 1996, 199-200)。

Cumberland, R. 1744. *Traité philosophique des loix naturelles: où l'on recherche et l'on établit par la nature des choses, la forme de ces loix, leurs principaux chefs, leur ordre, leur publication & leur obligation: on y refute aussi les éléments de la morale & de la politique de Thomas Hobbes*, traduit par J. Barbeyrac. Amsterdam: P. Mortier.

Haakonssen, K. 1996. *Natural Law and Moral Philosophy: From Grotius to the Scottish Enlightenment*. Cambridge: Cambridge University Press.

Hobbes, T. [1642] 1983. *De cive: The Latin Version entitled in the First Edition Elementorvm philosophiæ sectio tertia de cive and in Later Editions Elementa philosophica de cive*, edited by H. Warrender. Oxford: Clarendon Press. 伊藤宏之・渡部秀和訳『哲学原論 / 自然法および国家法の原理』柏書房，2012（一部，本田裕志訳『市民論』(近代社会思想コレクション) 京都大学学術出版会，2008 を参照). [DC]

Meylan, P. 1937. *Jean Barbeyrac (1674-1744) et les débuts de l'enseignement du droit dans l'ancienne Académie de Lausanne: contribution à l'histoire du droit naturel*. Lausanne: F. Rouge.

Palladini, F. 2008. Pufendorf Disciple of Hobbes: The Nature of Man and the State of Nature: The Doctrine of *Socialitas*. *History of European Ideas* 34: 26-60.

Pufendorf, S. [1672] 1934. *De jure naturae et gentium libri octo*, with an Introduction by W. Simons (vol. 1), translated by C. H. Oldfather and W. A. Oldfather (vol. 2). 2vols. Oxford: Clarendon Press. [JNG]

――― [1703] 1729. *Of the Law of Nature and Nations: Eight Books*, translated by B. Kennett. The Fourth Edition, carefully corrected. London: J. Walthoe et al. [LNN]

――― [1706] 1732. *Le droit de la nature et des gens, ou système générale des principes les plus importants de la morale, de la jurisprudence et de la politique*, traduit par J. Barbeyrac. Quatrième édition, revue & augmentée considérablement. 2toms. Bâle: E. & J. R. Thourneisen frères. (Réimpression, Caen: Centre de Philosophie politique et juridique de l'Université de Caen, 1987.) [DNG]

――― [1707] 1741. *Les devoirs de l'homme et du citoyen: tels qu'ils lui sont prescrits par la loi naturelle*, traduits par J. Barbeyrac. 2toms. Sixième édition. Trévoux: S. Altesse Sérénissime. [DHC]

Rivers, I. 1991-2000. *Reason, Grace, and Sentiment: A Study of the Language of Religion and Ethics in England, 1660-1780*. 2vols. Cambridge: Cambridge University Press.

Spinoza, B. de. [1670] 1843-6. *Tractatus theologico-politicus*. In *Opera quae supersunt omnia*, edited by C. H. Bruder. 3vols. Lipsiae: B. Tauchnitz. 畠中尚志訳『神学・政治論：聖書の批判と言論の自由』(全2冊) 岩波文庫，1944．[TTP]

共同訳聖書実行委員会編．[1987] 2005．『聖書：新共同訳 ―― 旧約聖書続編つき』日本聖書協会．[新共同訳]

前田俊文．2011．「カーマイケルの思想形成をめぐる一断面 ――『倫理学講義』と『義務論』の二つの注釈版から見えてくるもの」佐々木武・田中秀夫編著『啓蒙と社会 ―― 文明観の変容』所収，京都大学学術出版会，pp. 55-77.

第5章

アベ・ド・サン＝ピエールの商業社会論
── 啓蒙の功利主義

米田昇平

1 はじめに

　17世紀後半以降，商業社会の到来や世俗化の進捗に伴う価値規範の転換という新しい事態に促されて，フランスにおいて，人間と社会に関する新たな見方が登場する。それによれば，自己愛・利己心をその本性とする人間の行動原理や社会の結合原理は「利益」であり，しかも個々人の利益追求の行動は結果的に秩序や繁栄の原因となりうる。ただし，もともとこのような見方にはアウグスティヌス主義の悲観的な人間理解が深く刻まれていたから，ボワギルベール（Pierre Le Pesant de Boisguilbert）や，フランスの新思潮の影響を受けたイギリスのマンデヴィル（Bernard Mandeville）の論説がそうであるように，利益追求それ自体は「魂の堕落」（ボワギルベール）あるいは「悪徳」（マンデヴィル）の表れとみなされていた。それゆえ，彼らは悪が公共善（秩序・繁栄）に転化するという逆説を用いざるを得ず，経済的繁栄を称揚する場合でも，ときにシニシズムを伴ったエピクロス主義とでもいうべき複雑な感情が吐露されることになる。これに対し，「利益説」を共有しつつも，利益追求を悪徳とみなすリゴリスムの呪縛を逃れて，商業の精神に導かれる商業社会の展開を晴れやかな文明の進展と重ね合わせ，商業社会の構成原理やその発展の論理を探求したのが，アベ・ド・サン＝ピエール，ムロン，モンテスキューであった。

　彼らの経済論説は，経済的繁栄による世俗的幸福の実現という啓蒙の課題に応えようとする啓蒙の経済学としての性格を持っていたが，そのあり様は

三者三様であった。モンテスキューは奢侈と労働による商業社会の発展を展望するものの，貴族中間権力を紐帯とする身分制秩序の維持によって政治的自由を確保することを何より重視し，そのような政治的利益よりも「商業」の利益を優先させることはなかった。経済学の知見によって啓蒙の課題に向き合ったという点では，ムロンが際立っている。本章では，彼らにやや先行し，いくつかの論点で彼らに大きな影響を与えたと思われるアベ・ド・サン＝ピエール（l'abbé de Saint-Pierre, 1658-1743）に焦点を絞り，人間本性，道徳，商業の3つの論点を中心に，彼が啓蒙の功利主義とでも言うべき新思考に基づいて商業社会のあり様をどのように捉えたか，その一端を明らかにしよう[1]。

アベ・ド・サン＝ピエールは，摂政期の統治システム（多元顧問会議制）を論じた『ポリシノディ論』（Discours sur la polysynodie, 1718）と，紛争の調停機関の創設など国際平和の構想を示してカントやルソーに影響を与えた『恒久平和論』（Projet pour rendre la paix perpétuelle en Europe, 1713-17）とによってよく知られている。より一般的には，この両著を含めて，新時代の諸課題に立ち向かったフランス啓蒙の先駆者として位置づけることができる。サン＝ピエールの生きた時代は，ルイ14世の治世末期から没後のオルレアン公による摂政時代（1715-23年），さらにはルイ15世による親政へと政治的な大き

---

[1] アベ・ド・サン＝ピエールの生涯について，パーキンス（Perkins 1959）に拠って簡単に述べておこう。サン＝ピエールはカーンのジェズイットのコレージュで教育を受けたが，最初，デカルトの科学論考に傾倒し，やがて倫理学にも関心を持つようになる。パーキンスはヌーシャテルの市立図書館が所蔵するルソー文書を用いて，1680年から1717年にかけてのサン＝ピエールの思想形成を詳らかにしているが，それによると，彼はニコル，モンテーニュ，アバディ，ラ・ロシュフコーに，なかでもとくにニコルに傾倒し，3年間にわたって毎週ラ・クレーシュにニコルを訪ねるほどであった（1737c, 86-89, 1737f, 287）。1692年に宮廷に入り，統治の理論の構築に没頭し，商業・貿易に関する研究に従事した。そして1694年に文法学者としてアカデミーに加わったが，『恒久平和』の初版が出た1712年頃には，守旧的なアカデミーに対する共感を失っていたといわれる。1718年に『ポリシノディ論』の出版によりアカデミーから追放されてのちは，活動の場を「中二階クラブ」（1724-31年）に移し，この啓蒙的知識人の集まりにおいて指導的役割を果たすことになる。本章ではおもに『政治論集』（Ouvrages de politique, 1729-1741）に収められた諸論説を用いている。これは科学，倫理学，宗教，統治，経済学，法などに関する，執筆の日付も定かでない諸論説の雑多な集成ではあるが，これにより，本章が探求しようとする諸論点についてのサン＝ピエールの思考をおよそ把捉しうるであろう。

第 5 章　アベ・ド・サン゠ピエールの商業社会論

な転換が生じた時代である。経済的にも「ローのシステム」を経て，長期的成長によって特徴づけられる「経済史上の 18 世紀」が幕を開ける。言い換えれば，フランスが，72 年にも及んだ太陽王ルイ 14 世の古典時代の終焉とともに，政治的，経済的，社会的に「18 世紀」のアンシャン・レジームの混沌へと分け入った時代である。それはまた時代精神のドラスティックな転換を準備した「ヨーロッパ精神の危機 (1680-1715)」(Hazard 1935) の時代でもあった。著作家としてのアベ・ド・サン゠ピエールを育み，鍛えたのはこの危機の時代が生み出した新思潮にほかならない。

2　人間本性 ── 快楽と苦痛

　ラ・ロシュフコー (duc de La Rochefoucauld)，パスカル (Blaise Pascal)，ニコル (Pierre Nicole) などのフランスの新思潮を担った人々は，程度の差はあれ，共通してアウグスティヌス主義の影響下にあった。彼らは人祖アダムの堕罪によって原罪を背負うことになった人間の根本的堕落と無力を強調し，救いに至る道としての人間の自由意志や功績の意義を否定し，人間の救いはもっぱら恩寵によるほかはありえないと説く。そして人間の理性の力を拠り所にするストア的美徳，栄光の希求・英雄の賛美などのあらゆる理想主義を，人間の邪悪さや無力さへの無自覚による虚飾・虚栄とみなして徹底的に批判した。彼らはこのような悲観的な人間理解に基づいて，人間を自己愛・利己心に駆り立てられる欲求の主体とみなし，「利益」志向の功利的人間像をクローズアップした。そしてパスカルやサン・シラン (abbé de Saint-Syran) はもっぱら世間からの隠棲を説いたが，同じジャンセニストでもニコルやドマ (Jean Domat) は世俗の人々の「普通の暮らし」に眼差しを向け，世俗の社会の維持存続の条件にかかわって，自己愛に発する功利的情念はいかにして社会的効用を発揮して秩序の形成に寄与しうるか，という「情念と秩序」の関係に光をあてた[2]。これらの人々をサン゠ピエールはどのように評価するだろうか。彼らへの評価を通じてサン゠ピエールの人間本性への理解を浮き彫

---

[2]　フランスの新思潮について，詳しくは，米田 (2011a) を参照されたい。

りにしよう。

　彼はラ・ロシュフコーに批判的である。ラ・ロシュフコーの箴言は「読者に欠点を改めさせたり，称賛に値する活動を喜んで行わせたりするのではなく，単に，必ずしも軽蔑に値しない人々を軽蔑するように追いやる」(1741c, 265) にすぎず，読者を幸福の増大のために有益かつ重要な方向へと導かない。「この著者が堕落した人間や悪人や不正な人物に正しい評価を与え，そうした人々に憎悪を向けさせていることは確かだが，しかし正義や善行には十分な評価を与えていない」(266)。また原罪説に拠って人間の弱さを論証しようとしたパスカルに対しても，「原罪の必然性を証明しようとして，最も完全な人間からパスカルが取り出すその偉大さと同時に弱さの証拠は，結局，非常に間違った議論で，純然たる詭弁にすぎない」(1741d, 273) と辛辣な批判を投じている。サン＝ピエールにとって，そもそも人間は完全さと不完全さが入り混じった限定的な存在である。一方，彼はピエール・ニコルを，アルノー (Antoine Arnauld) などの「他のジャンセニスト以上に才能豊か」であったとし，「他の人々を説得しようとして追放の苦しみに耐えようとしたほど，彼らの意見を，あるいは彼らが真実と呼ぶものを好まなかった」(1737f, 287-288) と述べている[3]。彼の比較的若い時期の草稿を分析したパーキンスによれば，そこでサン＝ピエールはニコルを「道徳に関する最も巧みな著述家」であったと高く評価しているが (Perkins 1959, 22)，『政治論集』に収められた論説では，「私は当時，ニコルの著作やマルブランシュ (Nicolas de Malebranche) の著作に敬服していた。私の精神は成長した，私は彼らが同業

---

[3] 1654年から1668年までアルノーの最も近い協力者であったニコルは，1679年にポールロワイヤルの最大の保護者であったロングヴィル公夫人が死去して修道院への迫害が再びはじまったのを機に，アルノーと袂を分かってパリに移り住む。サン＝ピエールは党派的争いを好まないニコルの小心な性格とともに，自由と恩寵に関する意見をニコルが変えたことがその背景にあると考えている。ニコルはパリの大司教との友好な関係のもとで道徳論の著述に打ち込み，成功を勝ち取ることになる (1737f, 289)。ちなみにサン＝ピエールは，ニコルと出会った頃の様子を次のように記している。「彼は当時私が自然学や道徳を研究していたことを知っていたので，彼は私を神学者やジャンセニストにするつもりは決してなかったし，私にジェズイットの兄弟がいること，私がジェズイットの学院で勉強したこと，そして私がモリニストではないにしてもモリーナの意見に賛同していることを彼は十分に知りながら，私がスパイではないかと疑うことも決してなかった」(288)。

の人々を凌駕していることは十分に理解するが，しかし今ではそう考えるからと言って，彼らに敬服しているわけではない」(1737f, 289) と，やや距離を置いた評価に転じている。

　新思潮を担った人々への以上のようなサン＝ピエールの批判は，この新思潮の延長上で挑戦的な逆説を呈示してその一つの収斂点を示したマンデヴィルへの批判に集約されている。マンデヴィルは『蜂の寓話　私悪は公益』(1714年) において，快楽を求めるあらゆる情念は不正な悪徳であり，しかもこの不正な情念こそは幸福の増大に貢献し有益であると述べたが[4]，サン＝ピエールは，これは「半分真実で半分間違った原理から大いに間違った結論を引き出す」ものであると批判する。彼によれば，そもそも快楽には，(1) 誰も傷つけない無害な快楽，(2) 称賛に値する有徳な快楽，(3) 他人に不快や苦痛を与える不正な快楽がある (1741a, 143-145)。

　無害な快楽とは，「音楽の快楽，食卓の快楽，読書の快楽，愛しい人と結婚する快楽，遊びの快楽，感嘆の快楽，様々な娯楽の快楽」(144) のことであり，さらに自分自身や家族のために利益や名声を求める商人，弁護士，詩人，画家，船長，学者の情念・自己愛をこれに含めることができる。こうした快楽は無害であってもとくに称賛に値する訳ではない。称賛に値する有徳な快楽とは公共的利益への奉仕・善行に伴う喜びである。人はこのような奉仕・善行によって他人が喜ぶ姿を見ることを自らの喜びとするとともに，それによって世間から称賛され，評価や栄誉の印を受け取ることに喜びを感じるが，こうした喜びこそが公共的利益・善行に伴う快楽であり，称賛に値する有徳な快楽にほかならない。マンデヴィルは善行に伴う喜び・快楽など欺瞞であるとしたが，サン＝ピエールは善行への他者の称賛から得られる喜びは，創造主が人間に与え給うた自然の性向によるものであると述べている。この点で，彼はマンデヴィルを含む「若干の著者」を「人間を評価することを好まず，称賛すべきものを称賛するよりは軽蔑すべきものを軽蔑する方を好む，いささか人間嫌いの道徳論者」(147) であると揶揄している。一方，不正な快楽とは，悪人，暴君，泥棒，中傷家，嘘つき，詐欺師などが得る快

---

4)　マンデヴィルについては，とりあえず米田 (2011b) を参照されたい。

楽のように,「他人を害し,他人に不快や苦痛を与える」あるいは「自分にしてほしくないことを他の人に行う」ことによって得られる快楽である。このような不正な情念もまた人々を労働へと駆り立て,社会に利益をもたらすことがありうるが,しかしその利益よりもそれがもたらす害悪の方が遙かに大きい (151)。

サン＝ピエールにとっても,「一般に人々の大きな仕事や事業は,何か大きな欲望や情念の結果であることは確かである」(145) が,しかしそのような大きな事業は無害な快楽と有徳な快楽とによって十分になされうる。ジャンセニストのニコルの論説には,堕落した人間の快楽主義の傾向を凝視するリアリズムの視点と,絶対的価値の実践を求める宗教的視点との対立的緊張が孕まれていたし,一方,マンデヴィルにはそのような対立的緊張は無縁であったとはいえ,彼はアウグスティヌス主義のリゴリスティックな人間理解を引き継いだから,快楽を求める利己的情念はなんであれ悪徳であり,その悪徳が公益 (公共善) を導くという逆説を弄せざるをえなかった。これに対し,原罪説を拒否するサン＝ピエールは,そのようなリゴリズムの呪縛から完全に自由である。したがって,「評価,栄光,大きな栄誉,良き名声,そして賞賛がもたらす快楽への愛」(154) は祖国への最大の善行の原因となりうるし,また「大きな富,大きな権力への愛は,害のないまた有徳な用い方をするためであれば,責められるどころか称賛されるべきである」(150)。「道徳論者」のように,そうした「快楽への愛」までも悪徳とするのは,彼にはむしろ世俗の幸福を実現しようとする人間の真っ当な努力を貶めることにほかならない。こうして彼は,商業社会に生きる世俗の人間のリアリティに即して,いわば曇りなき「啓蒙の功利主義」への道を照らしたと言うことができよう。フランスの功利主義は,ベンサム功利主義の先蹤者として知られるエルヴェシウス (Claude-Adrien Helvetius) のみが注目されてきたが,しかし,功利主義の源流とも目される17世紀の新思潮の延長上に,世俗的幸福の実現という啓蒙の課題に応えるべく人間の功利的行動と公共的利益の関係を論じたムロンやフォルボネ (François Véron-Duverger de Forbonnais),そしてさらにはビュテル・デュモン (G. M. Butel-Dumont) の功利主義などへと続く確固とした展開をみることができる。サン＝ピエールは,以下にみるように,こ

のような啓蒙の課題を背負った18世紀のフランス功利主義の展開への道筋を整えたのである[5]。

以上のように，サン＝ピエールによれば，自己利益・快楽を求める功利的情念に基づく行動であっても，結果として公共的利益を害さない，あるいは促進するのであれば，それは無害な，あるいは称賛に値する有徳な情念・快楽である。ここでは行為の善悪の判断基準はもっぱら公共的利益に照らしてその行為の結果が妥当であるかどうかに求められている。このような彼の帰結主義の立場は，リゴリスムの観点から行為の動機を重視する「道徳論者」たちの立脚点との大きな違いである。ただし，行為の動機の分析に関して，すなわち人間本性に関する基本的認識については，サン＝ピエールは，彼が批判するマンデヴィルなどの「道徳論者」と見方を共有していることは明らかである。

すなわち彼はいう，「一方で快楽への欲望，他方で苦痛への恐れが，社会においてあらゆる人間の行動を導く二つの一般的動因である」(1741b, 195)。あるいは次のようにも述べている。

> 一般に人間が大いに働くための十分な原動力を持たないような制度は何であれ，長続きしないし，成功もしない。自然はいつでもその道理（droit）を取り戻す。苦痛を減じ，快楽を増大したいという欲望，すなわち各人の個人的利益がその原動力でないとしたら，自然とは一体なんのことだろうか (1733, 308-309)。

> もう少し長く快楽を持続させ，もう少し多くの快楽で満たされ，心身の苦痛はより小さくする，そのような手段にばかり心を配る人がどれほど多いか，驚くばかりである (1737g, 337)。

このように労働を含めて人間の行動を導いているのは快楽と苦痛であり，快楽こそは人間の幸福の源泉である（「人間は快楽を求める，そして彼が行うこと，語ることのすべてにおいて快楽を求める。なぜなら幸福が存するのは快楽におい

---

[5] コーヘンは，「サン＝ピエールは強い一貫性をもってこの（快楽と苦痛の）原理を固守した。彼はこれまでで最も徹底した功利主義者であった」(Keohane 1980, 365) と評している。

てだからである」1737d, 90)。そしてこの快楽はときに「利益」と一体である。例えば，サン・マロの人々は兵士や水夫として驚くほどの勤労を発揮するが，「このような驚異的なことを行わせることができた原動力は何かといえば，それは栄光や栄誉と結びついた利益である」(1733, 274)。栄誉欲と利益とが結びついて人々を労働や勤労へと誘うのである。このような見方はムロンに受け継がれている。ムロンもまた「安楽な暮らし」という「利点を伴わずに栄誉だけでは大勢の人々にとって十分な刺激にはならない」とし，人々が労働に励むのは安楽な暮らしへの期待からで，「自分の分け前を増やし，労苦を減じることができるという希望」に駆り立てられてのことであると述べている（Melon 1736, 115)。

ところで，サン＝ピエールによれば快楽それ自体には，(1) 感覚の快楽, (2) 栄誉に由来する快楽, (3) 好奇心の快楽の3種類と，さらにそれらの快楽を期待するという快楽がある (1737g, 367-368)。「感覚の快楽」に関して，彼は次のような興味深い議論を展開している。人間は幸福を求めて快楽を追求するが，しかし快楽をもたらすものはやがて陳腐化する。つまり同じ対象が長い間，同じ仕方で魂に触れ続けると何も快楽を与えなくなる。しかし魂は常に快楽を渇望する，常に心が満たされない原因もここにある。そこで魂は他に快楽を求め，新奇の快楽または蘇った快楽を求める。このとき「満たされない心」の程度はさまざまであり，子供や一般の女性や若者の魂のように幼くて弱い魂の場合には，欠乏感はいっそう大きく，彼らは同じ対象を長く楽しむよりは表面的な嗜好に動かされて多くの対象を利用しようとする。サン＝ピエールはここで「一定の数の対象しかわれわれに快楽をもたらさない」として，快楽（あるいは欲求の満足）を感じる人間の能力には限りがあり，長期の不在・喪失の後にかつての快楽の対象が蘇るなど，快楽の享受には一定のサイクルが存在することに注目している（「われわれの快楽の対象は新奇なものよりむしろ復活したものの方が多い」1737d, 92)。このようなサン＝ピエールの認識には，人間の欲求の感受能力は常に一定であるとした上で，欲求の対象物の種類が増えても欲求満足の総量は同じままであるという特異な欲求理論を展開した，のちのグラスラン（J.-J.-Louis Graslin）の欲求理論を思

わせるものがある[6]。ほとんど注目されることはないが，功利的動機に導かれて行動する人間の欲求のあり様への関心は 17 世紀のニコルやパスカル以来，フランスにおいて脈々と受け継がれていくこと，それはまた，商業社会の一面を欲求の社会として捉えたフランス起源の経済学の特徴的傾向でもあったことを，ここで指摘しておこう。

　一方，「栄誉に由来する快楽」とは虚栄心がもたらす「精神的快楽」であり，この快楽もまた人間にとって本源的である。彼はいう，「われわれは生まれつき，称賛に値する性質に関して仲間に優越しようとする強い志向性と，欠点によって仲間から軽蔑されることへの強い嫌悪を有している」(1737a, 109-110)。すなわち，栄誉欲や称賛への欲求，他の仲間に優越を許すことへの嫌悪と恥辱は人間本性に発するところであり，この「栄誉欲は現世の快楽に関してわれわれが持つ最も高度の感受性 (du plus haut degré de sensibilité) である」(1737g, 375-376) とされる。ただし，サン＝ピエールの栄誉欲の論じ方にはアンビヴァレントな評価が伴っていることに注意を要する。一方では，栄誉欲は，「他人ほど金持ちではないという嘆かわしい恥辱を免れるとか，他人よりも金持ちだと見られたい，また家には他の家よりももっと豪華な家具が揃えられ，身なりも他人よりももっと立派で贅沢だという軽蔑すべき」動機に導かれるときは，「感覚の快楽の欲求や苦痛の恐怖」以上に破滅の原因となりうるから，教育を通じて「さまざまな栄誉への軽蔑」を教えねばならない (1737e, 275-276)。しかし，他方で栄誉欲は「最大の公共的利益のために発揮されるときには非常に立派で好ましい自己愛 (un amour propre très estimable, & très aimable) である」(1737b, 26)。つまり社会的観点から言えば，この自己愛は公共的利益を促進し，秩序形成の一原因となりうるのである。この論点において，彼の議論が向いている方向はニコルやマンデヴィルのそれと基本的には同じである。サン＝ピエールの道徳論の検討を通じて，その次第を明らかにしよう。

---

[6]　詳しくは米田 (2005)，第 7 章を参照されたい。

第 I 部

3 道徳論 —— 私欲と公共的利益との一致

　利己的情念に駆り立てられてみずからの快楽の追求にいそしむことは，それ自体ではもはや罪でも悪徳でもないが，それにしても，どのようにして，このような私益を求める人々の功利的行動を秩序あるいは公共的利益の実現へと導くことができるだろうか。ここで彼が注目するのが，上述の「栄誉に由来する快楽」あるいは栄誉欲の感情である。栄誉欲は，前述のように労働や勤労の原因であったし，さらには良き市民の条件でもある (1737b, 27)。

　彼によれば，社会的な結合関係の紐帯をなす礼儀，礼節，誠実の大部分は，栄誉欲や，育ちが悪いと見られることの恥辱への恐れに由来する。また愛想，寛大さ，鷹揚さ，技芸や実業への専心，行政官の公平さ，役人の勇敢さや謙遜，女性の貞節や慎み，これらもまた栄誉欲あるいは栄光への欲求によってわれわれにもたらされる。さらに「この同じ欲求がよきコメディ，よきコメディアン，よきオペラをわれわれに与える。この同じ原動力が，テュイリュリの散歩道に大群衆をもたらし，新奇なものの取引，科学や精神の見事な作品をもたらす。ほとんどすべてのことが，人々が今よりもさらにもう少し栄誉を得たいと期待することから生じるのである」(1737b, 27-28)。このように他者の眼差しへの顧慮に由来する栄誉や栄光への願望・情念と，その裏返しとしての恥辱の感情は，自己愛の剥き出しの発露を抑制して秩序形成の一要因となりうるし，そればかりか，社会における人間の活動水準を高める動因となりうるのである。情念によって情念を抑制しつつ，情念を活用する。これは人間本性としての功利的情念に着目するこの時代の秩序論の一つの典型的なビジョンであり，ここに道徳的秩序の自律的形成の可能性が含意されているとみることができる。パーキンスはサン＝ピエールの秩序論を全体としてホッブズ (Thomas Hobbes) の政治学に引き寄せながら，そこには「情念の外部的ブレーキ」は社会の法のほかにはない，それゆえ人間の幸福は「道徳」からはもたらされず，統治の科学だけが自己愛の情念を公共的効用の発揮へと導くことができると述べている (Perkins, 1959, 46)。しかしサン＝ピエールが，ニコルと同じように，栄誉の快楽と恥辱の苦痛の感情による自己愛の自

己抑制作用に基づく，ある種の道徳的秩序を想定していることは明らかであろう。ただし，ニコルやマンデヴィルの場合とは違って，この道徳的秩序は，逆説的な秩序でも，徳を偽装した悪徳による欺瞞的な秩序でもない。

　もっともこのような栄誉への愛は無条件に容認・推奨されるわけではない。それは徳によって導かれないときには，社会に害悪をなすことがありうるからである (1737b, 27)。そこで彼は別の論説で，「当を得た，十分に制御された自己愛 (l'amour propre bien entendu & bien conduit)」こそ，真に称賛に値する有徳な自己愛（栄誉欲）であると述べている。彼がいうには，巧妙で慎慮に富んだ人間は善行がもたらす様々な無害な善 (biens) や，悪行がわれわれにもたらす様々な害悪を正しく判断するのに対して，巧妙さに欠ける無分別な人々は将来の様々な善や害悪を正しく判断できず，これらの善を獲得するための最も有効な手段について，またこれらの善と害悪の様々な原因がどれほどの効果を発揮するかに関して間違った判断をしてしまう (1741b, 196)。彼のいう「当を得た，十分に制御された自己愛」とは，ニコルやドマのいう「開明的な自己愛 (un amour propre éclairé)」と同じものであり，真の利益・快楽がどこにあるかを見抜き，他者・世間の怒りを買ってみずから苦痛を招くことのないように理性的に振る舞うことのできる巧妙で思慮に富んだ自己愛である (1741b, 195)。このように，「この有徳な私欲 (intérêt) はそれが十分に開明的であれば，果実，報酬，名誉，称賛，そしてわれわれがこの世でもあの世でもそれから期待すべきあらゆる快楽を包み隠さずわれわれに示す」(1741b, 206) のである。

　しかしながら，このような開明的な私欲は一般に期待すべくもない。だとすれば，巧みな統治によって情念を秩序へと向かわせるほかない。どうすればよいか。一つは，顕彰制度を設けて，社会に善をなすあらゆる階層の人々に栄誉の外見的な証し（彫像，絵画，メダル，碑文，記念碑などによる顕彰）を与えることである (1734b, 38)。

　例えば，彼は奢侈批判の文脈において，この顕彰制度を，公共的利益を促進する方向に富者の支出を向けさせるための方策と考えている。富者が個人の快楽のために 1500 万リーブルを支出すれば，100 種類もの職人たちが 15 年から 20 年もの間，このお金を手に入れることになるにしても，しかしこ

の同じ支出が公共的利益のために，すなわちセーヌ川をもっと航行しやすくするために，橋に備え付けられたポンプによってパリ近郊のセーヌ川の水を汲み上げる水くみ場を設けるために，あるいは，各地方に無数の人々の富を大いに増やすであろう舗装道路や橋や港や学校や病院を建設するために用いられるならば，その方がずっと望ましい。彼はいう，「最大の公共的利益のために大勢の労働者を働かせること，称賛に値する気前の良さとは，そうしたものである」(1734b, 41)。彼によれば，富者の消費支出が人々の雇用を維持するという一点だけでその奢侈的消費を容認するわけにはいかないのである。富者の支出は公共的利益を促進するものであることが望ましい。サン＝ピエールは，そのために，公共的利益のためになされた支出を顕彰するなど，様々な顕彰の制度を設けて，個々人の栄誉心を刺激することが必要であると考えた。「社会的名誉，碑文，外見的な証しによって社会への善行の実践者たちに報いるための法を制定」するのである。そうすれば市民たちは余分な富を「あまり有益でない支出に用いるよりは，国家に非常に有益な支出に用いる方を選ぶようになる」(1734b, 38)。生活に余裕のある裕福な市民はほかに使い道がなくて富を下らない奢侈に浪費するが，法によって，道路の舗装，運河の開削，病院，学校などの建設に私財を投じた人々に敬意や栄誉を与える様々な顕彰制度を設ければ，「余剰が国家に有用な事業」に用いられるようになり，奢侈品をもたらすインド交易の大部分は不要となるだろう (1733, 258)。また顕彰には，彫像，絵画，メダル，碑文，記念碑など栄誉の度合いに応じて様々なクラスが設けられ，どの程度の顕彰に値するかは，様々な階層の市民の投票によって決められる[7]。

---

[7] ちなみにこの「投票」という制度は，サン＝ピエールにとっては重要な意味を持っている。川出良枝によれば，アベ・ド・サン＝ピエールの『ポリシノディ論』の課題は「功績によるヒエラルヒーの形成，メリトクラシーによって社会秩序を再編すること」(川出 1996, 126) であったが，この「功績」の評価を行うのも同輩間の「投票」に拠るものとされている。そしてこのような投票による意思決定の一つの前提は公論の成立であろうが，彼は政府の政策の具体的な決定プロセスにおいても，また政治的諸課題に立ち向かう上でも，討議に基づく公論の成立が重要であると論じている。サン＝ピエールにとって，「世論は政治的権威の本質的要素をなし，それは実際「世界を統治する」基本的な力」であった (Kaiser 1983, 624)。人々が混ざり合う公共空間において他者の視線を意識することから自己愛の自己抑制，すなわちある種の道徳的自律性が生まれるという認識はニコルなどにもみられるが，サン＝ピエールはさらにその公共

ただし，奢侈批判という点では，公共的利益の観点に立つ以上の議論は屈折を余儀なくされる。サン＝ピエールは奢侈を「余分なものの悪しき利用」にすぎず，「有徳な支出」と対比して「恥ずべき不正な無為の支出」であるとしてこれを厳しく批判し，奢侈取締法の必要性でさえ説いているが (1734b, 33)，しかし他方で彼は「食卓，馬車，衣服，建物，身なりに関して身分を限り，各身分の支出を制限するのは難しい」(35) ことを認めざるをえない。そもそも虚栄心と見栄に発する栄誉欲は人間の自然的な性向であり，しかも人々を労働へと駆り立てる動因であり，また良き市民の条件でさえあったのだから，伝統的な奢侈批判者のように，この虚栄心と見栄に基づく顕示的消費を無為な不正な支出であると断罪してすむものではない。そして宗教道徳の超越的規範とは無縁のサン＝ピエールの道徳論においては，「各人は，自分が気に入ったものに自由にその富を用いることができることは確かである」(39)。こうして一方で消費の自由の原則は認められねばならない。公共的利益の観点を前面に押し出した彼の奢侈批判は，こうして，奢侈の欲求を人間本性の属性と捉える功利的人間観の前に屈折せざるを得ないのである。

　情念を秩序へと導くもう一つのやり方は，法による処罰の可能性から生じる恐怖の情念に訴えることであり，法的秩序に関しても，情念によって情念を相殺する制度が求められる。「不正な情念の働きに駆り立てられる人を誰が押しとどめ，引き留めることができようか。唯一のやり方は，欲望であれ，恐怖であれ，もっと強い情念によって引き起こされる反対の動き［を喚起すること］である。……大きな恐れが最も活発で激しい情念を沈黙させ，社会のこの成員を彼の意に反して平和の方向へと，すなわち彼自身の利益へと導くのである」(1713, t. 1, 20-21)。

　このように，サン＝ピエールの秩序論において，情念による情念の相殺という秩序原理が道徳的，法的秩序の要をなしている。さらに彼はこの秩序原理の延長上で，賞罰の制度によって私欲と公共的利益の一致を図ろうとしたが，これもまた功利主義に特徴的なやり方である。

空間に政治的権威としての公論の成立の可能性をみたのである。

第Ⅰ部

4　商業

　言うまでもなく，利益・快楽を増大し世俗の幸福を増大するという啓蒙の課題に応えうるものは，商業や製造業の発展をおいてほかにない。サン＝ピエールは，フランスは商業（交易）の有利性に関して無知のままで，100年前のイギリスとほとんど同じ状態であるが，イギリス人の例に倣えば，少なくとも30年で追いつくことができると述べている（1733, 242-243）。では商業の有利性とは何であろうか。興味を引くのは，彼がなにより「商業（交易）による平和」の効用を力説していることである。交易によって繁栄する国は平和を持続させようとするより強い傾向を持ち，「交易によって繁栄するほど国家は戦争を恐れ，征服を望まなくなる」。また現在あるいは将来の紛争の解決の手段として戦争ではなく同盟の力に頼ろうとするであろうから，「国家の相互的保存のために一般的同盟に向かう傾向が増す」（1734, 222）。こうして，戦争によらずに国家間の現在と将来のあらゆる紛争に決着をつけ，分裂の時代にもかかわらずその君主国を保持するための恒久的な調停がなされるであろう。ムロンもまた，治政の目的は領地の拡張ではなく，商業の精神に基づいて商業・交易の発展を図ることであり，この事情はヨーロッパ各国とも同じであるから，この点で，商業・交易の必要性が戦争の必然性を疑わしいものにすると述べている（Melon 1736, 142-143）。モンテスキューは，商業活動における相互依存が人々の習俗を穏和にし，平和の維持に貢献すると考える（「商業の自然の効果は平和へと向かわせることである」Montesquieu 1748, 585／訳Ⅱ, 139）。商業による平和の効用は，彼らの商業社会賛美論の重要な根拠であった[8]。

　また商業の原理的な有用性を，いわば効用価値の観点から次のように論じているのも興味深い。

　　交換する人は，自分が持たない，もっと大きな価値があると評価するもの

---

[8]　順番から言えば，サン＝ピエールの『恒久平和論』（1713年）と『政治論集』の第五巻（1733年），ムロン『商業論』（1734年），モンテスキュー『法の精神』（1748年）ということになる。

を手に入れるために，自分が過剰に持ち，より小さな価値しか持たないと評価するものを与える。交換当事者はそれぞれお互いの評価を比べて，最小のものを与えて最大のものを手に入れる。これが，あらゆる売りと買い，そして交換の基礎であり，商業全体を一言で表す。その結果，お互いに商品を交換する2人の優れた商人は，2人とも，この交換やこの取引がなければ得られなかった利益を手に入れる。貨幣での販売は交換と同じことである。家を売る人はその家よりも高く評価する一定量の貨幣を交換に手に入れる。また買い手は，彼が買う家よりも低く評価したこの貨幣を与える (1734a, 29-30)。

サン＝ピエールは，ここで価値評価の点で交換は常に不等価であるから，売買が盛んに行われるほど，交換当事者は双方ともより大きな利益（効用）を手に入れると述べている。このような交換の不等価性への着目は，のちのコンディヤック (Étienne Bonnot de Condillac)，グラスラン，チュルゴ (A.-R.-J. Turgot) などの効用価値説（あるいは主観価値説）の萌芽を示すものとして興味深い。カンティロン (Richard Cantillon) やスミス (Adam Smith) などの場合，商品の価値は市場での消費者の評価以前に生産過程において生産費などの客観的要因によって予め決まっており，市場での商品の交換は等価交換であるが，しかし商品の価値は市場における消費者の主観的評価によって決まると考える効用価値説では，与える財と受け取る財の主観的評価が異なる場合にのみ交換が行われるから，この意味で，効用価値説において交換は常に不等価である。サン＝ピエールの上の言説はこのような効用価値説の重要なエレメントを的確に捉えている。

彼の関心は流通過程だけでなく生産部面にも及んでいるが，とくに労働・勤労に関して，労働や勤労が多い国ほど豊かであり幸福であるとして，それらの手段をできるだけ多く国民に提供しなければならないと，その重要性を強調している (1733, 203-204)。彼がとくに注目する労働の利点は，労働を通じて人々はルールや規律や正義の遵守へと導かれることである。労働は注意深さを養い，そして勤勉で注意深くて豊かな人間は失うものが何もない怠惰な人間よりも正義に従う傾向がある，というのである。また大規模交易が行

第 I 部

われているところでは民衆は勤勉で仕事に熟練するばかりか，金持ちでさえいっそう勤勉となる。しかも勤勉な金持ちは仕事上の富の価値を十分に承知しているから，無用な支出をしない，すなわち労働は怠惰や奢侈の支出という国家の病を減ずるのである (1733, 210-211)[9]。労働と勤労は富や国民の幸福を増大し市民をいわば有徳にする。このような見方はムロンも共有するところであり，ムロンは，無為徒食の人々に有用な仕事を与えて勤労者にすれば自分の労働に専心するようになり，「無為の申し子である放蕩や賭博」により身を持ち崩すこともなくなる，こうして彼らを有徳な市民に生まれ変わらせ，しかも国家は生産力を高めることができると述べている (Melon 1736, 99-101)。

ここでは労働は私的，社会的幸福の手段であって，もはやアウグスティヌス主義者のいうような神の懲罰による苦役などではない。「自分の労働による快楽を期待するのは快楽を感じることである。ところで怠惰は哀れむべきであり，それは自分の労働や事業のどのような快楽も期待しない」(1737g, 376)。苦役を自己目的とする労働から快楽を期待する労働へ，このような労働観の転換もまた啓蒙の功利主義を特徴づけるものであった。

サン＝ピエールはこの文脈において商人とりわけ貿易商人の有用性を強調し，交易の発展のために貿易商人の仕事を名誉あるものとし，さらには貴族が商業に従事することを可能にすべきであると述べている。前者に関してはこうである。これまで卸商人とくに貿易商人の仕事に十分な敬意が払われてこなかったが，この重要な仕事を名誉あるものとするため，業績のあった貿易商人を貴族にする制度を設ける，そうすれば彼らの名誉心と競争心を刺激して，売官制度やいまいましい恩顧のやり方によらずに海上交易を改善することができる，というのである。授爵状を誰に与えるか，つまり業績の評価

---

[9] またサン＝ピエールは，モンテスキューに先駆けて，風土・環境が人間の労働や勤労に及ぼす影響を論じている。すなわち，寒冷地の住民は温暖な地方の住民よりもよりいっそう切実に衣服や暖炉や雨や寒さをしのげる建物を必要としているし，また寒冷地では道路を維持するのもいっそう困難である，「したがって彼らが温暖な地方の住民よりもいっそう勤勉であり，労働は温暖な地方よりもいっそう骨が折れるのは驚くにあたらない。したがって赤道に最も近い住民は，赤道から離れた風土に暮らす住民に比べて怠惰であまり勤勉ではなく，したがってあまり熟練していないのも驚くにあたらない」(1733, 209)。

は商人仲間の投票によって行われるものとされている（1733, 228-230）。これに対し，モンテスキューは「金銭を対価として貴族身分を獲得しうるようになっていると，大商人はこれに達しうる地位に自分を置くために大いに努力する」（1748, 599 / 訳 II, 154）と述べている。そこでは売官制が前提にされており，商人は貴族身分に伴う名誉を獲得する手段として富を得ようと仕事に精励するのに対して，売官制を批判するサン＝ピエールの場合，貴族身分に伴う名誉は同業者の投票によって得られる。この違いは大きいが，しかし貴族身分の獲得を目指す社会的な上昇志向を，勤労のインセンティブとして重視している点は同じである。

一方，後者はいわゆる商人貴族の擁護論である。当時，貴族が商業に従事することは禁じられていたが，彼は，貧しい貴族の生計手段として，また交易業への旧貴族からの人材供給によって交易の発展に資するためにも，イングランドにならってフランスでも貧しい貴族が商業・交易に従事することを可能にすべきであると考えた。具体的に，彼は第 2 子以下の 30 人の青年貴族からなる二つの貿易会社の設立を勧奨し，そこからやがて船長や支配人などの人材が輩出することを期待している（1733, 225-226）。のちにグルネ・サークルの一員であったアベ・コワイエ（Abbé Coyer）が『商人貴族』（*La noblesse commerçante*, 1756）において貴族が商業に従事することを積極的に推奨して本格的な論争に火をつけることになるが，アベ・ド・サン＝ピエールの議論が商人貴族擁護論の先駆けをなしていることは明らかである[10]。商人貴族を認めるか否かは，この商業の時代におけるフランスの社会的，政治的秩序のあり方にかかわる本質的問題であり，思想の方向性を試す試金石でもあったが，貴族の復権による政治的自由と安定を求めたモンテスキューが，商人貴族を，政治的秩序を揺るがすものとして容認しなかったのと対照的である。上述の投票制度と合わせて，ここに「功績（metité）による差異にもとづく新しいヒエラルヒー」（川出 1996, 126）を構築しようとしたサン＝ピエールとモンテスキューとの違いが鮮明に浮き彫りにされる。サン＝ピエールにとって貴族身分は功績に伴う名誉の証しにすぎず，モンテスキューの場合の

---

10) この論争については，川出の前掲書のほか，木崎（1979-80）と森村（2004）を参照されたい。

ようにそれ自体に何か特別の意義が備わっているわけではなかった。

ところで，彼は海上交易により多くの人間を用いれば，それだけ土地の耕作，製造業，戦争に従事できる人員が不足することにならないか，という反論を想定し，これにイングランドの例をあげて次のように答えている。

> 海上交易は一定数の人間しか雇用することができない。イングランドでは海上交易のために10万の家族で十分である，この王国では製造業に労働者が不足することはないし，土地は耕作者に不足することはない。いたるところに人民がいる，他の200万の家族が他の仕事に就いている，職業の選択は臣民の自由に任せるほかない，必要なことはただその職業で成功する手段を与えてやることである，すべての職業はそれが個々人に，したがって国家に利益（utilité）をもたらす限り，人手で満たされる（1733, 251-252）。

商人貴族を含めてより多くの臣民に就業機会が与えられねばならないが，政府の役割はそれぞれの就業で利益が出るようにしてやることであり，そうであれば利益がおのずから臣民をそれぞれふさわしい就業へと導く。このような就業にかかわる商業社会のダイナミズムを司っているのは利益原理であり，この原理は「自由」と一体のものである。ここに彼の商業社会観の一断面がよく現れている。ただし，このような就業の自由が全般的な営業の自由へとストレートに敷衍されていくわけではない。国内における通行税などの厄介な税はかえって国家の収入を減らすことになるとしてその撤廃を求める一方で（1734a, 30），彼は，対外交易に関しては，伝統的な重商主義政策を支持し，「フランスでどのようなインド産の織物も，白地の綿布でさえも，スカーフでさえも販売してはならないことに同意する，わが国の製造業を維持することがなによりも重要であるからである。しかしそれらを製造するためにわが国に絹や木綿をもたらすのはきわめて適切である」（1733, 254）と述べている。私欲を公共的利益に一致させるために巧みな統治技術が必要であったが，このような保護関税政策こそが公共的「利益」に適っていると考えるのである。公共的利益の観点から自由の規制と貿易の統制を唱え，そしてこの貿易統制を，貿易差額を獲得する手段ではなく，国内製造業を保護する手段とみ

なすこのような考え方は，ムロンに引き継がれていることを指摘しておこう。

5 むすび

　アベ・ド・サン＝ピエールは，人間の幸福の源泉は快楽であり，労働や勤労を含めて人間の行動を導いているのは快楽と苦痛の感覚あるいは快楽を求める利己的情念であると考えた。社会の秩序もまたこの情念の働きを通じて生み出される。栄誉欲や恥辱の恐れという利己的情念はかえって自己愛の剥き出しの発露を抑止して，ある種の道徳的秩序をもたらす。法による秩序の拠り所もまた処罰の可能性が与える人々の恐怖の情念であり，私欲・情念はこのように道徳的，法的にその強い発露を抑止されつつ，公共的利益の実現に向かわねばならない。行為の善悪を判断する基準も，それが結果的に公共的利益を促進するか否かであった。利益を求める人々の私欲・情念こそは商業社会を動かす原動力であったが，しかし私欲や消費の自由はおのずから公共的利益に向かうわけではない。そこで彼は懲罰の一方で顕彰制度を設けることを勧めたが，このような帰結主義や賞罰の制度などを考え合わせると，サン＝ピエールは，人間と社会に関するニコルなどの新思考をいち早く功利主義として定式化し，功利主義のリアリズムに徹して，商業社会の進展がもたらす新時代の諸課題に向き合ったと言うことができる。

　すなわち，自らの功利・効用を優先する人間本性の悲観的な姿をあぶりだしたラ・ロシュフコーやニコルなどの悲観的なアウグスティヌス主義は，ボワギルベールやマンデヴィルの，いわばシニックなエピクロス主義に転化し，さらにこれがリゴリスムの呪縛を逃れたサン＝ピエールの曇りなき啓蒙の功利主義へと引き継がれたということである。そしてサン＝ピエールが敷いた軌道上に，ムロン，フォルボネ，ビュテル・デュモンなどへといたる啓蒙の経済学あるいは功利主義的なフランス経済学の系譜が形作られていくことになる。他方，人間本性や商業社会の理解をサン＝ピエールやムロンと共有するモンテスキューは，しかし功利主義のリアリズムに徹することなく，むしろアウグスティヌス主義が虚飾・虚栄とみなして批判した英雄主義や理想主義を滲ませながら，経済的機能には還元できない政治的秩序の重要性を強調

第 I 部

するであろう。

引用文献

Hazard, P. 1935. *La crise de la conscience européenne (1680–1715)*, Paris（野沢協訳『ヨーロッパ精神の危機　1680–1715』法政大学出版局，1973 年）.
Kaiser, T. E. 1983. The Abbé de Saint-Pierre, Public Opinion, and the Reconstitution of the French Monarchy, *Journal of Modern History*, 55, December, pp. 618–643.
Keohane, N. O. 1980. *Philosophy and the State in France, the Renaissance to the Enlightenment*, Princeton University Press.
Melon, J. F. 1736. *Essai politique sur le commerce*, nouvelle édition augmentée de sept chapitres, et où les lacunes des editions précédentes sont remplies, n.p.
Montesquieu 1748. *De l'esprit des lois*, in *Œuvres complètes de Montesquieu*, éditions étable et annotée par Roger Caillois, Gallimard (Bibliothèque de la Pléïade), 1951, t. 2（野田良之他訳『法の精神』岩波書店，全三巻，1987–88 年）.
Perkins, M. L. 1959. *The Moral and Political Philosophy of the Abbé de Saint-Pierre*, Genève: Librairie E. Droz and Paris: Librairie Minard.
Saint-Pierre, C.-I., abbé de. 1713. *Projet pour rendre la paix perpétuelle en Europe*, 2vols. Utrecht.
─────── 1733–1741. *Ouvrages de Politique*, 16vols. Rotterdam.
─────── 1733. Projet pour perfectionner le commerce de France. In *Ouvrages de Politique*, tome 5, pp. 193–316.
─────── 1734a. Commerce interieur. In *Ouvrages de Politique*, tome 7, pp. 28–32.
─────── 1734b. Sur le luxe. In *Ouvrages de Politique*, tome 7, pp. 32–44.
─────── 1737a. Les enfants au Collège font plus d'usage de désir de la gloire, & de la crainte de la honte. In *Ouvrages de Politique*, tome 11, pp. 109–110.
─────── 1737b. Le désir de la distinction est à la vérité une dépendance de l'amour propre, mais c'est un amour propre très estimable, & très aimable, lorsqu'il est dirigé vers la plus grande utilité publique. In *Ouvrages de Politique*, tome 12, pp. 26–31.
─────── 1737c. Sur Mr. Nicole, Le plus habile ecrivain de morale de nos jours. In *Ouvrages de Politique*, tome 12, pp. 86–89.
─────── 1737d. La vie la plus diversifiée est la plus agreable. In *Ouvrages de Politique*, tome 12, pp. 90–92.
─────── 1737e. A considérer la plupart de ceux qui se ruinent on trouve que le désir des plaisirs des sens, ou la crainte des douleurs coutent moins que le désir des plaisirs qui viennent des différentes glorioles, ou de la craint de paraître ou plus pauvre ou moins riche que l'on ne veut paraître. In *Ouvrages de Politique*, tome 12, pp. 275–276.
─────── 1737f. Sur la tolérance des deux systèmes sur la liberté. In *Ouvrages de Politique*, tome 12, pp. 287–293.

1737g. Sur la nature du plaisir, & de la douleur. In *Ouvrages de Politique*, tome 12, pp. 336-396.
　　　　　1741a. Contre l'opinion de Mandeville. In *Ouvrages de Politique*, tome16, pp. 143-157.
　　　　　1741b. Amour propre bien entendu. In *Ouvrages de Politique*, tome 16, pp. 195-206.
　　　　　1741c. Sur les pensées de M. de la Rochefoucauld. In *Ouvrages de Politique*, tome 16, pp. 265-267.
　　　　　1741d. Pacal ecrivain des plus eloquents. In *Ouvrages de Politique*, tome 16, pp. 267-275.
川出良枝．1996．『貴族の徳，商業の精神　モンテスキューと専制批判の系譜』東京大学出版会．
木崎喜代治．1979-80．「フランスの貴族商業論のひとこま（上）（下）（補論）」『経済論叢』（京都大学）123 (4/5)，pp. 111-129，124 (1/2)，pp. 1-24，125 (3)，pp. 111-129．
森村敏巳．2004．「アンシャン・レジームにおける貴族と商業 ── 商人貴族論争（1756-1759）をめぐって」*Study Series*（一橋大学社会科学古典資料センター）(52)，pp. 1-39．
米田昇平．2005．『欲求と秩序 ── 一八世紀フランス経済学の展開』昭和堂．
　　　　　2011a．「経済学の起源とピエール・ニコル ── ボワギルベールとの関連で」佐々木武・田中秀夫編『啓蒙と社会 ── 文明観の変容』京都大学学術出版会，pp.103-131．
　　　　　2011b．「マンデヴィルの逆説 ── 英仏の思想的展開との関連で（上）（下）」『下関市立大学論集』54 (3)，pp. 61-76，55 (1)，pp. 47-66．

第Ⅱ部

第6章
「文明化された君主政」論の王党派的起源
──フィリップ・ウォリック，エドワード・ハイドと，ヒューム

犬塚　元

1　問題の所在

　田中秀夫教授が監訳したダンカン・フォーブズの『ヒュームの哲学的政治学』は，デイヴィッド・ヒュームの政治思想における「文明化された君主政(civilized monarchy)」概念の重要性を指摘した古典的研究である。フォーブズは，ヒュームの政治思想の特質を「懐疑的ウィッグ主義(sceptical Whiggism)」という分析概念で表現する。フランスの絶対君主政を批判してイングランドの「自由な統治」を賞賛した「通俗的ウィッグ主義(vulgar Whiggism)」の立場に対して，ヒュームは，自由をイングランド固有のものではなく，ヨーロッパにおける文明の発展の産物とみなすコスモポリタニズムの観点を採用した，というのである。近代ヨーロッパ世界の絶対君主政においてもある種の自由は達成されたという歴史認識をヒュームは「文明化された君主政」の概念で表現した，というフォーブズの指摘は，その後のヒューム研究の共通了解となった(フォーブズ[1975] 2011, ch. 5)。

　フォーブズが適切に指摘したように，ヒュームの文明概念は ── 文明の発展をなにより法や自由の発展として理解するという意味において ── 第一義的には政治的・法的な概念である(同書391)。このことは，ヒュームの「文明化された君主政」概念においてもそのまま妥当する。「文明化された君主政」概念をヒュームが初めて提示した論説「自由と専制」(1741年，1758年以降は「政治的自由」と改題)と論説「技芸と学問の形成・発展」(1742年)は，「文明化された君主政」を，「法の支配」を確立した近代ヨーロッパの君主政

第Ⅱ部

と規定する。共和政に倣って「法の支配」を導入することによって，君主政のもとにおいても「技芸と学問」や「商業」の発展が可能になる。「法からは安全が生まれる。安全からは好奇心が，好奇心からは知識が生まれる」からである。ここでは「個人の財産が保障されている」ために，経済活動のインセンティヴは妨げられない。つまり，「法の支配」の成立という意味での政治的発展に伴って文化的・経済的発展も可能になった政体が，ヒュームの言う「文明化された君主政」である。それは，近代ヨーロッパの絶対君主政（「絶対政府」）である。ヒュームは近代ヨーロッパにおいて絶対君主政が ── アジア的な「野蛮な君主政」（「専制政」）とは異なって ── 一定の安定と自由を保障するに至ったことをこの概念で表現したのである (Hume [1777] 1985, 90-95, 115-25)。

しかしフォーブズは，ヒュームのこの「文明化された君主政」論の思想的起源については沈黙している。フォーブズは，フランシス・ハチスン，『ロンドン・ジャーナル』，トマス・ラザフォース，モンテスキュー，デュガルド・ステュアートの議論のなかにヒュームの「文明化された君主政」論と似た指摘（正確に言えば類似の自由論）を見出すが，これらの指摘はいずれも ── フォーブズ自身が注意を喚起するように ── ヒュームの論説以後のものである。ここから判断すれば，フォーブズは「文明化された君主政」論をヒュームの独創とみなしているようである (フォーブズ [1975] 2011, 213-20)。たしかに，「文明化された君主政」という用語そのものについては，ヒュームの独創である可能性がある。18世紀ブリテンの出版物の多くを収録したデータベース ECCO (Eighteenth Century Collections Online) を用いても，さらには，15世紀から17世紀のイングランドの出版物を収録したデータベース EBBO (Early English Books Online) を用いても，1741年のヒュームの論考以前に，civilized monarchy（ないしはその異綴り）という用語を発見することはできない。検索結果として打ち出されるのは，たとえばアダム・スミスの『国富論』のように (Smith [1776] 1981, 822-24)，ヒュームの論考以後のものばかりである。

ところが，「文明化された君主政」論をヒュームの全くの独創とみなすことは無理がある。たとえば，「文明化された君主政」論は，穏和で安定したヨー

ロッパ型君主政と，野蛮なアジア型君主政を区別する観点を前提にしているが，この観点そのものはヒューム以前からヨーロッパ政治思想史に存在した。なによりヒューム自身が「文明化された君主政」論を公刊した時点で，そうした観点を先行思想家のうちに見出していた。ヒュームの1741年の「文明化された君主政」論は，よく知られているように，マキアヴェッリに対する批判から始まっている。近代世界において君主政が成し遂げた「大きな進歩」をふまえたときマキアヴェッリの君主政理解は時代遅れである，というのである (Hume [1777] 1985, 87-88)。ところがヒュームは同じ年の論説において，マキアヴェッリの『君主論』第4章の指摘を「政治学における永遠の真理」とも論じている。それはまさしく，ヨーロッパ型君主政とアジア型君主政を区別するマキアヴェッリの指摘であった (ibid., 21-23)[1]。

　本章は，ヒュームの「文明化された君主政」論の思想的起源を，さらにこれとも別様に解明する試みである。結論としてこの小論が史料的根拠にもとづいて蓋然性が高い命題として支持することになるのは，ヒュームの「文明化された君主政」論は16世紀から17世紀の君主主義の思想系譜の延長上に位置しており，とくに17世紀イングランド復古王政における王党派の議論を継承するものであった，という命題である。

　王党派とヒュームを関連づけるこの結論は，ヒュームはトーリーないしは保守主義者であったという，数世代前に（適切にも）退けられた解釈を甦らせようとするものではない。あるいは，本章は，些末な歴史的事実に拘泥したいわけでもない。「文明化された君主政」論の王党派的起源を指摘する本章は，たとえばトレヴァ＝ローパーの「啓蒙の宗教的起源」論 —— 啓蒙の起源はその敵対者と考えられてきた宗教の側にもあり，しかもヴェーバーの指摘とは反対にカルヴァン派ではなく反カルヴァン主義の側にあったという指摘[2] —— と同じように，あまりに単純化されて理解されてきた啓蒙思想やその文明論の多層的な起源を明らかにする作業の一環である。のみならず，こ

---

1) 以上の点は，犬塚 (2004, 241-56) でかつて論じた。
2) Trevor-Roper 1967. このテーマをめぐる近年の研究として Mortimer (2010); Pocock (1999b)（さらに後者について犬塚 2008）を参照。近代科学のアングリカン的・宗教的起源をめぐってはジェイコブ ([1976] 1990) を参照。

の作業は，これまで十分には説明されてこなかった「文明化された君主政」論の不可解さに説明を与えるというかたちで，ヒュームの思想の内在的理解にも寄与する。ヒュームの描く「文明化された君主政」においては，一方において「法の支配」が存在して「個人の財産が保障」されるが，他方で，ここでは「君主一人のみが権力の行使において無制限であり，君主のみが権力をもっている」とされる (Hume [1777] 1985, 94, 125)。君主権力と「法の支配」の関係，王と法の関係をめぐるヒュームの議論のこうした不可解さ，わかりにくさは，「文明化された君主政」論の王党派的起源をふまえたときに説明を与えることが可能となる。

2 キャロライン君主政の歴史解釈における王党派とヒューム

　ヒュームは1740年代始めに発表した「文明化された君主政」論を撤回することはなかった。ヒュームは版を重ねるたびに加筆や削除を繰り返したが，生前最後の1777年版著作集に至るまで論説「政治的自由」と「技芸と学問の形成・発展」をあくまで残したし，1754年から刊行を始めた歴史書（1762年に『イングランド史』として完結する）においても「文明化された君主政」の用語や概念を維持した。『イングランド史』のテューダー朝を扱う巻でヒュームは「文明化された君主政」を，「君主の特別な能力なしに，法と制度の力のみで秩序と平穏さを保ち統治を維持することが可能な」政体と説明する (Hume [1778] 1983, v. 3: 24)。そればかりではない。ヒュームの『イングランド史』は，ヘンリー7世に始まるテューダー君主政と，それを継承したジェイムズ1世・チャールズ1世による前期ステュアート君主政について，一定の安定と自由を保障するに至ったヨーロッパ型の「文明化された君主政」として理解するという点を —— たとえば内乱の原因を説明する議論に明らかなように —— 歴史叙述の基本プロットのひとつとしている[3]。

　イングランド内乱の直接の引き金となった1637年のスコットランドの騒乱を叙述するに先立ってヒュームは，これとは対照的な，その時点でのイン

---

3)　論証は，犬塚 (2004, ch. 4 以下) に譲る。

グランド社会の安定を描写する。「民衆の財産」は侵害されてはおらず、教会問題は法と先例に従って処理されていた。ここにおいて民衆は「平和、勤労(インダストリ)、商業、富裕、そればかりか（わずかな例外はあるが）統治の正義と寛大さすら」享受していた (ibid., v. 5: 249-50)。スコットランドでの騒乱がなければイングランドの安定は継続したであろうというヒュームの歴史理解は、イングランド内乱の原因のひとつをスコットランドやアイルランドの統治の問題に求めるという意味で、今日のいわゆる「ブリテン史」的解釈[4]を先取りしている。言い換えれば、チャールズ1世のイングランド王国は、国外の問題によって乱されなければ安定を維持したはずの、一定の自由と繁栄を享受した「文明化された君主政」であった、というのがヒュームの歴史理解である。ヒュームは別の箇所でも、「チャールズ [1世] 治世の平和な時期に、イングランドの商業と産業は急速に拡張した」とも、「内乱の前に宮廷では学術と芸術が愛好されて、国民のあいだによき趣味が広がり始めていた」とも記している (ibid., v. 6: 148-49)。チャールズ1世治世の1630年代については現在の歴史学の多くも従来の理解を修正して、平和と繁栄の時代として理解しているが (Russell 1991; Sharpe 1992)、ヒュームは、その時代を生きた人々の遺した歴史書を根拠にしてそうした歴史理解を示していた。

　もとより歴史史料に向きあったときに問うべきひとつは、その史料の史料──その史料がどのような史料をどのような態度で取り扱ったかという点──である。ヒュームがこの箇所の「文明化された君主政」の描写において典拠として注で言及するのは、「クラレンドン 74頁、75頁、メイ 18頁、ウォリック 62頁」である (Hume [1778] 1983, v. 5: 250)。ヒュームの『イングランド史』の典拠注は一般に、書名やその版についてこのように必ずしも親切とは言いがたいが、ここでヒュームが言及した文献は明らかである。それは、キャロライン君主政（チャールズ1世治世の君主政）を実際に生きた3名が著した歴史書である。クラレンドン伯エドワード・ハイド (Edward Hyde, 1st

---

[4] 代表的研究として Russell (1991)、さらに Pocock (2005, ch. 5) を参照。ブリテン史的観点の提唱者のひとりであるジョン・モリルは、アングロセントリックなハイドの歴史叙述に対して、ヒュームの歴史叙述が──自覚的ではなかったが──ブリテン史的であると論じている (Morrill 1999, 68-70; 2006, 30-31)。

Earl of Clarendon, 1609-74) の『イングランドの反乱と内乱の歴史』(以下『内乱史』，初版 1702-04 年)，トマス・メイ (Thomas May, 1594/5-1650) の『イングランド議会の歴史』(初版 1647 年)，フィリップ・ウォリック (Sir Philip Warwick, 1609-83) の『チャールズ 1 世治世の回想』(初版 1701 年) の 3 書である。

　ヒュームの言及は，このうちハイドとウォリックについては，決して不正確でも不適切でもない[5]。言うまでもなくクラレンドン伯ハイドは，王党派の中心的人物のひとりである。彼は，1640 年代冒頭に議会派の急進化を懸念して王党派に転じたのちに，チャールズ 1 世，2 世のもとで政権運営に関与して，復古王政期の 1667 年に失脚するまで王党派を支えた。ヒュームが言及した当該箇所でハイドの『内乱史』は，チャールズ 1 世の 12 年あまりの個人統治の時代について，最大級に穏やかで幸福な時代であったと記述する。ハイドによれば，チャールズ 1 世のこの治世は —— そのように同時代人が理解しなかったことに問題があったのだが —— エリザベスの「幸福な時代」やジェイムズ 1 世の「素晴らしい時代」をも上回る時代であり，他国が 30 年戦争に苦しむなかで「地上の楽園」のようであった。宮廷もカントリーも豊かさを享受し，国教会には才人が集って新教は堅固となり，交易は発展して歳入は倍増し，軍事力も増強されて国力は他国から敬われた。つまり，それは「かつて [ローマ帝国の] ネルウァ帝がこれらを結合させたがゆえに神格化された，統治と自由 (*Imperium & Libertas*) というふたつが可能なかぎり両立させられた時代」であった (Hyde [1702-04] 1721, v. 1: 74-77; [1702-04] 1992, v. 1: 92-96)。

　ウォリックは，長期議会でストラフォード弾劾に反対して，内乱期には王と行動を共にした王党派である。彼は復古王政期には，ハイドと並んで穏健王党派の中心的人物だったサウサンプトン伯トマス・ライアススリーの秘書

---

[5]　ヒュームは，ハイドとウォリックのこれらの歴史書を，ジョン・ラッシュワース (John Rushworth, c. 1612-90) の『歴史文書コレクション』(いわゆるラッシュワース・ペーパーズ，初版 1721-22 年) やバストロード・ホワイトロック (Bulstrode Whitelocke, 1605-75) の『チャールズ 1 世治世の始まりからのイングランドの事態の回想』(初版 1682 年) とともに，前期ステュアート王政をめぐる歴史叙述において頻繁に典拠注で言及している。

を務めて国家財政に深く関与するともに,国教会聖職者と近い立場にあった (Firth 1899; Seaward 1989, 66-68, 103-30; Smith, D. 1994, 298)。ヒュームが言及した箇所でウォリックの『チャールズ1世治世の回想[6]』は ――「国制を除けば」イングランドの窮状はその名に値しなかったと論じたヒュームと同じように (Hume [1778] 1983, v. 5: 249) ――「議会の権限をめぐる論争を除けば」,チャールズの治世にはエリザベスやジェイムズ1世の治世と同じように,世界のどこよりも「多くの平和と繁栄が享受された」と論じている。宮廷が栄華を極めただけではない。所有を定める正義は十全に機能しており,「都市やカントリーではだれもが安全に生活していた」(Warwick [1702] 1813, 62)。チャールズ1世の治世をめぐるこうしたハイドとウォリックの歴史叙述,つまり王党派の歴史叙述をヒュームはそのまま継承して,チャールズのもとの「文明化された君主政」を論じたわけである。

ところが,トマス・メイの『イングランド議会の歴史』に関してのヒュームの言及は,かならずしもメイの意向に忠実ではない。1647年に発表されたメイのこの歴史書は,議会派の観点からの歴史叙述であり,「勝利した議会の達成を祝う」内乱史叙述のひとつであった (Wilcher 2001, 263[7])。チャールズ治世をめぐるメイの歴史解釈は,ハイドやウォリックら王党派による歴史解釈とは反対に位置する,その対抗ヴァージョンである。メイは,チャールズによる「多くの抑圧」,「不法な行動」,「甚大な不正義」を批判的に論じ

---

6) ウォリックの内乱史叙述は人物描写を中心にすると評価されている (Firth 1899; MacGillivray 1974, 59-60)。同書と,ヒュームの『イングランド史』における人物描写(とくにチャールズ1世の性格描写)の内容・形式の関連については研究が未開拓である。ヒュームも要所で重要人物の人物描写を挿入しながら『イングランド史』のナラティヴを構成している。

7) メイは,演劇や詩のほかルキアノスなどの古典の翻訳を多く手がけた文筆家である。彼はハイドの学生時代の友人であり,1630年代半頃まではチャールズに仕えたが,そののちに議会派に転じた (MacGillivray 1974, 18-19; Brownley 1985, 113)。これまでメイについては,Firth (1894) を典型とするように,時々の権力者に追従した機会主義的な知識人であり,彼の1647年と1650年の歴史叙述もそうした追従の産物である(さらに,彼が議会派に転じたのは,1637年のベン・ジョンソン死後に桂冠詩人のポストが与えられなかった個人的なルサンチマンのためである)と説明されてきたが,これに対してPocock (1999a; 2001) は,メイの歴史叙述を同時代史を試みた古典的歴史叙述として再評価している。Smith N. (1994, 342-45) は,メイの史書がハイドの『内乱史』とともに,対象とする時代の公刊物を収録しながら歴史叙述を構築した点に歴史的意義を見出している。

たのちに、ヒュームが言及した箇所において、政府の抑圧を免れた貴族やジェントルマンの時代認識を批判的に論じる。メイによれば、貴族やジェントルマンは「自分たちの現下の安全と繁栄」にしか目を向けずに、他国との比較を通じて「イングランドの幸福」を賞賛した。彼らは「王国には富、豊かさ、あらゆる洗練がこれまで以上に溢れていた」と論じて「比較によって自分たちの隷属を正当化した」。メイによればこうした人々はあくまで「国民の少数」にすぎず、多数を占めたのは「自分たちの生得の権利や王国の本当の利益が何たるかを理解したジェントルマン」である。「一般民衆」も「カントリーのフリーホルダー」も後者の仲間であった。言い換えれば、繁栄したキャロライン君主政という時代認識は、特権階級のイデオロギーにすぎないというのである（May 1647, 17-19）。こうしてみると、ヒュームは、ハイドやウォリックによる王党派の観点からの歴史叙述も、メイによる議会派の観点からの歴史叙述も、いずれも参照して史実を拾い上げているが、しかしすくなくともキャロライン君主政の特質をめぐっては王党派側の解釈枠組みを採用していることがわかる。

　もとより、前期ステュアート君主政や内乱をめぐるヒュームのイングランド史叙述は、全体としてみれば、王党派の歴史叙述とは区別されるものである。ヒュームは、内乱に至るまでの歴史過程の背景に構造的変動を見出して、この歴史過程をあくまで「事物の不可避な状況」の産物と位置づけるからである（Hume [1778] 1983, v. 6: 531）。ジェイムズ1世やチャールズ1世の前期ステュアート君主政においては、政治制度も、王の意識も、権力の運用形態も、すべてがテューダー君主政と同一であったが、しかし他方では、社会経済構造や社会意識の変化によって臣民のあいだに新しい政治意識が生まれており、その結果生じた、旧来の政治制度と新しい政治意識のあいだの齟齬が内乱を準備した、というのがヒュームの内乱史叙述のプロットであった（犬塚 2004, 195-205）。しかし再度翻って、こうしたことは、ヒュームが王党派の言説と無関係であったことを意味するわけではない。明らかにすべきは、彼がどこまで、なにについて王党派の言説を継承・受容したかという点である。王党派といっても、ヒュームにとってフィルマーの議論は論外であった。その「族長主義的図式」は「馬鹿げた考え」である（Hume [1778] 1983, v. 5:

563[8])。

われわれが明らかにしたように，ヒュームは，チャールズ1世下の「文明化された君主政」の社会状態をめぐる歴史理解において王党派の歴史叙述の解釈に依拠していた。そればかりか，われわれがこれから明らかにするように，「文明化された君主政」の政治構造をめぐるヒュームの理解は，復古王政期の王党派の政治論にきわめて似た特質をそなえていた。

3 「絶対的だが，しかし制限された」君主政

ウォリックについてヒュームは『イングランド史』でそのほかにも，苦難にあえいだチャールズ1世に仕えた側近として，あるいはこの王の発言や振る舞いの目撃者として，幾度も言及ないしは引用している。本章の観点からとくに注目されるのは，イングランドでの混合政体の形成をめぐる長い後注における言及である。ウォリックの名前は，1642年に国王名で発表された『議会両院の19箇条提案に対する国王陛下の返答』(以下『陛下の返答』)をめぐる説明に登場する。今日の研究がこの国王文書の画期的な歴史的意義を強調するのと同じように[9]，ヒュームはここで，体制側の文書としては初めてイングランド国制を3政体からなる混合政体と規定したこの『陛下の返答』に，イングランドにおける混合政体の出発点を求めた。同時にヒュームは，多くの王党派がこの国王名の文書を批判したという歴史的事実も理解していた。ウォリックは，その批判者の代表として明示される。「ウォリックやホッブズから明らかなように，多くの王党派は，王の代筆者のこうした哲学的正確さを批判し，〔『陛下の返答』によって〕ヴェイルが無分別に剥ぎ取られて統治の神秘が露わになってしまったと考えたようである」(Hume [1778] 1983, v. 5: 573)。

これは，ヒュームがホッブズの『ビヒモス』の内乱史叙述についても[10]，

---

8) ホッブズに対するヒュームの批判については犬塚 (2011)。
9) Weston (1965); Mendle (1985) など。これらの混合政体論研究については犬塚 (2013b)。
10) 『ビヒモス』における『陛下の返答』や混合政体論の取り扱いについて犬塚 (2013a, 589–90)。

ウォリックの議論についても十分に通じていたことを物語る言及である。ウォリックの『チャールズ1世治世の回想』は，議会が『議会両院の19箇条提案』を提示したのちの政治過程について，これに応答した『陛下の返答』を用意した3人の王党派 —— フォークランド子爵，ジョン・カルペッパー，そしてハイド —— の人物描写を中心にして叙述している。そののちウォリックは，ホッブズの『ビヒモス』（「彼の内乱についての最近の著作」）における評価も援用しながら，『陛下の返答』が「王権をむしろ傷つけた」と否定的評価を下す。さらにウォリックは，『陛下の返答』のメインライターはハイドであったと断定する。つまり1675年から77年に執筆されたウォリックのこの歴史書は，『陛下の返答』の責任を，1667年に失脚して74年に客死したハイドに帰したのである (Warwick [1702] 1813, 206-18[11])。

王党派の立場からイングランド国制を混合政体として位置づけた『陛下の返答』に対するこうした執着と批判は，君主政の失敗と共和政の失敗という歴史過程ののちに，あらためて君主政を望ましい政体として正統化しなければならなかった復古王党派の政治的立場と関連づけて説明することが可能である。キャロライン君主政の失敗と転覆をふまえるならば，王権を弱めかねない『陛下の返答』のような混合政体論をそのまま採用することも，あるいはその反対に，ホッブズのように単純に混合政体論を退けて絶対主権を称揚することも，いずれもリスク含みだったからである。ウォリックが『チャールズ1世治世の回想』の補遺（Warwick 1694, [ix]）として執筆して遺したもうひとつの作品，『統治論』（1678年執筆，初版1694年）がホッブズに対する批判から始まることは，復古王党派の政治思想とホッブズの政治思想のあいだの距離を示す一例である。

ウォリックのこの『統治論』は，かつてジェイムズ・ダリーが先駆的に指

---

11) この箇所のウォリックの記述について Weston (1965, 6); Ollard (1987, 62-63). なお，ヒュームは，イングランドの混合政体をめぐる前述の後注において，「本書の初版刊行後に，クラレンドン伯の［歴史書の］続編が公刊されて，そこでクラレンドンは，王のこれらの抗議文や記録のほとんどの作者は自分であると主張している」(Hume [1778] 1983, v5: 573) と加筆したが，後述するように，これはハイド自身の言明とは食い違っている。ヒュームは，ウォリックのこの部分の叙述と混同していた可能性がある。

第6章 「文明化された君主政」論の王党派的起源

摘したように,「絶対的だが,しかし制限された (absolute, tho' limited)」君主政を称揚したこの時代の政治思想の典型例である (Warwick 1694, 20; Daly 1978, 242)。それは,二正面作戦の政治学である。ウォリックは,一方においては議会派・共和派の議論を退けて「絶対君主政」を掲げると同時に,他方では恣意的な権力行使や専制政を否定して「制限君主政」を称揚する。

ウォリックは,すでに論じたようにまずはホッブズを批判して,政府は恐怖に由来する契約の産物ではなく「神の命令」であると指摘する[12]。ウォリックは ―― この時代のほとんどの理論家と同じように ―― 旧約聖書に依拠したうえで,人類最初の政府を「家父長的政府」と位置づける。ところが,家父長の家系は分裂・混交して「家父長的政府」は終焉し,人々が政府を設立するに至ったと切り返す点において,彼は,アダムの血統継承者として絶対君主を位置づけるフィルマー型の王権神授説から距離をとっている (Warwick 1694, 13-15, 27-28)。ところが,さらにそのうえでウォリックは,一旦設立された政府は,統治の目的を果たすためにもはや「争い得ない」「絶対的で恣意的」な存在であると論じる。ローマ書第13章やタキトゥスを引用しながらウォリックが全編で強調するのは,政府に抵抗することは許されず,アナーキーよりも暴政を我慢するほうがましであるという命題である (ibid., 4-6, 17, 22, 25, 37-38, 111, 211)。こうしたウォリックの絶対君主政論が退けているのは,ユニウス・ブルートゥスやジョージ・ブキャナン,さらには (おそらくはスアレスやベラルミーノなどの)「スコラ学者やイエズス会」による「抵抗の教説」であると同時に (ibid., 36-38, 111),「協働権力 (co-ordinate power)」という概念をもちだして主権の共有を主張するタイプの混合政体論である。ウォリックによれば,そうした混合政体論は,「多神論の教説」と同じであり内乱を惹起するだけである (ibid., 10, 19, 21)。そして彼はやはりここでも『陛下の返答』を意識している。『陛下の返答』が王と貴族と庶民を「王国の3身分」と位置づけたうえで混合政体を論じたことが,結局は王の至高性を損ねてしまい君主政の転覆に結びついた,そうではなく「3身分」

---

[12] ウォリックは,さらにホッブズの人間理解・自然状態論を批判するが,このなかでは,ハイドによる (後述の) ホッブズ批判にも言及している (Warwick 1694, 1-2, 56-59)。

第Ⅱ部

とは聖職者，世俗貴族，庶民のことである[13]，というのである（Warwick 1694, 20, 42, 105; cf. Falkland and Colepepper 1642, 11-13）。

　ところが，こうした絶対君主政論は，ウォリックの議論の一面である。統治はまさしく神の命令に由来するが，しかし「王や主権者は誤ることがあるため」，神は彼らに対して「健全な理性や先例」に従って「熟慮と良き助言」とともに「公益」をめざして統治を行うように命じた，というのである（Warwick 1694, 4）。たしかに，神は王に対して，統治をなす権利とともに正しい統治をなす義務を —— つまり神授の権利と義務を —— 付与したという論理構成は，この 30 年間の絶対主義研究が明らかにしてきたように，17 世紀の君主主義の政治思想にはごく一般的なものであった（そもそも神授権理論は 17 世紀のステュアート・イングランドでは極めて一般的であり，王権を擁護する側も批判する側も利用していた[14]）。ところがそのうえでウォリックは，こうした議論にもとづいて，イングランド君主政を「混合君主政」や「制限君主政」とすら定式化するに至る。

　言い換えれば，ウォリックは，ホッブズのように混合政体論をことごとく退けるのではなく，混合政体の ——『陛下の返答』とも違う —— 王党派的ヴァージョンを提示するという戦術を採用している。ウォリックが「混合君主政」や「制限君主政」という概念を通じて示している「主権の制限」とは，立法と課税において王は議会の同意の下に主権を行使する，という意思決定プロセスのことである[15]。ところが，「主権の制限は主権そのものとさえ両立するというのが，あらゆる政治学者とローマ法学者の一致した意見である」というのがウォリックの理解である。睡眠した人や縛られた人は，そのあいだ力を失ったり奪われたりするのではなく力が一時的に停止しているだけで

---

13) 王政復古後の 1662 年版祈祷書も「3 身分」を同じように定義した（Smith, D. 1994, 295）。
14) 過去 30 年間の研究によって，絶対主義と立憲主義の二元的対抗図式にもとづく 17 世紀思想史理解は相対化されて，「立憲的王党主義」という分析枠組みが一般化した。主要研究文献については，紙幅の都合ゆえに，Inuzuka (2007); 犬塚 (2012; 2013a) に譲る。
15) 興味深いことに，議会が関与しうる対象領域を明示的に確定したうえで，軍についてはあくまで王の専権事項であるとする論理展開（Warwick 1694, 195-96）は，ウォリックが批判した『陛下の返答』と同一である。

あり，睡眠や呪縛から解放されたときに力は復活する。つまり，主権の制限は「主権の絶対的執行が一時的に，あるいは主権の一部の絶対的執行が停止」するだけのことであり，主権は王から移譲されるわけではなくあくまで王の掌中にある。これがウォリックのいう「絶対的だが，しかし制限された」君主政である (ibid., 19-20, 41, 44, 195-96)。主権はあくまで王のみに帰属するが，しかし議会の同意が政治的意思決定プロセスに組み込まれており，その結果として人々は服従しながらも自由である，という統治体制こそ，ウォリックがイングランド復古王政に見いだした現実であり従うべき規範であった。「人々は自由だが，それにもかかわらず服従のもとにある」このような形態の君主政は，アジア型の「専制政府」と対比される (ibid., 44-45, 184[16])。

「主権の制限は主権そのものとさえ両立する」という命題は，王と法の両義的な関係としても表現される。主権者であり立法権限をもつ王は法の上に位置するが，しかし同時に，王は法に服する，という関係である。この関係を論じるにあたってウォリックは，「法の指導的 (directive) 部分」と「法の強制的 (coactive) 部分」を区分する。臣民は法のこの両面に服するが，王が服するのはただ「法の指導的部分」のみであるというのである (ibid., 149-50)。

もとよりこの区分は彼の独創ではない。これは，君主主義の思想史において，君主と「法の支配」の両義的な関係 ── 君主は法に服しながらも同時に法に服さないという関係 ── を論じるにあたって頻用された区分である。たとえば，ウォリックに先立ってウォルター・ローリーは『世界史』で，出エジプトから十戒拝受に至る旧約史を論じたのちに法を検討するなかで，同じ区分をもちだして同じ結論を導いている (Raleigh 1614, 291)。フィルマー『パトリアーカ』の「王は法の指導する力 (directive power) には従うが，強制する力 (coactive power) には従わないというスコラ学者たちの有名な区分」という指摘や[17]，ボシュエ『聖書の言葉から導かれる政治学』の「王はほかの者と同じように法の衡平には服するが……法の罰則には服さない。つまり神学が論じてきたように，王は強制する力としての法には服さないが，指導する

---

16) 「専制政府」としてウォリックが念頭におくのはフランスである。
17) フィルマーのこの議論に対するアルジャノン・シドニーの批判として，Sidney ([1698] 1996, 380-83)。

力としての法には服する」という記述が示すように，法の指導的な力と強制的な力をめぐるこの区分は，スコラ学に由来する (Filmer [1680] 1991, 40; Bossuet [1709] 1999, 85-86)。トマスの『神学大全』は，『ディゲスタ (学説彙纂)』(1.3.31) の「君主は法の拘束を受けない」やローマ書第 13 章「人はみな上に立つ権威に従うべきである」などの議論の関係を整理するなかで，「君主は法の強制力 (vis coactiva) に関するかぎり，法によって拘束されないといわれる。……しかし，法の指導的な力 (vis directiva) についていえば，君主は自分の意志でもって法に従う」と結論した。つまり，君主権と法の支配の関係についてトマスは，「神の審判の前にあっては，君主も法の指導的な力に関する限り，法の拘束から除外されてはいないのであって，強制されてではなく自分の意志で法を遵守しなければならない」というかたちで，王は法の支配に服すると同時に服さないという二面性を表現した (トマス 1977, v. 13: 117-20 [Ia IIae q. 96])。

以上のような君主主義の言説の系譜をふまえるならば，「絶対的だが，しかし制限された」君主政というウォリックの王党主義の言説は，君主主義の系譜のイングランド復古王政期におけるひとつの変奏として位置づけることが可能である。つまり，王は法に服しながらも同時に法に服さない，あるいは王は統治の権利とともに義務を授けられた，という二面性をもつ君主主義政治思想の系譜 —— よく知られるようにボダンもジェイムズもフィルマーもそうした二面性をそなえている —— をウォリックは受け継いだうえで，「絶対的だが，しかし制限された」君主政を導き出したのである。『統治論』の副題が示すように，ウォリックによれば —— 先に引用したハイドの評価と同じように —— この政体では「主権と自由」が両立する[18]。

権力の所在と運用をめぐる理解に注目するならば，君主のみが権力をもつが「法の支配」があり「個人の財産が保障」されるというヒュームの「文明化された君主政」論は，こうしたウォリックの君主政論と共通性をもつ。ヒュームは，前期ステュアート君主政の政治体制の特質をめぐる『イングラ

---

18) ウォリックの『統治論』にはそのほかに，ベイコンに依拠しながら語られる「君主の鑑」論 (Warwick 1694, 60-104) や，ボダンの「調和的な正義」を援用して語られる階層秩序論 (ibid., 105-29) が含まれる。

ンド史』の後注のなかで，ローリーを始めとするその同時代のテクストを根拠にして，その政体を「人々が多くの特権をもつ絶対君主政」と規定する。ヒュームによれば，それはヨーロッパの君主政に共通する特質であり，こうしたパラドキシカルな規定になんら矛盾はなかった (Hume [1778] 1983, v. 5: 561-62)。

4 「ヨーロッパ的な，文明化された」君主政

　一方において王のみが主権を保持するという絶対君主政論を維持しつつも，他方においては，この政体が臣民の一定の政治関与や自由と両立することを示すウォリックの立場は，復古王政期の王党派においてけっして例外的な立場ではなかった。たとえば，王政復古直後に公刊されたロバート・シェリンガム (Robert Sheringham, 1602-78) の『王の至高性』(初版 1660 年，再版 1682 年) は，ウォリックに類似した政治思想を，さらに別の道具立てで説明している[19]。

　シェリンガムが同書で攻撃するのは，1640 年代初頭の議会派のふたつの著作である。それは，混合政体の解釈をめぐるパンフレット戦争 —— もとよりここには『陛下の返答』が含まれる —— のなかで公刊された，チャールズ・ハールの『ファーン博士の論考に対する完全な解答』(初版 1642 年) とフィリップ・ハントンの『君主政論』(初版 1643 年) である[20]。ここでシェリンガムが批判するのは，イングランド国制は混合政体であるがゆえに主権は「協働的」に王と議会によって担われるべきであり，王と議会が対立した場合には議会両院が優位に立つ，と主張するタイプの混合政体論である。シェリンガムによれば，イングランド国制において主権そのもの (「主権の諸権利」「権力そのもの」) には「混合は存在しない」。王は議会や民衆と「協働」してはいない。イングランドは「絶対的で単純で純粋で独立した」君主政なのであ

---

19) シェリンガムは内乱前後を通じて王党派側にあったケンブリッジ大学の言語学者であり，1650 年代の共和政期にはオランダに亡命していた (『王の至高性』の草稿は 1652-53 年にオランダで回覧された)。近年における彼の再評価として Vallance (2011)。
20) これらのパンフレットの概略について Weston (1965, 34-37)；犬塚 (2013b, 105-06)。

る (Sheringham 1660, 12-[14], 80)。ところがウォリックと同じようにシェリンガムもこうした絶対君主政論を維持したまま，同時に王権の制限を論じていく。

　シェリンガムはそのために —— ハールの論敵であったヘンリー・ファーンの議論 (Ferne 1643, 17-18, 29) からおそらくは継承して —— 主権とその行使を区別する観点を導入する。すなわち，イングランドでは，主権そのものはあくまで王のみに帰属しており絶対的であるが（やはり軍事的権限は王のみに帰属する），その行使は国法によって制限されており，立法において議会両院は「従属的な機関」として「王に由来する独自の権限」（「委任された権限」）をもつに至っている，というのである (Sheringham 1660, 23, 81-84, 95-103)。絶対的であるとともに制限された君主政のイメージをこのように提示したシェリンガムは，やはりウォリックと同じように，『陛下の返答』の取り扱いに注意を払う。「3身分」とは聖職者，貴族，庶民のことであるという指摘はここにもある。のみならずシェリンガムは，『陛下の返答』の 'under one head' という表現を根拠にして，この国王文書が提示したのも実は，主権は絶対だが行使において制限された君主政であったと解釈する (ibid., 90, 103-05, 108-11)。さらにシェリンガムは，王権批判の論拠として頻繁に援用されていたブラクトンを —— フォーテスキューやクックについてと同じように —— むしろ自らの主張の論拠として援用するなかで，これもウォリックと同じように，法の「指導的な力」と「強制的な力」の区分を論じている (ibid., 111-16)。一般に，復古王政期の王党派は，現存の国制をもっとも説得的に説明できる理論の模索に関心を寄せたために議会の役割や「法の支配」を否定することはなく，それゆえ，「絶対的だが，しかし制限された」君主政という定式は「標準的なトーリー的パラドクス」であった (Goldie 1997)。

　ではハイドはどうか。ウォリックやシェリンガムと同様に，クラレンドン伯エドワード・ハイドもやはり二面的な君主政を描き出している。この点について，たとえば近年の君主主義研究のひとつの到達点であるデイヴィッド・スミスの研究は，ハイドを「立憲的王党主義」——「法の支配」の原理を採用して穏健な制限君主政を支持し，宗教的熱狂に反対して，議会派との融和を模索した政治的立場 —— の中心メンバーのひとりとして位置づけて

第6章 「文明化された君主政」論の王党派的起源

いる（Smith, D. 1994）。われわれがここでハイドの君主主義についてあらためて検討するのは，ウォリックやシェリンガムと同様の君主政論を確認してそれを繰り返すためだけではなく，ヒュームの「文明化された君主政」論を彷彿とさせるハイドの議論に光を当てたいがためである。すなわち，ハイドは王党派の君主政論のなかに「文明化」というかたちで時間軸を導入して，君主政の進化について論じている。

　ここまでに論じてきたように，復古王党派のウォリックやシェリンガムは，イングランド国制を混合政体として位置づけた国王文書『陛下の返答』の取り扱いに苦慮した。ウォリックは，これをハイドの作品として扱って彼に責任を押しつけた（ホッブズも同様である[21]）。ところがハイドも，ウォリックやシェリンガムと同じように，『陛下の返答』や（主権共有型の）混合政体論に批判的である。「権力は君主・貴族院・庶民院に分割される」というタイプの混合政体論は「一切のイングランドの法に反する」，このような「イングランドにおいてはそれまでに聞いたことがない意見」の起源は『陛下の返答』にある，というのである。『内乱史』の続編という性格をもつ『エドワード・クラレンドン伯の一生』（初版1759年）によれば，『陛下の返答』の混合政体論は自分ではなくカルペッパーが執筆したのであり，それは王に不利益をもたらす不用意な主張であった。王を「3身分」のひとつとしたその記述も誤りである。王は，聖職者・貴族・庶民の3身分の上に位置する「全体の頭であり主権者」だからである。『陛下の返答』の混合政体論に対するこうしたハイドの否定的な態度は，彼が『内乱史』に『陛下の返答』を収録するにあたって，混合政体を論じた部分をあくまで省略したことにも反映されている（Hyde 1676, 54；［1701-2］1992, v. 2: 172-76；［1759］1857, v. 1: 130-31）。

　ハイドも，主権は王のみに帰属するがしかし同時にそれが制限される君主政を，イングランド国制の現実であり規範であるとみなした。彼は『ホッブズ氏の「リヴァイアサン」の概観と検討』（初版1676年）において，ホッブズの絶対主権論を厳しく批判しながら，そのような二面的な君主政を描いている[22]。ハイドは，ボダンが主権を論じるにあたって依拠した「権力のすべて

---

21) Hobbes（［1681］2010, 260-63）; Wormald（1951, 13）.
22) クラレンドンのホッブズ批判について詳しくは犬塚（2012; 2013a）を参照。

は君主に帰属して、財産は私人に帰属する」(Bodin 1606, 110) というセネカの文言に自らも依拠しながらあるべき君主政を描く。それは、主権は王のみが所持するが、しかし政治権力は「正義」に即して運用されて、その結果として「民衆が自由や財産を享受したり、迅速で公平な正義の恩恵を受けられたりする」君主政である (Hyde 1676, 59, 99-100, 113-14)。そのうえで、マキアヴェッリのローマ史解釈 —— 共和政ローマでは徐々に混合政体が形成されたという解釈 —— に言及しながらハイドは、そのようなかたちで政治権力の運用が可能になるのは、主権者が自発的に従属的機関に一部の権限を委ねて権力の「制限」を受け入れる場合であると論じる (ibid., 51, 53)。

　ハイドによれば、一部の権限を自発的に移譲したこのような君主政は、君主政の進化型である。それは君主政の文明化である。つまりハイドは、時間軸における発展の帰結として穏和で安定した君主政を位置づけている。ハイドも政府の起源をめぐっては —— ウォリックと同じように —— 旧約聖書を無視することができず、神授権理論の枠組みを採用して、アダムに由来する「絶対的支配権」を君主政の出発点とみなしている。ところが、こうした原初的な君主政は、「文明 (Civility) の発展」のなかで一部の権限を「譲歩・譲渡・契約」によって手放して当初の絶対権力を自ら制限して、臣民に自由と所有権を保障するようになっていった、というのがハイドの描く君主政の発展である。自由と所有権が保障されないままでは、だれも労働に励まないことに王は気づくようになるからである。経験・知識の蓄積のなかで、君主政は発展する。「文明の発展のなかでのこうした譲歩から便益が生まれる」と理解するようになると、王たちは「臣民に対しての恩恵と譲与を拡大したが、しかし、自発的な授与や約束を通じて手放すことのなかった一切については自分たちが保持した」(ibid., 67-72)。さらにハイドは、時間軸におけるこうした君主政の類型論を、空間軸における君主政の類型論に接続する。すなわち、このように発展した穏和な君主政はヨーロッパ型君主政であり、アジア型君主政とは異なるというのである。ハイドは、臣民が自由も所有も保障されないトルコの「絶対権力」を、「ヨーロッパにおける君主、つまり文明化された (civiliz'd) 君主」と対比したうえで、所有が安定されたヨーロッパ型君主政には文明・技芸・富があり、結果として王も豊かになると論じる。

「文明やよき習俗に関わるすべて，技芸や美に関わるすべて，そしてこの世の本物の堅固な富に関わるすべては，この［主権者と臣民の互恵的な］取り決めの産物であり，大事にされた所有権が生み出したものである」。ここに描かれるのは，君主政の文明化が社会の文明化に連続していく歴史変動である（ibid., 107-12）。望ましい君主政をめぐる理解においてハイドはウォリックやシェリンガムと近似の議論を展開したが，さらにハイドは，君主政の発展という歴史的パースペクティヴのなかに望ましい君主政を位置づけたのである。

第一にイングランドのステュアート君主政の実態をめぐる歴史理解において，第二に，絶対的だが制限されているという君主政の二面的な政治構造の理解において，さらに第三には，君主政の発展・文明化という歴史変動論においても，ハイドの議論とヒュームの「文明化された君主政」論のあいだに共通性を見出すことは難しくない。現存する史料を根拠とする限りで，ヒュームがいつハイドの作品を読んだか，あるいは，『ホッブズ氏の「リヴァイアサン」の概観と検討』についても読んでいたか，という点については厳密に確定することが不可能である。しかし，ヒュームがハイドの『内乱史』や『エドワード・クラレンドン伯の一生』を読み込んで『イングランド史』でさまざまに活用していることは明らかである[23]。さらにヒュームは，歴史家としても，政治家としてもハイドに高い評価を下していた。歴史家としてのハイドについてヒュームは，トマス・モア，ベイコン，ホワイトロックと並ぶ優れたイングランド史家として評価するとともに，「党派的なのは実際よりも見た目において」であり「人物の性格説明よりも事実の叙述は党派的でない」と評して，彼の歴史叙述に一定の非党派性を認めている。「ホワイトロックの回想録を除けば，同時代人の書いたものとしてはもっとも率直公平に当時を説明している」(Hume [1778] 1985, v. 3: 154, 215, 466)。政治家としてのクラレンドン伯ハイドについてヒュームは，「腐敗させられない精神」を維持し

---

23) ヒュームは，『イングランド史』執筆時期にエディンバラの法曹界図書館の館長を務めてその所蔵文献を利用しているが，同図書館には 1742 年の段階で，ハイドの『内乱史』と『ホッブズ氏の「リヴァイアサン」の概観と検討』，ウォリックの『チャールズ 1 世治世の回想』と『統治論』，メイの『イングランド議会の歴史』が所蔵されていた (Ruddiman 1742, 294, 376, 630)。Norton and Norton (1996, 83) も参照。

た政治家として理解する。『イングランド史』は，その失脚の叙述にあたって約1頁にわたって彼の人物や性格を描写して，「クラレンドンはつねに彼の祖国の自由と国制の友であった」と評価している (ibid., v. 6: 214-15)。これは，ハイドに対する評価のみならず，「自由と国制」をめぐるヒュームの理解，さらには，「自由と国制」の理解をめぐるハイドとヒュームの関係を検討する場合には無視できない記述である。

5 結論といくつかの示唆

　主権は王のみに帰属するが，政治権力の行使は属人的に王のみに委ねられるのではなく穏和な権力行使が制度化されており，その結果として臣民も一定の自由や所有を享受する。本章が取り扱ってきたのは，そうした，絶対的だが同時に制限された二面的な君主政をめぐる言説の系譜であった。

　本章が論証したのは以下の点である。ヒュームはそのような二面的な君主政に対して理論的次元において「文明化された君主政」という概念規定を与えるとともに，歴史叙述・歴史理解の次元において，そうした君主政をイングランドの歴史過程のなかに見いだしている。内乱前のステュアート王政が「文明化された君主政」であったという歴史理解において，ヒュームは，復古王政期の王党派の歴史理解に明示的に依拠している。つまり，王党派とヒュームはキャロライン君主政の様態をめぐって共通の歴史認識であったばかりか，ヒューム自身がそのことに自覚的であった。たしかに，復古王政期の王党派の政治論 ── シェリンガムの『王の至高性』，ウォリックの『君主政論』，ハイドの『「リヴァイアサン」の概観と検討』── についてヒュームがどこまで，いつ読んだか，あるいはどのように知ったかという論点については，史料的根拠が欠けているためにどのような決定的判断を下すことも不可能である。しかし，絶対的だが制限された二面的な君主政の構造や様態をめぐる理解（あるいはそもそもそうしたものが存在するという理解）において，王党派の政治論とヒュームの「文明化された君主政」論のあいだには，高度の近似性が存在している。こうした王党派の政治論は，一方では，王と議会が主権を共有するタイプの混合政体論を退ける（そしてそれゆえに『陛下の返

答』の取り扱いに苦慮する）と同時に，他方ではホッブズの絶対主権論やアジア的専制政を退けて，この二正面作戦の末に穏和な君主政を描き出して，そうしたタイプの君主政では自由と権力が両立すると論じた。さらにハイドは，ヒュームの「文明化された君主政」論と同じように君主政の「文明化」を論じて，二面的で穏和な君主政を君主政の歴史発展の産物と位置づけた。ヒュームは，このハイドについてきわめて好意的な評価を残している。

では，ヒュームの「文明化された君主政」論の王党派的起源が明らかになった場合に，そうした知見はどのような思想史的意義をもち，どのような示唆を与えるであろうか。

第一にそれは，ヒューム研究において，ヒュームの政治思想のレイヤー（層）やその起源を明確にする。初期近代をめぐる近年の研究成果が示すように，一般に，17世紀の王党派の価値観や政治思想は，従来考えられてきた以上に18世紀にひろく受容されていた[24]。本章の結論は，ヒュームの「文明化された君主政」論はその受容のひとつのヴァリエーションであるという命題を導く。しかもそればかりではなく，ヒュームによる王党派の政治思想の受容に関して興味深いのは，王党派の政治思想と鋭く対抗関係にあった混合政体論の系譜についてもヒュームが受容して，そのふたつを独自のかたちでみずからの政治思想や歴史叙述のなかで接合している点である。

ヒュームは――「文明化された君主政」に注目したフォーブズが軽視した点であるが――その政治論において「文明化された君主政」と混合政体を別の政体として区別するとともに，歴史叙述においては，「文明化された君主政」と混合政体をイングランドの歴史発展の見取り図のなかで段階的に位置づけていた。『イングランド史』とは，ごく大胆に整理するならば，テューダー期・ステュアート期の「文明化された君主政」が，紆余曲折を経ながらも，1688年の名誉革命において混合政体へと移行したことを跡づけた歴史叙述である。言い換えれば，ヒュームの政治思想には，「文明化された君主政」論と混合政体論のレイヤーが別個に存在しており，このふたつが彼の歴史叙述の

---

24) 一般的説明として Clark (2000)。Smith, D. (1994, ch. 9) は，ブラックストンを素材にして王党派の政治思想の18世紀における受容を説明する（それは，18世紀における混合政体論の系譜の継承を説いた Weston (1965) の相対化をめざしている）。

ナラティヴを支える役割を果たしていた[25]。ヒュームは，このうちの混合政体論のレイヤーについては，『陛下の返答』からジェイムズ・ハリントンに至る17世紀イングランドの政治思想から —— テクストに従う限りは明示的にはとくにハリントンから —— 修正のうえで継承していた[26]。さらに本章の分析をふまえるならば，ヒュームの政治思想における「文明化された君主政」論と混合政体論というふたつのレイヤーは，ヒュームが，17世紀の王党派の政治思想の系譜と混合政体論の系譜を彼なりのかたちでそれぞれに受容したものであると位置づけることが可能である。ヒュームにおいてもこのふたつは緊張関係にある。復古王党派は，権力共有型の混合政体論の系譜 —— ハントンやハールや『陛下の返答』の混合政体論 —— を批判してそうした混合政体とはあくまで区別されるべき穏和な君主政を提示したが，ヒュームも —— ウォリックによる『陛下の返答』批判に気づいているように —— 王党派の政治思想と混合政体論のこの対抗関係を理解していた。

　第二に，本章の結論は，18世紀の啓蒙思想（なかでもその文明論）をめぐる理解に再考を迫る。啓蒙思想やその文明論を，経済活動の拡大という社会経済的実態に関連づけて説明する伝統的な思想史理解は，1970年代以降の共和主義思想に対する注目以後も —— 古代派の共和主義と，商業による洗練を強調した近代派の啓蒙思想が対抗していたという図式のなかで —— 残存している。しかし，ヒュームの「文明化された君主政」論が，君主政の「文明化」をめぐる17世紀王党派の言説の延長線上に位置づけられるのであれば，それは，フォーブズの指摘 —— ヒュームの文明概念は第一義的に政治的・法的概念であったという指摘 —— の適切さを改めて示すだけにはとどまらず，文明論や啓蒙思想の起源をめぐって再考を迫ることになる。それは，文明論や啓蒙思想をアンシャン・レジーム批判の思想として把握するのではなく，むしろアンシャン・レジームからの連続性のもとにそれらを捉える視点をもたらすからである[27]。文明論や啓蒙思想の起源をめぐっては，本章が冒頭に触れた「啓蒙の宗教的起源」をめぐる研究蓄積のほかにも，たとえば

---

25) これは，犬塚（2004）が論証した命題のひとつである。
26) 前注文献のほかに犬塚（2006; 2008; 2013b）を参照。
27) この点については，木村（2014）; 犬塚（2014a; 2014b）も参照。

第6章 「文明化された君主政」論の王党派的起源

エリアスの『文明化の過程』を筆頭にして，君主政の宮廷社会こそが文明の言説（作法や洗練の言説）のホットベッドであったという，文明論の宮廷的起源を説く研究成果が続いている[28]（本章では触れなかったが，ヒュームの「文明化された君主政」論はその思想系譜にも属している[29]）。このような宗教的・宮廷的起源にさらにつけ加えて本章が示したのは，文明論の王党派的起源である。それは，穏和な君主政支配を正統化するために語られた政治思想のなかに文明論のひとつの源流を求める観点である。

20世紀後半のリベラルデモクラシーの時代においては，デモクラシーや自由主義への到達度を基準にしてそれぞれの政治思想に評価を下しながら，政治思想史のナラティヴが構成されてきた。そこでは，絶対主義対立憲主義，君主主権対国民主権などの対抗図式のもとで，リベラルデモクラシーの敵役とされた側については，古い思想は退けられるべくして退けられたという単純な理解が一般的であった。しかし，近年の研究が明確に示したように絶対主義対立憲主義という対抗図式が思想史理解としては相対化を免れえないとするならば，あるいは本章が示したように，アンシャン・レジームと啓蒙の関係がそれほど単純ではないとするならば，これまでの思想史のナラティヴが前提としてきた図式 ── そしてそうした図式に立脚してきた思想史のナラティヴそのもの ── が特定の文脈のなかで構築された歴史的産物にすぎないという事実に直面せざるをえなくなる。このことは，君主主義や王党主義のように，これまで単純化・戯画化されてきたさまざまな思想の再吟味と再検討の作業を必然的に伴うことになるであろう。これまでの解釈図式やナラティヴが見逃してきた思想史的・理論的リソースがそこにおいて見いだせるのであれば，あるいは，われわれの思考枠組みや知的光景がそうした作業によって変化を免れえないとするならば，そうしたリヴィジョン営みはけっして単なる尚古趣味ではないはずである。

---

28) James (1986, ch. 8); Hale (1994); Bryson (1998); Peltonen (2003); 木村 (2010)。チャールズ・テイラーは，みずからのモダニティーの系譜学においてこの思想系譜を ── 名誉倫理の一形態として ── 重視している（テイラー [2004] 2011, ch. 3; 2007, ch. 2)。
29) Hume ([1777] 1987, 126-34); 犬塚 (2004, 256-71).

第Ⅱ部

引用文献

※英語文献から引用にあたって翻訳頁の記載は省略する。文献について坂本達哉先生，壽里竜先生からご教示・ご配慮をいただきましたこと，記して感謝申し上げます。

Bodin, J. 1606. *The Six Bookes of a Commonweale*, tr. R. Knolles (STC 3193).
Bossuet, J-B. [1709] 1990. *Politics drawn from the very words of Holy Scripture*, tr. P. Riley, Cambridge University Press.
Brownley, M. W. 1985. *Clarendon and the rhetoric of historical form*, University of Pennsylvania Press.
Bryson, A. 1998. *From courtesy to civility*, Clarendon Press.
Clark, J. C. D. 2000. *English society, 1660-1832*, Cambridge University Press.
Daly, J. 1978. The Idea of Absolute Monarchy in Seventeenth-century England, *Historical Journal* 21, pp. 227-50.
Falkland, Lord and Colepepper, J. 1642. *His Majesties Answer to the Nineteen Propositions of Both Houses of Parliament* (Wing C2124A).
Ferne, H. 1643. *A Reply unto Severall Treatises pleading for the armes now taken up by subjects in the pretended defence of religion and liberty* (Wing F799).
Filmer, R. 1991. *Patriarcha and Other Writings*, ed. J. P. Sommerville, Cambridge University Press.
Firth, C. H. 1894. MAY, THOMAS (1595-1650), in *DNB*.
—— 1899. WARWICK, SIR PHILIP (1609-1683), in *DNB*.
Goldie, M. 1997. Restoration Political Thought, in *The reigns of Charles II and James VII & II*, ed. L. K. J. Glassey, Macmillan, pp. 12-35.
Hale, J. 1994. *The civilization of Europe in the Renaissance*, Atheneum.
Hobbes, Th. [1681] 2010. *Behemoth, or, The Long Parliament*, ed. P. Seaward, Clarendon Press.
Hume, D. [1777] 1985. *Essays, Moral, Political, and Literary*, ed. E. F. Miller, Liberty Press（田中敏弘訳『道徳・政治・文学論集』名古屋大学出版会，2011 ほか）．
—— [1778] 1983. *The History of England*, ed. W. B. Todd, Liberty Press.
Hyde, E. 1676. *A Brief View and Survey of the Dangerous and Pernicious Errors to Church and State, in Mr. Hobbes's book, entitled* Leviathan (Wing C4420).
—— [1702-04] 1721, *The History of the Rebellion and Civil Wars in England, begun in the year 1641*.
—— [1702-04] 1992. *The History of the Rebellion and Civil Wars in England*, ed. W. D. Macray, Clarendon Press.
—— [1759] 1857. *The Life of Edward Earl of Clarendon*, The University Press.
Inuzuka, H. 2007. Absolutism in the History of Political Thought: The Case of King James VI and I, *Journal of social and information studies* 14, pp. 205-20.

James, M. 1986. *Society, politics and culture*, Cambridge University Press.
MacGillivray, R. 1974. *Restoration historians and the English Civil War*, M. Nijhoff, 1974.
May, Th. 1647. *The history of the parliament of England, which began November the third, M. DC. XL. with a short and necessary view of some precedent years* (Wing M1410).
Mendle, M. 1985. *Dangerous Positions*, University of Alabama Press.
Morrill, J. 1999. The War(s) of the Three kingdoms, in *The New British History*, ed. G. Burgess, I. B. Tauris, pp. 65–91.
―― 2006. Thinking about the New British History, in *British Political Thought in Histoty, Literature and Theory, 1500–1800*, ed. D. Armitage, Cambridge University Press, pp. 23–46.
Mortimer, S. 2010. *Reason and religion in the English Revolution*, Cambridge University Press.
Norton, D. F. and Norton, M. J. 1996. *The David Hume library*, Edinburgh Bibliographical Society.
Ollard, R. 1987. *Clarendon and his friends*, Oxford University Press.
Peltonen, M. 2003. *The duel in early modern England*, Cambridge University Press.
Pocock, J. G. A. 1999a. Thomas May and the narrative of civil war, in *Writing and political engagement in seventeenth-century England*, eds. D. Hirst and R. Strier, Cambridge University Press, pp. 112–44.
―― 1999b. *Barbarism and religion*, vol. 1, Cambridge University Press.
―― 2001. Medieval Kings at the Court of Charles I: Thomas May's Verse Histories, in *Perspectives on early modern and modern intellectual history*, eds. J. Marino and M. W. Schlitt, University of Rochester Press, pp. 442–58.
―― 2005. *The discovery of islands*, Cambridge University Press（犬塚元監訳，安藤裕介・石川敬史・片山文雄・古城毅・中村逸春訳『島々の発見 ――「新しいブリテン史」と政治思想』名古屋大学出版会, 2013）.
Raleigh, W. 1614. *The history of the world* (STC20637).
Ruddiman, T. 1742, *A catalogue of the library of the Faculty of Advocates* [part the first], Edinburgh.
Russell, C. 1991. *The fall of the British monarchies, 1637–1642*, Clarendon Press.
Seaward, P. 1989. *The Cavalier Parliament and the Reconstruction of the Old Regime, 1661–1667*, Cambridge University Press.
Sharpe, K. 1992. *The personal rule of Charles I*, Yale University Press.
Sheringham, R. 1660. *The Kings Supremacy Asserted, Or a remonstrance of the King's right against the pretended parliament* (Wing S3237).
Sidney, A. [1698] 1996. *Discourses concerning government*, ed. T. G. West, Liberty Fund.
Smith, A. [1776] 1981. *An Inquiry Into the Nature and Causes of the Wealth of Nations*, vol. II, ed. R. H. Campbell and A. S. Skinner, Liberty Fund（大河内一男監訳『国富論』中央公論社, 1988 ほか）.
Smith, D. L. 1994. *Constitutional Royalism and the Search for Settlement, c. 1640–1649*, Cambridge University Press.

Smith, N. 1994. *Literature and revolution in England, 1640-1660*, Yale University Press.
Taylor, C. 2007. *A secular age*, Belknap Press of Harvard University Press.
Trevor-Roper, H. 1967. The Religious Origins of the Enlightenment, in *The crisis of the seventeenth century*, Harper & Row (reprinted, Liberty Fund, 2001), pp. 179-218.
Vallance, E. 2012. Royalist Absolutism in the 1650s: The Case of Robert Sheringham, in *Monarchism and absolutism in early modern Europe*, ed. C. Cuttica and G. Burgess, Pickering & Chatto, pp. 33-47.
Warwick, P. 1694. *A Discourse of Government as examined reason, Scriputure, and law of the land. Or true weights and measures between sovereignty and liberty* (Wing W991).
―――― [1702] 1813. *Memoirs of the Reign of King Charles the First*.
Weston, C. C. 1965. *English Constitutional Theory and the House of Lords, 1556-1832*, Routledge & Kegan.
Wilcher, R. 2001. *The Writing of Royalism, 1628-1660*, Cambridge University Press.
Wormald, B. H. G. 1951. *Clarendon*, Cambridge University Press.
フォーブズ, D. [1975] 2011.『ヒュームの哲学的政治学』田中秀夫監訳, 昭和堂.
犬塚元 2004.『デイヴィッド・ヒュームの政治学』東京大学出版会.
―――― 2006.「ヒュームと共和主義」『共和主義の思想空間』田中秀夫他編, 名古屋大学出版会, pp. 203-30.
―――― 2008.「「啓蒙の物語叙述」の政治思想 ―― ポーコック『野蛮と宗教』とヒューム」『思想』1007, 岩波書店, pp. 108-32.
―――― 2011.「ポスト・コンフェッショナリストとしてのヒューム ――『イングランド史』における政治・宗教・歴史」『思想』1052, 岩波書店, pp. 62-83.
―――― 2012「クラレンドンのホッブズ『リヴァイアサン』批判 (一) ―― ステュアート王党派の「君主主義」政治思想とその系譜分類をめぐって」『法学』76.3, pp. 1-32.
―――― 2013a「クラレンドンのホッブズ『リヴァイアサン』批判 (二・完) ―― ステュアート王党派の「君主主義」政治思想とその系譜分類をめぐって」『法学』76.6, pp. 1-23.
―――― 2013b「混合政体」『政治概念の歴史的展開 第6巻』古賀敬太編, 晃洋書房, pp. 97-117.
―――― 2014a「序論 啓蒙・改革・革命」『岩波講座 政治哲学2 ―― 啓蒙・改革・革命』犬塚元編, 岩波書店, pp. vii-xii.
―――― 2014b「歴史叙述の政治思想 ―― 啓蒙における文明化のナラティヴ」同上, pp. 27-49.
木村俊道 2010.『文明の作法 ―― 初期近代イングランドにおける政治と社交』ミネルヴァ書房.
―――― 2014「君主主義の政治学 ―― 初期近代イングランドにおける「文明」と「政治」」『岩波講座 政治哲学2 ―― 啓蒙・改革・革命』犬塚元編, 岩波書店, pp. 1-26.
ジェイコブ, M. C. [1976] 1990.『ニュートン主義者とイギリス革命 1689-1720』中島秀人訳, 学術書房.
テイラー, Ch. [2004] 2011.『近代 ―― 想像された社会の系譜』上野成利訳, 岩波書店.
トマス 1977.『神学大全』高田三郎他訳, 創文社.

第 7 章

アダム・スミスにおける学問と思想
── 個と普遍をめぐって

篠原　久

　1773 年の春，50 歳のスミスは親友のヒュームを遺言執行人に指定したあと，『国富論』の原稿を携えてロンドンに向かった (Corr. No. 137)。その出版は，アメリカ植民地問題という火急の課題の根本的検討のために 3 年間延ばされることになったが，スミスがロンドンで 1 年後にウィリアム・カレン宛に出した手紙は，教育機関と教育者像というスミス終生の課題に言及したものであった。当時エディンバラ大学の実習医学教授 (Professor of the Practice of Physic) を務めていたカレンは，バクルー公爵がエディンバラ王立内科医師会 (Royal College of Physicians of Edinburgh) の名誉会員に選ばれたのを機に，スコットランド「医学学位審査問題」を議会に提出しようとして，「正規の医学博士号は，候補者が直接審査を通過し，医学を少なくとも二年間学んだことを保証する証明書を提示した場合」にのみこれを付与するという「請願書」の草稿をスミスに送り，コメントを求めていたのであった (Ross 1995, 258 / 訳 295)[1]。これに対してスミスは，のちに『国富論』第 5 編の「国家の経

---

1) カレンが作成した「請願書 (Memorial)」はジョン・トムスンの『ウィリアム・カレン伝』に収録されており，その冒頭部分でカレンは次のように述べている。
　「かなり以前からスコットランドのある大学では医学博士号の恥ずべき売買がおこなわれているという苦情がもたらされています。/ その苦情は当該諸大学の以下のような慣行に基づくものであります。/ セント・アンドルーズとアバディーンの大学は，しばしば当事者が欠席のまま，すなわち，試験を受けるために大学に現れないまま，免状を付与しており，また当該候補者もしくは被推薦者は医学の学位に値するという判断を下した二人の医師の証明書だけで学位を付与しています。/ この証明書を出した医師たちは無名の人物で，大学には被推薦者と同様にほとんど知られていないことがよくあり，また証明書を出した医師たちは医学上の知識と能力について判断する資格がほとんどないのではないかと推測されることもあるということです。要するに，当該学位を入手するためには通常の謝金の支払い以上のものはほとんど必要とされていないと噂され，またそのように信じられています」(斜線は原文の改行) (Thomson

費」論中の「青少年教育」論で展開されることになる「大学教育批判」の内容を先取りする形で，カレンの提案に対して次のような返書を送付していた。

> スコットランド諸大学の現状には種々の欠点があるかもしれませんが，私は本心より，それらの大学を例外なくヨーロッパで見出される最良の学府だとみなしております。それらはおそらく，怠慢や腐敗の種子と原因を本性上宿しているような公的機関としては，それらのどれかがこれまでに到達しえたもの，もしくは今後到達しうるものと同様に，申し分のないものでしょう。……この［学位授与の］規制によって諸大学を利するように目論まれた医学教育の独占は，そのような法人団体の永続的な繁栄にとって有害なものになるのではないかと考えられます。独占者が良い製品を作ることはめったにないように，一定数の学生が出席しなければならないような講義は，学生のためになるかどうかにかかわらず，良い講義になりえないことはおそらく確かでありましょう。私はこの主題について大いに思考をめぐらせて，ヨーロッパの主要な大学の制度と歴史とを入念に研究してきました。その結果，これらの大部分の団体がヨーロッパのほとんどすべての場所で陥っている堕落と腐敗の現状は，主として二つの要因に由来すると確信いたしました。第一に，若干の大学で教授に与えられている多額の俸給によって彼らが自分の職業で勤勉になり成功することに関心を示さなくなっていること，第二に，多数の学生が学位をえるため，もしくは特定の職業に就く許可をえるために，または種々の奨学金 (bursaries, exhibitions, scholarships, fellowships, etc.) をえるために，彼らがそこで受けられそうな教育 (instructions which they are likely to receive there) が受けるに値するかどうかにかかわらず，この種の特定の団体に殺到せざるをえない，ということです (Corr. No. 143)[2]。

ここでスミスがあげている第一要因，すなわち多額の報酬の結果としての教師の怠慢と，第二の要因，すなわち資格付与のための就学義務付けは，『国富論』ではそれぞれオックスフォード大学の教師たちの実例と，聖職者養成

1997, vol. 1, 468-9)。
2) Cf. WN v. i. f. 1-15 / 訳 (4) 22.

第 7 章　アダム・スミスにおける学問と思想

機関としての大学の起源問題として展開されることになる。本章ではこれら二要因を，スミスにおける「教育者像」と「大学カリキュラム問題」として提示してみたい。

1　アダム・スミスにおける知識人の役割

『国富論』第 5 編冒頭の「国家の経費論」中の「教育のための経費論」を構成する二つの項目は，「青少年教育」としての大学論と，「あらゆる年齢層」を対象とする宗教（教会）論とに分けられている。前者の青少年教育論では，『国富論』冒頭での分業論（生産力増大効果）を受けて，その否定的側面（弊害面）の克服という観点から「教育」の重要性が指摘され，未開社会の民族にみられる諸能力の多様性と，文明社会の労働者階級にみられる「知的社会的軍事的な徳」の犠牲とが対比されるに至るのだが，同時に「個人の仕事」と「社会全体の仕事」との対比から次のような発言がなされ，文明社会の知識人の課題が提出されている。

> 未開社会では，各個人の仕事はかなり多様であるけれども，社会全体の仕事はあまり多様ではない。だれもが他人のすること成しうることは，ほとんどすべて，自分もするし，あるいはすることができる。だれもがかなりの程度の知識や器用さや創意をもっているが，大きな程度にもっている者はめったにいない。しかしふつうにもっている程度のものでも，すべてが単純なその社会の仕事を処理するには，一般に十分なのである。これに反して，文明社会においては，大部分の個人の職業にはほとんど多様性がないけれども，社会全体の職業はほとんどかぎりなく多様である。こうした多様な職業は，<u>自分では特定の職業につかず，他人の職業を検討する余暇と意向をもっている少数の人びと</u>にたいして，無限に多様な観察対象を提供する。それほどにも多様な対象を観察していけば，必然的に彼らは無限の比較や結合を行うようになり，その理解力はなみはずれた程度に鋭く包括的なものになっていく。しかし<u>そうした少数の人びとが，たまたまあるきわめて特殊な境遇</u>（some very particular situations）におかれないかぎり，

175

彼らの大きな能力は，彼ら自身にとっては名誉あるものであるにしても，彼らの社会のすぐれた統治や幸福には，きわめてわずかしか寄与しないだろう。そういう少数の人たちの大きな能力にもかかわらず，国民大衆のなかでは，人間の性格のうちの高貴な部分はすべて，大幅に抹殺され消滅させられてしまうだろう（WN v. i. f. 51 / 訳 (4) 51-2）（下線は引用者）。

ここでの，「自分では特定の職業につかず，他人の職業を検討する余暇と意向をもっている少数の人びと」というのは，スミス当時の状況では「貴族階級（上流階級）のうちの知識人」を指すものと思われるが，この「知識人」問題は，「教育論」後半部分の宗教（教会）論では，大学人と教会人の俸給問題とからめて，後者の高額の俸給が「知識人（一般）」を教会に閉じ込めるという主張に展開されると同時に，その議論のなかで，学生および教授としてのスミスの経験を踏まえて，「単なる教師（＝単なる文筆家 mere man of letters）」と「（自己改良にもとづく）教育者としての教師（＝しっかりした学問と知識を持った文筆家 man of solid learning and knowledge）」との区別が導入されるに至り，「あるきわめて特殊な境遇」のひとつが「大学での教育職」であることが明らかにされる。

　　教会の聖職給の大部分がきわめて控えめな国では，大学の教授職は，一般に，教会の聖職給よりも定収入の多い地位である。このばあい，大学はその構成員を，その国のすべての教会人から引き抜いたり，選んだりすることができるのであって，教会人は，どの国でも文筆家の最大多数の部分になっているのである。逆に，教会の聖職給の多くがきわめて高額のところでは，教会は自然に，そのすぐれた文筆家の大部分を大学から引き寄せる。そうした文筆家は，彼らに教会の高い地位を斡旋することを名誉とする聖職給推薦権者（patron）を見出すのが普通である。はじめの状況では，大学がその国で見出しうるもっともすぐれた文筆家で満たされている可能性が大きい。あとの状況では，大学にはすぐれた人物がわずかしかいない可能性が大きく，彼らもまた，その社会［＝大学］のもっとも若い構成員のなかにしかなく，その社会に大いに役立つに十分な経験と知識を身につけないうちに，そこから引き抜かれてしまいがちである（WN v. i. g. 39 /

訳 (4) 106)³⁾。

　詩人や少数の雄弁家や，やはり少数の歴史家を別とすれば，ギリシャでもローマでも，そのほかすぐれた文筆家のはるかに大多数は，公私いずれかの教師，一般に哲学か修辞学の教師だったらしいということは，おそらく述べておくに値しよう。……学問のある特定部門を毎年教える必要をだれかに課することは，実際，その人自身にその分野を完全に修得させるもっとも効果的な方法であると思われる。毎年同じところを通らなければならないことによって，何かについて能力あるかぎり，彼は数年でその地域のあらゆる部分にかならず精通することになるし，かりにある年に何か特定の点について性急すぎる意見を立てたとしても，翌年の講義の過程で同一主題を考え直すときには，まず確実に，それを訂正するだろう。<u>学問の教師であるということが，たしかにたんなる文筆家の自然の仕事であるように，その人をしっかりした学問と知識の持主にする可能性がもっとも大きいのは，おそらく教育［を施すこと］だろう</u>（As to be a teacher of science is certainly the natural employment of a mere man of letters; so is it likewise, perhaps, the education which is most likely to render him a man of solid learning and knowledge）。教会の聖職給がほどほどであるということは，それが実施されている国で，自然に文筆家の大半を，公共にとってもっとも有用な仕事［大学教授職］に引き寄せると同時に，おそらく，<u>彼ら［文筆家］が受けることのできる最高の教育</u>を彼らに与えるだろう。それは彼らの学問をできるかぎりしっかりしたものにするとともに，できるかぎり有用なものにする傾向をもつ（WN v. i. g. 40 / 訳 (4) 108-9）。

---

3) 教会と大学の具体的な例として，次のように述べられている。「ローマ教会については，イングランド教会がキリスト教世界でずばぬけて豊かで，寄付財産ももっとも多い教会である。したがって［オックスフォード大学がある］イングランドでは，教会がたえず大学からもっともすぐれた，もっとも有能な構成員をすべて引き抜いていくから，ヨーロッパですぐれた文筆家として知られ，傑出している老齢の学寮指導教師 (college tutor) は，どのローマ・カソリック国とも同様，そこにはまれにしかみられない。これに反しして，ジュネーヴ，スイスのプロテスタント諸州，ドイツのプロテスタント諸国，ホラント，スコットランド，スウェーデン，デンマークでは，それらの国が生み出したもっともすぐれた文筆家は，たしかに全部ではないにしても，大部分は，大学教授であった。それらの国では，大学がたえず教会からそのもっともすぐれた文筆家をすべて引き抜いているのである」(WN i. v. g. 39 / 訳 (4) 106-7)。

文中の下線部分では,「単なる文筆家」の「教師であること」と,「しっかりした学問と知識の持主」を生み出す「教育」とが対比されており,引用末尾ではその「教育」の内容が,「文筆家（知識人）が自ら受けることのできる最高の教育」,すなわち「自らの知識をしっかりとしたものにするとともに有益なものにする」教育だとされている[4]。スコットランドの母校グラーズゴウ大学と,留学先イングランドでのオックスフォード大学における「教師像」の落差にショックを受けたスミスにとっては,「（単なる）教師」と「（知的向上を目指す）教育者」との相違は,その後自らがその任に当たる「大学教授」のイメージに大きく影響するとともに,その相違の制度的・人的要因の探究にも向かわせるものであった。そのショックの大きさは,オックスフォード到着直後に後見人のウィリアム・スミスに宛てた書簡ですでに表明されているが,それは36年後の『国富論』での,当該大学の「教育」現場,というよりもそこでの「にせ講義」(sham-lecture)に向けられた以下のような,より辛辣な表現に導く伏線となるものであった。

　　オックスフォード大学で誰かが勉強のしすぎで健康を害するようなことがあれば,それは本人のせいでしょう。なにしろここでの私たち仕事といえば,日に二回の礼拝と,週に二回の講義に出席するだけなのですから（Corr. No. 1）。
　　オックスフォード大学では,大学教授の大部分は,このところ多年にわたって,教えるふりをすることさえまったくやめている。……教師がたまたま良識のある人であれば,学生たちに講義をしているときに,自分が無意味あるいはほとんど無意味なことを話したり読んだりしていると意識するのは,不愉快にちがいない。また学生の大部分が講義を見捨てたり,あるいは出席しても明らかな無視軽蔑,侮蔑の色を示しているのをみるのも,不

---

[4]　現在,市場で入手可能な三種類の『国富論』の邦訳では,中央公論社版のみが 'mere man of letters' の 'mere' を訳出しているが,「純然たる学者はだの人」とされているため,スミスの意図が伝わらなくなっている。他の二種類の邦訳（岩波文庫版と日本経済新聞出版社）では「単なる」'mere' という形容詞が訳出されていない。当該箇所をスミスの意図に沿って（強引に）意訳すれば,「単なる文筆家でも《教師》になれるが,しっかりした学識をもった文筆家になるには《教育》が必要である」ということになろう。

愉快にちがいない。したがって，もし彼が一定回数の講義をしなければならないならば，これらの動機からだけでも，他になんの利害関心がなくても，一応まともな講義をするために，多少とも骨を折る気持ちになるだろう。ところが，いくつかの便法が思いつかれて，勤勉へのこれらの刺激をすべて，効果的に鈍らせてしまうかもしれない。教師は，生徒たちに教えようとしている科学を，自分で説明するかわりに，なにかそれについての本を読んでやることもあろうし，もしこの本が外来の死語で書かれていれば，それを生徒たちの自国語に訳してやるとか，あるいはさらに手間を少なくするために，彼らにそれを訳させ，ときどきそれについて説明をすることによって，講義をしているのだとうぬぼれることもできる。……教師は，学寮の規律によって，このにせ講義に生徒全員をもっとも規則正しく出席させることもできるのだ[5] (WN v. i. f. 14 / 訳 (4) 20-1)。

スミスは，オックスフォード大学とグラーズゴウ大学での教師の「勤勉」(Diligence) の差を，前者での「(全面的) 固定給制」と後者での「(部分的固定給を伴う) 授業料制」に求め，職場での努力と報酬が比例し，教師が受講生

---

[5] ロスの『アダム・スミス伝』第2版では，1767年のオックスフォード大学ベイリオル・カレッジへの「スネル奨学生」ジェイムズ・コクランによる当時のこの種の「にせ講義」(James Love のもの) への具体的批判 (暴露) が次のように紹介されている。
「あなたは，教壇の椅子に黙って座り，学生が，時には正しく，時には間違って解釈しつつ，あるラテン語の単語を，できるだけあなたの意に沿って，イングランド語の単語に置き換えるのを聞くだけの授業を，講義という偉そうな名で呼ぶことができるのですか。もしそうであるなら，これ以上に下劣で堕落した講義 (a more base Prostitution of such a lecture) などありえるでしょうか。またそうであるなら，知力と鑑識力 (Understanding and Taste) はいずれも辞書を通読することによって改善されうるのではないでしょうか。実際のところ，ベイリオルで行われている正規の講義 (public Lectures) は，すべていったい何なんですか。たとえば幾何学の講義です。ここでは今学期の長い全期間を通して，ユークリッドの第1編第7定理以上に進みましたでしょうか。長年のコースにおいてさえ，ユークリッドの第1編を終えることは，ベイリオルではほとんど未知の現象となっています。けれども，もしラヴ氏が，カレッジの法規によって命じられている義務と本人がやっていることがらとを比較してみれば，自分の欠陥が驚くべきものだということに気がつくでしょう」(Ross 2010, 68)。
学生のコクランは1772年に自身の給費問題と学費 (tuition) 問題にかかわる紛争の際に，上記のような批判を印刷に付して回覧したのである (Ross 2010, 68)。当時のグラーズゴウ大学での (オックスフォードとは対照的に多忙な) 授業スケジュールについては，本章本文末尾の「図表」(「アダム・スミスの学問体系」) を参照。

179

の「好意的な評判」に依存する後者の全面的長所（優越性）を主張することになるのだが，同時に，そうした努力の必要性がなくなる前者が，「打破された体系や時代遅れの偏見」の聖域となっている現状をも由々しき問題として取り上げ[6]，こういう現状こそが当該大学の堕落とそこでの教師の怠慢につながっていく側面をカリキュラム問題として提示するようになる。

2 アダム・スミスの学問論

　知識人が「教会」に閉じ込められることなく，「大学」で青少年を「教育」することが，社会を裨益する（啓蒙する）ことになると考えたスミスは，「ヨーロッパの大部分の大学」にみられる旧態依然たる教育課程のルーツが，聖職者の教育を目的とするために「古代の哲学教程に導入された変更」にあることを指摘し，「自然哲学」，「道徳哲学」，および「論理学」という，「ものごとの本性に一致した」古代の哲学三部門構成が，その後の中世のキリスト教世界では，「論理学」，「存在論」，「霊学」，「道徳哲学」，「自然哲学」の五部門構成に改められたのだという。古代では，「自然学」（ピュシカ＝自然哲学）に含まれていた「人間精神と神」の「本性」（自然＝ピュシス）の考察が，「神学」重視の中世においては「自然学」から切断され，「メタピュシカ」（形而上学）もしくは「プネウマ学」（霊学）として独立し，この新たな独立科学とその母体であった「自然学」との比較から，両者に共通する性質を扱う「存在一般」（オント）にかんする学問が「オントロギー」（存在論）として成立したからである。「霊学」と，「超自然的存在」をも含むこの「存在論」とは，ともに「メタピュシカ」とも呼ばれるのだが，スミスによれば，そもそも「自然学」から独立した新たな学問は，聖職者のためのものであって，この分野では「どれほど周到な注意をもってしても，曖昧さと不確実さ以外には何も発見できず，したがってまた末梢的なことや詭弁（subtleties and sophisms）のほかは何も生み出しえない」のであった[7]。それゆえ，「ヨーロッパの大部分の大学で

---

6)　WN v. i. f. 34 / 訳 (4) 36.
7)　WN v. i. f. 28-9 / 訳 (4) 32-3. スミスによれば「もっとも豊かで，もっとも寄付財産の多い大学では，指導教師（tutors）が，この堕落した課程の脈絡のないわずかばかりの

第7章　アダム・スミスにおける学問と思想

いまなお引き続き教えられている」哲学教程は，次の通りであった。

> 論理学が最初に教えられ，存在論が二番目にきた，人間の魂および神の，本性にかんする学説を扱う霊学が三番目にきた。四番目には道徳哲学の堕落した体系［決疑論と禁欲道徳論］が続き，これは霊学の諸学説，人間の魂の不滅，神の正義から来世において期待さるべき賞罰と，直接結びついたものと考えられていた。自然学の簡単で表面的な体系が通常，この課程の結びとなっていた（WN v. i. f. 31 /訳（4）35）。

ところで，この「最初に教えられる」論理学の内容，とりわけ中世キリスト教世界だけでなく，当時ヨーロッパの大部分の大学で教えられている論理学の内容はどのようなものであったのだろうか。『国富論』ではこの点については触れられておらず，ただ，古代ギリシャ哲学における論理学内容について次のように説明されているだけである。

> 自然哲学と道徳哲学のそれぞれの体系の擁護者たちは，当然，自分たちの体系とは反対の体系を支えるために採用される議論の弱点を，暴露しようと努めた。そうした議論を検討するさいに，彼らは必然的に，蓋然的な議論と論証的な議論，誤った議論と決定的な議論との相違を考えるようになった。そして論理学，すなわち推論の良否についての一般的原理の科学が，この種の吟味が生み出した考察から必然的に生じてきた。その起源においては，自然学にも倫理学に遅れたとはいえ，論理学は古代の哲学の学校の，たしかにすべてではなかったが大部分で，それらの科学のどちらよりも先に，教えられるのが通例であった。学生は，それほど重要な科目について推論するようになるまえに，良否の推論の相違をよく理解しておくべきだと，考えられていたものと思われる（WN v. i. f. 26 /訳（4）31-2）。

スミスはなぜ『国富論』において，「中世スコラ論理学」のかかえる問題を指摘せずに，このような一見なんら問題視しえないような「古代論理学」の

こまぎれ（a few unconnected shreds and parcels of this corrupted course）を教えることに甘んじており，しかもこうしたものでさえ，彼らはきわめて不熱心に，表面的に教えているのがふつうである」（WN v. i. f. 33 /訳（4）35）。

第Ⅱ部

記述しか提供しなかったのであろうか。こう問わざるをえないのは，スミスの初期著作としての「哲学研究指導原理，その古代論理学・形而上学史による例証」では，「論理学」の発生過程が，以下のように，諸「普遍」の本性の考察とそれらの分類とにかかわる学問である「形而上学」に求められていたからである。

　物質世界で生じるすべての異なる事象を結合するために，事物それぞれの個別の種の，本性［ピュシス］または本質が何であるか（wherein consisted the Nature and Essence of every particular Species of things）を決定するのが，自然学（Physics）または自然哲学の任務であったように他に2つの科学があった。それらはもともと，いま私が叙述してきた自然学の体系［「哲学研究指導原理，古代自然学による例証」を指す］から生じたものだが，自然の知識が伝達されるべき順序では，それに先行するものと理解されていた。これらのうち第一のものである形而上学は，諸普遍（Universals）の一般的本性と，それらが分類されうるさまざまな種類または種（different sorts or species）について考察した。これらのうちの第二の論理学は，この形而上学の学説のうえに作られ，諸普遍の一般的本性とそれらが分類された諸種類の一般的本性から，われわれがすべての特定の対象を一般的部類に分配できる一般的規則を確定し，すべての個別的対象が属すべき部類を決定するように努力するものであった。というのはここにこそ哲学的推論の全技術が存するものときわめて当然にも人々は理解していたからであった。これらの二科学のうち第一の形而上学は，第二の論理学に全く従属しているので，アリストテレス時代以前には，これらはひとつのものとみなされていて，われわれがこれほど多く耳にしながら理解するところのこれほど少ないあの古代の弁証術（Dialectic）はこの2つから成り立っていたようである。この両者の分離は，アリストテレス自身の後継者である古代逍遙学派によっても，他のどの旧派の哲学者たちによっても，十分に注目されなかったようである。たしかに，のちのスコラ学者たちは，存在論と論理学とを区別した。けれども彼らの存在論には，アリストテレスの形而上学書諸巻の主題の小部分しか含まれず，それらの主題の大部分，すなわち諸普遍についての学説および定義と分類の技術への予備的知識のすべて

は，ポリピュリオス［Porphery, 235-305］の時代以降，彼らの論理学の中に入れられてきたのである（Ancient Logics 1［EPS 119-20］/訳　132-3）。

　ここでは「論理学」は，諸「普遍」（Universals）についての学説とそれらの分類とにかんする科学とされ，「形而上学」も「存在論」もこの科学に従属するものとされている。したがって，『国富論』では中世哲学5部門構成のうちでとりわけ「存在論」と「霊学」とに批判が集中しているようだが，この2部門は「形而上学」でもあって，これがまた「論理学」にも依存するものであるので，中世の学問体系（およびその負の遺産を継承している諸大学の学問体系）へのスミスの批判は，むしろ「論理学」に向けられているものと考えられねばならない。スミスが名前を出しているポリピュリオスの主著『イサゴーゲ』（入門書）は別名「五つの語について」ともいわれ，スミスが「古代論理学・形而上学史」論文の末尾で列挙することになる「類，種，差異，特性，付帯性」（Genus, Species, Defferentia, Proprium, Accidens）という「五つの普遍（概念）」（Five Universals[8]）について解説したものである。ハウエルによれば，スコラ論理学の中枢はこれらの「五つの共通語」（five common words）であって，あらゆる叙述は「類，種，差異，特性，付帯性の叙述として分類されるときに学問の領域に入る資格を得る」のであって，「ある命題が，ある種をその類に結びつけ，その種がどのようにその類と異なっているか，そしてその種がどういう特性をもっているかを述べ，そしてこれらの手順が正しく行われて

8）　Ancient Logics 12［EPS 129/訳 147］．スミスによれば，「普遍」の学説にもとづく「論理学」が，その母体である「自然学」の叙述にも影響を与えることになる。「種的本質に関するこの学説が，……古代の自然学から生じたのはまったく当然と思われるが，同様に……その［古代の自然学の］体系の多くの学説も，この形而上学的な考えに由来するのである。生成，消滅，変質，混合，凝縮，希薄化の学説がそうしたものである。ある物体は，その種的本質を変化させるときに，生成あるいは消滅し，ある名称（denomination）から他の名称へも移行するのであった。その性質のあるもののみが変化する時には，その物体は変質はするが，しかもなお，同一の種的本質と同一の名称を維持したのであった。こうして，ある花が枯れた時それは消滅したのではなくその性質のあるものは変化したが，種的本質は維持されたままで，それゆえ正当に花という名称で通用する。しかし，その腐食がさらに進んで花が大地に朽ち果てた時，それは消滅したのであった。それは，その花としての種的本質または実体的形相（specific Essence, or substantial form）を喪失し，土のそれを帯び，したがって正当にもその名称を変化させたのであった」（Ancient Logic 10,［EPS 128］，訳 146）。

いれば、その命題は永久に真実のものとなる」のであった[9]。

　スミスはオックスフォード大学の「教師像」にショックを受けたのだが、母校グラーズゴウ大学で自身が受けた「論理学」講義の内容にも大きな疑問と不満をもっていたのではないだろうか。その講義の担当者はジョン・ラウドンで、彼は1699年にグラーズゴウ大学の「リージェント」(哲学全科担当教員)になり、新しい「教授制度」が開始した1727年以降「論理学(および形而上学)教授」となって、1750年に亡くなるまで、ハチスン、スミス、およびジェイムズ・クロウ(スミスの後任者としての論理学教授)らに、伝統的なラテン語での口述筆記による講義を行っていた。ジェイムズ・ムーアによれば、ラウドンはその論理学入門教程では、「スコラ的もしくはアリストテレス的論理学について」の講義を行い、上級レベルの論理学教程では「観念論理学」(the logic of ideas)を導入し、「アントワーヌ・アルノーとニコラ・マールブランシュに従いながら、霊的事物(spiritual things)に関するわれわれの観念は、感覚や想像力に由来せず、神によって吹き込まれた純粋知性(pure intellect)による観念として理解したほうがよく」、この純粋知性による観念には「普遍的観念、肯定・否定の観念、真理と徳性の観念」も含まれると主張していた。ラウドンの学生であったハチスンは、「純粋知性の観念」を受け入れはしたが、その起源をラウドンのように「霊感」(divine inspiration)にではなく、「内的感覚」(internal sense)に求めたのであった。これに対してスミスの後任者クロウは、ラウドンの立場に復帰し、「純粋知性の観念は、創造主によってわれわれに賦与された力なのであるから」、それを霊感に求めないのはハチスンの誤りである」とみなしていた(Moore and Silverthorne 2006, xi-xii[10])。このクロウは、スミスが論理学教授から道徳哲学教授に移っ

---

9) Howell 1961, 17-8. たとえば、「人間は、理性を授けられた、生まれつき話す能力をもつ、動物である」という表現は、「種」(人間)が、「類」(動物)に関係づけられ、「差異」(理性の賦与)によってその類の他の成員から区別され、かつ「特性」(話す能力)が与えられているので、永久に疑いえない真実の命題となり、「種」に「付帯性」が結合された叙述(たとえば「若干の人間は白人である」という叙述)は、ときおり真実にすぎない命題となる(Howell 1961, 18)。

10) ロスが当時の資料を典拠に紹介しているところによれば、スミスとほぼ同じ頃にグラーズゴウ大学に通っていた(のちの小説家)トバイアス・スモレットは、「論理学の技術が、少年たちがそれによって三段論法で推理できる一種の奇術に転化されている」

た1752年から，スミスの後任者の「論理学」教授として22年間にわたり（そのうち12年間はスミスの同僚として），当該科目を担当しつづけていたのである。グラーズゴウ大学の論理学が旧態を脱して新しい方向に向かうのは，クロウが1774年に健康上の理由で現役から退いて，スミスの教え子であったジョージ・ジャーディーン（1760年入学）がその後任（当時は補佐教授）となったときからであった[11]。

スミスが1751年にグラーズゴウ大学で「論理学」を講義するにあたって，「前任者たちが従ってきた計画から大きく逸脱する必要性と，自分の生徒の注意をスコラの論理学と形而上学よりも興味深い研究に向ける必要性」とを感じて，講義内容の実質を「修辞学と文学の一体系」としたのは[12]，彼の初期論文「古代論理学・形而上学史」での議論の延長と考えられねばならない。この論文でスミスは，中世キリスト教世界の学問体系の中核としての「スコラ論理学」（スミスの批判対象！）のルーツが，「種的本質」もしくは「普遍」認識に由来する「古代論理学」にあることに注意を向けようとしたのであって，スミスが「個体の運動の規制原理としての普遍原理のもつ意義を古典の論理のうちに学んだために，こうした普遍原理が科学としての哲学の主題である

と評して，ラウドンの授業を後退的なものとみなし，同じく同時代のサミュエル・ケンリックは，「形式的で古めかしい……ジョン・ラウドンが，彼自身の神秘的な概論 ["Compendium Logicae"] や，ドゥ・フリース［ドイツの神学者］のいっそう形而上学的な細かな区別立て [Determinationes Pneumatologicae et Ontologicae] を，もったいぶったアリストテレス的手法で例証していた」次第を晩年に想起していたということである（Ross 1995 / 訳47）。

11)「ジャーディーンは論理学の授業を再編成するにあたってスミスと見解を共にしていて，自分自身の構想〈およびこの構想が，講義後の "examination hour" ［例証と質疑応答］の利用をも含む当時のスコットランドの大学教育全般と関連している次第〉を『哲学的教育の概要 —— グラーズゴウ大学の論理学授業の教育方法による例証 ——』の第二版（1825年）で十二分に叙述している。この本は，スミスによる修辞学の再定式化の遺産と，大学の学習へのその統合を具体化したもので，その教育学的実践はスミスの時代から今日まで北アメリカ中の高等教育で維持されている」（Ross 1995, 131 / 訳148）。〈 〉内はロス『アダム・スミス伝』第二版で追加されたもので，この箇所（Ross 2000, 129）でロスは "Examination" の伝統を早くから重視していたデイヴィの著作への参照を求めている（Cf. Davie 1964, 10-11, 16-17, 22-24）。ジャーディーンが自分の初期の講義の欠点に気づき，その「根本的な変革」の必要性を痛感したのは，この Examination においてであった（Jardine, 1825 27-28）。ジャーディーンの大学教育については Herman（2001, 331 / 訳402-3）をも参照。
12) Stewart 16 [EPS 273] / 訳10.

次第を［当該］第三論文の主題にした」[13]のではないであろう。

3 普遍からの脱却

　スミスの遺著中の「哲学研究指導原理」は，「天文学史」，「古代自然学史」，および「古代論理学・形而上学史」によって例証されているが，これら三論文の冒頭には「三つの節」からなる「序論[14]」が置かれ，その第一節は七つのパラグラフに先導されている。その第7パラグラフは以下の通りである。

> この論文［哲学研究指導原理］の意図は，これらの［三つの］感情それぞれの性質と原因を詳しく考察することにあるが，これらの感情の影響は，われわれが不注意な見方によって想像しがちであるよりも，はるかに広範に及ぶものである。サプライズから始めることにしよう（Astronomy 7 [EPS 34 /訳 8]）。

「三つの感情」というのが，ワンダー，サプライズ，アドミレーション（Wonder, Surprise, Admiration）で，これらの「正確な意味」が冒頭のパラグラフで次のように説明される。

> ワンダー，サプライズ，アドミレーションは，しばしば混同されるけれども，

---

13) 田中正司 2013, 85。「第三論文ではスミスは，……個体を超える普遍，事物のイデア・種的本質（the species or specific essences of things），『常に存在し，常に同一であり，決して生成しない』人間本性の begreifen（conception 形成）が科学の主題をなす次第の論証を中心テーマにしていたのである。こうした科学観が，ヒュームの知覚観念論や近代の科学観と根本的に異なることは改めて指摘するまでもないであろう。第三論文は，……多様な個体の運動の様態の経験観察やその成果の分類・整理ではなく，個物に内在する普遍の原理・万物の本質，『常に存在し，同一である』『人間本性』の探究を科学の主題とするものであったのである」（田中正司 2013, 81-2)。感覚の対象としての具体的な「人間」(Man) と，科学および悟性の対象としての（普遍概念としての）「人間性もしくは人間本性」(Humanity, or human nature) とをめぐる諸問題については，篠原久 (1986) の第三章「アダム・スミスと論理学」の第三節「スコラ論理学批判 ── 「個と普遍」をめぐって ──」を参照。

14) 「第1節　意外性の効果，またはサプライズ（Surprise）について」，「第2節　ワンダー（Wonder），または新奇性の諸効果について」，「第3節　哲学の起源について」の三つの節は，「天文学史」というタイトルに先立たれているが，本来の「天文学史」は「第4節　天文学史」から始まるのであるから，冒頭の三節は「哲学研究指導原理」（三論文）全体の「序論」（このタイトルは付されていないが）とみなされるべきである。

第7章　アダム・スミスにおける学問と思想

われわれの言語では，たしかに同類でありながらも，いくつかの点で異なってもいて，また相互に区別される感情を示す語である。新奇で珍しいことは，厳密な適切さをもってワンダーと呼ばれる感情を喚起する。意外なことがサプライズを，そして偉大なこと，もしくは美しいことがアドミレーションを喚起する（Astronomy 1 [EPS 33 / 訳 6]）。

　スミスは，「われわれの言語［イングランド語］の最良の著作家たちが，必ずしもこれらの語をその正確な意味にしたがって使用しているわけではない」例を，ミルトンとドライデンの作品から例証したあと，その同じ第5パラグラフで次のような発言をしている。

私が主張したいのは，新奇なこと，意外なこと，偉大で美しいことによって喚起される諸感情は，たとえそれらを表現するのに用いられ語が時々混同されることがあるにせよ，実際は異なっているということである。美しさによって喚起されるアドミレーションでさえ，偉大さによって引き起こされるアドミレーションとは，両者を示すのにひとつの語しかないにしても，（あとでもっと明らかにわかるように）まったく異なっているのである（Astronomy 5 [EPS 34 / 訳 7-8]）（下線は引用者）。

　このスミスの発言の後半部分（下線部分）の内容，すなわち「美しさ」（beauty）によって喚起される Admiration と「偉大さ」（greatness）によって喚起される Admiration との相違は，「あとでもっと明らかにわかるように」（as will appear more fully hereafter）なるとされているが，「哲学研究指導原理」においてはスミスのこの明言はどこにおいても実行されていないように思われる。遺著としてのこの（三論文からなる）「指導原理」には未完成部分も含まれているようなので，実際には「もっとあとで」この「相違」の議論が展開されることになっていたのかもしれない。しかしながら，スミスの生前の著作の『道徳感情論』と学生ノートとしての『修辞学・文学講義』においては，この種の相違に関する展開が散見される。

　われわれはまず，上記の基本的「三感情」へのスミスのこだわりを，『道徳感情論』において確認しておきたい。

WonderとSurpriseが混ざり，それらによって活気づけられたApprobation（是認）は，Admirationとよぶのが適当な感情を形成するのであって，その感情の自然の表現がApplause（喝采）なのだとはいうことは，すでに述べておいたとおりである（TMS I. ii. 2.12 /訳（上）79）。

すでに一度ならず注意を払ってきたように，WonderとSurpriseが混ざり，それらによって活気づけられた完全な同感と是認の感情（the sentiment of complete sympathy and approbation）は，本来Admirationと呼ばれるものを形成する（TMS I. iii. 1.13 /訳（上）123）。

ここに見られる「単なる同感・是認」と，「WonderとSurpriseによって活気づけられた完全な同感・是認」との相違が，「単なる適宜性」と「徳」との相違として説明されることになるのだが[15]，「美しさ」と「偉大さ」の差異に由来する感情および徳性は，『道徳感情論』第1部第1編最終章（初版では第1部第2編最終章）では以下のような二種類の努力との関連で説明されている。

これらの二つの違った努力，すなわち，主要当事者の感情に入り込もうとする観察者の努力と，自己の情動を観察者がついていけるものにまで引き上げようとする主要当事者の努力のうえに，二組の異なった徳が基礎づけられる。優しくおとなしく愛すべき徳，気取らない謙遜と寛大な人間愛の徳 (the soft, the gentle, the amiable virtues, the virtues of candid condescension and indulgent humanity) は，前者のうえに基礎づけられ，偉大で畏怖すべき尊敬すべき徳，自己否定と自己統御の徳 (the great, the awful and respectable, the virtues of self-denial, of self-command) ……は，その起源を後者にもつ（TMS I. i. 5.1. /訳（上）61）。

この「二組の徳」は，『修辞学講義』での「演示型弁論」では，「二組の悪徳」との対比のもとで提示され，ここではAdmirationはGreatのほうに向かう

---

15)「徳と単なる適宜性（virtue and mere propriety）とのあいだ，感嘆され祝福されるに値する資質と行為（those qualities and action which deserve to be admired and celebrated）と，是認されるに値するだけの資質と行為（those which simply deserve to be approved）とのあいだにはかなりの差異がある」(TMS I. i. 5.7. /訳（上）65）。

第7章　アダム・スミスにおける学問と思想

傾向があるものとされている。

　　われわれの尊敬と感嘆（respect and admiration）をかきたて，引き起こす徳もあり，われわれが愛し尊重する（love and esteem）徳もある。〈精神が外部の対象について，偉大であることと美しいこととの二種類を楽しむように，これらの内面の対象についても，精神は，壮大であることと愛すべきであること（the Grand and the amiable）との，喜びを感じさせる二種類を発見するように思われる〉。同様に，われわれが軽視軽蔑する（contemn and despise）悪徳もあり，われわれが嫌悪し憎悪する（abominate and detest）悪徳もある。剛毅（fortitude）は人間愛（humanity）よりも，感嘆され尊敬されるが，後者の徳のほうがおそらく，愛され尊重されることが多いだろう。他方で臆病と不決断（Cowardice and want of Resolution）は，残酷と非人道性（cruelty and Inhumanity）よりも軽視軽蔑されるが，残酷と非人道性は前者よりも憎悪忌避される（LRBL ii. 102-3］／訳　226-7）（〈　〉内は学生ノートでの筆跡が異なる部分）。

　この『修辞学講義』では，「率直な文体」（plain style）と「単純な文体」（simple style）との同類性と異質性，とりわけ後者（異質性）の説明との関連で，「率直型の人」（plain ma）と「単純型の人」（simple man）との比較論に入り，敬意の対象となる前者の「厳格さ」（austerity）が，愛情の対象となりやすい後者の「善良さ」（goodness）と対比され[16]，この二つの性格の「愚行」面が，《重厚型の愚行》としての「尊大」（dictatorial gravity）と，《うわついた愚行》としての「軽薄」（Levity）として描き出されることにより[17]，『道徳感情論』第6版での「高慢な（自尊心の強い）人」（proud man）と「虚栄的な人」（vain man）という二系列の「過大な自己評価」論への展望につながっていく[18]。

　以上の「哲学研究指導原理」冒頭で示唆された「アドミレーション」二源泉の展開は，特定の個別的・具体的状況への接近によって，普遍としての「一

---

[16]　LRBL i. 85-95 / 訳 62-7.
[17]　LRBL i. 117-25 / 訳 85-90. この「第9講」では二つの「愚行」への（スウィフトとルキアノスによる）批判が「嘲笑の完全な体系」（a complete system of ridicule）として展開されている。
[18]　TMS VI. iii. 33-53 / 訳（下）193-212.

般的名称」がもたらす曖昧な「概念」への批判に向かうものであって、その批判の趣旨は、『道徳感情論』での「是認の原理」をめぐる恩師ハチスンの「道徳感覚」(モラル・センス)論と、親友ヒュームの「効用」論に向けられた次のような文言のなかに認められるといってよいであろう。

> 是認および否認は、さまざまな性格と行為をみるときに、精神のなかに生じる一定の気分または情動であると主張されるかもしれない。そして、憤慨が侵害についての感覚であるとか、感謝が恩恵についての感覚であるとか、いってよかったかもしれないように、これらはきわめて適切に、正邪についての感覚、あるいは道徳感覚(モラル・センス)という名称をうけてもいいかもしれない。……[しかしながら]われわれが、優しく繊細で人間的な感情をながめるさいの是認は、偉大で勇敢で度量があるようにみえる感情によってわれわれがうたれるさいの是認とは、まったくちがうのである。われわれは、一方によって和らげられ、他方によって高揚させられるのであって、それらがわれわれのなかにかきたてる諸情動のあいだには、なんの類似性もない。……われわれが是認する人物の諸情動は、それらの二つの場合においては相互にまったく反対のものであるから、そしてわれわれの是認は、それらの対立する諸情動に対する同感から生じるのであるから、一方の場合にわれわれが感じるものは、他方の場合にわれわれが感じるものに対して、どんな種類の類似性ももつことができないのである(TMS VII. iii. 3.13 / 訳(下) 356–9)。

哲学者が、人間愛がなぜ是認されるか、あるいはなぜ残酷さが非難されるのかを、検討しはじめるとき、彼は必ずしもつねに、残酷さあるいは人間愛の、何か一つの特定の行為についての概念を、ひじょうに明らかではっきりしたやり方で、自分に対して形成しているとはかぎらないのであって、ふつうは、それらの資質の一般的名称が彼に示唆する、曖昧ではっきりしない観念で満足しているのである。しかし、行為の適宜性と不適宜性、値打ちと欠陥が、ひじょうに明白で区別しうるのは、個別の諸例においてだけである。個別の諸実例が与えられる場合にだけ、われわれは、われわれ自身の感受作用と行為者のそれとのあいだの一致または不一致をはっきり

第7章 アダム・スミスにおける学問と思想

アダム・スミスの学問体系と「アドミレーション論」の展開

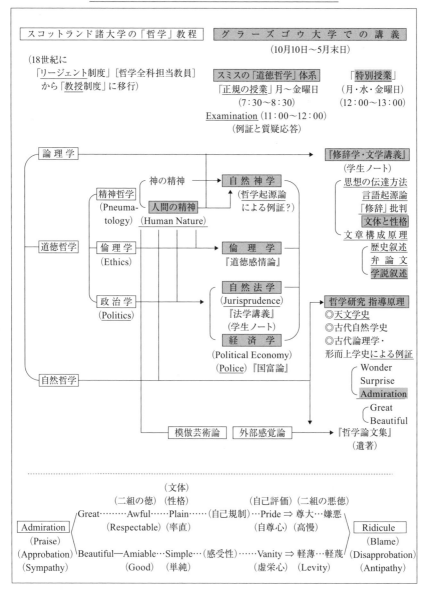

と知覚するのである。われわれが徳と悪徳を，抽象的で一般的なやり方で考察する場合，それらがこういうさまざまな感情をかきたてる諸資質は，大いに消失するように思われ，諸感情自体が明白さを減じ，区別しにくくなる。反対に，徳の幸福な効果と悪徳の致命的な帰結とは，その場合に，目に見えてくるように思われ，いわば，双方の他のすべての資質に対して，自己をめだたせ際立たせるように思われる。……［ヒューム］は，ものごとのこの味方によって，ひじょうに強い印象をうけ，そのため，徳に対する是認の全体を効用があるという外観の結果である，この種の美の知覚に，解消したほどであった (TMS IV. 2.2-3 / 訳（下）32-3)。

アダム・スミス倫理学における「同感」の役割は，「特定の個別的事例」に接近するための，「普遍」的観点からの脱却（「正邪の感覚としてのモラル・センス論」，ならびに「抽象的一般的観点としての効用論」への批判）にあった。

参考文献

アダム・スミス（およびステュアート『スミス伝』）からの引用は『グラーズゴウ版アダム・スミス著作集』(*The Glasgow Edition of the Works and Correspondence of Adam Smith*, Oxford University Press; reprinted by Liberty Press, Indianapolis) によるもので，個別著作は次のように省略する．

Corr.	*Correspondence*
EPS	*Essays on Philosophical Subjects* 水田洋ほか訳『アダム・スミ 哲学論文集』名古屋大学出版会，1993.
Ancient Logics	'The History of the Ancient Logics and Metaphysics'
Astronomy	'The History of Astronomy'
Stewart	Dugald Stewart, 'Account of the Life and Writings of Adam Smith. L. L. D.' 福鎌忠恕訳『アダム・スミスの生涯と著作』御茶の水書房，1984.
LRBL	*Lectures on Rhetoric and Belles Lettres* 水田洋・松原慶子訳『アダム・スミス 修辞学・文学講義』名古屋大学出版会，2004.
TMS	*The Theory of Moral sentiments* 水田洋訳『道徳感情論』岩波文庫，（上）（下），2003.
WN	*The Wealth of Nations* 水田洋監訳・杉山忠平訳『国富論』岩波文庫，(1)-(4) 2000-2001.

Davie, G. E. [1961] 1964. *The Democratic Intellect: Scotland and Her Universities in the*

Nineteenth Century. Edinburgh: Edinburgh University Press.
Herman, A. 2001. *The Scottish Enlightenment: The Scots' Invention of the Modern World*. London: Fourth Estate. 篠原久監訳・守田道夫訳『近代を創ったスコットランド人 ── 啓蒙思想のグローバルな展開 ──』昭和堂，2012.
Howell, W. S.［1956］1961. *Logic and Rhetoric in England, 1500-1700*. New York: Russell & Russell.
Jardine, G.［1818］1825. *Outlines of Philosophical Education, Illustrated by the Method of Teaching the Logic Class in the University of Glasgow*. Glasgow: Glasgow University Press.
Moore J. and M. Silverthorne (eds.) 2006. *Logic, Metaphysics, and the Natural Sociability of Mankind by Francis Hutcheson*. Indianapolis: Liberty Fund.
Ross, I. S. 1995. *The Life of Adam Smith*, Oxford: Oxford University Press. 篠原久・只腰親和・松原慶子訳『アダム・スミス伝』シュプリンガー・フェアラーク東京，2000.
Ross, I. S. 2010 (2nd edition). *The Life of Adam Smith*, Oxford: Oxford University Press.
Thomson, J.［1859］1997. *An Account of the Life, Lectures, and Writings of William Cullen*. 2 vols. Volume 1. Bristol: Thoemmes Press.
篠原久．1986．『アダム・スミスと常識哲学 ── スコットランド啓蒙思想の研究』有斐閣．
田中正司．2013．『アダム・スミスの認識論管見』社会評論社．

第 8 章

文明社会史論としてのスミス経済学

渡辺恵一

1 はじめに

　人口に膾炙した理解によれば，アダム・スミスは『国富論』(1776) において，近代科学としての経済学を誕生させた人物とされる。しかし，経済学が固有の学問領域として確立している現代の学問状況とは違って，スミスによって確立された経済学のパラダイムは，経済学の成立そのものを自己目的化したものではなかった。『国富論』がまさしくそうであったように，スミスはこの大著において，当時「文明社会」とよばれていた近代社会の経済原理を探究し，それによって未開社会や古代の文明社会とは異なる，近代文明社会の存立構造の解明を目指したからである。したがってスミスが生きた時代の文脈（コンテクスト）において読み解くとすれば，『国富論』は，たんなる経済学の著作というよりも，むしろスミスが構想した壮大な文明社会論であり，より正確に言えば「経済」原理を新たな分析ツールとする文明社会の歴史理論（文明社会史）として評価することができるだろう。

　『国富論』は，周知のように，「富裕」の原因を分業に求める経済理論として展開されている。それゆえ，スミスの歴史理論もまた近代ヨーロッパの富裕化を意図した進歩史観の実例と解釈されてきたことも，故なしとはしない。しかし，『国富論』を具に検討するならば，しばしばスミスのものとされる物質的「富」観も，また予定調和的かつ単線的な進歩史観やヨーロッパ文明の絶対視も，本章で明らかにするように，スミスの文明社会史論の特徴を正しく伝えるものではない。『国富論』におけるスミスの視座（ビジョン）

は，ただ封建遺制と重商主義政策を廃棄すれば社会の繁栄が自ずと実現されるといった単純なものではなく，文明社会における経済発展のメカニズムを，壮大かつ透徹な歴史的パースペクティヴにおいて解明するとともに，文明化＝富裕化の歴史過程に内在する構造的矛盾を照射することにあったというべきである。それゆえ本章は，スミスの『国富論』を，たんなる「富の科学」としてではなく，まさしく経済学のパラダイムを用いて，社会の富裕化とそれがもたらす体制的危機の解明に迫りうる文明社会史論として読み解くことを課題とする。

2　社会発展の四段階論とスミスの文明社会論

『国富論』の分析対象は，スミスが「文明社会 (civilized society)」とよぶところの近代社会である。ここにいう「文明（化）」の反意語は，「野生 (savage)」あるいは「野蛮 (barbarous)」であり，この両者を包括する用語として，その当時，一般的に「未開 (rude)」という形容詞が使用されている[1]。すなわち，『国富論』のなかで「文明社会」としばしば対比して用いられる「社会の未開状態 (rude state of society)」という用法[2]が，それである。

しかし，文明社会の構造的特徴を把握するために用いられる分析装置は，「未開―文明」の比較史考察だけではない。それに加えてスミスは，「狩猟・牧畜・農耕・商業」からなる社会発展の四段階論を積極的に活用している。

---

1) アダム・ファーガスンは，『市民社会史論』(1767) において，「文明国民 (polished nations)」の反意語を「未開民族 (rude nations)」と表記したうえで，スミスと同じく，それを「野生人 (savage)」と「野蛮人 (barbarian)」とに区分している (Ferguson, 1966, 81-2/158-59 頁)。「野生人」とは「狩猟や漁猟によって生活する部族民」であり，「野蛮人」は「牧畜民」であって，家畜（動産）にたいする所有権の観念をもっているかどうかで「野生人」と区別される。また，スミスやファーガスンの用法はモンテスキュー『法の精神』(1748) の第 18 篇第 11 章に依拠していると思われるが，モンテスキューを含む，当時のフランス語文献における「野生人」と「野蛮人」の区別については，片岡 (2012) が参照されるべきである。

2) そのものずばりの「未開社会 (rude society)」という用例も，『法学講義』では 2 箇所 (LJ(B), 527, 545/368, 418)，『国富論』については 1 箇所 (WN, 783/(4) 51 頁) 確認される。なお，『国富論』と『法学講義』(A/B ノート) および『国富論』からの引用については，それぞれ LJ(A), LJ(B), WN と略記し，当該の原典頁と邦訳頁とを文中に記す。

第 8 章　文明社会史論としてのスミス経済学

ロナルド・ミークが指摘するように，「生活様式」によって区分されるこの種の歴史理論は，スミスの母国のスコットランドや同時代のフランスの多くの啓蒙思想家にも認められる。だが，「商業」をそれ以前とは区別される明確な発展段階としていち早く概念化したのは，アン・ロベール・ジャック・チュルゴとスミスの功績である[3]。さらにミークは，スミスが 1762 年-63 年に講じた『法学講義』（A ノート）の発見に関連して，「『四段階論』は……講義におけるスミスの論旨の主要部分を組み込んだ基礎的な概念の枠組みとして示されている[4]」と，いち早くその重要性を指摘している。『法学講義』は，新発見の「A ノート」も，旧キャナン版以来の「B ノート」（1763 年-64 年の講義）も，ともに「正義（司法）」「内政（ポリス）」「公収入」「軍備」の四部門からなっているが，スミス法学講義の最大の特徴は，「狭義の法学」が論じられる第 1 部「正義」と，そのご『国富論』という独立の著作として刊行されるにいたる第 2 部「内政」以下の諸部分とにその内容が大別されていることである。『講義』「内政」論および『国富論』の理論分析の対象として設定されているのは，社会発展の第 4 段階である「商業社会（commercial society）」である。「商業社会」とは，「分業が完全に確立した」近代社会のことであり，そこでは「だれもが交換することによって生活する」ので，「だれもがある程度商人になる」（WN, 37/(1) 51 頁）のであるから，「商業」（社会）段階が文明社会であることについては，あらためて議論する余地はないだろう[5]。

さらに第 1 段階（狩猟）が「野生」であり，第 2 段階（牧畜）が「野蛮」であること，そして，この最初の 2 段階が「社会の未開状態」（未開社会）に分類されることも，すでに指摘したとおりである。議論がわかれるのは，社会発展の第 3 段階である「農耕（husbandry）」段階を，スミス自身がどのように理解していたのかである。一般には，「狩猟，牧畜，農耕の 3 段階」を「未開社

---

3) Meek (1973; 1976) を参照。野原 (2013, 207-30) は，「チュルゴ，ミラボー，スミス」の社会発展の歴史理論について詳細な比較検討をおこなっており有益である。さらにスミスを含むスコットランド啓蒙の四段階論については，Berry (2013, 32-65) の新研究を参照。
4) Meek (1977), pp. 21-22/36 頁。
5) 『国富論』における「商業社会」の同義語としては，「文明化した商業社会 (civilized and commercial society)」(WN, p. 984/(4) 52 頁) や「社会の商業状態 (commercial state of society)」(WN, 910/(4) 291 頁) という用例があることを指摘しておきたい。

会」とみなす解釈が有力とされている[6]。だが,「農耕」段階にかんするスミスの記述はかなり複雑であって,第3段階を単純に「未開」社会と断定してしまう解釈には問題がある。ここでは,こうした通説的解釈を裏づける根拠とされる文章を,『国富論』第五篇から引用し,それにコメントを加えるかたちで議論を進めたいと思う。

> 野蛮な社会 (barbarous societies) と普通よばれている,狩猟民 (hunters) や牧畜民 (shepherds), そして**製造業の改良と対外商業の拡大に先だつ農耕の粗野な状態での農耕民** (husbandmen in that rude state of husbandry which precedes the improvement of manufactures, and the extension of foreign commerce) の社会でさえ,事情が〔文明社会とは〕ことなる。そのような社会では,各人の多様な職業によって,各人は自分の能力を発揮し,たえずおこる困難を除去するための方策を見いださなければならない。(WN, 782-83/(4) 51 [傍線強調および亀甲内挿入句は引用者自身のもの。以下同じ。])

この文節でまず注目されるのは,すでに指摘した「野生」と「野蛮」とが厳密に区別されずに,社会発展の最初の2段階とされる「狩猟」と「牧畜」段階が,ともに「野蛮な社会」あるいは「未開社会 (rude society)[7]」として一括されていることである。しかし,この「野蛮」の用例は,「普通よばれている」とか「いわゆる」という限定句が付されていることからも推測されるように,ここでは,その当時ひろく流布していた用法として用いられているのであって,かならずしもファーガソンやスミスの厳密な定義を反映したものではない[8]。次に検討しなければならないのは,一見すると「農耕民の社会」が,こ

---

6) 野原 (2013, 11)。ただし,野原が典拠とするスキナー (Skinner, 1979, 73/96-7) は,「スミスの構図における第三と第四段階は,最初の2段階よりもずっと複雑である」ことに留意しており,実際には「農耕」段階を「未開」社会と断定してはいない。また,もう一つの典拠とされる田中 (2003a, 13) には,なるほど「農耕」を含む最初の3段階を「商業の拡大と製造業の改善に先立つ社会の未開状態」とする記述もみられる。しかし,注9で指摘するように,この問題をより仔細に論じた田中 (2003b) では,「農耕」段階についてより慎重な解釈が提示されていることに注意する必要がある。
7) 注2で指摘した「未開社会 (rude society)」という用例が『国富論』で一度だけ登場するのが,前掲引用文に続く後段の箇所である。
8) スミスが「狩猟」段階を「野蛮」と表現するケースは他にもある。『国富論』の次の一

こでは社会発展の最初の2段階とともに,「野蛮な社会」(=未開社会)に分類されているように読めることである。しかしながら,前掲引用文の傍線箇所に注意すれば,スミスが「農耕」段階のすべてを,「野蛮な社会」と理解しているのではないことがわかるだろう。なぜなら,「製造業の改良と対外商業の拡大」をメルクマールとして,スミスは,農耕段階を前半と後半とに区分しているからである。すなわち,「製造業の改良と対外商業の拡大に先だつ農耕の粗野な状態」は,なるほど「野蛮な社会」(=未開社会)であるが,「製造業の改良と対外商業の拡大」以降の「農耕」段階 —— これは,すでに「商業」段階とよぶべきである —— は,明らかに,文明社会に帰属するものと理解できるのである[9]。

このように,「製造業の改良と対外商業の拡大」以前の,いまだ「粗野な状態」にある農業段階を,スミスは「未開」(野蛮)とよぶのであるが,しかしながら,この「粗野な状態」にある農耕民族でさえ「製造業」(製造品)をまったく知らなかった,と考えているわけではない。たとえば,「ほとんど対外商業をもたず,ほとんどの家族も自家用に提供するような,粗末な家内工業以外の製造業をもっていない農耕民族」(WN, 692/(3) 347) と述べられているように,スミスは,「対外商業も精巧な製造業もない」農耕社会にさえ,粗末な自家用向けの農村家内工業が存在していることを認めているのである。

以上のように,社会発展の第3段階の農業社会にかんするスミスの論述は,かなり錯綜しており,その議論には「商業」段階への移行の契機が含まれていることを指摘したのであるが,しかし,移行の契機を組み込んだ議論がおこなわれているのは,けっして「農耕」段階だけではない。たとえば,ローマ帝国を崩壊に導いたヨーロッパの北方諸民族,すなわちゲルマンとスキタイについて,スミスは次のように述べているからである。「5世紀のはじめ

　　文も,一般的な用例と考えてしかるべきである。「喜望峰には,アメリカの原住民とほとんど同様に野蛮で,まったく自衛力のない種族が住んでいた。」(WN, 635/(3) 249-50)「野生」と「野蛮」の区別にかんする言語論的研究としては,Pagden (1982, 15-26) と Pocock (2005, 157-75) が参照されるべきである。
9)　田中 (2003b, 49-50) は,「文明社会にみられる富裕の増大は農耕段階に成立した分業・交換による」と論じている。これは,本章の解釈を支持するものである。

にヨーロッパになだれ込んだ北方諸民族のあいだでは，社会は，今日のアメリカ人の社会よりも一歩進んでいた。アメリカ人はいまなお狩猟民の状態にあり，誰にもましてもっとも粗野で野蛮であるが，他方の北方諸民族は牧畜民の状態に到達し，かなりの農業さえもっていた」(LJ(A), 107/110)。これは『法学講義』の記述であるが，『国富論』にも，「西ローマ帝国の廃墟にはじめて定住した頃のゲルマンやスキタイ」は，「牧畜状態 (shepherd state) から抜けだしたばかりで，その状態からあまり進んでいない農耕諸民族」(WN, 717/(3) 385) という記述があり，これらは，ヨーロッパ社会における牧畜段階から農耕段階への移行を説明したものである。

ヨーロッパの北方諸民族は，アメリカの狩猟民 (インディアン) とは違って，家畜にたいする所有の観念をもっていた[10]。それゆえ，所有の対象が「家畜から土地そのものへと拡大していくことは，大きな困難をともなうことではなかった」(LJ(A), ibid.)。こうして西ローマ帝国を滅亡させた北方諸民族が農耕民としてヨーロッパの各地に定住するようになる。これが中世ヨーロッパ社会の始まりである。

ところで，これまで論じてきたスミスの四段階論は，いわば時系列的な歴史発展論である。しかし，同時にスミスは，文明の発展・停滞・衰退を視野に入れた，地政学的な文明の類型論としての四段階論の利用もおこなっている。「アフリカのすべての内陸地帯と，黒海とカスピ海のかなり北方にあるアジアのすべての地帯，つまり古代のスキタイと近代のシベリアは，世界のすべての時代に，現在われわれが見ているのと同じく野蛮で非文明的な状態であったように思われる」(WN, 35-6/(1) 48-9)。ここでは歴史発展の四段階論が (時間軸ではなくて) 共時的な社会類型論して用いられていることが見てとれるだろう。アフリカ内陸のすべてが牧畜段階にあったかどうかは別として，牧畜を生業とするヨーロッパ地域以外の遊牧民は，中世ヨーロッパ社会を築いたゲルマン族やスキタイ族のように，「農耕」段階へと移行すること

---

[10] この点についてジョン・ポーコックは，次のように指摘している。「社会の自然史におけるスミスのもっとも顕著な貢献とは，牧畜段階の劇的変化を，すなわち狩猟および食物採取状態の「野生人」との決定的な断絶を，彼が主張したことである。」(Pocock 1999, 315-16)

なく，スミスの時代になってもなお遊牧生活を続けていたのである。

3 スミスの古代文明論 ―― 近代文明との比較史的考察

　社会発展の四段階論とともに，スミスの歴史理論を特徴づけるもうひとつの分析装置とは，文明の「古代・近代」比較である。これも啓蒙の時代に広く用いられた手法のひとつである。ところでヨーロッパで古代文明といえば，すぐにギリシャとローマのことが想起される。しかし『国富論』では，古典古代のギリシャとローマだけではなく，ヨーロッパ以外の古代エジプトやインドおよびシナに代表されるアジア文明の「富裕」についてもまた，かなりの紙面を割いて論じられている。なかでも「シナはヨーロッパのどの部分よりもはるかに富んだ国」（WN, pp. 208, 255, (1) 330, 414頁）であるとして，とりわけスミスは，当時なお「世界でもっとも豊かな国」であったと述べているシナの分析に力を入れている[11]。それゆえ以下，『国富論』におけるスミスの古代文明論を瞥見しておきたい[12]。

(1) 古代エジプトとアジアの文明

　まず古代エジプトについて，次のように述べられている。

　　地中海沿岸のすべての国のうちで，エジプトは，農業または製造業をかなりの程度に開発し改良した最初の国であったように思われる。上エジプトはナイル河から数マイル以上は広がっておらず，下エジプトではあの大河

---

11) スミスの先行者であるフランソワ・ケネーも，『シナの専制政治』(1767)において，「シナの帝国はあらゆる生産物においてきわめて豊かであり，それゆえこの国の商業が非常に繁栄していると容易に推測できる」(Quesnay 1767, 602) と指摘している。19世紀以前の世界経済にしめるアジアの位置，とくに中国（シナ）にたいする近年の再評価については，アンドレ・グンダー・フランクの次の言葉を参照されたい。「1800年以前の世界経済において優越的な位置に立つ地域があったとすれば，それはアジアであった。世界経済およびそのなかであり得た「センター」のヒエラルキーにおける「中心的」な位置と役割を有する経済があったとすれば，それは中国のそれであった。」(Frank 1998, 5/52)
12) 以下の論述については，拙稿 (2013) の第2節以下と重複するところがあることをお断りしておきたい。

第Ⅱ部

> 〔ナイル川〕は多くの水路に分かれ,それらの水路は多少の人工を施されて,すべての大都市間だけではなく,すべての主だった村落間にも,そして農村の多数の農家にまで,水上運送による交通の便をあたえたように思われる。……この内陸航行の範囲と容易さとがおそらくエジプトの早期の改良の主要な原因のひとつであった。(WN, 35/(1) 47-8)

これに続いてアジアの文明国については,以下のように記されている。

> 農業と製造業における改良は,東インドのベンガル諸州とシナの東部諸省のいくつかで,同じように,大昔から行われていたようである。〔しかし,〕注目すべきは,古代のエジプト人も,インド人も,シナ人も,対外商業を奨励せず,その大きな富裕をすべてこの内陸航行から得たと思えることである。(WN, 35/(1) 48)

古代文明として周知のエジプト,インド,シナの三国について,スミスは,「どの記録をみても,かつて世界に存在したもっとも富裕な国」(WN, 367/(2) 169)であったと述べている。こうした古代文明国の「富裕」をめぐる議論は,『国富論』で完成された経済学説を用いて論じられる。すなわち,ここでスミスが「富裕」というのは,国民1人あたりが消費しうる「生活の必需品」量を意味している。「富裕と繁栄のときにはつねに必需品がきわめて豊富なのであって,そうでなければ富裕と繁栄のときではありえないからである。」(WN, 210/(1) 333)『国富論』の「富」把握については,貨幣的視点を欠落させているとか,サービスが「富」にカウントされていないとか,あるいは人間の幸福を財の「平均消費量」にもとめる物質主義であるといった,さまざまな問題点が指摘される。だが,近代社会の「富裕」度を古代や未開の社会のそれと比較するばあい,貨幣(金銀)量は有効な指標とはなりえない。また,生活の必需品量を「富」=「豊かさ」の指標とすることは,人間の生存(生活)が社会の存立と統治の基礎である以上,それをもって直ちにスミスの物質主義的な「富」観を批判するのは妥当ではないだろう[13]。なぜなら,いかなる社会であれ国民の多数が生活の必需品にさえ事欠く状態にあるのなら,古代文

---

13) たとえば竹本(2005),2-3頁の見解を参照。

第 8 章　文明社会史論としてのスミス経済学

明であれ近代文明であれ，その社会の住民が「富裕と繁栄」の状態にあるとは言えないからである。

　スミスの古代文明論に登場するもうひとつの理論は，『国富論』第三篇のいわゆる「富裕の自然的順序」論である。スミスによれば，ある国を最大の「富裕」に導くのにもっとも効率的な資本投資の順位とは，農業⇒製造業⇒国内商業⇒外国貿易であり，この順序で資本が投下されれば，その国の「富裕の進歩」は最大になるとされる。「したがって事物の自然の成り行きにしたがえば，あらゆる発展しつつある国の資本の大半は，まず農業に，のちに製造業に，そして最後に外国貿易に向けられる。事物のこの順序はきわめて自然なものあって，それだから私は，多少とも領土をもつどの社会でも，つねにある程度は認められると信じている。」(WN, 380/(2) 189)

　古代エジプト，古代インド，シナの三国が「かつて世界に存在したもっとも富裕な国」でありえたのは，スミスによれば，「農業と製造業の改良」によってであった。都市と農村との社会的分業を成立させる契機となる「国内商業」も，これら古代の文明国においては「内陸航行」をつうじて大いに発展していた。だが，前頁引用文の末尾で指摘されているように，古代の文明国では，「農業と製造業」によって蓄積された国内資本が「外国貿易」に投じられることはなかった。その理由についてスミスは，次のように論じている。「古代エジプト人は，海にたいして迷信的な反感をもっていたし，ほぼ同様の迷信はインド人のあいだにも広がっている。また，シナ人が対外商業で卓越していたことは一度もなかった」(WN, 367/(2) 169) からである[14]。その結果，古代の文明国では「余剰生産物の大半が外国人によって輸出された」のであって，国内の余剰資本が自ずと外国貿易に投じられるという，「富裕の自然的順序」が「国内商業」の段階で途絶することになった。「エジプト人もインド人も，自国の余剰生産物については，ほとんど全面的に他国民の航海に依存しなければならず，この他国への依存は市場を制限したので，この余

---

14)　同趣旨の議論は，フランス重農主義を扱う『国富論』第四篇にもみられる。「シナ人は外国貿易をほとんど尊重していない」(WN, 679/(3) 328) し，「古代エジプト人は海を迷信的に嫌っていた。また，ヒンドゥ教は信徒に，水上で火をともすことを，したがってまた水上ではどんな調理も許さないので，事実上，信徒にたいしてすべての遠洋航海を禁じている。」(WN, 682/(3) 331)

剰生産物の増加を阻害したにちがいない。」(WN, 682/ (3) 331)

　国内の余剰資本が「外国貿易」部門へと自然に向かう回路が断たれてしまうと，国内市場における産業間の資本競争は激化し，利潤率は低下する。それはやがて労働者の雇用機会の縮小と実質賃金の低下をもたらさざるを得ないだろう。こうして「ヨーロッパのどの地方よりもはるかに富んだ国であるシナ」でさえ，やがて「停滞状態」あるいは「静止状態」に陥ってしまったのである。「シナは長いあいだ停滞しているようにみえるし，おそらくはずっと以前に，同国の法律や制度の性質と両立するかぎりの富の，全体量を獲得してしまったのだろう。……対外商業を無視または軽視し，外国船の入港を1，2の港にしか認めない国は，ことなる法律や制度によればできるかもしれないのと同量の事業をおこなうことができない。」(WN, 111-12/(1) 169-70)

　ここで，古代オリエントとアジア文明にかんするスミスの分析をまとめておこう。まず，「長らく世界でもっとも豊かな国」であったシナは，すでに「長期の停滞状態にある」(WN, 89/(1) 130)のだが，「しかしシナは，おそらく静止しているかもしれないにしても，後退しているとは思われない。」(WN, 90/(1) 131) それゆえスミスによれば，古代以来の文明国であるシナは，その当時もなお「ヨーロッパのどの地方よりもはるかに富んだ国」であると考えられていた[15]。しかし古代エジプトと古代インドは，シナとはことなる運命をたどることになった。古代エジプトはローマの属領となり，その後は「長いあいだローマ帝国の穀倉」(WN, 683/(3) 333)となってしまったからである。一方，古代インド文明として栄えた，ベンガルやその他いくつかの東イ

---

15) スミスは同時に，長期にわたって停滞状態にある「シナの最下層の人びとの貧しさは，ヨーロッパで極貧状態にある諸国民の貧しさよりもはるかに劣悪である」(WN, p. 89，(1) 130頁)とも指摘している。というのは，今日「ヨーロッパの大部分は改良されつつある状態にあるため，労働の実質的補償は，シナよりもヨーロッパのほうがより高いからである。」(WN, 209/(1) 331) だが，ここでスミスが論じているのは，シナの停滞状態が所得格差を拡大し，とくに社会の最下層の人びとの生活に悪影響を及ぼしていることである。したがって，「シナはヨーロッパのどの地域よりもはるかに富んだ国である」(WN, 208, 255/(1) 330, 414) というスミスの現状認識は，労働者一人あたりについてではなく，国家単位レベル（マクロ）でのシナの「富裕」を意味していると考えられる。なお，すでに停滞状態にあったシナが，スミスの時代においてなお「世界市場における優位的地位」を失っていなかったことの詳細は，Frank (1998, 315-17/520-21) を参照。

ンド諸州では，この「肥沃な国で，1年に30万から40万人もの人が餓死する」有様であって，「労働貧民が飢餓状態にあることは，ものごとが急速に後退しつつあることの自然的徴候である。」(WN, 91/(1) 133) その衰退の原因としてスミスが指摘するのは，いうまでもなく，イギリス東インド会社による「抑制と圧制」である[16]。

(2) ヨーロッパ古代文明
—— ギリシャ共和国と古代ローマの盛衰

次に，ヨーロッパの古代文明に話をすすめよう。ギリシャとローマに代表されるヨーロッパの古代文明には，これまでに論じた古代エジプトやアジア（インドとシナ）の古代文明と共通する特徴がある。それは，なによりも農業が重視されたということであるが，スミスが論じたヨーロッパの古代文明論の特徴として，ここで指摘しておきたいのは，アジアにおけるシナの停滞やインドの後退というレベルを超えて，栄光を誇った古代ギリシャとローマ文明がなぜ崩壊したかというテーマに強い関心がおかれていることである。ヨーロッパの古代文明 —— とくに古代ローマ共和国とローマ帝国 —— の崩壊というテーマは，モンテスキューの『ローマ人盛衰原因論』(1734) をはじめ，ギボンの『ローマ帝国衰亡史』(1776-88) やファーガスンの『ローマ共和国盛衰史』(1783) に代表されるように，18世紀啓蒙の思想家たちが好んでとりあげたテーマであった。古代ローマへの近代の関心は，マキアヴェッリの『ディスコルシ』(1531) に遡るけれども，それはたんなる好古趣味によるものではなく，ヨーロッパ近代文明の現状と未来を映し出す鏡としての関心からである[17]。スミスもまた，『法学講義』第1部「正義」（公法論）で古代ギリシャと古代ローマの成立からその崩壊にいたる文明史をとりあげた。議論の流れには違いがあるものの，『講義』の基本モチーフは『国富論』においても継承されている。

---

16) ムガール帝国 (1526-1858) 支配のインド経済の繁栄については，Jones (2000, 192-201/198-206) を参照。またムガール帝国の衰退と滅亡を，ヨーロッパの植民地主義などの外因に求めるのか，それとも帝国自体の内因に求めるのかについては論争がある。この論争については，Frank (1998, 267-71/450-56) に簡潔な紹介がある。
17) さしあたり，Ayres (1997, 28) を参照。

スミスはいう。「ギリシャの最初の住民は，歴史家たちの説明によれば，タタール人とほぼ同じ種族であった。」(LJ(A), p221, 230頁) ヨーロッパ人の起源は，タタール人など，ユーラシアの遊牧民の定住者だとされる。この点は，ギリシャの多くの地域だけではなく，「イタリアとガリアなどでも同じであった。」(LJ(A), 223/231) いわゆる社会発展の歴史理論に照らせば，古代ギリシャや古代ローマは，「農耕」段階に移行したばかりの遊牧民の社会であったということになるだろう[18]。しかし，彼らは，「耕作に実りある収穫をもたらす肥沃な土地に定住した」ので，やがて「土地を改良するだけではなく，各種の技術，科学，製造業で相当な進歩」をなし遂げ，「商業の機会」にも恵まれるようになった (LJ(A), 223/232)。こうしてヨーロッパに成立した古代ギリシャや古代ローマの文明は，「農業」を起源とし，それを重視する点ではオリエントやアジアに生まれた古代文明と共通するものの，しかしそれ以外の点では異なる特徴をもつことになる。その点を理解する鍵となるのが，『国富論』の次の一文である。

> 古代ギリシャの諸共和国とローマの政策は，製造業や外国貿易よりも農業を尊重したとはいえ，農業を直接または意識的に奨励したというよりは，むしろ製造業や外国貿易を阻害していたように思われる。ギリシャの古代諸国家のいくつかでは，外国貿易は全面的に禁止され，他のいくつかでは，工匠と製造業者の仕事は，……奴隷にしか向かないものと見なされ，その国家の自由市民はそれらを行うことを禁じられた。ローマやアテネのように，そのような禁止が行われなかった国家でさえ，国民全体は，いまでは都市の下層住民が普通に営んでいるすべての職業から，事実上，排除されていた。そのような職業は，アテネやローマでは，すべて富者の奴隷たちによって占められていた。(WN, 683/(3) 333)

生産活動における奴隷制の存在，── これこそが，ヨーロッパの古代文明を，アジアの古代文明ばかりではなく，ヨーロッパの近代文明とも分かつ

---

[18] 伊藤 (2004, 44) によれば，「古代ギリシャ人の生活の基礎をなしたのは農耕・牧畜である。」

決定的な要因であった[19]。古代ヨーロッパの自由市民は，分割された農地の所有者であり，生産活動には従事しなかった。生産労働は奴隷の仕事であり，また「商人という性格は，彼らにとって非常に軽蔑すべきものとみなされた」(LJ(A), 224/233) ので，商業や貿易を担ったのは在留外国人であった。土地所有者としての市民は，日常の生産活動から解放され，いつでも自由に政治と軍役に参加することができた。そのため，当初「君主政かそれに近い形態」であった都市国家（ポリス）は，やがて「民衆が貴族と同様に国家の行政職とその他の官職を入手しうる」(LJ(A), 226/235) 共和政統治[20]へと移行した。ポーコックが指摘するように[21]，スミスは『講義』のこの箇所で，マキアヴェッリが提起した「防衛的共和国 (defensive republick)」と「征服的共和国 (conquering republick)」の区分をギリシャとローマの事例に適用し，それぞれの衰退過程について個別的に論じている。共和国衰退の原因となったのは，「農耕」から「製造業と商業」段階への社会発展に必然的にともなう，市民の軍事的＝政治的徳性 (civic virtue) の腐敗である。

　まず「防衛的共和国」であったギリシャの都市国家の滅亡については，二つの理由が指摘される。第一に，「技術と耕作における改良によって，人びとが従軍するのに不向きになる」(LJ(A), 235/245) ことである。すなわち，ギリシャの市民生活は「技術と製造業の改良」によって豊かになり，「市民が職人もしくは親方業者として職業に従事するようになる」ので[22]，「国民の数は

---

19) とくにアテネの奴隷制については，伊藤 (1982, 209 以下) を参照。最盛期を迎えた前 5 世紀のアテネの 8 万から 10 万の人口のうち，奴隷は 3 分の 1 を占めていたとされる。
20) 「共和政統治」では貴族と民衆が同じ政治的権利を有することから，スミスによれば，これは「民主政」とよばれた (LJ(A), 226/235)。
21) Pocock (2003), p. 394.
22) 本来「どんな職業にも従事しなかった」ギリシャの自由市民が，なぜ「職人もしくは親方業者として職業に従事するようになる」(LJ(A), 232/242) のか，この点にかんする『法学講義』の説明は，LJ (A) (B) 両ノートともに明確ではない。「防衛的国家」では農地が限られているのに人口は増大する。その結果，市民層のあいだで土地所有をめぐる資産格差が生じ，負債のために零落した下層市民が，生活の糧を求めて製造業に従事するようになった，と考えられているようである (LJ(A), 197-99/204-06)。しかし，伊藤 (1981, 38) によれば，実際に手工業経営を担ったのは，在留外国人だけではなく，古典期アテネの「比較的富裕な市民」だとされる。また，ポリス衰退の原因についても諸説があり，その争点については，同，444 以下を参照。

増大するが, 戦士の数はきわめて少数になる」(LJ(A), 229/238) ―― これがスミスの指摘する第一の理由である。次いで指摘される第二の理由とは, 生活状態を改善するのと同じ「技術の改良」が戦闘技術を向上させたことである。とくに防衛より攻撃の技術が飛躍的に高められたので,「包囲軍のほうが籠城軍よりも有利な位置を占めるようになった」(LJ(A), p. 235, 245頁)。その結果, 都市国家を基盤とするギリシャの「防衛的共和国」は, フィリッポス2世率いるマケドニア帝国の常備軍によって打ち破られたのである。

次に,「征服的共和国」の典型はローマであるが, これもまたギリシャの「防衛的共和国」と同じ運命をたどることになる。ギリシャの都市国家のばあいと同じく, ローマ共和国の衰退も, その原因は「富裕と奢侈の増大」に求められるのだが, しかしローマ共和国の衰退という「その事件は〔ギリシャのばあいとは〕違ったやりかたで引きおこされた」(LJ(B), 412/61) と, スミスはいう。ローマ共和国では征服地（属州）が拡大し, その国力と富が増大するにつれて,「国民の上層部はもはや軍役に従事せず, 軍隊は傭兵軍となり, 最下層民から構成されるようになる。……そしてその軍隊は国民よりも将軍の支配に服するようになる。」(LJ(A), 235-36/246) 歴史上有名なマリウス, スッラ, カエサルは, こうした傭兵の支持を得て登場してきた共和政末期の将軍たちである。「これ以降のローマの統治は完全に兵士による統治であった。軍隊が皇帝を生みだしたのであり, 軍隊が彼の権威を支え, 彼の命令を執行したのである。」(LJ(A), 235/247)

こうして共和政から「軍事的君主政 (military monarchy)」へと変貌を遂げてローマ帝国は成立したのであったが, この帝国も,「技術の改良」による崩壊の運命を免れるものではなかった。「ローマの帝政時代になると, 人びとは技術と商業双方においてかなりの程度の改良に到達していた。国民が技術および商業と, その帰結である国内の奢侈に慣れ親しむにつれて, 彼らは戦争に出るのを好まなくなるし, そのうえ政府は, 製造業に従事する人を派兵することが公収入に害をあたえることを知る」(LJ(B), 414/69) ようになったからである。そのためローマ皇帝が選択した政策とは, 軍隊を, 帝国の属州とその周辺に住んでいる北方の野蛮民族から募集することであった。軍の指揮権をえた部族長は,「皇帝直属の執政官」や「皇帝軍の将軍」という職務を

第 8 章 文明社会史論としてのスミス経済学

与えられる一方，自分たちが住んでいる属州を自分自身の所領として実効支配し，やがて自立化の動きを見せはじめる。帝国内部の属州の反乱は，別の属州を支配する部族長の軍隊によって鎮圧するほかなかった。しかしローマ軍が鎮圧できずに撤退せざるをえなくなった属州は，「ローマの軛」から自由になったのであって，これが 395 年に東西に分割された西ローマ帝国終焉の物語である。スミスは，西ローマ帝国の事実上の消滅の瞬間[23]を，『法学講義』において，次のような興味深い一節に書きとめている。

> ローマの軍隊は，それ以前には自分たちが築いた防壁によって自らを守り，防壁内にはいつも守備隊が駐屯していた。しかし軍隊が撤退してからは，ブリテン人すなわちローマ植民地の住民は，……自分たちをうまく防衛することができなかった。著作家たちは全般的に，アエティウスが彼らに自由を与えたと述べている。しかし，これはありそうもないことである。……彼らは，自分たちで防衛するようにと望まれたことを何の恩恵とも考えなかったのであって，政府が彼らに援助を与えなかったのは，イングランドの州もしくはアメリカの植民地がブリテンによって見捨てられて，野蛮人の攻撃にたいして自分自身で身を守るようにさせられたのと同じである。これが，アエティウスが実際に行ったことである。(LJ(A), 239/250)

最後に，『国富論』におけるヨーロッパ古代文明の盛衰史について一瞥しておこう。『国富論』第 5 篇第 1 章（「防衛費」）で論じられるヨーロッパ古代文明論は，「規律のゆきとどいた常備軍（well-regulated standing army）」の民兵軍にたいする優位性という基本命題を軸に，文明国の盛衰を論じる内容となっている。文明国の防衛には常備軍が必要であるという主張を，スミスは

---

[23] 南川（2013）は，西ローマ帝国の消滅について，以下の引用文でスミスが語るのとほぼ同じ論旨でもって，次のように論じている。「ホノリウス帝はブリテン島の町々に対して，自分たちで町を護れと命令したと伝えられる。ローマは征服地にたいして税を課し，軍事はローマ側の役割でかつ義務としてきた。ホノリウスの回答は，この義務の放棄を意味した。フロンティアの軍隊がいなくなったと同時に，ローマ帝国のあいまいな境界を実質化してきた兵士たちの「ローマ人である」という自己認識も消え失せた。」(194) —— ホノリウス（Flavius Honorius［在位 395-423］）は西ローマ帝国最初の皇帝。スミスのあげるアエティウス（Flavius Aetius, 390-454）は，ホノリウス死後に活躍した西ローマ帝国末期の軍司令官であり，執政官であった。

次のように述べている。

> アジアの文明諸国がすべてタタール人によってしばしば征服されたことは，野蛮国民の民兵の文明国民の民兵にたいする自然の優位性を，十分証明している。〔しかしながら〕規律のゆきとどいた常備軍はどの民兵にもまさっている。……したがってどの国の文明も，常備軍によってしか永続できないし，かなりの期間の保持さえできない。(WN, 705-06/(3) 369)

常備軍の優位性という観点からヨーロッパの古代史を振り返ったとき，「人類史上の三つの大変革」と呼ぶべき出来事があった。第一に，ギリシャ共和国とペルシャ帝国の民兵を撃破したマケドニア王国の常備軍の勝利であり，第二は，カルタゴ共和国の没落とローマ共和国の興隆である。すなわち，「第1次カルタゴ戦争の終わりから第2次カルタゴ戦争の初めまで」は，「さまざまな戦争のなかで，常備軍の厳しい規律をしだいに形成していった」カルタゴ軍がローマ共和国の民兵軍を打ち破ったが，第2次カルタゴ戦争では，逆に「規律と訓練のゆきとどいた常備軍」となった大スキピオのローマ軍が，「アフリカの民兵」を主力とするハンニバルの常備軍を打ち破ったのである。そして第三の「大変革」とは西ローマ帝国の崩壊のことである。その直接のきっかけとなったのは，属州の常備軍を支配する将軍の脅威を少なくするために，コンスタンティヌス帝が推進した軍政改革[24]である。「コンスタンティヌス帝は，それまでずっと2軍団あるいは3軍団からなる大部隊で駐屯するのがふつうであった国境から，それらの軍団をまず撤退させ，小部隊でさまざまな地方の町に分散させ，侵入を撃退する必要が生じたとき以外には，そこからほとんど移動させなかった。」(WN, 704/(3) 366)

さらに，西ローマ帝国の崩壊をめぐるスミスの論述内容も，『法学講義』と『国富論』ではややニュアンスの異なるものとなっている。『国富論』では，次のように論じられている。

---

24) スミスは，軍政改革の推進者がコンスタンティヌス帝か，その前のディアクレティアヌス帝のどちらであるかを特定していないが，下記の引用文に示された内容の軍政改革を断行したのはコンスタンティヌス帝であった。この点については，南川 (2013, 74-6 参照。

第8章　文明社会史としてのスミス経済学

小部隊に分かれて商工業町に宿営し，そこからめったに移動しなかった兵士たちは，みずから商人や工匠や製造業者になった。民間的な性格が軍事的性格を支配するようになり，ローマの常備軍は，しだいに腐敗し，軽視され，規律のない民兵へと堕落し，その後まもなく西ローマ帝国に侵入してきたゲルマンやスキタイの民兵の攻撃に，抵抗できなかった。(WN, Ibid./(3) 同上)

すなわち，西ローマ帝国の崩壊とは，「野蛮国の民兵が文明国の民兵に，すなわち遊牧民の民兵が農耕民や工匠や製造業者の民族の民兵に対してもつ抗いがたい優位性」を証明する出来事であった，というのである[25]。

4　近代文明社会と世界市場

(1) 近代文明社会の起源
　　——「富裕の逆行的順序」と重商主義体系の成立

西ローマ帝国崩壊後のヨーロッパにおいて近代文明社会はどのようにして成立してきたのだろうか。『国富論』第三編（「さまざまな国民における富裕の進歩にちがいについて」）は，このテーマを主題とする近代社会成立史論である[26]。

すでに論じたように，「西ローマ帝国の廃墟にはじめて定住した頃のゲルマンやスキタイの祖先」は，「遊牧状態から抜けだしたばかりで，その状態

---

25) 西ローマ帝国の崩壊にかんするスミスの論述は以上のとおりであるが，ローマ共和国の解体にかんする論述も，『国富論』と『法学講義』では異なる説明となっている。すなわち『国富論』では，ローマ共和国の解体の原因を「代議制」の導入に求めたうえで，「イタリアの住民の大部にローマ市民の特権を認めたことが，ローマ共和国を完全に滅亡させた。……したがって，ローマの国家体制はローマとイタリア諸同盟国家との合邦によって必然的に破壊された」(WN, 624/(3) 231-32)，と論じられているからである。
26) 『国富論』第三編全体を詳しく紹介することは，紙数との関係で不可能であるし，またそれは本章の課題ではない。このテーマにかんする研究としては，小林 (1976a)，Bowles (1986)，羽鳥 (1990) が有益である。

211

からあまり進んでいない農耕諸民族」(WN, 717/(3) 385) であった。スミスは，『国富論』第三編の冒頭箇所で，野蛮民族が定住し始めたその当時のヨーロッパの混乱状態を，次のように描写している。

> ゲルマンとスキタイの諸民族がローマ帝国の西部諸属州を侵略したとき，これほど大きな変革につづく混乱は，その後いくつもの世紀にわたった。野蛮民が古くからの住民にたいして行った略奪と暴行は，町と農村のあいだの商業を途絶させた。町は見捨てられ，農村は未耕作のまま放置され，<u>ローマ帝国のもとでかなりの程度の富裕を享受していたヨーロッパの西部諸属州は，最低度の貧困と野蛮におちこんだ</u>。(WN, 381-82/(2) 191)

西ローマ帝国の没落後は正規の統治など存在しなかった。混乱と無秩序がつづくヨーロッパの農村では，農民は農奴や分益小作人として無権利の状態にあったので，資本を蓄えることも農業の改良に資本を投じることもできなかった (『国富論』第三篇第二章)。他方，都市や町も多くのばあい，当初は国王や大領主の隷属下に置かれていたが，やがて国王は，大領主や貴族との対抗上，都市や町に「自由」と「自治」の特権をあたえて，これを保護した。こうして成立した中世の自治都市や商業都市[27]には国内資本が流入し，それによって都市の住民は，「より富裕な国々の改良された製造品や奢侈品を輸入する」対外貿易に着手するとともに，やがて「運送の費用を節約するために，同種の製造業のいくつかを自国内に設立しようとつとめた。」これが，「外国商業の子孫」として成立した「遠隔地向け販売のための製造業」の起源[28]である (『国富論』第三篇第三章)。

『国富論』第三篇の最終第四章では，中世における商工業町の発展が，そ

---

[27]「イタリアの諸都市は，ヨーロッパで最初に，商業によってかなりの程度の富裕に達したと思われる。イタリアは当時，世界のなかで文明開化した地域の中心であった。」(WN, 406/(2) 225) 中世ヨーロッパ都市の起源の多様性については，Ennen (1979) と瀬原 (1993) を参照。

[28]「外国商業の子孫」としての製造業の具体例として，スミスは，「13世紀にルッカで栄えた昔の絹織物やビロードや錦織の製造業」，さらに「昔フランドルで栄え，エリザベス治世の初期にイングランドに導入された上質の毛織物工業や，現在のリヨンとスピトルフィールズの絹織物業」などを列挙している (WN, 407/(2) 228)。この点については，「上質の毛織物」を中心とする概説書であるが，Lopez (1976), 130-37/164-73 を参照。

の国の「農村の改良と耕作」に貢献し，ヨーロッパに文明社会が再建されるに至った経緯が論じられる。それは，次の三つの方法で行われたという。第一に，都市が農村の原産物に市場を提供することによって，第二に，都市の住民（とくに富を蓄えた商人）が土地を購入し，農業の改良を推進することによって，そして第三に，「商業と製造業が，農村の住民のあいだに，秩序と良き統治を，またそれとともに個人の自由と安全を徐々にもたらした」ことによる。この最後に，「商業と製造業がもたらしたすべての効果のなかで，もっとも重要なもの」とスミスが述べている内容とは，農村を支配していた大土地所有者が，都市の提供する奢侈品を購入するために，自分の支配下にある借地人と家臣団を解放して，自らの権力基盤を喪失するに至った歴史過程のことである。スミスによれば，「封建諸制度のあらゆる暴力が実現できなかったことを，対外商業と製造業の静かで気づかれない作用 (the silent and insensible operation of foreign commerce and manufactures) が，徐々になしとげていったのである。」(WN, 418/(2) 241)

古代文明の経済発展は，古代オリエントやアジアだけではなく，ギリシャとローマのばあいにも，すべて「農業」を起点とし，「製造業」から「国内商業」へと進み，さらに自国民によって営まれたわけではないが[29]，「外国貿易」の段階にまで到達していた。スミスが主張するいわゆる「富裕の自然的進歩」は，同時代のアメリカ植民地[30]だけではなく，近代以前の古代文明においてすでに実現されていたのである。こうした古代文明とは決定的に異なる，ヨーロッパ近代文明の特徴は，その出発点において「農業の改良」に資本が投ぜられずに，「富が商業と製造業に非常に大きく依存している」ことである。したがって，いわゆる「資本投下の自然的順序」は，近代ヨーロッパでは「多くの点で完全に転倒されてきた」というのである。

このように近代ヨーロッパにおける「農業の改良」は，「富裕の逆行的順序」において，すなわち「商業および製造業」の発展の結果としてしか歴史的に

---

[29] 「古代エジプトの富，シナとインドスタンの富は，たとえ自国の輸出貿易が外国人によっておこなわれたとしても，一国民がきわめて高度な富裕を達成できることを十分証明している」(WN, 379-80/(2) 189) 事例である。
[30] イギリスのアメリカ植民地が「富裕の自然的進歩」を具現する近代モデルであることについては，小林 (1976b) を参照。

実現しなかった。したがって、中世都市の勃興ではなくて、「農業の改良」に資本が投じられた段階が、スミスの主張する近代文明社会の始まりである[31]。農業の改良は、もともと「粗野な状態」の農業でも営まれていた「家内工業的で比較的粗末な製造業」を農村工業として分離し独立させた。スミスがいう「農業の子孫」としての製造業[32]とは、このようにして成立した農村工業のことである。農村工業は、「外国商業の子孫としての製造業」の発展に遅れること1世紀余りをへて、それと対抗しつつ成長し、やがて広範な海外市場にその販路を得ることになる。こうして、スミスが「富裕の自然的進歩」(『国富論』第3篇第1章のタイトル) と命名する、「農業」起源の文明化テーゼは、古代の文明国だけではなく、ヨーロッパの近代文明社会においても、その妥当性が証明されたというべきであろう。

ところでスミスは、「商業と製造業」が農村を封建制の軛から解放する効果をもたらしたことについて、「私の知るかぎり、これまでその点に注目した唯一の著作家はヒューム氏である」(WN, 412/(2) 235) と指摘している。スミスが参照したヒュームの文献について、グラーズゴウ版『国富論』の編者は、『政治論集』(1752) に発表された「技芸における洗練について」と「商業について」をあげている[33]が、歴史分析という観点から検討したとき、1762年に2巻本として初めて出版されたヒュームの『イングランド史』第23章末尾の「小括」を参照した可能性がより高いように思われる[34]。しかしスミスは、「商業と製造業」が「農業の改良」を導いたヨーロッパの歴史を「富裕の自然的進歩」とは考えないのであるから、この点においてスミスとヒュームの歴史認識に違いがあることは明らかである。逆にスミスにとっては、「対

---

31) スミスがここで論じたような、「資本主義の農業起源」を唱える現代の代表的な歴史家はロバート・ブレナーである (Brenner 1976)。ただし、ブレナー説の問題点は、「商業」を経済成長の機動力と考えるモデルの発案者をスミスとする、通説的解釈を無批判的に受け入れている点にある (Brenner 2007)。

32) スミスが「農業の子孫」として列挙する、「リーズ、ハリファックス、シェフィールド、バーミンガム、ウルヴァハンプトンの製造業」(WN, 409/(2) 232) こそが、イギリス産業革命を牽引した製造業である。

33) WN, 412, note 6.

34) Hume (1983, ii, 522-24/156-57)。犬塚「解題」(164-65頁) も参照。ただし行論で明らかになるように、スミスの歴史記述もまた、ヒュームと同じく、「歴史一般を経済史に還元しようとするものではなかった」というべきである。

外商業と製造業の気づかれない作用」が，曲がりなりにも「農業の改良」を実現し近代ヨーロッパに「富裕」をもたらしたことは，農村の産業ではなくて，都市の産業（外国貿易と製造業）を重視する重商主義政策を育む歴史的背景として理解されたのである[35]。

『国富論』第三篇で提示された「富裕の自然的進歩」について，もう1点指摘するなら，スミス自身は，ヨーロッパ社会が全体として予定調和的かつ一律に「富裕」を実現するといった，楽観的な進歩史観を論じているのではないことに注意が必要である。「商業と製造業」が「農村の改良」を導くとされる三つの方法の進捗状況は，ヨーロッパのそれぞれの地域のさまざまな特殊事情よって異なるのだから，『国富論』第三編の表題にあるように「さまざま国民の富裕の進歩」には違いが生じるのである。むしろ「富裕と自由」の道を歩みつつあるイングランドの状況は，歴史の偶然がもたらした僥倖というべきではなかろうか。

(2) 大航海時代の幕開けとヨーロッパ近代社会の発展

近代ヨーロッパにおける文明社会の成立起源は，「農業の改良」に資本が投じられるようになった段階に求められたのであるが，その時期は，ヨーロッパに普及した封建的統治が解体し始めた12世紀以降のことだと考えられる[36]。そしてスミスは，封建的統治が絶対主義的統治（absolute government）へと移行する「15世紀末から16世紀初めにかけて，ヨーロッパの大部分はそれ以前のいくつかの時代よりも安定した政治形態に近づきつつあった。安定性の増大は自然に産業と改良を増大させるだろう」(WN, p. 199, (1) 316頁)，と述べている。とはいえすでに論じたように，黎明期の近代ヨーロッパは，

---

35) この点については，やや古い文献であるが，渡辺 (1979) を参照されたい。
36) ここでヨーロッパにおける封建制の解体時期を12世紀以降としたが，スミス自身は，ローマ帝国崩壊後の「自由保有的統治（allodiall government）」から「封建的統治（feudal government）」への変化は「およそ9世紀から11世紀にかけて，ヨーロッパ全土において生じた」(LJ(A), 252/265) と述べている。中世史の大家マーク・ブロックは，「13世紀中葉以降，ヨーロッパの諸社会は封建的形態から決定的に離脱した」(Bloch 1940, 613/161) と指摘している。もちろんヨーロッパにおける封建制の解体時期は一律ではなく，地域においてかなりのタイム・ラグがあったことは言うまでもない。

第Ⅱ部

絶対王政の時代になっても，同時代のアジア（シナとインド）と比べれば，文化的にも経済的にも遠く及ばぬ水準にあった。こうした後発のヨーロッパ社会が，やがてアジアに追いつき，そして遂には経済的に凌駕するに至ったのはなぜだろうか。この問題についてスミスは，大航海時代に始まる新たな世界史的背景を念頭において，次のように指摘している[37]。

> アメリカの発見と喜望峰経由での東インド航路の発見とは，人類の歴史に記録された最大かつ最重要な二つの出来事である。その諸結果は，これまですでにきわめて大きかったが，しかしこれらの発見以来の2，3世紀という短い期間では，両者の結果の全範囲を知ることは不可能だった。それらの大事件から今後どのような恩恵または不運が人類にもたらされるのか，人智は予測できない。(WN, pp. 626, (3) 234 頁)

人類の歴史における「最大かつ最重要な出来事」であるという，このアメリカの発見と東インド航路の発見は，ヨーロッパ経済の発展にどのような結果をもたらしたのだろうか。この点については，『国富論』第四篇第一章において次のように論じられている。

> アメリカの発見は，……ヨーロッパのすべての商品にたいして無尽蔵の新市場を開くことによって，それは新しい分業と技術改良を引き起こしたのであって，そうしたことは，昔の商業の狭い範囲内では，その生産物の大部分を吸収する市場が欠けていたために，けっして起こりえなかった。労働の生産力は改善され，労働の生産物はヨーロッパのさまざまな国のすべ

---

37) 『国富論』グラーズゴウ版の編者が指摘するように，下記の引用において示す文章は，ギヨーム＝トマ・レナールの大著『両インド史』第一篇「序文」の冒頭文節を借用して書かれたと推定される (WN, p. 626, note 73)。「人類一般にとって，とくにヨーロッパの諸国民にとって，新世界の発見と喜望峰経由での大インドへの航海ほど興味深い出来事はなかった。そのときから貿易において，国力において，すべての民族の習俗と産業と政体において，ひとつの革命が始まった。……」(Rayal, Guillaume-Thomas, *Histoire philosophique et politique des Établissemens et du Commerce des Européens dans les deux Indes*, 5 vols, Geneve, 1780, Tome I, 1-2. (大津真作訳『両インド史 —— 東インド編・上巻』法政大学出版会，2009 年，7) スミスの蔵書リストによれば，大津訳が底本としている 1775 年にジュネーヴで出版された 3 巻本が所蔵されている。Mizuta, H. (ed.), *Adam Smith's Library: A Catalogue*, Oxford University Press, 2000, 212.

てで増加し，またそれとともに住民の実質的な収入と富も増加した。……これとほぼ同時に起こった喜望峰経由での東インドへ航路の発見は，おそらく，いっそう距離が遠いにもかかわらず，アメリカの発見よりもさらに広い展望を，対外商業にたいして開いた。(WN, 448/(2) 291-92)

このようにスミスは，アメリカと東インド航路の同時的発見が，ヨーロッパ経済にたいして広大な新市場を開拓し，それによって旧大陸の製造業の発展と実質所得（富）の増加をもたらしたと論じるのである[38]が，その一方で彼は，「アメリカの発見がヨーロッパを富ませたのは，金銀の輸入によってではない」(WN, 447/(2) 290) ことを強調している。『国富論』の別の箇所で述べているように，スミスは，「ヨーロッパにおける金銀の量の増大とその製造業および農業の発展とは，ほぼ同時期におこった二つの出来事だとはいえ，きわめて異なる原因から生じ，相互にほとんどなんの自然的関連もない」(WN, 255/(1) 415) として，16世紀後半に生じた「価格革命」（インフレーション）がヨーロッパ経済の繁栄に寄与したとする考え方を明確に否定している。しかし彼は，「価格革命」の影響を否定するとはいえ，新大陸の金銀がヨーロッパを中心とする東西貿易を世界市場へと発展させる原動力として，いかなる役割も果たさなかった，と主張しているわけではない。「貴金属はヨーロッパからインドへと運ぶことがつねに極度に有利な商品だったし，いまも依然として有利な商品である。……こうして新大陸の銀は，旧大陸の両端のあいだで商業が行われる主要商品のひとつであるように思われるし，世界のそれらの遠隔地がたがいに結ばれるのも，新大陸の銀によるところが大きい。」(WN 224/(1) 359) すなわち，貴金属（とくに新大陸の銀）は，普遍的な交換可能性をもつ「貨幣商品」として，ヨーロッパとアメリカだけではなく，さらに広く東インド（アジア）においても，きわめて重要な役割をはたした，と言うのである[39]。

---

38) ただしスミスは，ヨーロッパを繁栄に導くことになるアメリカおよび東インド航路の発見が，「東西両インドの原住民」にとっては「おそるべき不運」をもたらしたとも指摘している (WN, 626/(3) 234)。こうした不運をもたらした元凶こそ，ヨーロッパの政府が推進した植民地政策と「貿易の独占」である。
39) とくに対アジア貿易全般における「商品」としての銀の重要性については，Prakash (1976, 159-187), Pomeranz (2000, 160-61, 271-72) を参照されたい。

東インド（アジア）との交易がヨーロッパにとってきわめて有利であるのは，「東インドが，ヨーロッパの製造品にも，アメリカの金銀やその他いくつかの生産物にたいしても，ヨーロッパとアメリカを合わせたよりも広大な市場を提供している」(WN, 632/(3) 245)」からである。しかし実際には東インド会社の「排他的独占」があるために，アジアとの交易は，アメリカ貿易ほどヨーロッパにとって有利ではない (WN, 448-49/(2) 292-93)。にもかかわらず東インド（アジア）貿易がヨーロッパ諸国の経済成長を促進することになった理由を，スミスは，かれの経済学の理論を用いて次のように説明する。第一に，大帝国シナとインドの労働の価格は，実質的にも名目的にもヨーロッパよりも低いので，たとえ両帝国の「製造業と技術と勤勉」はヨーロッパよりやや劣るとはいえ，「大部分の製造品の貨幣価格は，当然に，それらの大帝国のほうがヨーロッパのどこよりもはるかに低いだろう。」(WN, 224/(1) 358) したがって，一定量の貴金属は，ヨーロッパよりも東インドにおいてはるかに多量の同種の商品を購買できるわけだから，たとえ遠距離であってもアジアの商品を（貴金属との交換で）輸入するほうが，自国で製造するよりもヨーロッパにとって有利である。それゆえ「貴金属はヨーロッパからインドへ運ぶことがつねに極度に有利な商品であったし，いまも依然として有利な商品である。<u>インドでは貴金属以上にいい価格で売れる商品はほとんどない</u>。」(WN, 224/(1) 359)

　第二に指摘されるのは，ヨーロッパとアジア間の金銀比価の問題である。「シナや他のインドの大部分の市場では，純銀と純金との比率は 10 対 1, あるいはせいぜい 12 対 1 にすぎないのに，ヨーロッパでは 14 ないし 15 対 1 である。」(WN, 224-25/(1) 359) つまり，ヨーロッパからアジアに銀 10 単位を輸出し，それを現地の金 1 単位と交換してヨーロッパに持ち帰えれば，その金 1 単位は 40 パーセントから 50 パーセントも多くの銀と交換できるのである。こうした両地域間の金銀比価の差額によって，ヨーロッパからアジアへの銀の流出とアジアからヨーロッパへの金の流入が，すでにアメリカの銀鉱山発見以前から生じていたのである[40]。

---

40) この点については，グンダー・フランクが指摘するように，「世紀単位のスパンで一般的に言えば，海路・陸路の両方を通じて，銀は東方に流れ，……金は西方に流れて

5 むすび

　ヨーロッパ社会は，封建制が解体され，農業への資本投資が実現されたことによって文明化の道を再び歩み始めた。こうして近代ヨーロッパに「文明社会」が再建されたとはいえ，しかしその前途は，かならずしも順風満帆というわけではなかった。ヨーロッパがアジアの先進地域に経済的にも文化的にも追いつくためには，大航海時代において実現された「二つの出来事」，すなわち「アメリカの発見と喜望峰経由での東インド航路の発見」が必要とされたのである。これは，いわば歴史的には偶然というべき出来事であった。スミスは『国富論』第四篇で，ヨーロッパの絶対主義国家が推進した植民地主義と貿易独占を重商主義政策の弊害として厳しく批判したが，同時に彼は，「アメリカの発見と喜望峰経由での東インド航路の発見」によって開拓されたアメリカとアジアの市場が近代ヨーロッパ社会の離陸（テイク・オフ）に大きく貢献したことを，経済学のツールを使って歴史的および理論的に明らかにした。大航海時代以降に成し遂げられたヨーロッパ経済の飛躍的進歩は，第一に，突如開かれたアメリカ市場がヨーロッパの製造業に広大な販路をあたえたことによって，そして第二に，新大陸から大量の銀がヨーロッパに搬入された結果，アジアとヨーロッパ間での金銀比価の格差が拡大したことに加え，同一商品にたいする銀の購買力（支配労働量）は，ヨーロッパよりもアジアの方が大きいという理由によって，実現されたのである。

参考文献

Ayres, P. 1997. *Classical Culture and the Idea of Rome in Eighteenth Century England*, Cambridge University Press.

Berry, C. 2013. *The Idea of Commercial Society in the Scottish Enlightenment*, Edinburgh University Press.

Bowles, P. 1986. "Adam Smith and the 'Natural Progress of Opulence'", *Economica*, 53, pp. 109–111.

　いた。」(Frank 1998, 111/218-19)

第 II 部

Brenner, R. 1976. "The Agrarian Roots of European Capitalism", in *The Brenner Debate: Agrarian Class Structure and Economic Development in Pre-Industrial Europe*, Aston, T. H. and C. H. E. Philpin eds., Cambridge University Press. (長原豊監訳『所有と進歩 —— ブレナー論争』日本経済評論社, 2013)

―― 2007. "Property and Progress: Where Adam Smith Went Wrong", in *Marxist History-Writing for the Twenty-first Century*, Wickham, C. (ed.), The British Academy, Oxford University Press. (長原監訳, 同上)

Bloch, M. 1940. *La Société Féodale*, Albin Michel, 1940. (新村猛・森岡敬一郎・神沢栄三・大高順雄訳『封建社会2』みすず書房, 1997)

Ennen, E. 1979. *Die europäische Staat des Mittlealters*, dritte Auflage, Sammlung Vandenhoeck. (佐々木克己訳『ヨーロッパの中世都市』岩波書店, 1987)

Ferguson, A. 1966. *An Essay on the History of Civil Society*, Forbes, D. (ed.), Edinburgh University Press. (大道安次郎訳『市民社会史』〔上・下〕白日書院, 1948)

Frank, A. G. 1998. *ReOrient: Global Economy in the Asian Age*, University of California Press. (山下範久訳『リオリエント —— アジア時代のグローバル・エコノミー』藤原書店, 2000)

Hume, D. 1983. *The History of England, from the Invasion of Julius Caesar to The Revolution in 1688*, 6 vols., Vol. II, Todd W. (ed.), Liberty Press. (池田和央・犬塚元・壽里竜 (2004)「ヒューム『イングランド史』抄訳(1) 第23章末尾小括」,『経済論集』〔関西大学〕54巻2号)

Jones, E. L. 2000. *Growth Recurring: Economic Change in World History*, The University of Michigan Press, Second edition. (天野雅敏・重富公生・小瀬一・北原聡訳『経済成長の世界史』名古屋大学出版会, 2007)

―― 2003. *The European Miracle: Environments, Economies and Geopolitics in the History of Europe and Asia*, Third edition, Cambridge University Press. (安元稔・脇村孝平訳『ヨーロッパの奇跡 —— 環境・経済・地政の比較史』名古屋大学出版会, 2000)

Lopez, R. S. 1976. *The Commercial Revolution of the Middle Ages, 950–1350*, Cambridge University Press. (宮松浩憲訳『中世の商業革命』法政大学出版会, 2007)

Meek, R. L. 1973. Introduction to *Turgot on Progress, Sociology and Economics*, Cambridge University Press.

―― 1976. *Social Science & the Ignoble Savage*, 1976, Cambridge University Press.

―― 1997. *Smith, Marx, & After: Ten Essays in the Development of Economic Thought*, Chapman and Hall. (時永淑訳『スミス, マルクスおよび現代』法政大学出版会, 1980)

Pagden, A. 1982. *The Fall of Natural Man: The American Indian and the Origin of Comparative Ethnology*, Cambridge University Press.

Pocock, J. G. A. 1999. *Barbarism and Religion II: Narratives of Civil Government*, Cambridge University Press.

―― 2003. *Barbarism and Religion III: The First Decline and Fall*, Cambridge University Press.

―― 2005. *Barbarism and Religion IV: Barbarians, Savages and Empires*, Cambridge

University Press.
Pomeranz K. 2000. *The Great Divergence: China, Europe, and the Making of the Modern World Economy*, Princeton University Press.
Pomeranz K. and S. Topik 2006. *The World That Trade Created: Society, Culture, and the World Economy, 1400 to the Present*, Second ed., M. E. Sharpe. 福田邦夫・吉田敦訳『グローバル経済の誕生 ―― 貿易が作り変えたこの世界』筑摩書房,2013.
Prakash, O. 1975. "Bullion for Goods: International Trade and the Economy of Early 18th-Century Bengal", *Indian Economic and Social History*, 13, in Prakash, *Precious Metals and Commerce: The Dutch East India Company in the Indian Ocean Trade*, Ashgate, 1994.
Quesnay, F. 1767. *Despotism de la Chine*, in *Œuvres économiques et philosophiques de F. Quesnay*, A. Oncken (éd), Francofort et Paris, 1888.
Skinner, A. S. 1979. *A System of Social Science: Papers relating to Adam Smith*, Oxford University Press. 田中敏弘・橋本比登志・篠原久・井上琢智訳『アダム・スミスの社会科学体系』未来社,1981.
Smith, A. 1976. *An Inquiry into the Nature and Causes of the Wealth of Nations*, 2 vols, Campbell, R. H. and A. S. Skinner (eds.), Oxford University Press. 水田洋監訳『国富論』(全4冊) 2000-2001,岩波文庫.
―― 1978. *Lectures on Jurisprudence*. Meek, R. L., D. D. Raphael and P. G. Stein (eds.), Oxford University Press. LJ(A): 水田洋・篠原久・只腰親和・前田俊文訳『アダム・スミス法学講義 1762〜1763』2012,名古屋大学出版会;LJ(B):水田洋訳『法学講義』2005,岩波文庫.

池田和央・犬塚元・壽里竜. 2004.「ヒューム『イングランド史』抄訳 (1) 第23章末尾小括」,『経済論集』〔関西大学〕54巻2号,pp. 149-70.
伊藤貞夫. 1981.『古典期のポリス社会』岩波書店.
―――― 1982.『古典期アテネの政治と社会』東京大学出版会.
―――― 2004.『古代ギリシアの歴史 ―― ポリスの興隆と衰退』講談社学術文庫.
片岡大右. 2012.『隠遁人,野生人,蛮人 ―― 反文明的形象の系譜と近代』知泉書館.
小林 昇. 1976a.「『国富論』における歴史批判 ―― 第三・第四両編への視角」,『小林昇経済学史著作集 II ―― 国富論研究 (2)』未来社,pp. 181-216.
―――― 1976b.「『国富論』におけるアメリカ」同上,pp. 255-300.
瀬原義生. 1993.『ヨーロッパ中世都市の起源』未来社.
竹本 洋. 2005.『『国富論』を読む ―― ヴィジョンと現実』名古屋大学出版会.
田中正司. 2003a.『アダム・スミスの自然法学 ―― スコットランド啓蒙と経済学の生誕』(第2版[第1版1988])御茶の水書房.
―――― 2003b.『経済学の生誕と『法学講義』 ―― アダム・スミスの行政原理理論研究』御茶の水書房.
野原慎司. 2013.『アダム・スミスの近代性の根源 ―― 市場はなぜ見出されたのか』京都大学学術出版会.

第Ⅱ部

長谷川博隆．2001．『古代ローマの政治と社会』名古屋大学出版会．
羽鳥卓也．1990．「スミスの歴史分析 ── 『国富論』第三編について」,『「国富論」研究』未来社，第六章に所収．
南川高志．2013．『新・ローマ帝国衰亡史』岩波新書．
渡辺恵一．1979．「『国富論』第三・第四編の関連についての一考察 ── 現状批判としての「哲学的歴史」の方法」,『経済学雑誌』〔大阪市立大学〕80巻3号，pp. 95-109.
───── 2014．「アダム・スミスの文明社会論 ── 啓蒙と野蛮の諸相」, 田中秀夫編著『野蛮と啓蒙 ── 経済思想史からの接近』京都大学学術出版会, pp. 255-297.

第9章
啓蒙の世界観
—— ポープとスミスの「見えざる手」

野原慎司

1 はじめに

　アダム・スミスの道徳哲学体系は，人間本性，法，社会，経済に至る浩瀚なものである。ただ，スミスの思想の根底にあり，認識論的基盤をなす世界観そのものを，彼は明示的に論じている訳ではない。特に，彼が往々にして「自然の著者（神）」やその意図についてたびたび言及しているにも関わらず，神を含めた世界認識そのものを体系的に叙述していないことについてそれは当てはまる。スミスの世界観は謎が多いのである。スミスは一体どのような世界観を抱いていたのであろうか。

　アレクサンダー・ポープ（Alexander Pope, 1688-1744）は，彼の詩の世界を通じて，啓蒙思想家に多大な影響を与えたことで知られている。彼の詩は，イギリス国内で評判を呼んだのみならず，フランスにおいても，ヴォルテールが賞賛し，ジャン・ジャック・ルソーが書簡のなかで詳しく論じるなど多大な影響を与えた。スミスも，後述するように，ポープに言及しているし，ポープに影響されたと思われる節がある。では，ポープの詩にみえる世界観はどのようなものであり，そのどこに啓蒙思想家はひきつけられたのであろうか。啓蒙思想家のすべてを取り上げるわけにはいかないので，本章では，ポープと比較してのスミスを取り上げる。むろん，スミスの自然観の背景としては，ポープのみではなく多様な文脈が存在するのであり，本章はその一源泉に迫るに過ぎない。

　スミスへのポープの影響として重要なのは，とりわけスミスの「見えざる

手 the invisible hand」の論理をめぐってである。スミスの「見えざる手」の背景をめぐっては，近年においてさえ論争が活発であり，決着を見ていない。論争の一つの焦点は，スミスの「見えざる手」の論理が彼のストア主義的摂理観を反映させたものであり彼の世界観を象徴的に表現しているものなのか，それとも単なるレトリックにすぎないのかということである。その論争のごく一端を取り上げると，グラスゴー版『道徳感情論』の編者序において編者ラフィルとマクフィーが指摘したのは，スミスは「宇宙の偉大な指導者」(TMS, VI. ii. 3 / 訳（下），148) などの神の表現を用いているが，スミスの「見えざる手」の表現は，社会の仕組みという観点からの調和的世界というストア主義的考えを反映したものであるということであった (Macfie & Raphael 1982, 7)。グロリア・ヴィヴェンツァは，スミスの著作がいかに古典古代の著作，なかでもストア主義の著作に起源を持つかを明らかにしたその著において，「一般的にいって神は理性的な動物の本性を仕組んで，もし人が共通の利益に何か貢献するのでなければ，自分のどんな善をも達することができないようにしたのである。かくてすべてを自分のためにやるということは，決して非社会的にはならないのだ」(エピクテートス 1958（上），82) というエピクテトスの記述を論拠にしつつ，「見えざる手」のストア主義的基礎を明らかにした (Vivenza 2001, 61-62)。

　これに対して，エマ・ロスチャイルドは，見えざる手はせいぜい「やや皮肉な冗談」(Rothschild 2001, 116) として解されるものだと指摘した。なぜなら，「invisible」のラテン語「caecus」は文字通りには「盲目の blind」という意味であり，「見えざる手」は，導かれる手が見えない以上，個人の知性の盲目性を意味している。しかし，スミスは知的会話による個人の知的能力の向上や未来を予期して行動する個人の能力を重視したのであり，「見えざる手」は非スミス的なものである (123-124)。なお，これに関連して，「見えざる手」をその系論とするストア主義の摂理の秩序とスミスは反対であるとロスチャイルドは主張する。なぜなら，スミスはストア的な結果や環境への無感動と無関心を嫌っていたからである (132)。かつ，スミスの秩序観は，設計（デザイン）がなくとも秩序は成立しうるのであり，全体を見渡す全能者（例えば主権者）に率いられなくとも秩序は成り立ちうるというものである。

「見えざる手」が含意する全体者の存在は，スミスが前提とするところではない。スミスにとって，秩序の存在は設計の存在を示唆してはない (135)。ストア主義は18世紀においては，信仰家にとっての理神論，徳への敬意の証明というふうに，宗教の代理として用いられていた。ストア主義者であることは，安全な立ち位置の理神論者であることであった。ストア主義はエピクロス主義と反する。スミスは道徳を快苦で説明するエピクロス主義の道徳観には反対であったが，感情を道徳の基礎とした点で，感情なき徳を主張したストア主義的ではなく，エピクロス主義的である (304)。

しかし，このロスチャイルドの主張には多少の難点がある。まず，「見えざる手」＝神の設計の存在は，人間社会による人間による全体の設計の不在にも関わらず成立する秩序と両立しうるものであり，人間による設計は無理でも「見えざる手」による設計は存在しうるということがある。かつ，神による設計は，人間にとって不可視であっても，それは人間的限界である以上，人間の「盲目」を意味するものではない。人間の知的能力の肯定と，全体の摂理の不可視性は両立しうるのである。しかも，スミスが，様々な表現を用いつつ，神の摂理の意図を意味する言葉をたびたび用いていたことを考えると，「見えざる手」をその系論とする神の摂理の意図をスミスが単なる冗談とみなしていたとは考えづらいのである。

では，スミスはストア主義者であると言えるのであろうか。後述のように，スミスの秩序観は多くの点でストア主義的である。しかしながら，スミスが，『道徳感情論』第6版で「自然が，われわれの行動のために大筋を書いておいてくれた計画と体系は，ストア哲学のそれとはまったくちがっているように思われる」(TMS, VII. ii. 1. 42 / 訳 (下)，272) と明確に自らの秩序観がストア主義ではないと述べている以上，スミスをストア主義者とみなすのには無理があるように思われる。

なお，スミスの「見えざる手」をめぐっては，神学的背景からの研究もなされている。例えば，田中 (1993) は，スミス思想の基盤に自然思想を見出した。自然神学とは，神の啓示 (聖書) を認めつつも，世界中に様々な宗教があり，それぞれに神の考えを持つ以上，キリスト教の神のように完全に正しくないにせよ，人間の理性によって一定程度神性は見出されてきたし，そ

の証明は可能であるとの立場である。

では,スミスの思想を自然神学的背景から説明できるのかというとそれにも若干の疑問がある。確かに,グラスゴー大学での道徳哲学講義には,神の存在証明などを含む自然神学が含まれていたことはよく知られている。しかし,出版計画があると最後まで明確に言明した自然法学講義とは異なり,スミスは自然神学体系の出版をなそうとしたとはどこでも言っていない。スミスは自然神学を大学で教えていたし,自然神学の書を出版することには何の環境上の差し支えもなかったはずであることを考えると,スミスの思想の基盤にもし自然神学が存在するのなら,スミスは自然神学の書を出版するか,少なくとも出版すると言明していたはずであるが,現実にそれをなしてはいない。講義と出版は別である。かつ,『道徳感情論』その他の著作には,自然神学にとって中心的である神の存在証明をどこにも含んでいないし,神の命令・法を道徳性の淵源とスミスは述べている訳ではない。自然神学がスミス思想の根本的基礎であるとの説には,以上の点から疑問が残るのである。

なお,Alevy (2003) は,スミスの世界観の背景にある宗教観を考究した。スミスの宗教観は,自然法則に支配された調和的宇宙観を有したニュートンの思想,スコットランド啓蒙の知識人のストア派的調和的秩序観(その場合の秩序は,神という存在が中心にありキリスト教化されている),両者のデザイン論(世界は神のデザインにより設計されているという議論)を批判したヒューム,それらの相互に矛盾する考えがすべて入り込み,結果としてスミスの宗教観は一貫性を欠いていると主張する (257-268)。しかし,本章が主張するように,スミスの宗教観はある程度一貫性が存在するとの解釈も可能である。

もう一つの可能な解釈として,スミスが完全に「世俗的」で,宗教に関心がなかったという可能性もあるが,その可能性は低い。スミスはたびたび神や神の摂理を意味する表現を,形式的でレトリカルとみなしうる範囲を大きく超えて用いていた以上,スミスの何らかの神についての考えとのつながりは疑うべくもないからである。

こうして,スミスの「見えざる手」の背景をいかに説明すべきかについて,われわれは難問に突き当たる。神学的でもなく世俗的でもない。ストア主義

的であり，かつ非ストア主義的であり，エピクロス主義的でもある。ここで疑問に思うのは，これらスミスの「見えざる手」の背景についてなされてきた説明は，スミスをある一つの思想・世界観から説明しようとし，そのためにその他の説明を排除するものであったが，それは正しいのかということである。例えば，エピクロス主義とストア主義は根本的には相容れないが，両者の考え方双方を用いつつ自己の思想を展開するということも可能であったのではないだろうか。つまり，それまでのさまざまな思潮・世界観に対して，双方を折衷的に受容するという思想史の展開も可能だったのではないだろうかということである。思想家は，それまでに展開された様々な世界観を吸収しつつ，自己の世界観を形成する。その際，自己が傾倒する世界観に影響されるのはもちろんのこと，その世界観と対立しその世界観を批判する別の世界観からさえ，影響を受ける。こうして，思想の歴史は展開してゆく。このことを言い換えれば，思想史は，ストア主義，エピクロス主義，という縦のラインからの把握の他に，時代ごとの差異という横のラインからも捉えうるのであり，時代ごとの知の認識論的基盤の差異もまた大きいということである。例えば，古代のストア主義者にもエピクロス主義者にも経済認識の占める位置はあまり大きくないが，18世紀のストア主義者とエピクロス主義者には，両方とも経済認識の占める位置が大きいという共通の特徴があるというふうに，共時性も存在するのである。

　本章では，ポープの詩を取り上げることで，スミスがいかにして様々な思潮を折衷して，矛盾を伴いつつも一つのヴィジョンにまとめあげたかをまず検討したい。第二に，ポープの人間観を取り上げたい。次に，その折衷様式が，スミスの「見えざる手」の論理とある共通性を持っていることに言及しつつ，スミスの「見えざる手」の論理を再考したい。その際の主張の根底は，神およびその属性について人間は知ることはできないという不可知論のポープとスミスにおける基底性である。不可知論（agnosticism）は，無神論（atheism）とは異なり，神の存在を否定する訳ではない。宗教的な立場から不可知論を選択することもありうる。加えて，人間理性により神の存在証明は可能であるとして神の存在証明を通常含む自然宗教と，神の存在証明は人知に余るとする不可知論は異なる。不可知論は，スミスが自然神学の書を著

していないのに神の摂理についてたびたび言及する謎を解く一つの鍵である。むろん、本章はスミスの「見えざる手」の背景のすべてを解明しようとするものではない。そのほんの一端に焦点を当てた研究である。

2 ポープと「見えない」神

ポープの詩をめぐってもまた、さまざまなレッテルが貼られている。ルクレティウス・エピクロス主義的、反エピクロス主義、ライプニッツ的、ネオ・プラトニスト的などなど。本章では、ポープの詩が、それらの諸思潮を折衷して一つの世界観に昇華させたものであることを明らかにしたい。その折衷形式は、スミスの「見えざる手」とも通底するものがある。

ポープはその詩を通じて、とりわけ『人間論』において、人間社会の有り様を示そうとした。それは、彼の不可知論的世界観が基礎となっているものであった。なお、ポープの『人間論』における世界観についてはボーリングブルック (Henry St John, 1st Viscount Bolingbroke, 1678-1751) の影響が指摘されてきた。ボーリングブルックのポープへの影響については、今なお論争は継続中である。ただ、ポープとボーリングブルックの思想の類似性を示す研究もなされている (Hammond 1984, 69-91)。

ボーリングブルックの思想のなかで、とりわけポープと共通性があるのは、その不可知論である。ボーリンブグルックは、人間理性には限界というものがあり、神や神の摂理の全貌を明らかにすることは人知を超えることであるという不可知論の立場であった。しかし、人間には人間世界を知るのに十分なほどの理性は与えられており、かつ人間理性によってその法則性が把握しうるほどには人間世界は合理的である。それは人間の本性にとって十分なものであることを指摘した。そして、これまでの神学は、人知を超える領域に踏み込んでいるとして批判した（この点については、Nohara 2011 を参照せよ。

ポープもまた不可知論の立場を採用する。ポープは1733年から1734年にかけて刊行された『人間論 An Essay on Man』の冒頭の部分で、

まず最初に，天なる神と地上の人間について，
我らの知っているものから判断する以外に，我らは何を判断しうるだろうか。
人間について我らが判断し参照するよすがは，
この地上の彼の状態を除いて何があるだろうか。
たとえ神が無数の世界に知られているとしても，
我らは我らの世界に神をあとづける以外にないではないか。
茫漠たる空間を貫いて眺め，
数多の世界が重なり合って，一個の宇宙を形づくるのを見，
組織が組織の中に連なり，
いかなる惑星がいかなる太陽をめぐり，
いかに様々な存在が恒星の一つ一つに住むかを観察し得る者は，
神がなぜ我らをこのように造ったかを語り得るかもしれない。
しかしこの世界を支え，結ぶものを始め，
強固な連絡，微妙な依存，正しい位置の関係などを，
広く行き渡る汝の魂は，果たして見ぬいたことがあるだろうか。
部分が全体を包むことがあり得るだろうか (Pope 2006, 272-273 / 訳 16-17)。

神の宇宙の全体性から人間は切り離され，狭い部分しか認識できない。ポープはボーリンブグルックと同様に，神と神の世界の全体は人間にとって不可知であるという不可知論の立場に立っていると。しかし，人間の理性について悲観に陥らず，それは十分な判断能力を備えていると考えている。全体からの切り離しは，人間の個別性の肯定へと導かれる。

引用文中の後半の箇所のうちの，「茫漠たる空間を貫いて眺め，［中略］観察し得る者」とは，ルクレティウスの言及しているところのエピクロスのことであると編者は指摘する。ルクレティウスは，「地上で演じられている人間の生活は，なんとなげかわしい見せ物だろうか。天上から恐ろしい様相で地上に降り立った宗教の重圧に，すべての人間が押し潰され／いるではないか。しかし［中略］この男エピクロスの試みを止めることはできなかった。

第Ⅱ部

［中略］かれは想像力を駆使して，無限の世界を遍歴したのだ。勝利者としてもどってきたエピクロスは，わたしたちに生成するもの，しないもの，万物にさずけられた限定された力，変わることのない限界についての法則を語った。このようにして宗教は打ち負かされ，かれの足もとに屈服した」(ルクレティウス 2006, 24) と語った。このように，エピクロスの原子論哲学は，世界の原理を説明するものであったが，それは宗教の否定を伴っていたと考えられる。ポープが反駁する必要を感じたのは，おそらくルクレティウス哲学のもつこの含意である。

　ポープの伝記を執筆したマックによると，ポープ以前のミルトンの時代においてさえ，例えばミルトン『失楽園 (*Paradise Lost*)』において，もはやアダムとイブの楽園追放のきっかけとなったリンゴの事件を，神秘を伴う神の命令というそれ以前の時代の捉え方ではなく，服従と不服従の象徴という合理化された説明がなされるようになっていた。ホッブズやロックやニュートンの著作とともに，聖書のその物語は文字通りに受け取られなくなっていった。そこに世界を原子とその運動から説明するルクレティウス『万物の根源を求めて (*De Rerum Natura*)』が人びとに受け入れられる土壌が生じた。17世紀にはドライデンがルクレティウスの詩を翻訳し賞賛したし，1682年にはその詩のすべてが，オックスフォード大学のトマス・クリーチ (Thomas Creech, 1659-1700) により翻訳され，広く知られるようになった。ポープの時代の要請は，ルクレティウスの詩に反論して摂理を擁護すること，それも同時代に受け入れ可能な言葉でもって，しかもルクレティウスの詩と同様の説得力をもった詩でもって摂理を擁護することであり，それをなしたのがポープ『人間論』であった (Mack 1985, 523-524)。ポープの詩が流行した背景はそこにあった。

　その際，彼は自覚的に方法を選択した。彼の方法論上の選択がよりよく窺われるのは，その詩『愚人列伝 (*The Dunciad*)』の 1743 年に付加された第 4 巻においてである。

　　　見える世界 (the visible world) における結果から，第一原因〔＝神〕の永
　　遠の力と神性を推論する者は，神性の十全な考えには到達しえないとはい

え，人間の創造の目的と人間の幸福のための手段を理解するのに十分なほどには神を見出す。他方で，(ホッブズ，スピノザ，デカルトや他のましな理論家のような)アプリオリの道を選択する者は，〔中略〕霧のなかで自己を見失う。

〔中略〕見える世界 (the visible world) から見えざる神 (the invisible God) へと推論する代わりに，〔中略〕見えざる神から下降して見える世界へと，人間の創造へと理論を進める者(自分の想像からある形而上学的な原理にふさわしい属性を神に与える者)は，〔中略〕世界に見られる悪の説明ができないことから，神を疑いはじめるであろう (Pope 2006, p. 541)。

と述べている。神の存在証明，神の属性の説明からはじめて，そこから世界の構造を説明する理論は，世界を神の与えた合理的な法則が貫くものと捉える。だが，現実の人間社会は，不合理なこともあれば悪も存在する。神の説明から演繹的に世界を説明する理論では，それらの現実をうまく捉えることができず，それは結果として第一原理＝神を疑うという帰結を伴ってしまう。「見える世界」から始めること，すなわち現実の人間世界をまず見て，そこに貫く法則と秩序を見出すことから始める，とりわけ現実社会における悪の存在の理由を解明すること，それが結果として，「見えざる神」を見出す正しい道である。「見える」人間世界のうちに，「見えざる神」の手を見つけること，それがポープのミッションであった。それは，人間社会における意図せざる結果のうちに神の「見えざる手」を見るスミスの世界観と通底するものを持っているのである。なお，神の存在を理性により程度の差こそあれ捉えうるとする自然神学と，神の存在を人間理性では届き得ぬものとするここでの不可知論は異なっている。加えて，経験論そのものとのこの不可知論は異なる。経験論とは異なり，不可知であるはずの神の摂理を見つけ出すという目的を根底に有しているからである。

3 ポープにおける人間社会

では、人間と人間社会はポープにおいてどのように捉えられているのであろうか。下記のように述べる。

　従って汝自身を知るがよい。神の謎を解くなどと思いあがるな。
　人間の正しい研究題目は人間である。
　この中間状態という狭い地域に置かれた、
　先はみえないながら賢く、荒削りながらも偉大な存在。
　懐疑主義者 (the sceptic) の側に立つには知識がありすぎ、
　ストア主義者の誇り (the stoic's pride) を持つには弱すぎ (281 / 訳 37 (原語の付記も筆者による))。

と述べる。ストア主義者は、人間の理性で世界を捉えうるという立場であったが、ポープはそれを否定する。ポープにおいて、神は人間にとって不可知の領域にある。しかし、ポープは懐疑主義者のように人間理性を全面的に卑下するようなこともしない。この折衷的なヴィジョンこそポープの特徴なのである。なお、ストア主義者は世界が神と理性ある人間のためにあり、人間には人間以下の世界の被造物を支配し利用する権利があると考えていた。このような人間中心の見方をも、ポープは否定する (275 / 訳 23)。

そしてポープは、人間本性をその限界を捉えつつ考察しようとする。彼によると、「人間性の中には、二つの原理が支配する。利己心は促し、理性は抑える。一が善で、他が悪だとは我らは言わない。それぞれに或は動かし、或は治める目的がある。寧ろその正しい働きにすべての善を、正しくない働きにすべての悪を帰そう。運動の発条である利己心は魂を動かし、理性の調節器はすべてを律する。自愛がなければ人間に行動が伴わず、理性がなければ動いても目的を達しない」(282 / 訳 40-41)。ポープは、人間本性のそれぞれの部分にはそれぞれ役目があると主張しているのである。

利己心は様々な型の欲望を伴う。人間社会においては、人間にとって悪と見えることも全体との関係では善であるかも知れない。「人間について我ら

が「間違い wrong」と呼ぶものは，全体との関連では「正しい right」かもしれないのだ」(273 / 訳18)。「悪人や愚者も発作的に正しく賢く，最善の者も発作的に日ごろ軽蔑するものになる。人はそれぞれ違った目的を求めるが，神の偉大な目的は一つで，しかも全体だ。[中略]神は人間相互が依存するように作り，主人も，召使いも，友達も，それぞれ援助を相手に求め，一人の人間の弱さが全体の力となる。欠乏と脆弱と欲望とが密接に，共通の利害を結びつけ，結合を貴重なものにする」(287-288 / 訳52-54)。こうしてポープは，ある観点から「悪」と非難される「欲望」も，人間を協力へと導くものであると唱え，「悪」の現実世界での存在の理由を解き明かす。

この点は，他の詩においてより明白となる。ポープの死後『幾人かへの書簡集，あるいは道徳論集 (*Epistles to Several Persons or Moral Essays*)』として編纂されるが，ポープ自身は別々に執筆した一連の詩がそれに当たる。ポープはそこで富との関係で人間について考察する。

富める人や高貴な人の虚栄心に基づく支出は，贅沢な建物や庭などへと結実するが，真の審美眼を伴わないがゆえに，長く人を喜ばせるものを何も生み出さない。規模と大きさのみを追求して，全体の調和と均整を考えないことがそれに当たる。本や音楽や絵画や説教でもそれは見られる。しかしそれにより，「貧者は服を着，飢えを癒す。自分と子供の健康のためのパンを，労働者は手に入れる。富者のかたくなな心が拒否するものを，彼の慈悲深い虚栄心が供給する。[中略]土地に光彩を与え，改善するのは誰か。[中略]支出を聖化するのは使用のみである」(249)。貪欲とは目的なき熱狂であり，貪欲な富者は幸福を十分得られない。では，なぜ彼らの富は存在するのか。「富に関する人間行動は，摂理の秩序によってのみ説明可能なものであり，その秩序は極端から全般的な善を作り出す」(250)。そもそも人間にとって必要なものは何か。「富が我々に何を与えたかについて，ここで調べてみよう。肉，火，服，それ以上に何がいるのか。肉，服，そして火。それでは少なすぎるというのか。生きるのに汝はそれ以上を望むのか」。だが人間は，貧者を軽蔑し富を求める。ただ，富はやがて貧者にも行き渡る。「富は，昆虫のように，置かれた場所に隠されているときにも，羽を有するときを待っており，時期がくれば飛び立つ。蔵にある薄暗い富の邪神マモンを恋慕い眺

める人も，それが遅れて貧者に給仕するようになることを見る。今年は，蓄え蓄積され倉庫にあるもの，翌年には，その所産を通じて芽吹き，泉となる。国の渇きを癒す豊富なその流れにより，お腹がはちきれるまで人間も犬もそれを飲む」(258)。ややあいまいな形ながら，ポープはここで，富者の奢侈や支出は，それ自体はむなしいものであるが，それが貧者に富を行き渡ることを可能にするという点を述べる。ポープは，ストア主義的な本来的な人間の必要物の僅少論と結合させつつ，必要物の僅少ゆえに本来余剰である富の循環のヴィジョンを，利己的な個人とその意図せざる結果としての富の全体への行き渡りという一つの秩序観にまで高めている。人間本性には限界がある。だがそれでも，摂理により秩序は成立する。このヴィジョンは，根底においてスミスに連なるものである。

　だが，ポープは人間が利己的であることを本来の望ましいあり方とは考えない。徳のみが人間の真の幸福である。「そこに人間の幸福は宿り，悪に堕ちることなく善を味わう。そこに善行は常に酬いを受け，受ける者も，与える者も祝福を受ける」(307／訳103)。「人間が幸福になり得る最も明るい希望はまた，他人を助ける最も強い動機と結びついている。自愛はかくて社会愛に，神の愛に押し進められ，隣人の幸福を自己の幸福とするようになる。［中略］神はまず全体を愛して，部分に及ぶが，人間の心はまず個を愛して，全体に高まらなければならない。自愛は有徳の心を覚醒するに役立つのだ。［中略］友人，両親，隣人をまず抱擁し，ついで祖国を，つづいて全人類を」(308／訳106-107)。徳のみに人間の真の幸福があり，かつ徳の対象は全体に及ばねばならないとする点で，ポープのここでのヴィジョンは完全にストア主義的なものである。そして，人間は自己を保存するという欲求から始め，やがて全人類への徳へと高めねばならないという順序もまた，ストア主義的なものである。

　ただ，先の段落でみたポープの富の理論は，ポープのストア主義的ヴィジョンに収まりきらぬほどに，あるいは矛盾するほどに膨らんでいる。前節冒頭の引用から窺われるように，人間は，神の創造した世界全体を俯瞰することは不可能であり，全体が不可視である。人間の自己中心性は全体からの離別に基礎を置いている。そして人間は自己への愛に執着する。それにもか

かわらずある秩序が成立するという点に神の摂理がある。だが，それは真の有徳ではない。この折衷的構造，すなわち利己的な富の世界と，本来望ましい徳の世界という二重構造が，ポープの特徴である。人間は大多数の人が利己的であり，社会の叙述にあたってはそれを前提とせねばならない。だがそれと，本来の人間の幸福は徳にあるという次元とは別である。

　この二重構造もまた，むろん大きく姿を変えてではあるが，スミスと通底するものがある。スミスは，あらゆる徳を利己心の偽装として説明するマンデヴィル的なヴィジョンに反対して，人間には，他人を思いやり真摯に徳を求める本性が備わっていることを『道徳感情論』において主張した。しかし，そのようなものとしての「仁愛」は望ましきものではあっても，すべての人に義務づけ得るようなものではない。それが正義との違いである。大多数の人が遵守しうるのは何か，大多数の人にどのような本性と行動を期待して良いのかという社会把握の問題と，個人の倫理は別問題である。スミスの社会道徳と個人倫理の区別は（それは近代に典型的なものでもある），ポープにも見られるものである。そしてその区別はストア主義者であれエピクロス主義者であれ古典古代の著述家には見られなかったものである。スミスを特徴づける二重構造の人間論は，折衷的なものであるが，その折衷のあり方はポープと共通するある近代性を有しているのである。ただし，ポープにおける個人倫理と社会道徳の差異の認識は未だ萌芽的でありかつ曖昧である。全体から切り離された部分として個別性が存在するからである。ただ，スミスに連なるその二重構造を有していたこともまた事実なのである。その近代性をもたらしたのは，全体へ到達せねばならないとしてもまずは個から出発せねばならず，個の次元と全体の次元は分けねばならないというポープ理論の根底的特徴にあったように思われる。

4 スミスの「見えざる手」

　ポープの世界観の特色は，神が創造した世界全体は人間にとり不可知としながらも，人間社会の合理性・法則性について人間は把握することができるという合理主義にあった。この不可知論と合理主義の組み合わせは，スミス

第Ⅱ部

の世界観と共通する点がある。

　スミスは，グラスゴー大学で自然神学を教えていたにも関わらず，自然神学の著書を書かず，神学それ自体について，そして神の存在証明の問題についてはその著書において沈黙を貫いている。これは，神とその属性についての不可知論によるものという解釈が可能である。ハチスンらスコットランド啓蒙の知識人の宗教観を無前提に受け継いでいたという可能性もないではないであろうが，それでは『道徳感情論』第六版において，ハチスンらが依拠したストアの世界観を明確に否定したことが説明つかないのである。多くが将来聖職者を目指しているグラスゴー大学におけるスミスの環境，そして宗教的なスコットランドという土地柄からいって，自然神学の書をスミスが著すことはむしろ望ましいことでさえあったが，現実にそうしてないということは，スミスが本来的には神の存在証明の問題を自分で扱うことはできないと考えていた可能性がある。スミスは，自然宗教を自分の仕事ではないと考えて叙述を控えていただけという可能性もあるが，それではスミスが熱心に「自然の著者の意図」について語ったことが説明できないのである。にもかかわらず，スミスは無神論者とは言えないのは，スミスがたびたび神の摂理に言及しているからである。ただ，「見えざる手」の論理を含めて，神の摂理に言及したのは，すべて人間行動についてのことである。人間社会という「見える世界」の観察を通じて「見えざる手」を見出すこと，それはポープと共通する世界観である。すなわち，演繹的に神の存在証明から世界の説明をはじめることの排除，かつ世界から神の領域を完全に除外してしまうことの排除である。そこに見られるのは不可知論なのである。なお，自然神学もまた，見える世界から見えない世界へと向かったが，自然神学は人間理性による神の存在証明へと至ろうとした。そこに，不可知論との違いがある。

　ただポープと異なる点もある。それはスミスがポープ以上にストア主義と距離を取ったという点にある。ポープは個別から世界の説明を始めることを主張し，それはスミスと共通する点であった。しかし，ポープは最終的にはそれを個への愛は全体への愛へと高められるべきだというストア主義的なヴィジョンへと収斂させた。第一節で述べたように，スミスは明白にストア主義的な世界観を否定した。

それは，スミスが個という観点をポープ以上に重視していたことに基づく。宇宙という全体につねに従い自己に無関心であるべきだというストア主義倫理の核心を，スミスは否定する。ただし，ストア主義者は，道徳的には善でも悪でもないがより望ましきものとして，健康や富や名誉などの世俗の価値を肯定していたが，それでは不十分であり，宇宙全体の摂理への服従へと高められるべきだと考えていた。スミスは仁愛を否定していない。その点でもストア主義的である。ただし，自分の身の回りの事に無関心であれ，部分の意向は全体の意向に譲り合致させよとのストア主義の，反個人主義的な指向をスミスは拒絶する。「われわれ自身がある小さな管理と指導をもつ小部分に，直接に作用するできごと，われわれ自身，われわれの友人，われわれの国に直接に作用するできごとが，自然によって，われわれの利害関心をもっともひくできごとであり，われわれの欲求と嫌悪，われわれの希望と恐怖，われわれの歓喜と悲哀を，主としてかきたてるできごとである。それらの情念が，ひじょうにそうなりやすいように，あまりに激烈であるとしても，自然は，適当な救済と修正を用意しておいた。中立的な観察者」(TMS, VII. ii. 1. 44／訳（下），272)がそれである。個人が個人として意志し欲求を追求するという利己的な次元と，スミスの同感は矛盾し対立するものではない。利己心と利他心はストア主義のように相克するものではない。利己心に即して活動するままであっても社会秩序を可能にする原理，言い換えれば利己心の領域の持続を可能にする原理として同感は存在した。

　スミスに見られる個という原理の社会考察における基底性は，「見えざる手」の摂理観にも及んでいる。富者の「胃の能力は，かれの諸欲求の巨大さにたいして，まったくつりあいをもたず，もっとも貧しい農民の胃よりも多くを，うけいれはしないだろう (IV. 1. 10／訳（下），23)。残りを彼は，自分の奢侈品を製造する人に結果的に分配する。奢侈はその支出を通じて，貧者にも糧を与える。富者は利己的なままだが，結果的に貧者に糧が分配される。富者は，「見えない手に導かれて，大地がそのすべての住民のあいだで平等な部分に分割していたばあいに，なされただろうのとほぼ同一の，生活必需品の分配を行うのであり，こうして，それを意図することなく，それを知ることなしに，社会の利益をおしすすめ，種の増殖にたいする手段を提供する

のである。摂理が大地を，少数の領主的な持主に分割したときに，それは，この分配において除外されていたように思われる人びとを，忘れたのでも見捨てたのでもない」(IV. 1. 10 / 訳（下），24（訳文を一部変更した））)。「見えざる手」の表現のすぐ側に「摂理」という表現が見られることからも，「見えざる手」が単なるレトリック以上の意味を持っていることが分かる。個人が生きるのに必要とするものは本来少ないものであるというのはストア主義者の主張であった。これをスミスは，それ以上の余剰分は，奢侈による貧者の商品との交換を通じて，貧者にも糧が行き渡る原理として表現した。人間本来必要とするものは少ないはずであり，貧者も富者も幸福量はそれほど変わらないというストア主義的な「倫理的」人間観を（個の重視という点ではスミスと差異がある），余剰物の交換・分配原理という社会の次元から捉え直したことにおいてポープに通じる。かつストア主義的倫理の転倒がそこには見られる。

　「見えざる手」のもう一つの表現は『国富論』に見られる。人は自分の資本をあくまで自分の利益のために用いるが，そのことは意図せざる結果として社会の利益を促進する。自己の資本を国外の勤労よりも国内の勤労の維持に向ける人は，社会の利益を考えず，自己の安全と自分の儲けしか考えないが，「そして彼はこのばあいにも，他の多くのばあいと同様に，みえない手に導かれて，彼の意図のなかにまったくなかった目的を推進するようになるのである。［中略］自分自身の利益を追求することによって，彼はしばしば，実際に社会の利益を推進しようとする場合よりも効果的に，それを推進する。公共の利益のために仕事をするなどと気どっている人びとによって，あまり大きな利益が実現された例を私はまったく知らない」(IV. ii. 9 / 訳 (2), 303-304)。『道徳感情論』では全体の利益を追求する真に有徳な行為は否定されてない。しかしそれは個人倫理における話である。現実においては，全体の利益の追求者というストア主義的理想を体現した人はいない。それどころか，錯誤により全体の利益の追求者が社会にとって有害なことをなすことの方が多い。人間が自己の利益の追求すること，それは見渡すことが不可能な全体ではなく小さな部分の改善につとめることでもある。個人倫理と社会メカニズムの次元の区別は，スミスにおいてポープの方向性を引き継ぎつつもはる

かに強力に拡大させつつ行われているのである。スミスは，ストア主義者が最小のできごとと最大のできごとを同じに見たストア主義者を，「たとえばポープ氏のいう泡の破裂と世界の破裂は，完全に同等だ」(VII. ii. 1. 39／訳(下)，268) と考える人と捉える。ポープが『人間論』のその該当箇所で述べるには，両者は神にとっては同等に見えるが，神は人間から運命の書を隠したので，人間は，世界という書物のなかの限られた頁，現在の有り様，人間自身のことしか分からなくなったということである (Pope 2006, 274／訳 19-20)。すなわち，個と全体の一致というストア主義的ヴィジョンの現実の人間社会における不可能性と全体の不可視性をポープはここでは主張したのである。そのヴィジョンは，スミスにも大きく拡張されつつ引き継がれていると言えるのである。

5 おわりに

「見えざる手」に見えるスミスの世界観は，不可知論的でありかつ合理主義的である。かつ，個人と全体の一致の不可能性に基づいている。神および神が創造した世界と人間の能力との関係性について，対立する諸思潮を折衷させつつ自己の世界観の基盤として展開させたスミスのヴィジョンは，スミスの個人主義の基づいたものであったが，同時にその折衷様式はポープのヴィジョンと通底し，神は知ることができないが，人間社会の摂理は知ることが可能であるとしていた。

時代に応じて，思想は変わりゆく。相異なる思潮が相互に影響し合うなかで，対立する思潮の論点の取り込みもまたなされるのであり，諸思潮の折衷と吸収は知の歴史の展開にあっては宿命とさえ言い得るのである。ストア主義，エピクロス主義という思潮は，相互に無関係に発展したのではなく，相互に影響しあいながら発展した。相互に影響され折衷がなされた形式が，ポープとスミスで通底しているのである。

ただし，その折衷には障害なく順調であった訳ではなく，葛藤もあったであろう。ポープとスミスの間の差異に，その葛藤を見て取ることもできる。ポープにあっては，見える小さな個人の観察から始め，社会における摂理の

把握に進み,やがて人類や宇宙全体へと視野は高められねばならなかったのであり,根底においてストア主義的視座を維持した。ただし,スミスにあって,全体の意向と個人の意向の一致というストア主義の理想は,社会把握の次元においてはもはや放棄されている。個人主義は,全体性へのある諦念と表裏一体である。すなわち,個人にとって全体は不可知であり,かつ個人の意向と全体の意向の一致は必ずしも保証されるものではないということである。古典古代的な人間の理想像とそこから距離のある人間の現実の姿の2つの次元の間の差異,あるいは落差を捉えたことに,スミスの「見えざる手」の原点があったとも言えよう。

　神および神の世界全体を把握することを断念するには,激しい葛藤もあったはずである。人間は神を直接知り得ない,そのことを受容した上で,にもかかわらず,神なき世俗主義を受け入れることができず,神の存在を神の摂理の世俗世界への貫徹の把握を通じて何とか把握しようとする知的態度,それこそが,ポープとスミスに共通するものである。そこには,神を知ることをめぐる独特の緊張感をはらんだ諦念と知への渇望が見られる。スミスの場合には,『道徳感情論』第六版という最晩年に至ってさえ,ストア主義の世界観について詳述し拘泥したことにもそれは現れていると言えるかもしれない。ポープの世界観を通じてスミスを眺めることで,そのことは理解可能となる。古代の倫理についてのスミスの両義性は,近代の現実と古代の理想との間でのスミスの葛藤をも教えてくれるのである。

参考文献

Alevy, J. E. 2003. *Adam Smith, optimist or pessimist?: a new problem concerning the teleological basis of commercial society*. Burlington: Ashgate.
Hammond, B. S. 1984. *Pope and Bolingbroke: A Study of Friendship and Influence*. Missouri: University of Missouri Press.
Pope. A. 2006. *The Major Works*, edited by Pat Rogers. Oxford and New York: Oxford U. P. 上田勤訳『人間論』岩波文庫,1950(邦訳があるのは著作集のごく一部のみである。なお,邦訳は旧字体が用いられているため常用漢字と常用仮名遣いに改めたほか,訳語を一部改変した).
—— 1731-1735. *Epistles to Several Persons or Moral Essays*. London. in Pope (2006).

Rothschild, E. 2001. *Economic Sentiments: Adam Smith, Condorcet, and the Enlightenment*. Cambridge: Harvard U. P.

Smith, A. 1981. *An Inquiry into the Nature and Causes of the Wealth of Nations*. (WN と略記), edited by R. H. Campbell, A. S. Skinner, and W. B. Todd. Indianapolis: Liberty Fund. 水田洋監訳，杉山忠平訳『国富論 (1) 〜 (4)』岩波文庫，2000-2001 年.

―――― 1982. *The Theory of Moral Sentiments*. (TMS と略記), edited by D. D. Raphael and A. L. Macfie. Indianapolis: Liberty Fund. 水田洋訳『道徳感情論 (上) (下)』岩波文庫，2003 年.（編者による Introduction も参照）.

Mack, M. 1985. *Alexander Pope: A Life*. New Haven and London: Yale U. P.

Nohara, S. 2011. Bolingbroke and his Agnostic-Rational View of the World: Searching for the religious foundation of the Enlightenment. *The Kyoto Economic Review* 80(1): 103-118.

Vivenza, Gloria. 2001. *Adam Smith and the classics: the classical heritage in Adam Smith's thought*. Oxford: Oxford U. P.

エピクテートス，鹿野治助訳．1958．『人生談義 (上) (下)』岩波文庫．

田中正司，1993．『アダム・スミスの自然神学：啓蒙の社会科学の形成母体』御茶の水書房，1993.

ルクレティウス，塚谷肇訳，2006．『万物の根源 / 世界の起源を求めて』近代文芸社．

第 10 章

ルソーとプーフェンドルフ

森岡邦泰

1　はじめに

　プーフェンドルフ（Samuel Pufendorf, 1632-1694）は，17世紀を代表する法学者の一人で，18世紀の啓蒙思想家に多大な影響を与えたことで知られる。17, 18世紀においてプーフェンドルフは自然法学の一つの標準であり，基本的なテキストであった。本章は，プーフェンドルフの道徳的存在という概念に注目して，ルソー（Jean-Jacques Rousseau, 1712-1778）への影響について考察するものである。

2　ルソーのプーフェンドルフへの言及

　ルソーのプーフェンドルフへの直接的な言及は，ほかの思想家と比べるとあまり多くない。『告白 (Les Confessions)』（1782）で，1730年頃いわば修業時代の読書を語っているところで，プーフェンドルフを読んだという記述がある (OC1, 110 /『告白』上，158)[1]。1740年代前半には『ご子息の教育に関するド・マブリ氏への覚え書き』で，「私は思い切って私の生徒にグロチウスとプーフェンドルフの読書を通して，道徳と自然法 (droit Naturel) のもう少し体系的な知識を与えようと思います。なぜなら善悪の原理を知ること，自

---

1)　どの著作か明記されていないが，バルベイラック訳の『自然法と万民法』（1706年初版）か，その縮約版の『義務論』（1707年初版）だと推定されている（Wokler 1994, 379）。

分の属する社会の存立基盤を知ることは、紳士や才人にいかにもふさわしいことだからです」(OC4, 31 / 第 7 巻, 413) と述べており、プーフェンドルフがグロチウスと並んで道徳と自然法についての基本的文献であるとの認識を示している[2]。

『人間不平等起源論』(1755) ではプーフェンドルフの名は 2 回現れる。最初は、ホッブズは人間が本来大胆で攻撃的で戦うことしか求めないというが、ある有名な哲学者 (モンテスキュー) はそれと反対の考えを持ち、カンバーランドとプーフェンドルフも同様だと述べたところ (OC3, 136 /『人間不平等起源論』123)。もう一つは、奴隷制について、人が自分の財産を合意または契約によって他人に譲渡できるように、自分の自由を譲渡できるとプーフェンドルフが述べているといって、これに反対しているところである (OC3, 183 /『人間不平等起源論』174)。ルソーによれば自由は譲渡できるものではない。

次に『政治経済学』(1755) でプーフェンドルフに言及するが、それは財産の処分についてであった (OC3, 263 / 第 5 巻, 87)。最後に『山からの手紙』(1764) で、「権利とは、プーフェンドルフによれば、それによって我々に何かが所属することになる道徳的資格 (qualité morale) なのです」(OC3, 844 / 第 8 巻, 388) と述べる。以上がルソーの著作に現れるプーフェンドルフへの言及のすべてである[3]。

このように、ルソーのプーフェンドルフへの直接の言及は少ない。そのせいか、内外の研究でもルソーとプーフェンドルフの関係を扱ったものは、少ないように見受けられるし、あってもそのほとんどは自然法の継承関係を扱ったものである。代表格はドラテの『ルソーとその時代の政治学』(ドラテ

---

2) 『サント＝マリ氏のための教育案』でも同じ文章が見られる (OC4, 50-51 / 第 7 巻, 435)。なおプーフェンドルフの名は、『社会契約論』でも『書簡』でも現れない。
3) ウォクラーは『人間不平等起源論』で、直接の言及はなくともプーフェンドルフを念頭に置いていると思われると主張する箇所をいくつか挙げる。たとえば、人間の生殖には繁殖期がないことの指摘や自然状態の描写の仕方がプーフェンドルフと似ているなど (Wokler 1994, 381)。
ただルソーが『人間不平等起源論』で、自然状態において社交性の原理を否定したことはプーフェンドルフとの関係で注意に値するだろう。プーフェンドルフは自然状態において人間は社会性を備えたものである必要があるとみているからである。プーフェンドルフ『自然法と万民法』第 2 巻第 3 章第 15 節、以下これを JNG, 2, 3, 15 のように略記。

1986）だろう。そこではもっぱら他の思想家との，政治思想の異同が探究されてきた。本章は，それとは違う観点で，すなわちプーフェンドルフの道徳的存在の観点から考察するものである。この観点に立つ先行研究はほとんどないと思われる[4]。

3　道徳的存在と物理的存在

プーフェンドルフは『自然法と万民法』を，道徳的存在（エンティア・モラリア entia moralia）と物理的存在（エンティア・フィシカ entia physica）の議論から始めている。それは，同時代人に評判が悪かったようである（Lutterbeck 2009, 19[5]）。またスコラ的残骸という見方もあるが（Denzer 1972, 69），多くの研究者の注意を引いた[6]。自然法学を論じた本で，このようにまとまった形而上学的基礎付けの章を持っているものは多くないからだろう。それは，いわば自然法学の形而上学基礎付けともいえるもので，そのあと論じるすべての議論の根底をなすものである。

プーフェンドルフは道徳的存在を次のように定義している。

> 我々は，道徳的存在をきわめて適切に次のように定義できると思う。それは，知的存在によって物理的（physicus）なものあるいは運動に付け加えられたある様態であり，人間の意志的な行為の自由を方向付け調節するための，また人間の生におけるある秩序と美しさをもたらすためのものである（JNG, 1, 1, 3）。

ここで道徳的という概念と物理的という概念が対比されている。この着想は，イエナ大学の師であるエアハルト・ワイゲル（Erhard Weigel, 1625-1699）に負うとされるが（Denzer1972, 69）[7]，道徳的・精神的（moral）と物理的・自然

---

[4]　白石（1983, 208-209）は邦語のルソー研究の中ではプーフェンドルフの道徳的存在に触れている珍しいものである。しかしそこでは，一般意志との関係で若干触れられ，プーフェンドルフの定義が説明されているに過ぎない。

[5]　これにはプーフェンドルフが推し進めた自然法の世俗化が関係しているようである。

[6]　桜井（1991）。Welzel（1958, 19-30）. Goyard-Fabre（1994, 51-56）. Behme（1995, 50-56）. Kobusch（1996）. Lutterbeck（2009, 19-35）.

[7]　プーフェンドルフ自身ワイゲルの『ユークリッド的に再構成したアリストテレス的分

的・身体的 (physique) を対比して用いるのは，よく見られる用法である[8]。18世紀の文献にはこの対比は頻出する。しかしプーフェンドルフに関する多くの研究は，その意義は社会的道徳的世界と自然的世界を峻別したことにあるとする。それは自由な創造の文化の世界と必然性の支配する自然の世界との区別であり，人文科学と自然科学を峻別することである (Welzel 1958, 30. Dufour 1991, 563)。自然の世界と文化の世界を区別することは，内容は違うとはいえ，19世紀にディルタイが精神科学と自然科学を峻別したことの先駆という見方もある (Lutterbeck 2009, 20)。

プーフェンドルフは続けて「様態 (modus) と言ったのは，存在を，実体と偶有性に分けるより，実体と様態に大きく分ける方が，適切であるように思われるからである」(JNG, 1, 1, 3) という。その理由は述べていないが，実体と偶有性はアリストテレスの用語で，スコラ学者も使用したが，様態は近世哲学者が好んだ用語であるので，そのことが関係しているかもしれない。さらに「道徳的存在は，それ自体存在するのではなく，実体の中に存在し，実体の運動によって基礎づけられる」(JNG, 1, 1, 3) ものであり，「様態には，いわばものそれ自体から自然に生じるものもあるが，知的な者の力により物理的な物や様態に付け加えられたものもある」(JNG, 1, 1, 3)。このことは，道徳的存在が実体ではなく様態であることから必然的に導かれることである。

道徳的存在は人間を文明化するものなのである。「その作り手は神であり，神は人間が文化も規則もない生活を送って，野獣同然となることを望まなかった。そうではなく人間の生活と活動が何らかの理法によって抑制されることを欲した。それは道徳的存在なくしてはなされ得ない」(JNG, 1, 1, 3)。人間が野獣と区別されるのは，文明を持つからであり，それは道徳的存在によって担われているのである。そして人間は，野獣のように欲望に赴くままの生活を送るのではなく，道徳的存在が賦与されることにより抑制された行

析』に触れて，論証の形式を推奨している (JNG, 1, 2, 3)。
[8] 17世紀の用例として，細川 (2007, 114) は，ライプニッツの次の一節をあげている。「我々が上で二つの自然的な世界，作用因の世界と目的因の世界の間に完全な調和を確立したように，我々はここでさらに自然の物理的な世界と恩寵の道徳的な世界の間に……」。

動をとらなくてはならないのである。それによって「人間生活を発展させ秩序へと向かわせる」(JNG, 1, 1, 3) ことが可能になる。「それは物理的存在のように，この世界を完成するものではなくて，とりわけ人間生活を完成することであるのは明らかである」(JNG, 1, 1, 3)。そしてそれは野獣の生活に勝って秩序の美をもたらすものなのである (JNG, 1, 1, 3)。

また他方，その作り手は人間でもあり，後に人間自身の判断で付け加えられたものである。それは「人間生活を洗練し，秩序づけるためのもの」であり有益である (JNG, 1, 1, 3)。

さらに道徳的存在は，認識能力にも関係している。「知性を備えた者は，物を省察することから，またそれら相互を比較することから，概念を作り出すことができるのであり，その概念は人間の能力を導くのに適している。道徳的存在とはその種のものなのである」(JNG, 1, 1, 3)。

プーフェンドルフは道徳的存在が賦与されることを付加という言葉で表現する。「物理的存在を生み出す始原的な様式が創造であるように，道徳的存在が生み出される様式は，付加 (impositio) という語彙による以上にうまく表現することはほとんどできない」(JNG, 1, 1, 4)。「それは物の実体の内在的な原理から生じるのではなく，知的存在者の判断によって，すでに存在している物理的には完全なものに，そしてその自然な結果に付け加えられるものであり，なかんずく彼らの決定によって存在するに至るものである」(JNG 1, 1, 4)。そして付加によって存在するに至った道徳的存在は，その基体である物理的存在に何ら変化をもたらすことなく，知的存在者が自由に消去することもできるのである。「道徳的存在によって，ある種の結果がものに固定される。そしてそれは再び人の意志によって，それが付け加えられたものには何の変化も生じずに，消去することができる」(JNG 1, 1, 4) と。この性質はまさしく偶有性 (あるいは様態) にほかならない。

道徳的存在はその起原を付加にもつのであり，付加が作用するのをやめると消え去る。ちょうど光が消えると影が消えるように (JNG 1, 1, 23)。神の付加によるものは，神の意のままに取り去ることができる。人間の意志で作られたものは，人間あるいは物の物理的実体が不変でも，人間の意志によって消去することができる。道徳的存在は物理的性質の強固さに到達すること

はできない。平民が貴族になって新たな権利を得ても，その者の実体と物理的性質は少しも変わらない。もし貴族から追放され権利を失っても，その自然の資質は損なわれないままである (JNG, 1, 1, 23)。そして「それらに内在する活動する力は，何らかの物理的運動あるいは変化を物に直接生み出すことに存するのではなく，どのような根拠で行動の自由が規制されるべきかが人間に明らかとなる点に存する」(JNG, 1, 1, 4)。

道徳的存在は人間生活に秩序をもたらすために設けられたものであり，人間は規則に従って生きなければならない。そのために他者に対して一連の行動基準をもたねばならない。それによって行動を決めるのである (JNG 1, 1, 5[9])。

人間の行動が道徳的といわれるのは，それが必然ではなく自由だからだ (JNG, 1, 2, 5)。自由な存在でしか道徳はあり得ない。これは当然すべての道徳哲学が前提とすることであるが，同時に自由と必然の問題を抱えている。プーフェンドルフはこれに対して「しかし我々がある行為を決意したとき，我々の行為とその結果の関係は必然であり，それゆえ証明可能なものなのだ (JNG, 1, 2, 5)」と答える。これは価値自由に似た議論で，どのような道徳的存在が付加されるかは自由で，人間も自由な行動主体だが，その結果は必然で学問的論証に耐えられるというものである。

物理的行為それ自体は無差別なのであって，善も悪もない。それに善悪を与えるのは法という道徳的存在なのである (JNG, 1, 2, 6)。「多くの人が行為の無差別性について理解できないのは，幼少の頃から悪徳を憎む気持ちを植え付けられてきたからで，……その結果，行為における質料と形相の区別ができる人がほとんどいなかった」(JNG, 1, 2, 6)。しかし「いかなる道徳性も，法なくしては，それ自体では存在し得ない」(JNG, 1, 2, 6) のである。法が道徳の領域すべてを包み込んでいる。「法によって人間の行動に動物には欠けている道徳性が付加されるのである」(JNG, 1, 2, 6)。

道徳的存在は実体の類推では道徳的人格 (persona moralis) といわれる。それは単純な道徳的人格か複合的な道徳的人格に分類される。単純な道徳的人

---

[9] 道徳的存在は人間そのものに内在しているか，その行動か，ある程度は物に付随しているという (JNG 1, 1, 5)。

格は，個々人か道徳的紐帯によって一つの体制に結びつけられている人たちであり，共同生活における身分 (status) か職種とともに考えられる。単純な道徳的人格は，国家においては，ある者は主権をもって統治し，また別の者は行政官で主権から与えられた権能で主権の一部を執行するか，助言をするかである。代表者も単純な道徳的人格で，大使，使者等々であり，私人では後見人などである (JNG, 1, 1, 12)。

　私人における相違は，第一に職業，第二に共同体に占める道徳的 (社会的) 身分の違いで，どれだけの権利を持っているか，また外国人かなどである。第三に家族における立場の違いで，家長であるとか夫であるとか主人であるとか，妻であるとか息子であるとか召使いであるとかなどである。第四に家系の相違，第五に性別，年齢の相違である。もちろん性別や年齢は付加によって与えられるものではないが，共同生活においていくらかの道徳的区別を含むものだからである (JNG, 1, 1, 12)。

　複合的な道徳的人格とは，何人かの人間が結合して，一つの意志，一つの行動をとると考えられる場合である。公的，私的，あるいは世俗的，宗教的などに分類される。私的なものの例をあげれば，商人団体，ギルドなどである (JNG, 1, 1, 13)。

　人がある新しい人間の資格を帯びるとき，付加の性質からして，物理的には変化がないが，道徳的なものの局面で新しいものが生み出されたのである。役職者は私人とは違うし，民衆が医師の資格は処方箋に何か有効性を付け加えると考えるがごときである (JNG, 1, 1, 14)。

　肩書きは道徳的属性であり，「やんごとなき (serenissimus)」，「高位の (eminentissimus)」，「傑出した (illustrissimus)」などの形容もそうである。他の肩書きは直接的に当該の道徳的人間の名前やその地位を表し，間接的には評価の程度を表す。人間の付加によりそれらは権利，権力，職能を意味する。肩書きの付加はもちろん永遠でもないし，一様でもない (JNG, 1, 1, 18)。

　道徳的作用をもたらす性質は，能動的か受動的かであり，前者には権力，権利，義務が属する。権力とは何かを合法的に道徳的結果を伴って行いうることである (JNG, 1, 1, 19)。

　法も，命令したり物を所有したりできる道徳的性質である (JNG, 1, 1, 20)。

義務は道徳的必要性のもとで，何かをしたり認めたり蒙ることを要求されることである（JNG, 1, 1, 21）。道徳的感性（qualitates morales patibiles）は，物理的性質の中には感覚能力に影響を与えるものがあるように，人間の判断能力に影響を与えると理解されるものを指す。名誉，不名誉，威厳，有名，無名などがそうである（JNG, 1, 1, 21）。

所有も道徳的存在である。「ある物が所有権の下に入り，残りの物がそこから除外されるとき，新しい性質が物に付加されたと考えるべきではない。……むしろ人間たちの中に，人間がその主体となる新しい道徳的性質が生じたのである」（JNG, 1, 1, 16）。つまり所有とは人間関係であることを示している。

「社会において人と物は，……その物理的実体とか運動の強さとか物理的性質によって評価されるだけでなく，物理的あるいは数学的量とは別の種類の量によっても評価される」，「この量は理性的能力（potentia rationalis）の付加と決定によって生じるものである」（JNG, 1, 1, 22）。ここに道徳的量は，物と行為の両方に見出される。物の場合は価格，人の場合は評価という。ともに価値の概念のもとにある（JNG, 1, 1, 22）。物の価値は，その物理的実体に依存しているだけでなく，道徳的な考慮にも関係している。物理的な量以外に道徳的な量があり，それによって物の価値が道徳的に評価される（JNG 1, 1, 22）。物や行為の量は価格と呼ばれ，それが物や行為の道徳的な質あるいは価値であり，それらが交換に入る際互いに比較される（JNG, 5, 1, 2）。

以上がプーフェンドルフの道徳的存在のあらましである。

4　ルソーの場合

道徳的・精神存在と物理的・自然的・身体的存在の対比は，いろいろな局面で現れる。まず『エミール』では，「私たちは，いわば，二回この世に生まれる。一回目は生存するために，二回目は生きるために」（OC4, 489／『エミール』中，5）といっているが，この一回目は文字通りの誕生，二回目は子供時代を終わって青年期に入ったことを表している。そして「人間にふさわしい研究は，人間自身のいろいろな関係の研究だ。自分の物理的・肉体的存在

(être physique) しか知らない限り，物と自分との関係を研究しなければならない。それは子供時代にすることだ。しかし自分の社会的・道徳的存在 (être moral) を感じ始めたら，人と自分との関係を研究しなければならない。それは，今我々が到達しているところから始めて，生涯かかってすることだ」(OC4, 493 /『エミール』中，11-12) と述べているところからわかるように，子供時代の人間は物理的・肉体的存在 (être physique) にすぎなかったが，第二の誕生を経てはじめて社会的・道徳的存在 (être moral) となるのである。そもそも「道徳的秩序 (ordre moral) と社会の慣習に起因することは全部，すぐには子供の前には提示されない。なぜならそれを理解できないからだ」(OC4, 444 /『エミール』上，311)。まだ子供の段階では社会的関係を十分理解できないからである。「第二の誕生。ここで人間は本当に人生に生まれてきて，人間的な何ものも彼にとって無縁なものではなくなる」(OC4, 490 /『エミール』中，7) のだ。

プーフェンドルフでは人間は道徳的存在を付加されて，初めて文化的存在となるのであり，それによって動物と区別されるのであった。それと同様にルソーでも，物理的・肉体的存在 (être physique) は，まだ社会的人間以前の存在である。第二の誕生を経て，道徳的存在となるのである。

次の言明は自然人と道徳的人間を対比した上で，そのことに言及している例である。「自然人 (homme naturel) の幸福はその生活と同じくらい単純である。それは苦しまないことにある。それは健康，自由，必要なものから成り立っている。道徳的人間 (homme moral) の幸福は別物だ。……私は子供の興味をひくことができるものは，純粋に物理的・肉体的 (physique) なものしかないことを繰り返していわずにはいられない」(OC4, 444 /『エミール』上，310-311)。ここで出てきた道徳的人間 (homme moral) という表現は，プーフェンドルフの仏訳テキストでは (personne morale) という形で出てくる (たとえば JNG 1, 1, 6)。それは，道徳的存在 (être moral) の言い換えに他ならない。さらにそこでは道徳的人間 (homme moral) が自然人 (homme naturel) と対比されている。自然な (naturel) は「自然な」という語義では physique と同義だと

すれば[10]，物理的・肉体的存在（être physique）の言い換えである。

ルソーはここで『エミール』において個人から見た人間の発達段階を区別するのに「道徳的存在」という概念を用いている。しかし『人間不平等起源論』などの政治的著作では，人類史から見た人間の発達が『エミール』の場合と平行して語られるので，それらの著作を見てみよう。

ルソーの自然状態は社会制度の影響を測定するための科学的な作業仮説のようなものであり，「もはや存在せず，おそらくは少しも存在したことのない，多分将来もけっして存在しないような一つの状態」(OC3, 123／『人間不平等起源論』113) なのであるから，プーフェンドルフが純粋な自然状態は存在しないといったことと軌を一にしている。

さてどうしたら「人間自身の本質にかかわるものと，環境や人間の進歩が人間の原始状態につけ加えたか，またはそれを変化させたもの」(OC3, 122／『人間不平等起源論』111-112) を区別することができるか。

ルソーは「近代の人々は法という名のもとに道徳的存在，すなわち知的で自由で，他の存在との関係において考察された存在に対して規定された規則だけしか認めない」(OC3, 124／『人間不平等起源論』114) といっているが，これは，「道徳的存在」という表現からしても，明らかにプーフェンドルフを念頭に置いている。この「知的で自由で，他の存在との関係において考察された存在」を前提にしてこそ，人間の制度の産物である法が考えられるのであるから，人為的なものをすべて捨象するためには，「道徳的存在」がもつ属性を検討してみればよいことになる。つまり神によらない，人間の道徳的存在の部分を捨象して，ほぼ物理的存在としての人間を析出すればよい。ルソーは「これまで私は，物理的な人間だけを考察したが，今や人間を形而上学的および道徳的な面から眺めることにしよう」(OC3, 141／『人間不平等起源論』128) という。物理的な人間とは，「私は動物の中に精巧な機械を見るだけ」で，「人間機械の中にもまさに同じものを認める」といっているように (OC3, 141／『人間不平等起源論』128)，人間機械論に立った自然学的メカニズムとしての人間である。またそれは同時に，プーフェンドルフが示した道徳的存在

---

10) バルベイラックの仏訳では，原文が res naturales（原文では rerum naturalium という形）となっていても，訳は Etres Physiques となっている (JNG 1, 1, 1)。

が欠けた物理的存在としてだけの人間である。

　その結果，ルソーが『人間不平等起源論』で描く純粋な自然状態の自然人は動物のような存在である。未開地に散在し孤立して生き，裸で住居もなく放浪し，武器も持たず狩猟をしなければならない。器用さで動物に勝っているが。その反面病気はしないし，立派な体格をしている。生活技術もなく，確立した言葉もなく，所有，法律，正義不正義，道徳もなく，男性と女性の永続的結合もないというものである。自然による本能だけに任された存在なのだ (OC3, 138 seq. /『人間不平等起源論』125 以下)。

　これをプーフェンドルフの「道徳的存在」の議論と比べてみると，「物理的存在」としての存在から「道徳的存在」を捨象していることを確認できる。

　ルソーでは自然状態の人間たちは，「お互いの間に，いかなる種類の道徳的関係も，確かな義務ももっていなかったので，善くも悪くもあり得ず，また悪徳も美徳ももっていなかった」(OC3, 152 /『人間不平等起源論』140)。所有権も正義も未開人には存在しない。それらは道徳的関係であり，未開人が道徳的人間，理性的存在となってはじめて生じるものだろう[11]。ルソーの自然人には，法律，正義不正義，道徳などはないが，プーフェンドルフにおいても，道徳を与えるのは，従って「善悪を与えるのは法という道徳的存在」(JNG, 1, 2, 6) なのであった。

　ルソーの自然人においては，身分，社会的地位などは一切ないが，これらはすべてプーフェンドルフのいう道徳的存在である。また家庭内の立場，家長，夫，主人とか，妻，息子，奴隷とか，家系，性別，年齢の相違に伴う社会的規範はプーフェンドルフのいう道徳的存在であるが，これらをすべて捨象しようとすると，家族が存在しない孤立した人間を想定せざるを得ない。ルソーの描く極端な自然人は，人を驚かせるものであるが，まさにそうすることによって得られたと考えると理解できる。

---

11)「もし人間が孤立して生きてきたのだとすれば，ほかの動物に対する優越性を持たなかっただろう。最も崇高な能力が発揮し，人間の本性の卓越性が示されるのは，相互的な交際においてである。/ 自分の欲求に応えることだけを考えながら，人間は彼の同胞との交渉によって，彼を啓発すべき知恵とともに，人間を幸福にすべき感情を獲得する。一言で言えば，人間が精神的存在，理性的な動物，ほかの動物の王，地上における神の似像となるのは，社交的になることによってのみである」(OC3, 477)。

プーフェンドルフは，肩書きは当然道徳的存在としたが，他者による評価，たとえば「やんごとなき」「高位の」「傑出した」などの形容もそうだとした。これらを捨象しようとすると，他者による評価が一切生じない，完全に孤立した人間像を描かざるを得ない。ルソーの自然人はまさにそれであるが，ルソーは「恋愛と余暇から生まれた真の子供である歌と踊りが，暇になって集まった男女の楽しみ，というよりはむしろ仕事となった。おのおのが他人を眺め，また自分も眺められたいと思い始め，そこから公けの尊敬ということが一つの価値を持つようになった。最も上手に，最も美しく，最も強く，最も巧みに，あるいは最も雄弁に歌いまたは踊ったものが，最も尊敬される人となった。そしてこれが不平等への，そして同時に悪徳への第一歩であった」(OC3, 169／『人間不平等起源論』158) として，虚栄と軽蔑，恥辱と羨望が生まれたといっている。歌と踊りが自然にわき起こる祝祭は，ルソーは他の作品では称賛していて，ここでも「恋愛と余暇から生まれた真の子供」という言い方をして肯定的にとらえているものの，悪徳を生み出す他者による評価が起こってくる機縁として否定的にも描かれている。他者による評価は，プーフェンドルフのいう「道徳的存在」なのであるから，それを捨象しようとすると祝祭までを否定的にとらえざるを得なくなったのである。

権力，権利，義務などは「道徳的存在」であるから，ルソーの自然人はこれらをもたない。所有も同様であるが，所有は『人間不平等起源論』で，不平等が導入されるきっかけとして描かれているので重要である。

またルソーの自然人は知性的にも潜在的な可能性は秘めていても未発達状態だが，プーフェンドルフの道徳的存在は，知的能力にも関係するのであった (JNG, 1, 1, 3)。

しかし人間には動物以上のものがある。それは自由な動因として自然の活動に協力するということ (OC3, 141／『人間不平等起源論』128)，さらに自己を完成していく能力，つまり完成能力である (OC3, 142／『人間不平等起源論』129)。理性の完成，精神の進歩がなされ，言語の発達を見，火の使用を知り，農業を知ることになる。エジプトでナイルの氾濫とともに技術が生まれ，ギリシャ人の間でそれらが進歩していくのをたどることができるのである。

このような自由な存在としての人間の在り方は，プーフェンドルフで見た

ように，道徳的存在としての人間の必要条件である。

　人間は，未開人としては自然状態では本能の中に生きるために必要なものを持っていたが，文明人となると社会で磨かれた理性によって生きていくのである (OC3, 152 /『人間不平等起源論』140)。つまり自然状態の人間は潜在的に持っている能力をまだ開花させておらず，本能に従って生きており，そこでは「道徳的関係」はないのであった。しかし人間が社会的存在になることは，道徳的存在を付加されることであり，それによって人間の能力も開花し文明が発達するとともに，文明の害悪も同時に発生する過程であった。

　道徳的存在を獲得すること，またはそれが付加されることは，このように未開状態から文明化した状態への移行することによって起こることである。プーフェンドルフも同じ文明観に立つのは先に見た。すなわちそこでは「その作り手は神であり，神は人間が文化も法もなく生活を送って，野獣同然となることを望まなかった。そうではなく人間の生活と活動が何らかの理法によって抑制されることを欲した。それは道徳的存在なくしてはなされ得ない」(JNG 1, 1, 3) と語られていた。人間と野獣を対比し，人間が野獣と区別されるのは，文明を持つからであり，それは道徳的存在によって担われているという点で共通している。ルソーにおいてもやはり道徳的存在は「人間生活を発展させ秩序へと向かわせる」(JNG 1, 1, 3) ことになろう。

　ルソーは『人間不平等起源論』の本文の冒頭で，人間には2種類の不平等があり，「一つを自然的または肉体的 Physique 不平等と呼んでいるが，それは自然によって定められ，年齢や健康や体力，それに精神 Esprit あるいは魂の資質の差から成り立ち」，もう一つは「一種の約束に左右され，人々の同意を得て定められ，少なくとも正当化されているから，道徳的または政治的不平等と呼ぶことができる」(OC3, 131 /『人間不平等起源論』118) と述べているが，この「道徳的不平等」という表現も，プーフェンドルフの道徳的存在の議論を念頭に置くとよりいっそうわかるだろう。

　さて自然状態から政治社会 (société civile) の形成への推移は，『エミール』においては，幼年期から青年期への移行に対応していた。『人間不平等起源論』では文明の発展段階論として語られていた。そしてまたそれは社会契約論の文脈では，自然状態から社会状態への論理的な操作に対応する。「自然状態

から社会状態 (état civil) への，この推移は，人間のうちにきわめて注目すべき変化をもたらす。人間の行為において，本能を正義によって置き換え，これまで欠けていたところの道徳性 (moralité) を，その行動に与えるのである」(OC3, 364 /『社会契約論』36)。つまり人間は，契約論の文脈でも自然状態から社会状態へ移行することによって道徳的存在になるのである。そしてそれは「もとの状態から彼を永遠に引き離して，バカで劣等な動物から，知性的存在に，つまり人間たらしめたこの幸福な瞬間を絶えず祝福するに違いない」(OC3, 362 /『社会契約論』36) といわれるように，動物から知性的存在になることでもある。

　「私たちは，人間をして自分自身の主人たらしめる唯一のもの，すなわち道徳的自由をも，人間が社会状態において獲得するものの中に，加えることができよう。なぜならば，単なる欲望の衝動に従うことは奴隷状態であり，自ら課した法律に従うことが自由であるからだ」(OC3, 365 /『社会契約論』37)。欲望の衝動に従うだけの人間とはここでは自然状態における人間を指し，それでは欲望に振り回されているだけなので，自律的な存在たり得ない。それに対して社会状態では，人間は道徳的存在となることによって道徳的自由を獲得する。それはまさしくプーフェンドルフのいう自由な主体として道徳的存在となることである。このような存在となることによって，人間は自分自身の主人となることができる。これは『エミール』でも追求されたことであった。すなわち「有徳な人とはどんな人か。それは自分の情念を克服できる人だ。そうすればその人は自分の理性に，良心に従うことになるからだ。……これまでのところ，君は見かけだけ自由であったに過ぎない。まだ何ごとも命令されていない奴隷のように，君はかりそめの自由があっただけだ。今こそ実際に自由になるがいい」(OC4, 818 /『エミール』下，198) と。つまり欲望の衝動に突き動かされている人間は，真の自由を持っていない。それは奴隷と同じだ (上の『社会契約論』では奴隷状態といっていた)。真の自由を持っているのは有徳な人間であり，すなわち道徳的存在となることだ。

　社会契約を結ぶという結合行為は，「一つの人民を作り出すこと」であって，それを「企てる人はいわば人間性を変える力があり，それ自体で一つの完全で孤立した全体であるところの各個人を，より大きな全体の部分に変え，

その個人がいわばその生命と存在をそこから受け取るようにすることができ，人間の骨組みを変えてもっと強くすることができ，我々みなが自然から受け取った物理的・肉体的（physique）にして独立的な存在に，部分的にして精神的・道徳的な存在（existence partielle et morale）を置き換えることができるという確信を持つ人であるべきなのである」（OC3, 381 /『社会契約論』62）という。つまり社会契約とは，身体的・物理的（physique）な存在に過ぎなかった人間を「いわば人間性を変える」ほど変容させて，精神的・道徳的（moral）な存在に変化させることでもある。その結果「直ちに各契約者の特殊な自己に代わって，一つの精神的・道徳的（moral）で集合的な団体を作り出す」（OC3, 361 /『社会契約論』31）ことになる。すなわち国家も一つの精神的・道徳的な存在なのだ。これこそ，先に見たプーフェンドルフのいう複合的な道徳的人格に対応するだろう。複合的な道徳的人格とは，何人かの人間が結合して，一つの意志，一つの行動をとると考えられる場合であった（JNG, 1, 1, 13）。プーフェンドルフの国家論においては。結合契約と統治契約の二つからなる二重契約の社会契約論を展開されるのであるが，そうして形成された国家は，複合的な道徳的人格と呼ばれ，多数の人々の契約によって織りなされ結合しており，その意思は全員の意思と見なされるのであった（JNG, 7, 2.13）。社会契約によって（その在り方は違うが），一つの道徳的人格を作り出す点で，ルソーはまさにプーフェンドルフの後継者ということができよう。

　こうしてできあがる道徳的人格は，その構成要素の単純和ではない。それ以上のものである。そのことを「ジュネーブ草稿」では次のように述べた。「一般社会が哲学者の体系の外に実在するとすれば，それは，すでに述べたように，一個の道徳的存在（Être moral）であって，この社会を構成する個々の存在とははっきり区別された固有の性質を持つであろう。そのことは，化合物が，その構成物質の単なる混合からは決して出てこないような属性を持つのと，ほとんど同様である」（OC3, 284 / 第 5 巻，275）と。化合物が，その構成要素の元素の性質をもはや持っていないように，複合的な道徳的人格は，その構成要素である個々の人格とは別の人格をもつというのである。

第Ⅱ部

5 おわりに

　最後にルソー以外の用例を，ディドロ (Denis Diderot, 1713-1784)，ダランベール (Jean Le Rond d'Alembert, 1717-1783) 編の『百科全書』(*Encyclopédie ou dictionnaire raisonné des sciences, des arts et des métiers*) に見てみよう。Être moral という項目が『百科全書』にあり[12]，それによると Être moral とは，ものに付加されたある種の変容 (modification) で，権利や義務で道徳の基礎をなすものだとしている。それが付加されたからといって物理的実体 (substance physique) は変わらない。例えば貴顕が位を落とされれば，貴族の性質は失うが肉体的には変わらない。これらの記述は，先に見たプーフェンドルフの祖述といってよかろう。『百科全書』全体では，laid と merveilleux と virginité という項目に道徳的存在 (être moral) という言葉が使われており，プーフェンドルフの影響をうかがわせる。

　本章では，プーフェンドルフの道徳的存在の議論が主にどこまでルソーの思想に影響を与えているか，どこまで同一であるかを見てきた。ルソーはプーフェンドルフのバルベイラックの仏訳を読んだが (Wokler 1994, 379)，プーフェンドルフが直接に言及される回数はそれほど多くないし，言及されても批判的にとらえられる場合が多い。しかしながら，本章でこれまで示したように，ルソーはプーフェンドルフと同じ用語をしばしば用い，しかも何よりも主要作品の議論の要所に，論理的な結節点で用いている。その意味でプーフェンドルフは見かけ以上に影響を与えているといえよう。

＊本研究は，JSPS 科研費 24530221 の助成を受けたものである。

参考文献

一次文献

Diderot, D. et d'Alembert, J. Le Rond. 1751-1772. Encyclopédie ou dictionnaire raisonné des

---

[12]　http://artflsrv02.uchicago.edu/cgi-bin/philologic/getobject.pl?c.5:123:8.encyclopedie0513. (閲覧日 2014 年 11 月 24 日)

sciences, des arts et des métiers, http://encyclopedie.uchicago.edu/.
Grotius, H. [1646] 2009. *De jure belli ac pacis*. 一又正雄訳『戦争と平和の法』厳松堂書店，1950年.
Pufendorf, S. [1682] 1927. *De Officio Hominis et Civis Libri* Duo, Oxford University Press, Vol. 1, 2. OHCと略記.
Pufendorf, S. [1688] 1996. *De Jure Naturae et Gentium Libri Octo*, William S. Hein & Co., Inc., Vol. 1, 2. JNGと略記.
Rousseau, J.-J. 1959-1995. *Œuvres complètes*1〜5, Gallimard. OCと略記.
『人間不平等起源論』は，平岡昇編『ルソー』中央公論社，1978年のページ数.『エミール』は，今野一雄訳『エミール』上，中，下，岩波文庫，1962〜1964年のページ数.『社会契約論』は桑原武夫・前川貞次郎訳『社会契約論』岩波文庫，1954年のページ数.『告白』は，桑原武夫訳『告白』上，中，下，岩波文庫，1965年のページ数，それ以外は小林善彦ほか訳『ルソー全集』白水社，1978-1984年の巻数とページ数．訳文は変更した箇所がある．

二次文献

Behme, T. 1995. *Samuel von Pufendorf: Naturrecht und Staat: Eine Analyse und Interpretation seiner Theorie, ihrer Glundlagen und Probleme*, Göttingen, Vandenhoeck & Ruprecht.
Dufour, A. 1991. Pufendorf, in Burns, John Henderson and Goldie, Mark (eds.), *The Cambridge History of Political Thought 1450-1700*, Cambridge: Cambridge University Press, pp. 561-588.
Kobusch, T. 1996. Pufendorfs Lehre vom moralischen Sein, in Palladini, Fiammetta/Hartung, Gerald (Hrsg.), *Samuel Pufendorf und die europäische Frühaufklärung: Werk und Einfluß eines deutschen Bürgers der Gelehrtenrepublik nach 300 Jahren (1694-1994)*, Berlin, Akademie Verlag, S. 63-73.
Denzer, H. 1972. *Moralphilosophie und Naturrecht bei Samuel Pufendorf*. eine geistes- und wissenschaftsgeschichtliche Untersuchung zur Gebure des Naturrechts aus der Praktischen Philosophie, München: Beck.
Goyard-Fabre, S. 1994. *Pufendorf et le droit naturel*, Paris, Press Universaire de France.
Lutterbeck, K.-G. 2009. Pufendorfs Unterscheidung von physishchen und moralischen Sein und seine politische Theorie, in Dieter Hünig (Hrsg.), *Naturrecht und Staatstheorie bei Samuel Pufendorf*, Baden: Nomos, S. 19-35.
Welzel, H. 1958. *Die Naturrechtslehre Samuel Pufendorfs*: ein Beitrag zur Ideengeschichte des 17. und 18. Jahrhunderts, Berlin: Gruyter.
Wokler, R. 1994. Rousseau's Pufendorf: Natural Law and the Foundations of Commercial Society, *History of Political Thought*, 15(3): 373-402.
小笠原弘親．1977.「プーフェンドルフの契約理論」『社会契約説 —— 近代民主主義思想の源流』所収，飯塚良明・田中浩・藤原保信編，新評論，137-156.
桜井徹．1991.「プーフェンドルフのエンティア・モーラーリア論」『法哲学年報』1991：170-178.

第Ⅱ部

白石正樹．1983．『ルソーの政治哲学 —— その体系的解釈』上巻，早稲田大学出版部．
―――．1984．『ルソーの政治哲学 —— その体系的解釈』下巻，早稲田大学出版部．
シュナイウィンド，J. B. 2011．『自律の創成 —— 近代道徳哲学史』田中秀夫監訳／逸見修二訳，法政大学出版会．
ドラテ，ロベルト．1986．『ルソーとその時代の政治学』西嶋法友訳，九州大学出版会．
西嶋法友．1999．『ルソーにおける人間と国家』成文堂．
フレーデン．B. 2003．『ルソーの経済哲学』鈴木信雄ほか訳，日本経済評論社．
細川亮一．2007．『純化の思想家ルソー』九州大学出版会．
ホント，I., 2009．『貿易の嫉妬 —— 国際競争と国民国家の歴史的展望』田中秀夫監訳，昭和堂．

第 11 章

反革命思想と経済学
―― マルサス『食糧高価論』に関する一考察

中澤信彦

1 はじめに ―― もう一つの「二人のマルサス」問題

　本章の目的は，マルサス (Thomas Robert Malthus, 1766-1834) が，暴力革命による商業（文明）社会の破壊をいかにして防止するかという問題に対して，どのような解答を与えようと試みたのか，その思考の軌跡を彼が 1800 年に匿名で発表した時事論説『現時における食糧の高価格の原因に関する研究 (*An Investigation of the Cause of the Present High Price of Provisions*)』(1800, 以下『食糧高価論』と略記）に即して明らかにすることにある。

　マルサスは何より人口学者および経済学者として歴史にその名を残している。『人口論 (*An Essay on the Principle of Population*)』(初版 1798) は人口学者マルサスの主著として，『経済学原理 (*Principles of Political Economy*)』(初版 1820, 第 2 版 1836) は経済学者マルサスの主著として，広く認められている。彼の人口学説および経済学説についての個別研究の蓄積は，国内外ともに汗牛充棟たるものがあるし，また，両者の理論的関連についても，経済学説史上，「マルサスの『人口論』の人口学説と『経済学原理』の経済学説を矛盾なく統一的・体系的に理解できるのか」という問題として，あるいは，「古典派経済学の自由主義的教義の真髄の表現としての救貧法批判を含む『人口論』と，富の増進を供給サイドでなく需要サイドから捉えようとする点において本来的に古典派の自由主義の体系とは整合しない『経済学原理』とを，矛盾なく統一的・体系的に理解できるのか」という問題として ―― いわゆる

「2人のマルサス」問題として ——，長らく議論が積み重ねられてきた[1]。だが，従来の「2人のマルサス」問題において問われてきたのは，おおむね人口学説と経済学説の関連に限定され，マルサスがフランス革命に反対した保守思想家であったこととの関連は付随的にしか論じられてこなかった。ケインズが自己の経済理論の先駆者としてきわめて高く評価しているマルサスの経済理論からは，政府による社会改良についての肯定的な見解が引き出されやすいのに対して，マルサスの反革命思想からは，フランス革命に象徴されるような理想主義・社会改良主義的な考え方に対する反対論が引き出されやすい。両者の対照をどのように理解すればよいのだろうか？ ここにもう一つの「2人のマルサス」問題としての理論（経済理論）と思想（反革命思想）との関連が，真剣な考察に値する問題としてクローズアップされる理由がある。

このもう一つの「2人のマルサス」問題にアプローチするための最初の手がかりを，本章では，これまで真正面から検討されることの少なかったマルサスのデビュー第2作『食糧高価論』に求めたい。William Pickering 版マルサス著作集で20ページにも満たない小品がなぜ真剣な検討に値するのか？ それは，一方で，ケインズ（John Maynard Keynes, 1833-1946）の『人物評伝（*Essays in Biography*）』(1933) において彼の有効需要論にもとづく新しい経済学の先駆として高く評価されながら —— その意味で「リベラル＝福祉」陣営に属するように思われる著作でありながら ——，他方で，マルサスの主観的意図においては，「私が約2年前に『人口論』において説明しようと努めたところの原理のきわめて有力な例証」(Malthus [1800] 1986, 17 / 訳 42) である —— つまり「保守＝反福祉」陣営に属するように思われる著作でもある —— という二重の性格を，このデビュー第二作が示しているからである。経済学者マルサスと保守（反革命）思想家マルサスを統一的・体系的に解釈するための最重要著作と言ってよいだろう。

そこで本章は以下のような構成をとる。2節では，『食糧高価論』を検討するための予備的作業として，フランス革命に反対した保守思想家としてのマルサス像を概観する。続く3節では，『食糧高価論』をやや詳細に検討する。

---

1) 例えば，中西 (1997) は，人口波動論を『人口論』と『経済学原理』の連結環として分析することで，「二人のマルサス」問題の解決を試みている。

マルサスの比較的穏健な反革命思想が彼のアダム・スミス『国富論』受容——継承と改変——と密接な関わりを有している次第が明らかにされる。続く4節では，3節の議論を踏まえながら，ケインズが『食糧高価論』を高く評価した理由を探る。最後に5節では，本章の結論を述べる。

2 マルサスとフランス革命[2]

(1) イギリスにおけるフランス革命

1789年7月14日のバスティーユ牢獄襲撃を機に勃発したフランス革命は，隣国イギリスにも大きな衝撃を与えた。革命の賛否をめぐる大論争が各界で繰り広げられた。これがいわゆる〈イギリスにおけるフランス革命〉である。革命をめぐる支持と批判のパンフレット合戦とも言うべき論戦は，革命勃発直後から生じ，革命とともに続いた。その中で，最も議論の的となったのは，バーク（Edmund Burke, 1729/30-97）の『フランス革命の省察（*Reflections on the Revolution in France*）』（1790，以下『省察』と略記）とそれを批判したペイン（Thomas Paine, 1737-1809）の『人間の権利（*Rights of Man*）』（1791-92）である。

すでに1688年に名誉革命を成し遂げて議会を中心とする立憲君主制の基礎を確立したイギリスにおいて，多くの人がフランス革命を最初のうちはフランスの名誉革命として歓迎した。しかし，バークは歴史への訴えによって，名誉革命の原理とフランス革命の原理との切断を企てる。彼によれば，名誉革命は過去との連続性を断ち切ってまったく新しい国制を創ったのではない。国制とは，混合政体，国教会制，時効にもとづく権利義務関係などの総体であり，要するに蓄積された過去の叡智のすべてである。伝統を切り捨て理性を第一原理とする新しい国制を確立しようと試みることがいかに深刻な混乱をもたらすかは，フランスの現状から明白である。他方，ペインは，等しく譲渡不能な人間の権利たる自然権に由来するものとして，フランス革命を讃美した。世襲の君主制，貴族制，国教会制，混合政体などは本来平等

---

[2] 本節は中澤（2015）に加筆・修正をほどこしたものである。

なはずの人々の間に人為的かつ不正な差別を生み出しているとして，イギリス現国制を全面的に否認した。万人が同等の能動的な政治的権利を享受すべきであるとして，男子普通選挙制にもとづく代議政体としての共和制を主張した。

〈イギリスにおけるフランス革命〉論争において，バーク『省察』が保守派の聖典としての地位を獲得したのに対して，ペインの『人間の権利』は急進派の聖典としての地位を獲得した[3]。

(2)『人口論』初版とフランス革命

1790年代半ば以降のイギリスは，対仏戦争 (1793-1815) と凶作によって，深刻な食糧危機に直面していた。生活に窮した貧民が直接行動に訴える例が激増した。いつ暴力革命が勃発しても不思議でなかった。そのような中で登場したマルサスの『人口論』初版は，その副題「ゴドウィン氏，コンドルセ氏，その他の著者たちの諸説を検討しつつ，社会の将来の改善に対する影響を論じる」が示すように，フランス革命の理想に刺激されたゴドウィン (William Godwin, 1756-1836) とコンドルセ (Marie Jean Antoine Nicolas de Caritat, Marquis de Condorcet, 1743-94) の理想社会論の反駁を意図して書かれた。

ゴドウィンとコンドルセは人間精神の進歩を強く信じていた。私有財産制度と統治権力の廃棄によって，すべての人間の理性が満面開花する環境を実現できれば，誰もが啓蒙された理性に促されて，共通善を求めて行動するはずである。戦争も貧困も犯罪もこの世から消滅するだろう。

しかしマルサスは次のような論理によって彼らの主張を反駁した。人間の情念は不変だから，人口は（妨げられなければ）1, 2, 4, 8, 16……と等比級数的に増加する傾向を持つのに対して，食糧生産は1, 2, 3, 4, 5……と等差級数的にしか増加しない。貧困や戦争はこの超歴史的な人口原理（自然法則）の結果であり，社会制度を改革しても解消できない。万人が自由で平等な理想社会が実現されたとしても，それは人口増加にとってあまりに有利な社会であり，人口の増大と食糧の欠乏がやがて人々の利己的な争いを生み出

---

[3] より詳細な議論は中澤 (2012) を参照されたい。

す。その解決のために再び私有財産制度と統治権力が必要となり，理想社会は崩壊するだろう。現行の救貧法（スピーナムランド制度）に対しても，ゴドウィンらの理想社会に対する批判と同様の批判が当てはまる。救貧法による所得の移転は，食糧を増加させることなく人口を増加させるので，救済されるはずの貧民の状態をいっそう悪化させてしまうだけである，と。

『人口論』初版は，数量的に把握可能な世界として社会を捉えることによって，「激怒の批判者」バークとは異なる新しいタイプの「科学的」な現行秩序擁護論を生み出したばかりでなく（Winch 1987, 16-7 / 訳 26-7; McNally 2000, 436-7），政治（国制）問題を中心に展開してきた〈イギリスにおけるフランス革命〉論争に社会（救貧）問題という新たな次元を付け加えた，という歴史的評価を与えうる。かつて水田洋が，イギリス保守主義の一番打者バークに対して，マルサスを「二番打者」（水田 1976, 193）と呼んだように，バークの『省察』とマルサスの『人口論』初版は，〈イギリスにおけるフランス革命〉論争が産み落とした二大反革命文書と言ってよい。

(3) 『人口論』の増補改訂とフランス革命

マルサスは 1803 年に大幅に増補改訂した『人口論』第 2 版を公刊した。理想社会論批判は残ったが，副題が「過去から現在まで人間の幸福に及ぼしてきた当原理の影響を概観し，当原理に起因する諸害悪が将来除去されうるかどうかの見込みを検討する」へ変更されたことに象徴されるように，社会における自然法則の貫徹という論点は徐々に議論の背景へ後退し，力点は個別的で漸進的な制度改革による貧困と悪徳の緩和の実現性の探求へ移った。増補改訂の作業は生前最終版である第 6 版（1826）まで続けられた。その間，彼のフランス革命に対する態度は変化したのか，しなかったのか？ 結論から記すならば，表面上の変化にもかかわらず根本的にはほとんど変化していない，と言いうる。

例えば，第 2 版からペイン『人間の権利』への批判が追加された（Malthus [1803] 1990, II, 126-30）が，それは第 6 版まで残されている。第 5 版（1817）での増補箇所においてマルサスは，フランス革命のブルジョア革命への収斂を見定めた上で，私有財産制の確立が労働階級に勤勉と道徳的抑制への顧慮

を育み，彼らの境遇を結果として改善させた点を，高く評価しており（Malthus [1803] 1990, I, 378），このことからマルサスのフランス革命観の変化を結論づける解釈も一部に見られる（Hollander 1997, 980）が，それは厳密には正しくない。マルサスは，革命主義者たちの形而上学的精神とそれが現実社会にもたらす害悪を嫌悪して，フランス革命を論難したが，革命終結後のフランスにおける下層階級の境遇の改善を確認すると —— バークはそれを確認できないまま1797年にこの世を去った ——，それを躊躇なく賞賛した。理想社会論の批判も，革命後のフランスの現実の肯定的評価も，その根拠が貧民の境遇の改善の程度に求められている。ゴドウィン，コンドルセ，ペインらフランス革命賛美者の形而上学的精神は貧民の境遇の改善に寄与しない，という観点をマルサスは一貫して保持していた。

　この点において，マルサスはフランス革命に対する全面的な容赦ない批判者ではない。彼は，頑迷な現状肯定と浮足立った急進的な革新をともに退けて，現存社会の枠内で漸進的な改革を実現しようとした。例えば，彼はペインのように普通選挙制には賛成しなかったが，選挙権の拡大それ自体には積極的であった。フォックス（Charles James Fox, 1749-1806）を指導者とするウィッグ党は，1790年代の分裂を通じて保守的な要素を失い，自由主義的な改革の党としての性格をいっそう明確にした（その過程でかつて盟友だったバークとフォックスは決裂した）が，本質的には地主貴族的な政治家の集団であって，選挙権を漸進的に拡大していく穏健な議会改革を主張するにとどまった。筆者がマルサスの政治的党派を基本的にフォックス派ウィッグに帰属させたのも，彼の議会改革論がフォックス派ウィッグのそれと基本的に重なるからにほかならない（Nakazawa 2012; Stedman Jones 2004, 90; 中澤 2009, 第6章）。

3　『食糧高価論』の分析

(1)『食糧高価論』の執筆背景[4]

　先ほど「1790年代半ば以降のイギリスは，対仏戦争と凶作によって，深刻な食糧危機に直面していた」と書いた。1770・80年代において小麦1クオーターあたりの価格は 34-54 シリングであったが，対仏戦争開始後は価格上昇が著しく，94年から95年にかけて70シリング台後半を記録した。96年から98年にかけていったん 50-60 シリング台にまで低下したが，1800年から01年にかけて再び上昇し，110シリング台を記録した (Gregory and Stevenson 2007, 235)。本節で検討する『食糧高価論』は，食糧価格が著しい高騰を示している最中の 1800年 11月に，執筆され公刊された[5]。

　マルサスのデビュー第二作『食糧高価論』は，デビュー作『人口論』初版と同様に匿名で —— ただし『人口論』の著者と同じ著者であることは公表されていた —— 出版された。彼は，1799年の終わりに『人口論』第2版の資料を集めるための北欧旅行から戻った際，イギリスの食糧がその欠乏度においてスウェーデンより軽微であったにもかかわらず，その価格がスウェーデンよりもはるかに高騰していたことに気付いた。その高騰の原因を解明しようとして，彼は『食糧高価論』を著した。

　時論的な小冊子という執筆スタイルからも想像できるように，マルサスが『食糧高価論』を著した直接の動機は，純粋に学術的なそれであった以上に，当時の議会における論争に影響を与えることにあったようである。彼は，1800年11月11日に開催される議会で食糧危機問題が議論されることを知っており，その議会の開催に間に合うように，わずか2日間でこの小冊子を書き上げたのだ。

　こうした執筆背景は，マルサスが彼のケンブリッジ大学時代の友人で当時

---

[4] 本項の議論はその多くを Bonar (1924, 418-20 / 訳 576-8)，James (1979, 79-92)，Johnson (1949, 190)，中西 (1997, 134-5) に負う。
[5] 1800年のうちに第3版まで刷られたことが知られている。

サフォーク州のケトルバラで牧師補を務めていたジョージ・ターナー (Rev. George Turner, 1767-1846) に宛てた 1800 年 11 月 28 日付けの書簡によって，容易にうかがい知ることができる。当時マルサスはロンドンに居住していた。

> バースに行く前に，私はしばらく姉妹たちとヘイスティングズにいました。ロンドンに馬で戻る途中，現時における食糧の高価格について，ある考えが強烈に頭に浮かんだので，バースへ旅立つ前に，一，二日，ロンドンにとどまり，その主題について多少の思索を書き下ろすことに決めたのです。私はあなたにその結果を送ります。それはジョンソン〔出版業者 Joseph Johnson, 1738-1809 のこと〕の手違いがなかったならば，もっと早くあなたの手に届くはずだったのですが。私は，それを〔11 月 11 日の〕議会の審議の前に出版できるようにと，バースへ行く前夜には 2 時まで起きてそれを完成させました。あなたはそれが急いで書かれたことをお気づきになるでしょう。お粗末なものですが，それでも多少の注目を集めました。私の一友人がそれを大蔵大臣に与えたところ，彼はそれをこの主題に関してこれまで現れた最も良いものであると言って，それをただちにピット氏〔当時の英首相 William Pitt the Younger, 1759-1806 のこと〕に送りました。私はそれについてのピット氏の所見を知りません。しかし，それに起因するのか他の何かに起因するのかはわかりませんが，ちょうど今出版されたばかりの下院委員会の第一報告書には，〔私が小冊子内で示したものと〕同種の推論が数多く採用されています[6]。
>
> 私は農業者 (farmer) としてのあなたの感謝を期待します。そして，もし私が暴徒に水中へ突き落とされたならば，独占者や買占者 (monopolizers and forestallers) は私に乾いた衣服を与えてくれることと思います。この小冊子の流布とわが国の人口について一般に行われている会話とは，『人口論』についてなされるべき諸研究を喚起しましたが，この書物は今どこでも買うことができません。このことが次の版を準備するよう私に鼓舞して

---

[6] マルサス自身の説明とは違って，以下のような見解が提出されている。「マルサスの『人口論』は議会の思考にはっきりとした影響を何ら及ぼさなかったし，『食糧高価論』も同様であった」(Willis [1979] 1986, 803)。

いるのだと思います。もっとも，本当のことを申せば，私は現在その仕事をかなり怠けてしまっている気がするのですが。(Malthus [1800] 1897)

マルサスは，自分が怠惰であるために『人口論』の新版の準備が遅れていることを友人に告白しているが，周知のように，『食糧高価論』から3年後の1803年に，大幅に増補改訂された『人口論』第2版が公刊されるのである。

(2)『食糧高価論』の価格理論と反革命思想[7]

アダム・スミス (Adam Smith, 1723-90) が『国富論 (*An Inquiry into the Nature and Causes of the Wealth of Nations*)』(1776) の「穀物貿易および穀物法にかんする余論」でも指摘しているように，食糧の高価格に関して，当時，一般的に広く流布していた見解の一つは，それが穀物仲介業者の貪欲と買占めの結果であるというものであった (Smith [1776] 1976, I, 524-35 / 訳 (三) 46-67)。民衆による食糧暴動の多くは，彼らの主観的意図に即するならば，穀物仲介業者が不正に利益を獲得していること，また，富者や政府が食糧供給・価格を安定させる (公正価格の実現) という道徳的義務を果たさなかったことに対する，正当な異議申し立てとして —— 慣習的に意識された正当な権利として —— 行われた (Porter 1990, 12, 190-1 / 訳 17, 277)。これがいわゆる民衆の「モラル・エコノミー」(Thompson 1991, chs. 4-5; 音無 1998; 近藤 1993, 第3章; 中澤 1999) である。

しかしマルサスはこのような民衆の叫びを謬見としてきっぱりと退けた。先に紹介したターナー宛て書簡でも「もし私が暴徒に水中へ突き落とされたならば，独占者や買占者は私に乾いた衣服を与えてくれることと思います」とマルサスは記していたが，彼は民衆の「モラル・エコノミー」を否定し，穀物仲介業者を擁護した。『食糧高価論』では次のように記されている。

> 一時は豊作と見越された収穫の後に，異常に高い価格が継続したために，公衆の心はなおいっそう驚かされかつ当惑させられることとなった。分別

---

7) 本節は中澤 (2009, 第8章) の一部分を再利用している。

> のある多くの人々も，どこかに詐欺があるに違いないという民衆の共通の叫びに共鳴し，全体の憤怒は，独占者，買占人，および仲買人（monopolizers, forestallers, and regraters）の上に落ちた。
> ……私はまず，私が真理の愛好者として，また，祖国の幸福を心から願う者としてより以外には，何らこの問題に関心を持つ者ではない，ということを前置きとして述べておかねばならない。私は，今や公衆の憤怒の的となっているこれらの仲買人や大農業者（middle men or great farmers）の誰とも，いかなる種類の結びつきも持っていないし，また，小さな固定所得を持つ個人としては，私はまさしく，食糧の高価が最も重い負担となるに違いない階級の人たちの仲間なのである。(Malthus [1800] 1986, 6 / 訳 17-8)

食糧価格高騰の原因を穀物仲介業者に帰することはできないとするマルサスの見解は，『国富論』のそれと同じであり，特に新鮮味は感じられないかもしれないが，若きマルサスの『国富論』への傾倒を示す証拠の一つとして重要である（Winch 1987, 44 / 訳 69; Winch 1996, 270; プレン 1994, 18）。また，こうした見解を，党派（反民衆）的見地からでなく，「真理の愛好者」という中立的見地から提出したことを，マルサス自身が断っていることも，後段の議論（民衆教育論）との関係で重要である。

マルサスの穀物仲介業者擁護論は，『人口論』第 2 版において，より詳細に示されている。ここでも彼は自分が民衆でなく穀物仲介業者の側に立つことをはっきりと述べているが，そのいちばんの理由は，民衆が無知や誤謬に導かれて暴徒化することを強く懸念していたからである。

> 愛国者は，もし人民が自己の状況に明るく，また要求を実現した時にはすぐにも歩みを止めることを知っていれば，達成可能なある特定の改革目的を指向した人民の決起には，愛国心に駆られて進んで参加するであろうが，議会，市長および独占者（the Parliament, the Lord Mayor and the monopolizers）を倒せばパンが安くなり，革命によって彼らすべてが家族を養っていけるようになると信じている人々，少なくとも大部分がそうした人々からなる民衆暴動に対しては，同一の動機から，わずかな支持をも与えず，むしろ

きわめて強い圧制にも屈服しようとするであろう。(Malthus [1803] 1990, II, 125)

　民衆の怒りを高まるままにしておけば，怒りの対象は穀物仲介業者だけにとどまらず，議会や市長にまで及ぶだろう。食糧の高価格の原因に関する民衆の無知や誤謬は，隣国フランスの革命と同種の暴力革命（政府の転覆）をイギリスで勃発させかねない。この『人口論』第2版からの引用文には，そのようなマルサスの不安がはっきりと表出している。ここにマルサスが穀物仲介業者についてのスミスの議論を継承しながら，それを反革命思想に接続した次第がうかがえる。このような接続の次第は，『食糧高価論』における市場価格 ── マルサス自身の言葉では「現実価格 (actual price)」── の説明において，いっそう明瞭に確認できる。食糧の高価格の主たる原因は，救貧法にもとづく所得補助（所得移転）によって貧民の購買力が人為的に引き上げられているからである，というのがマルサスの診断であった。その例証部分を引用しておこう。

> アダム・スミスは，きわめて正当にも，次のように述べたことがある。ある商品が売られる現実価格は，その自然価格，すなわち，適度の豊饒の時における通常利潤を斟酌してそれが市場にもたらされうる価格と，需要に対する供給との比例によって形成される，と。何らかの商品が欠乏している時には，その自然価格は必然的に忘れられ，その現実価格は供給を超える需要の超過量によって左右される。(Malthus [1800] 1986, 7／訳 19–20)

　供給量が需要量に不足する（生産力の不足）という限定された場面での話だが，市場価格が自然価格の束縛を離れて需給関係によって決定されることが，はっきりと述べられている。食糧の高価格の原因を説明するにあたって，マルサスはスミスの自然価格の理論を事実上放擲して，市場価格（現実価格）の説明に集中している（森 1982, 225–6）。

> 【引用A】　私はこういうふうに考えてみたいという気持ちがきわめて強くなっている。この王国のたいていの地方で試みられている，教区手当を穀物価格に比例して増加させようとする〔救貧法の〕企ては，この国がこの

企てをあれほど広範に進めることを可能にしたこの国の富とあいまって，比較的にいうならば〔＝どちらかと言えば〕，この国での食糧価格の騰貴を，その不足の程度によって正当と考えられる以上にはるかに大きな，またこういう原因の働かないどこか他の国に見られるよりもはるかに大きなものにした，唯一の原因なのである。……。

　ある商品が，50人の人々によって非常に強く需要されているが，その生産上のある失敗によって，40人に供給するに足るだけしかない，と想定しよう。もしも上から第40番目の人がこの商品に費やしうる2シリングをもち，彼より上の39人は，種々な割合で，それよりも多く，また彼より下の10人は皆それよりも少なく持っているとすれば，その品物の現実価格は，取引の真正原理に依拠して，2シリングであるだろう。もしも2シリング以上が要求されるならば，全部が売れることはないだろう。なぜならば，その品物の費やすべき2シリングを持っているのは，40人にすぎないからである。また，2シリング以下が要求される理由もまったくない。なぜならば，全部が2シリングで処分されるであろうからである。（Malthus [1800] 1986, 6-7／訳19-20）

ある商品に対して50人の需要者がおり，各々の需要者はこの商品に支出できる貨幣額が異なっている —— 各々異なった需要価格（付け値）で需要する —— 場合，商品が40人分しか供給されなければ，現実価格は需要者のうち10人が排除される価格まで上昇する。すなわち，上位から40番目にあたる購買者がこの商品のために犠牲にしうる貨幣額が，その市場価格となる。現代の経済学の用語で言えば，マルサスは限界購買力による市場価格決定について論じている。彼はさらに以下のように続ける。

　【引用B】　さて，ある人が，閉め出されていた10人の貧者に，1人ごとに1シリングを与える，と想定しよう。今や，10人全員が，前に要求された価格である2シリングを提供することができる。公正な取引に関するいかなる真正原理に依拠しても，その商品はただちに騰貴するに違いない。もしもそうでないとすれば，私は尋ねたい。誰もが2シリングを提供することができる50人の中から，10人が排除されるのは，いったいいかなる原

理にもとづいてなのか,と。想定によると,商品は依然として40人分しかない。貧者の2シリングは富者の2シリングと同じ効力を有する。したがって,もし我々が最も貧しい10人 ―― 彼らが誰であろうとも ―― の手の届かない水準までに商品が騰貴するのを阻止しようと干渉するならば,我々は誰が閉め出されるべきかを決定するために,銭投げをするか,くじ引きをするか,富くじ販売をするか,あるいは相争うかしなければならない。これらのやり方のいずれかが,一国の商品の分配のために,貨幣による卑しい差別よりも果たして望ましいかどうかという問題に立ち入ることは,今の私の目的をこえるであろう。けれども確かに,すべての文明開化した諸国民の習慣によれば,またおよそ商業取引の原則によれば,価格は50人中10人にとって買うことができなくなる点まで騰貴することが許されなくてはならない。これはおそらく半クラウン〔= 2.5シリング〕ないしそれ以上の点であり,これがいまやその商品の価格になるであろう。さらにめいめい1シリングを除外された10人に与えるならば,今度はすべてのものが半クラウンを提供することができるであろう。その結果,価格は直ちに3シリングないしそれ以上に騰貴しなければならない。以下そのつど同様である。(Malthus [1800] 1986, 7-8 / 訳 20-1)

マルサスの診断によれば,高いパン(貧困)の原因は穀物仲介業者に求められない。救貧法に基づく所得補助(所得移転)によって限界購買者の購買力が人為的に引き上げられたために,イギリスの食糧価格はスウェーデンよりもはるかに高騰した[8]。このようにマルサスが食糧の高価格の原因を説明した背景には,彼の反革命 ―― 反民衆ではない ―― 思想がある。

マルサス自身が「独占者,買占人,および仲買人……大農業者」(Malthus [1800] 1986, 6 / 訳 17-8)「議会,市長および独占者を倒せばパンが安くなり,革命によって彼らすべてが家族を養っていけるようになると信じている人々,少なくとも大部分がそうした人々からなる民衆暴動」(Malthus [1803] 1990, II, 125)と記しているように,民衆を暴動へと導く革命派の主張の理論的支柱には,「穀物仲介業者(ら)を倒せばパンが安くなる」という考え方が

---

8) ただし,「これには実証はない。理論的推測があるだけである」(永井 1992, 49)。

ある。この考え方は，深刻な窮乏時には貧者の生存を富者の所有権より優先させてもかまわない，とする「モラル・エコノミー」の世界像のヴァリエーションである。既述のように，この考え方はマルサスによればまったく間違っているのだが，民衆は穀物仲介業者こそが高いパンの原因であると誤認している。高いパンの原因に関する正しい知識が社会の下層階級の間にいまだ十分に普及していないこと —— これが必ずしも彼ら自身の責任とは言えないのは，社会の上層階級も概して経済学の原理について無知であるからだ —— が，民衆を際限のない暴動へと導き，革命勃発の危険を高める。それを阻止するためには，高いパンの本当の原因についての知識が広く普及しなければならない。ここにおいて，正しい経済学の知識をいかにして下層階級を含む一般の人々に普及させるかという民衆教育の問題がクローズアップされる[9]。

　マルサスにおいては，高いパンの原因についての知識と反革命思想が不可分な形で結びついているわけだが，前者はスミスの理論の単純な継承ではない。マルサスの限界購買力による市場価格決定の理論は，自然価格理論の束縛から離れている点において，『国富論』からの離反（あるいは『国富論』の改変）を示すものである。そして，同様の離反・改変は民衆教育論にも確認できる。マルサスの民衆教育論は，まとまった形では，『人口論』第2版から登場する。スミスは『国富論』で初等（義務）教育のカリキュラムとして，読み書き，計算，幾何学と機械学の初歩，軍事教練を主張したが，マルサスはその議論をそのまま継承せずに，経済学の初歩をカリキュラムに付け加えるべきことを提案している。マルサスにおいて，「経済学（political economy）」という学問領域は，その中核領域に人口原理によって影響を受ける実質賃金（労働市場）の理論的分析と，そのような市場分析に基づく貧民の境遇改善のための政策の評価・提言（政策の限界も含む）が据えられているが（中澤2009, 第9章第4節），食糧の高価格が労働者の実質賃金の低下に直結する以上，食糧の高価格の原因に関する知識は，当然のことながら，彼の考える経済学の内容に含まれることになる。そして，そのような民衆教育が政府の義務であ

---

9)　柳沢（1994）はマルサスの民衆教育論についての最もすぐれた包括的研究である。

ることを彼は力説する。民衆教育が，民衆の経済的自立を促進するのみならず，暴力革命を回避して安定した統治を可能にするという意味で，民衆にも政府にも大きな利益をもたらすからである。

4 なぜケインズは『食糧高価論』を高く評価したのか？

本節では，前節の議論を踏まえながら，ケインズの『食糧高価論』に対する高い評価の思想史上の意味を探る。

「もしかりにリカードウではなくマルサスが，19世紀の経済学がそこから発した根幹をなしてさえいたならば，今日世界はなんとはるかに賢明な，富裕な場所になっていたことであろうか！」(Keynes [1933] 1972, 101／訳136) というケインズ『人物評伝』のきわめて高いマルサス評価は広く知られているが，マルサスの数ある著作の中でケインズがとりわけ高い賞賛を与えたのが，『食糧高価論』なのである[10]。ケインズは『人物評伝』のマルサス伝で次のように述べている。

> マルサスは……1800年に匿名で……『現時における食糧の高価格の原因に関する研究』〔『食糧高価論』のこと〕と題する小冊子を公刊した。この小冊子はそれ自体としても，またマルサスが実際の経済問題を取扱うにあたってすでにある一定の接近方式に傾いていたことを示すものとしても重要なものである。……
>
> マルサスのすぐれた常識的観念によれば，価格と利潤は主として，彼が──決して十分明確にではないが──「有効需要 (effective demand)」という言葉で述べたあるものによって決定される。……リカードウは……現実の事実から遊離した。これに反してマルサスは，はるかにその結論に近いところから話を始めることによって，現実の世界でたぶん起こるものと

---

10) Toye (2000, 44) の考証によれば，ケインズのマルサス伝の最初期の草稿は1912年の講義ノートである（それを1922年とする『ケインズ全集』の編者注は訂正されるべきである）。その草稿に挿入や削除がほどこされてマルサス伝は完成された。同じくToye (2000, 190-1) の考証によれば，最終的な大幅な加筆は1932年10月から1933年1月にかけてで，マルサスの経済理論やリカードウとの交流について加筆されたのは──『食糧高価論』へのコメントが追加されたのも──この時期である。

第Ⅱ部

予想されうる事柄を，いっそう的確に把握したのである。……

マルサスの「有効需要」の考えは，この初期の小冊子のなかで……素晴らしい例証を与えられている……。彼は食糧価格の高騰が，収穫の不足によって説明されうるよりもはるかにいっそうはなはだしいのはなぜかということを熟考していた。……彼はその原因が，教区手当が生計費に比例して引上げられる結果，労働者階級の所得 (*incomes*) が増加することにあると考えた。(Keynes [1933] 1972, 87-89 / 訳 119-120)

ケインズはこのように述べた後，『食糧高価論』の例証部分 (先に引用した【引用A】および【引用B】) を引用する。そして，長い引用を終えた後，以下のように続けた。

言葉も着想も簡単である。だがここに体系的な経済学的思考の始まりがある。この小冊子には他にも引用に値する文章が多数あって，── そのほとんど全体がそうなのである。この『食糧高価論』はマルサスが書いたうちで最もすぐれたものの一つである。(Keynes [1933] 1972, 89-90 / 訳 122)

なぜケインズは『食糧高価論』をかくも高く評価したのだろうか？ ケインズの叙述は舌足らずで，その真意を理解することは容易でない。ケインズは，マルサスの有効需要の考えは『食糧高価論』において素晴らしい例証を与えられていると指摘し，価格と利潤が有効需要によって主として決定されるという彼の考えを「すぐれた常識的観念」だと賞賛しているが，それにもかかわらず，ケインズが長々と引用した【引用A】と【引用B】には，利潤の話がまったく登場せず，救貧法によって貧民の購買力が人為的に引き上げられたために食糧価格が高騰した次第が語られているにすぎない。それでは，『食糧高価論』において，利潤はどのように扱われているか？ それについての議論はこの小冊子の後半の，救貧法の短期的なプラスの効果を解説しているくだりで登場する。

飢饉の場合，救貧法にもとづく貧者への貨幣給付は一定量の食糧に対する(有効)需要を増加させ，実際の不足分を反映する以上の食糧価格騰貴をもたらす。その結果，救貧法の適用を受けない独立的な人々の生活を困窮させ

る。これは『人口論』初版に示されている救貧法の弊害と基本原理であり，マルサスにおいて，救貧法の（漸次的な）廃止の主張は生涯にわたって一貫している。しかし，『食糧高価論』には，教区手当を通じて食糧不足に伴う困窮を社会全体で分かち合ったことを肯定的に見るマルサスの一面も見出される（Winch 1987, 47 / 訳 74; 益永 2011, 81-83）。困窮を社会全体に分散して分かち合うという発想は，スミス『国富論』の強力な影響下で著された『人口論』初版には見られない。こうした発想が『食糧高価論』で強まっているのは，市場価格決定の理論と同様に，『国富論』からの離反（あるいは『国富論』の改変）を示すものである，と解釈するのが妥当だろう。

> ……一般的に言って，他の場所〔=『人口論』初版〕で述べたように，確かに私は心底から救貧法制度を非難するが，現在の飢饉におけるその制度の作用は一国にとって有益であったと考えたい気がする。それがもたらした主要な利益はまさに，最も激しく不満を言われているもの —— 全生活必需品の高価格である。貧民はこの価格に対して大声でわめきたてる。だがそうする際に，彼らは自分たちが何をしようとしているかにほとんど気づいていない。というのも，ずっと多数の貧民たちが餓死しなかったのは，疑いもなくこの価格のためだからである。
>
> ……この島には 1000 万の人々がいると仮定しよう。この〔=食糧〕不足の全体は，諸事物のなりゆきに任せられるならば，ほとんどもっぱら 200 万，ことによると 300 万の最も貧しい住民に降りかかり，彼らの相当数が結果的に餓死したであろう。教区手当の作用は，食糧価格を非常に高く引き上げることにより，おそらく 200 万か 300 万の代わりに 500 万または 600 万の人々に苦境を分散させたのであり，また残りの住民によって決して無自覚ではいられないようにした。
>
> ……高価格のさらなる効果は……強力な利己心の動機によって農業者を奨励して，できる限り大きな収入を翌年に得るようにあらゆる努力をさせたことである。（Malthus [1800] 1986, 13-4 / 訳 33-5）

これは『人物評伝』に引用されていないくだりだが，「この小冊子には他にも引用に値する文章が多数あって，そのほとんど全体がそうなのである」

(Keynes [1933] 1972, 89-90/訳122)とケインズ自身が書いているから,この
くだりも彼の目に留まっていると考えてよいだろう。さて,食糧生産は需要
の増加に対してどの程度迅速に対応できるのだろうか？ マルサスは,『人
口論』初版で,〈人口の増加→食糧に対する需要の増加→食糧の名目価格の
上昇→食糧生産部門における資本および労働の投入の増大→食糧の増産〉と
いうプロセスに気づいているが,それは長期的に言えることで,短期的には
食糧供給の固定性(あるいはその極度の非弾力性)を前提に議論を進めた(中澤
2009, 147-8)。だが,『食糧高価論』では,食糧価格の高騰は「強力な利己心
の動機によって農業者を奨励して,できる限り大きな収入を翌年に得るよう
にあらゆる努力をさせた」と述べられ,比較的短期間に食糧の高価格が企業
家(農業者)に大きな期待収入・期待利潤を抱かせ産出量の拡大を決意させ
る効果を有することが認められるにいたった[11]。

　ここにいたってようやくわれわれは,ケインズが『食糧高価論』をとりわ
け高く評価した理由を理解することができる。そのいちばんの理由は,飢饉
を主題とするこの小冊子が,貧民は短期的に飢えるという「現実の事実から
遊離」せず,その結果,『人口論』初版と違って,まさしくケインズが採用し
た現実の経済問題への接近方法であるところの,需要の増加と産出量の増進
との短期的な因果過程の考察にまで及んでいたからである。眼前の貧困や不
況に対して,「生産力の不足」を前提とした『食糧高価論』のマルサスと,「有
効需要の不足」を前提としていた『一般理論』のケインズは,その基本的立
場を異にしているけれども,「需要の変化が供給の変化をもたらす」「所得の
移転によって需要の増加がもたらされる」と考えた点で両者は共通してい
た。これこそがケインズにとって「現実の世界でたぶん起こるものと予想さ
れうる事柄」であった。

---

11) 本章では紙幅の都合でこれ以上詳しく論じる余裕がないが,ここでは企業家がある期
の利潤にもとづいて次期の生産量を決定する道筋が表現されており,それが『一般理
論』よりも『貨幣論』の考え方に近い点でたいへん興味深い。また,現代のミクロ経
済学の用語法では,資本設備(建物・機械などの固定設備)の量が一定で原材料や労
働時間の調整によって生産量を変化させる場合が「短期」,その資本設備の量を変化
できる場合が「長期」であるが,そのような概念的な時間としての「短期」「長期」を
意味しない。現実に経験する歴史的な時間を意味する。

『食糧高価論』の著者としてのマルサスが「保守＝反福祉」と「リベラル＝福祉」の両陣営に属しているように見えるのは，彼の救貧法に対する評価が長期のそれと短期のそれとで異なっているからである。救貧法の長期的なマイナスの効果を指摘するマルサスは「保守＝反福祉」陣営に，短期的なプラスの効果を指摘するマルサスは「リベラル＝福祉」陣営に属しているように見える。両者の間に論理上の矛盾は存在しないが，ケインズが高く評価したマルサスは，経済問題への短期的なアプローチを重視する ── その意味でスミス経済学の賛美者・継承者でなく批判者・改変者としての ── マルサスであり，結果的にマルサスとケインズはスミスの規範的な「自然」概念への疑問を共有することができた。

　マルサスの救貧法評価の二面性は，彼があらゆる困窮を個人の自己責任に帰さず，①怠惰と無思慮な習慣から生じる困窮と②怠惰や将来の備えを怠る習慣とは無縁の困窮を区別していた（Winch 1987, 42 ／ 訳 66; 益永 2011, 94）ことに求められる。①のカテゴリーの困窮に対して自己責任を唱えたマルサスは「保守＝反福祉」陣営に属しているかのように見える。初版『人口論』ではこちらのマルサス像が強調されている。他方，飢饉や対仏戦争終了などによって生じた貧困は，②のカテゴリーの貧困である。この種の貧困にまで自己責任原則を適用するのは不可能であり，公的救済の対象となる。だからこそ，『食糧高価論』のマルサスは教区手当を通じて困窮を社会全体で分かち合ったことを肯定的に見たし，後年の『経済学原理』のマルサスは対仏戦争後の不況による困窮を社会全体で分かち合うことを唱え，あたかも世界恐慌後の大量失業に対してケインズが提示した処方箋を先取りするかのように，一時的措置として貧民の政府雇用（公共事業）を認めたのだ。

5　おわりに

　一般に反革命思想と経済学は必ずしも結びつくものではないが，マルサスにおいては両者の間に分かちがたい必然的な結びつきがあった。彼にとって，食糧の高価格の原因についての民衆の無知が暴力革命勃発の危険性を高めているという認識を獲得したことは，頑迷な現状肯定を退けつつ急進的な

暴力革命をも退ける論理を構築するうえで，決定的に重要であった。マルサスは，下層階級の間に教育 ── とりわけ経済学の知識 ── を普及させることによって，フランス革命のような暴力革命を防止しつつ，漸進的な改革を推進できる，と考えた。そこには民衆を経済学によって啓蒙しようとする開明的な態度が見られる。マルサスが保守的な思想家であったことは間違いないが，その保守思想は頑迷な現状肯定，保守反動，反啓蒙とは無縁であった。マルサスは啓蒙の最良の成果である経済学の考え方を積極的に援用して，行き過ぎた啓蒙 ── その現実態としての暴力革命 ── に警鐘を鳴らした。

　このようなマルサスの思考態度にケインズが共鳴できたのは当然であったように思われる。マルサスは暴力革命による文明と商業の破壊をいかにして防止するかという問題がきわめて切実であった時代に経済学の研究を開始した。他方，大恐慌時代から第二次世界大戦そして戦後処理という歴史上最大の混乱時代に活躍したケインズは，晩年，経済学者を「文明の受託者」ではなく「文明の可能性の受託者」と呼んだ（早坂1969, 2-4）。二人の間には約150年の歳月が横たわっているが，二人に共通していたのは，時代に対する鋭敏な危機意識に導かれて，眼前の商業（文明）社会をすぐれた常識的観念に裏づけられた経済学的な思考に基づいて擁護し保守しようとした，漸進的改革者としての態度であった。

＊2013年8月8日経済思想研究会（於東北大学），同年12月21日経済学史学会第165回関西部会（於名古屋大学），同年12月24日科研「野蛮と啓蒙」研究会（於キャンパスプラザ京都），2014年5月24日経済学史学会第77回大会（於立教大学）において，本章の下報告を行った。席上多くの方々から有益なコメントをいただいた。ここに記して厚く感謝の意を表したい。なお，本章は関西大学2013年度研修員としての研究成果の一部である。

参考文献

Bonar, J. 1924. *Malthus and His Work*. 2nd ed. London: George Allen and Unwin. 堀経夫・吉田秀夫訳『マルサスと彼の業績』改造社，1930．
Gregory, J. and J. Stevenson. 2007. *The Routledge Companion to Britain in the Eighteenth Century 1688-1820*. London and New York: Routledge.

Hollander, S. 1997. *The Economics of Thomas Robert Malthus*. Toronto: University of Toronto Press.

James, P. 1979. *Population Malthus: His Life and Times*. London: Routledge and Kegan Paul.

Johnson, H. G. 1949. Malthus on the High Price of Provisions. *Canadian Journal of Economics and Political Science* 15: 190–202.

Keynes, J. M. [1933] 1972. *Essays in Biography. The Collected Writings of John Maynard Keynes*, vol. 10, edited by D. Moggridge. London: Macmillan for the Royal Economic Society. 大野忠男訳『ケインズ全集　第10巻　人物評伝』東洋経済新報社，1980.

Malthus, T. R. [1800] 1897. A Letter of Malthus to Rev. George Turner. *The Economic Journal* 7: 271–2.

Malthus, T. R. [1800] 1986. *An Investigation of the Cause of the Present High Price of Provisions*. In *The Works of Thomas Robert Malthus*, vol. 7, edited by E. A. Wrigley and D. Souden. London: William Pickering. 堀経夫・入江奨訳『食料高価論その他』創元社，1949.

Malthus, T. R. [1803] 1990. *An Essay on the Principles of Population*. The version published in 1803, with the variora of 1806, 1807, 1817 and 1826, edited by P. James, 2 vols. Cambridge: Cambridge University Press, 1990.

McNally, D. 2000. Political Economy to the Fore: Burke, Malthus and the Whig Response to Popular Radicalism in the Age of the French Revolution. *History of Political Thought* 21(3): 427–447.

Nakazawa, N. 2012. Malthus's Political Views in 1798: A 'Foxite' Whig? *History of Economics Review* 56: 14–28

Porter, R. 1990. *English Society in the Eighteenth Century*, Revised edition. London: Penguin Books. 目羅公和訳『イングランド18世紀の社会』法政大学出版局.

Smith, A. [1776] 1976. *An Inquiry into the Nature and Causes of the Wealth of Nations*, 2 vols., edited by R. H. Campbell, A. S. Skinner and W. B. Todd. Oxford: Clarendon Press. 水田洋監訳，杉山忠平訳『国富論』全四冊，2000–1.

Stedman Jones, G. 2004. *An End to Poverty: A Historical Debate*. London: Profile Books.

Thompson, E. P. 1991. *Customs in Common*. London: Merlin Press.

Toye, J. 2000. *Keynes on Population*. Oxford: Oxford University Press.

Willis, K. [1979] 1986. The Role in Parliament of the Economic Ideas of Adam Smith, 1776–1800. In *Adam Smith: Critical Assessments*, edited by J. C. Wood, 4 vols. London: Croom Helm, Vol. 1: 772–803.

Winch, D. 1987. *Malthus*. Oxford: Oxford University Press. 久保芳和・橋本比登志訳『マルサス』日本経済評論社，1992.

Winch, D. 1996. *Riches and Poverty: An Intellectual History of Political Economy in Britain, 1750–1834*. Cambridge: Cambridge University Press.

音無通宏．1998.「モラル・エコノミーとポリティカル・エコノミー」『経済学史学会年報』36: 26–39.

近藤和彦．1993.『民のモラル ―― 近世イギリスの文化と社会』山川出版社.

第Ⅱ部

永井義雄．1992．「イギリス古典経済学の達成」，永井義雄編『経済学史概説―危機と矛盾のなかの経済学』ミネルヴァ書房，第3章：43-71．
中澤信彦．1999．「「モラル・エコノミー」とアダム・スミス研究」『関西大学経済論集』48(4): 55-71．
―――．2009．『イギリス保守主義の政治経済学―バークとマルサス』ミネルヴァ書房．
―――．2012．「生存権・福祉国家・共和主義―バーク対ペイン論争を再考する」『関西大学経済論集』61（3・4）：1-33．
―――．2015．「マルサスとフランス革命」マルサス学会編『マルサス人口論事典』昭和堂，近刊．
中西泰之．1997．『人口学と経済学―トマス・ロバート・マルサス』日本経済評論社．
早坂忠．1969．『ケインズ―文明の可能性を求めて』中公新書．
プレン，J. M．1994．『マルサスを語る』溝川喜一・橋本比登志編訳，ミネルヴァ書房．
益永淳．2011．「マルサスの救貧思想」小峯敦編著『経済思想のなかの貧困・福祉―近現代の日英における「経世済民」論』ミネルヴァ書房，64-97．
水田洋．1976．『近代思想の展開』新評論．
森茂也．1982．『イギリス価格論史―古典派需給論の形成と展開』同文舘．
柳沢哲哉．1994．「マルサスと民衆教育」『香川大学経済論叢』66(4)：101-135．

第Ⅲ部

第12章
ベンサム，アメリカ，共和政

川名雄一郎

1 はじめに[1]

　自然権理論を「大げさなナンセンス（Nonsense upon Stilts）」として激しく批判し，アメリカの独立宣言や権利章典に冷淡な態度をしめしたジェレミー・ベンサムは，1809年以降，理想的な政体をアメリカに見出し，「アメリカに倣え」と主張するようになった。1810年代から1820年代のベンサムは，自然権理論に対する批判的見解を維持しつつも，アメリカをきわめて高く評価するようになり，後年には自らを「心情的にはイングランド人というよりアメリカ人」であるとまで述べるようになっていた（Jeremy Bentham to Andrew Jackson, 14 June 1830, in Jackson 1929, 146）。

　この時期のベンサムがアメリカに対して積極的関心を抱くようになったのはおもに2つの点からである。第一に，ベンサムはアメリカを法典編纂という自らの野望を実現するための広大な実験場になりうる国家であると考えるようになった。別の言い方をすれば，彼はアメリカには自らの提案を受け入れるための政治的素地が整っていると考えており，アメリカが功利性の原理に基づく合理的な法典体系 ―「パノミオン（Panomion）」― を導入することによってコモン・ローの軛から解放されることを望んでいた。統治者が自

---

[1] 本章では，検討対象とするベンサムや同時代の多くの思想家の使用法にしたがって，「アメリカ America」，「合衆国 United States」や「アメリカ合衆国 United States of America」を特に区別しないで用いる。ベンサムは「アングロ・アメリカ合衆国 Anglo-American United States」という呼び方もしている。また，イギリスは Britain および British の，イングランドは England および English の訳語である。

らの「邪悪な利益 (sinister interest)」を追及しがちな君主政とは違って，共和政においては統治者は社会全体の利益を促進するという動機しかもちえないと彼は考えており，このことが自らの考える理想的な法体系がアメリカで受け入れられると彼が確信していたことの理由のひとつだろう。彼はアメリカの連邦政府と州政府によって法典編纂の申し出が受け入れられるべく多大な努力を傾注し，アメリカ人民に直接訴えることも試みた。

　第二に，ベンサムはアメリカの事例が自らの民主主義理論にとって好ましい具体的な例証を提供していると考えるようになった。イギリス国制の急進的改革を主張していた彼は，君主や貴族の存在しない「純粋な民主主義」が政治的安定や経済的繁栄と両立している実例をアメリカに見出したのであった。アメリカの代議制民主主義を教条的に賞賛していたという点で，ベンサムが同時代にあっても際立った存在であったことは疑いのないことであったとしても，彼のアメリカに対する評価がアメリカについての正しい認識に基づいていたのか，別の言い方をすれば，ベンサムがアメリカの政治制度を正しく理解していたのかは，いまだ検討されるべき余地のある問題である。これまでの研究史においては，この点には概して否定的評価が与えられてきているが，本章で試みるのは，この問題を考える手がかりを探ることである。

2　ベンサムとアメリカをめぐる研究史

(1) ベンサムとアメリカ

　ベンサムのアメリカ論については多くの研究がなされているわけではないが，それらの嚆矢とも言うべきウィリアムソンの関心は，(1) ベンサムのアメリカの州政府に対する法典編纂の提案と，(2) ベンサムがどのような資料を利用してアメリカの実情を知ろうとしたかという点にあった。ウィリアムソンがひきだした結論としては，第一の点については，ベンサムのアメリカの法典編纂への関心は彼が民主主義への傾倒を深めるのにともなって膨らんできたことが，第二の点については，ベンサムはアメリカに対する正確な知識を持っていなかったことが指摘されている (Williamson 1955, 546, 548)。

第 12 章　ベンサム，アメリカ，共和政

　ウィリアムソンによれば，ベンサムはイギリスにとって範となるべき実例としてアメリカを評価していたが，「アメリカの経験も制度も，ベンサムの功利主義展の初期の段階においても重要な段階においても，何の役割もはたさなかった」(Williamson 1955, 551, 543)．

　次に，クルックは「ベンサムのアメリカに対する評価を理解するためには彼の政治哲学を分析しなければならない．というのは，哲学が彼の〔アメリカに対する〕賛意をほとんど運命づけていたからである」と指摘し (Crook 1964, 277)，ベンサムの政治思想とアメリカ観の関係に関心を向けた．ベンサムによる功利主義理論に基づいた民主主義理論の形成はそれ自体としてはアメリカへの関心とは独立になされたものであり，アメリカへの言及は彼の民主主義に関するアイデアが現実に機能していることを例証するものとしてであった．

　クルックもまた，ウィリアムソンと同じように，ベンサムはアメリカの実情を正しく理解していなかったと論じている．クルックによれば，ベンサムのアメリカに対する賛意にもかかわらず，「アメリカの自由主義とベンサムの功利主義の間には深い亀裂があり，その亀裂はベンサム自身は薄々にしか気づいていないものであった」(Crook 1964, 282)．クルックにしたがえば，ベンサムがアメリカの欠点として指摘した要素はアメリカの国制の根本にかかわるものであり，ベンサムがその意義を正しく評価できなかったことは，彼がアメリカの国制を正しく理解せずに誤解に基づいてアメリカを評価していたことを意味していた．クルックの考えでは，ベンサムとアメリカの間の亀裂を軽視する解釈はアメリカもベンサムもともに同じような自由主義的思想をもっているということを前提としていた．それに対して，クルックはアメリカの政治思想が自由主義的なものであるという見解を維持しつつ，ベンサムには「反個人主義的な議論を受け入れる傾向」があったと指摘して，両者の間の距離を重視した．その上で，ベンサムは「建国の父たちの系譜よりも，ジャクソニアン民主主義者として位置づけられるべき」であったと主張した (Crook 1964, 282)．

　最後に，ハートはベンサムのアメリカに対する態度を，（遅くとも）1789年の『道徳および立法の原理序説』出版までの第一期と，それ以降ベンサム

が死去する1832年までの第二期に分けたうえで、第一期を「反感と拒絶，敵意」の時期として，第二期を「熱狂と絶賛」の時期として特徴づけ，それぞれを検討した (Hart 1976, 548)。第一期はベンサムが自然権理論に対して激しい批判を展開していた時期であったが，ハートによれば，この時期のベンサムはこのような批判の一方で，アメリカの国制に自然権理論に代わる功利主義的な基礎づけを与えることの可能性を追求していた。ベンサムはまもなくフランス革命が無秩序に陥ったことに恐怖を抱いて民主主義に対して沈黙するようになったが，19世紀に入ると，ヨーロッパが保守反動化する一方でアメリカは民主主義国家として自由を謳歌し繁栄していると考えるようになり，このことに感銘を受けるようになった。そして，急進的政治改革論者となった彼は民主主義こそが「最大多数の最大幸福」を実現する政体であると確信するようになり，改革のモデルとしてアメリカの事例を頻繁に持ち出すようになった。この時期がハートのいう第二期にあたっている。この時期のベンサムはアメリカにおける3つの欠点と彼がみなしたコモン・ロー，二院制，奴隷制を引き続き批判しながらも，アメリカに好意的な見解を表明するようになっていた。また，1810年以降のベンサムのアメリカとの関係を特徴づけているのは，彼がアメリカに対しておこなっていた執拗な法典編纂の提案であるが，新しい法体系を導入することによって彼が目指したのは，アメリカの統治制度を変更することではなく，その功利主義的な基礎づけを確固たるものにすることであった。しかし，彼の提案はアメリカでは受け入れられず，彼とアメリカとの関係は「残念な結末」に終わった (Hart 1976, 565)。

(2) アメリカ政治思想史研究における修正主義的解釈

ベンサムの政治思想とアメリカの政治思想の距離を強調するウィリアムソンやクルックの議論を検討するためには，ベンサムの議論だけでなく，彼らが念頭に置いていたアメリカ像の妥当性を再考すること，つまり彼らの議論が前提としていたロック的自由主義によって理解されたアメリカ像に修正を迫ることになった20世紀後半のアメリカ政治史・政治思想史の展開と関連づけて検討することが必要になるだろう。

クルックは「ベンサムはアメリカ政治の精神について深く理解することは決してなかったし，さらにはアメリカの政治過程についての正確な専門的知識をもっていなかった」と論じた上で，ベンサムは自身とアメリカとの間にある裂け目を十分に理解することができなかったと結論づけていたが，このように述べる時にクルックの念頭にあったのは，20世紀半ばまでの研究史にあっては一般的であった，ロック的自由主義によって理解されたアメリカであった (E.g. Hartz 1955)。クルックの解釈を検討する際には，彼のベンサム解釈の妥当性だけでなく，このアメリカ像の妥当性を再考することが重要となる。というのは，クルックの論文が公表されたのとほぼ時を同じくしてアメリカ政治史・政治思想史研究において大きな修正の動きが起きつつあったからである。

　この動向の嚆矢となったのは，1960年代後半に相次いで出版されたベイリンとウッドの研究であった (Bailyn 1967, Wood 1969)。彼らはアメリカ独立革命について，ロック的自由主義よりも共和主義的要素を強調し，また理論的な側面よりも実践的な側面により関心を払うことによって，アメリカ革命史研究に大幅なリヴィジョンをもたらした。彼らの議論にしたがえば，革命においてさまざまな思想をまとめあげる「包括的な政治理論」となり，革命の「信念の大きな背景」となったのは，ロック以来の経済的自由主義・政治的個人主義などの理念ではなく，本国における時に扇動的ですらあった急進的な共和主義の議論であった (Bailyn 1967, 44, 54)。このベイリンやウッドの研究をさらに発展させたのが，シヴィック・ヒューマニズムの伝統やイギリスにおけるコート・カントリ論争にこの時期のアメリカ政治思想の基礎を求めたポーコックであった (Pocock 1975)。クルックの議論は共和主義思想史研究の進展と軌を一にしたこのような20世紀後半のアメリカ政治史・政治思想史研究の刷新を念頭におきながら再検討されるべきであろう。たとえば，クルックはベンサムが権利宣言，司法権による違憲立法審査，権力分立を批判していたことをもってベンサムとアメリカの政治思想の距離を強調しているが，修正主義の議論にしたがえば，アメリカの建国者たちにとって本質的であったのは権力分立だけであったし，その権力分立もロック的リベラリズムというよりも立憲主義理論に基礎づけられたものであった。

このような研究動向と関連して，近年ではシュナイウインドやケリーによる，ベンサムと共和主義の親近性を強調する試みがある。シュナイウインドは，「社会における対立は，人間本性の根深い不変の特質から生じるものでも，誤謬や無知から生じるものでもなく，誤った社会的・政治的制度から生じるものである」という認識を古典的共和主義の中心的想定として指摘した上で(Schneewind 1993, 186)，次のように論じている。

> 彼ら〔古典的共和主義者〕と同じようにベンサムは，社会はその構成員が有徳に行動することができるように正しく作られなければならないと考えていた。私たちは利己的に動機づけられており，快苦が行為に適切に結びつけられない限り，最大幸福をもたらす行動をする気にさせられることはないだろう。自然だけでは事物を私たちにとって十分によい形では整えてはいないから，立法者が〔快苦と行為を〕適切に関連づけるいくつかのことをしなければならないように思われる。……完全にベンサム的な社会においては，サンクションが合理的計算者にとって対立の原因となるものを除去するだろう。そのような社会においてのみ，ベンサム的主体はしなければならないこと —— 最大幸福に最大限に貢献すること —— をすることができるだろう (Schneewind 1993, 206-7)。

このシュナイウインドの着想を引き継いだケリーは，ベンサムが「失政，不法な人身攻撃や暴力に対抗する」安全という概念によって「イングランド共和主義の自由観にもっと近い自由」について述べていることを指摘した上で，「被治者から乖離した利益ないし党派」という彼の政府に関する説明は「徳の体制を維持するために，被治者階級の利害が支配者階級の利害に従属しない統治形態をつくろうとしたイングランド共和主義の関心が反映」したものであると論じている (Kelly 1999, 94-95)。シュナイウインドやケリーの研究は共和主義によって，ベンサムと建国期のアメリカ政治思想を比較検討する有意義な視覚の設定の可能性を示唆しているように思われるが，本章はこのようなコンテクストのなかでベンサムの議論の解釈することの可能性を検討するための準備的作業である。

3 第二期のアメリカ論

(1) アメリカの民主主義

　上述のように，ハートの見解では，ベンサムのアメリカに対する好意的な態度は，文献上では遅くても，1789 年までさかのぼることのできるものであった[2]。ハートがベンサムのアメリカ観の第二期の始まりをこの年にした根拠は，同年に出版された『道徳および立法の原理序説』における議論であった。そこでベンサムは完全な法典には何があるべきかを論じつつ（権利章典はふくまれるべきでないとされた），使われている言語の曖昧さや立法権力の万能を否定する考え方などについて独立宣言批判や権利章典への批判的見地を維持しながらも，好意的なアメリカ観をしめしていた。

　ベンサムは第二期の後半 —— 1809 年頃以降 —— にはイギリスの政治改革を求めて政治的急進化の度合いを深めつつあったが，当初は人民の利益を促進するためにはこの民主的支配の確立で十分であると考え，君主政や貴族政を廃止せずともそれは可能であると考えていた。スコフィールドにしたがえば，ベンサムがこの点に関して見解を改めて共和主義者（代議制民主主義者）になったのは，1817 年夏から 1818 年春にかけてのことであり[3]，アメリカの政体が「純粋な民主主義」として賞賛されるようになるのは主としてこの時期以降のことであった[4]。この時期の彼の考えでは，代議制民主主義が確

---

2) 本章では議論する紙幅はないが，ハートの二期解釈の不十分な点は，批判と賞賛という対照を強調するあまりに，第二期をあまりにも長くとりすぎて，その長い期間におけるベンサムの政治思想の展開をアメリカ観の変化に結び付けて論じることに成功していない点にあるように思われる。たとえば，ハートのいう第二期においても，アメリカへの好意的な態度と民主主義に対する好意的な評価がつねに結びつけられていたわけでなく，当初はその独特な社会状況のためにアメリカは民主主義の適切なモデルとはなりえないと考えていた（Rosen 1983, 35; Schofield 2004, 381）。
3) スコフィールドはその理由として，法典編纂の提案がロシアのアレクサンドル一世によって拒否されたことを指摘している（Schofield 2006, 221）。
4) ローゼンは次のように指摘している。「ベンサムの急進主義はフランス革命に関係するような教義や原理にもとづいたものではなく，この事実を理解することはベンサムの自由主義を理解する手がかりとなる。ベンサムの民主主義理論はアメリカの実践に合致するものであった。」（Rosen 1987, 927）

立しているアメリカ以外の他のいかなる場所でも,「これほど規則的な,こ
れほどよく整えられた政府」は存在していない。アメリカでは「人身,財産,
名声,生活条件,宗教的崇拝……の安全」が確保されており,「……いかな
る場所においてもいかなる時点においても悪政の兆候はみられない」ので
あった (Bowring, iii, 447 [Bentham 1817, xli-xlii]; Bowring, iii, 612-3)。

　あらためて指摘するまでもなく,このようなベンサムのアメリカへの高い
評価は功利主義的な見地にもとづくものであり,アメリカの国制は最大多数
の最大幸福を促進するような統治制度上の工夫がほどこされた国制であると
いうのが彼の理解であった。それらの工夫によって,アメリカの統治者は一
般的利益だけを追求するように仕向けられ,少数者の個別的なあるいは邪悪
な利益を追求することを不可能とされていた。この点で,アメリカの国制は
イギリスのそれよりもはるかに優れ,イギリスにおける改革のモデルとなり
うるものであった。以下では,アメリカの具体的な制度のいくつかについて,
『フェデラリスト』(とりわけマディソン) の議論とベンサムの議論を対比させ
ながら検討していくことにしたい。

(2) マディソンとベンサム

　ベンサムの蔵書には,『フェデラリスト』(初版1788年) のジョージ・ホプ
キンスによる1802年版が含まれていた[5]。ベンサムはそれまで『フェデラリ
スト』を所有していなかった可能性が高く,それまでに同書を読んでいたか
についても証拠がないので確かなことはいえないが,少なくとも精読したの
はこの時が最初であったように思われる。

　『フェデラリスト』の議論が示唆するように,この時期のアメリカは独立
当初の理念をそのままの形で保持していたわけではなかった。ウッドによれ

---

[5] これは1812年にアメリカの政治家アーロン・バーから贈られたものであった (Aaron Burr to Jeremy Bentham, 27 August 1812, in Bentham 1968-, viii, 259)。ベンサム旧蔵の『フェデラリスト』は現在,ブリティッシュ・ライブラリーに収蔵されている (Shelfmark: 8175. aaa. 36.)。この版では,序文で3人の執筆者の名前自体は明記されていたが,それぞれの担当については明らかにされていなかった。個々の論説の執筆者が (若干の不正確さをともないつつ) 読者に明らかにされるのは1810年代以降のことであった (ベンサムがこの点に関して情報を得ていたかははっきりしない)。

ば,「革命における理念と憲法における理念の間には代表制,権力分立といった論点について重要な違いがあり,憲法は……革命によって生み出された政治生活の民主化に対する反動を象徴するものでもあった」(ガネル1995, 499)。後にアメリカ大統領としてベンサムから法典編纂の提案を受けることになるマディソンは,『フェデラリスト』において,自己利益を追求する,多様な,均一化されえない存在として人間を描き出し,共同体全体の利益を犠牲にして自己利益を追求しようとする党派への対抗策を整えることを課題とした。彼は『フェデラリスト』第十篇において,直接民主政が党派のもたらす弊害に対して無力なのに対して,共和政すなわち代議制民主政はそのような弊害に対する匡正策を提示するものであるとして,共和政擁護論を展開した。

　マディソンの考えでは,「党派の潜在的原因は……人間の本性に植え付けられており」,「党派の原因は除去できないもの」であった。それゆえに,「〔党派の暴威に対する〕対策は,その効果を抑制する手段の中に追求されるのみ」であった(Hamilton et al. 1802, I, 57, 59 / 訳55, 58)。そして,以下のふたつの理由から,共和政こそがその対策に他ならないと考えられた。第一に,党派が成員の過半数以下で構成されている,つまり少数者であるような場合には,「共和政の原理」によって,すなわち「多数者が通常の投票によって,その邪悪な見解を打ち負かすことができる」(Hamilton et al. 1802, I, 59 / 訳58)。第二に,多数者が党派を構成している場合には,同一の感情あるいは利益が多数派のなかに同時に存在することを防ぐか,あるいはすでにそのようになってしまっている時には,多数者が「圧制の陰謀を一致して実行にうつすこと」を防がなければならないが,それは直接民主政では不可能で,共和政においてのみ可能であった(Hamilton et al. 1802, I, 59 / 訳59)。また,『フェデラリスト』の別の箇所においてハミルトンは,「共和政の原理が要求しているものは,社会の慎重に考えられた意見が政治の運営を託されている行政府の行動を支配すべきであるということ」を述べている(Hamilton et al. 1802, II, 166 / 訳331)。ベンサムにとって『フェデラリスト』の議論が重要だったとすれば,それは『フェデラリスト』が独立宣言のような権利基底的な言説を展開するのではなく,(ベンサムの表現を使えば)「自己利益優先」という人間本性認識

から直接民主政を退けつつ代議制民主政（共和政）を正当化していたことにあったと思われる[6]。

(3) 上院の位置づけ

マディソンは『フェデラリスト』において次のように述べている。

> 政府を運営する人々が有権者に対する自分たちの義務を忘れ，重要な信託にたいして不誠実であることが明らかになることがありうるということは，他の政府にとってよりはましではあるが，共和主義政府にとって不運なことである (Hamilton et al. 1802, II, 99 / 訳 281)。

マディソンにとって，上院はこの問題に対処するためのものであった。すなわち，「ふたつの議院がなかったならばひとつの議院の野心や腐敗だけで十分であるような纂奪や背信の企みにおいて，ふたつの別個の議院の間での一致を要求することによって，人民に対する安全策を二重に」するための制度が上院であった (Hamilton et al. 1802, II, 99 / 訳 281)。彼の考えでは，「ふたつの議院の特質が異なっている」程度に比例して「邪悪な結合」が起こりにくくなる。より民主的な下院とは異なった組織となっていた上院は党派的な利益の影響を受けにくかった。上院の必要性は，「あらゆる一院制の多数からなる議会が突発的で過激な衝動に屈しやすく，党派の指導者によって抑制を欠いた有害な決議に唆されやすい傾向をもっていることによって示唆されている」(Hamilton et al. 1802, II, 99 / 訳 281)。上院は間接選挙によって選出され[7]，任期が六年と長く，下院より厳しい被選挙権によって下院にくらべて成熟している人が選出されるから，このような害悪からの影響を受けにくいと考えられた[8]。

---

6) 『フェデラリスト』第 14 篇において，マディソンは（直接）民主政と共和政（代議制民主政）を対比し，前者の例として古代ギリシアと中世イタリアを挙げて批判しながら，共和政国家としてのアメリカを称揚していた (Hamilton et al. 1802, I, 82-88 / 訳 331)。ベンサムにも同じ認識が見られる (Bowring, iii, 447. [Bentham 1817, xlii])。
7) 1913 年に憲法修正第 17 条が追加されるまで，上院議員は州議会によって選出されていた。
8) 中野 (2006, 468-469) によれば，上院についてのマディソンの議論は混合政体論に基づくものであった。

第 12 章　ベンサム，アメリカ，共和政

　ベンサムがアメリカ上院を批判するようになるのは 1822 年のことであったが，二院制に対する批判的見地はきわめて早い時期からのものであり，たとえば 1789 年の段階で彼は一院制の立法府を主張していた。また，1822 年にアメリカ上院批判をおこなう前年にもスペインに関する論考において同じような主張をおこなっていたが，興味深いことに，そこでは無用な第二院の実例としてアメリカ上院が挙げられるようなことはなく，むしろアメリカへの言及はきわめて好意的なものであった。後期の彼の議論を全体として彩っているのは「支配する少数者」と「支配される多数者」の間に不可避的にともなう対立関係の認識であり，ベンサムはこの論考においても，スペインで計画されている第二院について，その構成員が「支配される多数者」によって排除され得ないという観点から批判していた (Bentham, 'Three Tracts on Spanish and Portuguese Affairs', in Bowring, viii, 468)。ベンサムは望むならば，この文脈でアメリカ上院について批判的に言及することもできたであろう。しかし，ベンサムにとってのアメリカは「〔イギリスから〕あらゆる良いものを受け継ぎ，あらゆる悪いものを置き去ってきた……幸福な」国家であった。彼は「アメリカ合衆国の真に無比で不滅な統治制度」を「純粋な代議制民主主義」として賞賛しているが (Bowring, viii, 469)，これが一見奇妙に思われるのは，以下で論じるように，アメリカで代議制民主主義の理念と相容れない制度があるとしたら，それは上院であるように思われるからである。とはいえ，アメリカ上院に関するベンサムの態度が一貫性に欠けているように見えるとしても，彼の民主主義論を考える際に彼のアメリカ上院批判はきわめて重要なものである。

　ベンサムはマディソンが展開したような上院擁護論を，少なくともある程度は認識していたが，はっきりと拒絶していた。彼は次のように問いかけている。「性急の害悪 (その確率は考慮するとして)，それは予防的負担としてそのような制度〔上院〕を活用することの正当な理由になるほど重大なものに思われるのだろうか。」それに対するベンサム自身の回答は以下のようなものであった。「ほとんどない。というのは，1．追加的な遅滞という害悪はあらゆる方策にあてはまる害悪である。2．複雑さという害悪も同様である。あらゆる個別の事例において，これらの〔害悪の〕いずれかが存在している

ことは確実である」(Bentham, 'Economy as Applied to Office', in Bentham 1989, 105-6)。二院制で有害な施策を避けることができるとしても，それと同時に有益な施策も阻害されてしまうというのが，ベンサムの主張の要点であった。彼の考えでは，有害な施策の危険性という欠点があったとしても，施策がより速やかに簡潔になされることの方が重要であった。彼は以下のように述べている。「急いだことのために，その効果が全体として害悪が優勢な施策が法律のサンクションを受けるとしても，その害悪はその後の法律によって除去され得るものではない。その一方で，あらゆる施策について引き延ばし方式による卓越を伴うことなく生み出される遅滞の総計はどのようなものであれ永遠に補償できないままである」(Bentham 1989, 107)。彼の「功利計算」によれば，良い立法に遅滞や複雑さが生じてしまうことは悪い立法を回避するということによって埋め合わせができるものではなかった。もちろん，ベンサムが実際にアメリカにおける立法を数え上げた上でこの計算をおこなっていたわけではないが，彼の「計算」はまったく根拠のないものではなかった。彼は悪法によって絶えず生み出される害悪について認識していたけれども，それ以上に，彼の考えでは，もしその悪法が「その存在を性急さに負っているとしたら，〔その性急に立法する〕制度がそれを除去するのもなおさら確実なことだろう」し，「全般的な予見的判断の正しさは経験によって実証されてきた」(Bentham 1989, 107)[9]。

　ベンサムは引き続き1823年にもギリシアについて議論する際に上院に対する批判をおこなっている。彼の考えでは，上院を廃止することは「今のところはそれ自体として比類なく，それ自体として絶対的完成の最高点にあるのも同然であるようなアングロ・アメリカ合衆国の国制にとってさえ役に立つ」ことであった。上院は「無用の塊であり，それゆえに無用よりも悪い複雑さの塊」である (Bentham 1990, 229)。ここで興味深いのは，ここでベンサムは，ギリシアがイギリスの制度を採用する可能性を感じ取り，アメリカの

---

[9] この議論がアメリカ上院を念頭に置いていたものであることは，以下のベンサムの言明から明らかである。「アングロ・アメリカ合衆国の憲法の成立に先立ついかなる事例においても，性急に対する安全を提供するというような考慮を第二院の存在の理由としたことはなかった。」(Bentham, 'Economy as Applied to Office', in Bentham 1989, 110)

上院をイギリスの貴族院を模倣したものとして論じた上で，アメリカのような完全に近い国家でさえそのような過ちを犯したという見解を示していることである。さらに，彼は1830年にフランスに対しても同じような提案をおこなっている。彼の考えでは，アメリカにおいて第二院への好意的な見解が見られる唯一の理由は母国であったイギリスの貴族院に馴染んでいたということであって，アメリカは「〔上院に〕特有の用途について特段に調べることなく」上院という制度を採用した (Bentham, 'On Houses of Peers and Senates', in Bowring, iv, 448)。それでもなお，この論考においてベンサムはアメリカの民主政への賞賛を惜しまず，フランスがそれに従うことを求めていた。

　上述のように，マディソンにとって上院は，ベンサムの表現を使うならば，下院による悪政に対する安全を確保するための制度であった。マディソンは次のように述べている。

> 人民は故意に自らの利益を裏切ることはけっしてない。しかし，彼らの利益は人民の代表者によっては裏切られる可能性がある。そして，別々の異なった議院のあいだでの一致があらゆる公的な決議において求められている場合よりも，あらゆる立法上の信託がひとつの合議体の手中にある場合のほうが，その危険は明らかに大きいだろう (Hamilton et al. 1802, II, 108 / 訳 294)。

ベンサムにとっても，マディソンにとってと同様に，問題は人民が意図的に自らの利益に反した行為をすることではなく，統治者が人民の利益に反した行為をすることであった。マディソンはこの問題に対処する手段を二院制という制度に求めたが，ベンサムは統治者を人民の意志に完全に従属させる制度的工夫によってこの問題に対処しようとしていた。以下では，このベンサムの構想についてみていくことにする。

(4) 悪政に対する安全

　悪政は防ぐにはどのように統治制度を設計するべきか。『フェデラリスト』第51篇における抑制均衡理論はこの問題に対する回答であった。マディソンの議論にしたがえば，問題は「まず，政府をして被治者を抑制せしめうる

ものとし，次いで政府が自らを抑制する義務を負うものとすること」にあるとされた (Hamilton et al. 1802, II, 28/ 訳 238)。悪政を防ぐためには，政府の内部に対立的・敵対的利益層を作り出すとともに，個々の部門間の利害と権力を重複させることによって，対立を媒介とした均衡を保持することが求められた。

　このようにマディソンが党派による私益の追求への対抗策として均衡抑制や二院制という制度を提示したのに対して，ベンサムは公職者の道徳的適性を確保することによって彼らが公益を犠牲にして私益を追求することがないようにしようとした。別の言い方をすれば，いわばマディソンが複雑な統治機構の仕組みによって公職者の行為を統制しようとしたのに対して，ベンサムは社会が公職者を監視することによってそれを達成しようとした (そして，そのためには統治機構は単純であるほうが好ましいと考えていた)。統治制度を論じる際に，マディソンは党派の問題により関心を向け，ベンサムは統治者や官職者の邪悪な動機により関心を向けていたということは事実であろう。とはいうものの，ベンサムとマディソンの認識の違いは，社会全体の利益に反するような悪政がどのようにして生じるかという点について彼らの考えが異なっていたことに起因するというよりは，彼らがそれぞれ直面していた政治的問題の違いを反映したものであったように思われる。マディソンにとって問題は，独立革命以降のアメリカ経済の成長の過程で，邦議会議員が選挙区民に迎合してしまい，邦議会が (とりわけ経済的な) 私的利益を追求する場となってしまっていることであった (五十嵐 1982，ウッド 1989, 44-45)。すなわち，マディソンにとっての問題は民主主義の行き過ぎであった。それに対して，ベンサムがイギリスにおいて批判の矛先を向けていたのは，社会全体の利益を損ないつつ邪悪な利益を追求する腐敗した伝統的支配層であり，このような支配層に抗するためには「民主的支配」が確立されなければならなかった。

　「民主的支配」の必要性の認識の深まりの一方で，「アメリカ合衆国の経験」への傾倒を急速に深めつていた急進的民主主義者ベンサムが，代議政を通じて民主的支配を確立するために『憲法典』において提示したのは，権力分立による均衡抑制ではなかった。彼が権力分割という考え方に批判的であった

のは，ローゼンによれば，権力分割が多数者の意志の実現を妨げるとベンサムが考えていたからというよりは，統治者が自らの邪悪な利益を政策として実現し社会全体の善に反した行為をおこなうことを防ぎ ——「悪政に対する安全」—— 最大多数の最大幸福を目的とする良い統治を実現するためにはよりよい方法があると考えていたからであった (Rosen 2003, ch. 14)。それは，あらゆる国家権力を人民の主権のもとに一元的に従属させつつ，権力の行使を世論の完全な監視下におくことであった。

『憲法典』での議論によれば，人民がもつ主権は構成権力である有権者（識字能力のある成人男性）によって行使されるのに対して，実際の統治を担う作動権力は立法権力，行政権力，司法権力からなるとされた。執行権力と総称される行政権力と司法権力は，それぞれの長の任命・罷免の権限を立法権力に握られており，このことによって，何の制限も受けることのない万能な立法権力に従属させられている。そして，この立法権力は選挙を通じて有権者の意志に従属させられおり，さらに有権者は，立法権力を通じて間接的に執行権力を統制するだけでなく，執行権力を担う高級官吏を罷免することによって直接的に統制する権限も有していた。こうしてベンサムは，均衡抑制理論の考え方を明瞭に拒否して，主権―構成権力―立法権力―執行権力という明確な従属関係を確立することによって，統治者（作動権力）と被治者（構成権力）の間の利害の一致を図ろうとしたのであった。「公職適性の最大化」というアイデアはこの問題関心と関係するものであった。公職適性は道徳的適性，知的適性，活動的適性の3つからなっていたが，以下で述べる「世論法廷」というアイデアは，これらの適性のうち，公益を犠牲にして私益を追求する傾向性である道徳的適性の確保のためのものでもあった。

(5) 世論の役割

ベンサムはその国制構想において世論が果たす役割を「世論法廷」という「虚構的エンティティ」によって描き出した[10]。それは擬似司法機関として統治機構のあらゆる活動を監視し，「統治権力の有害な行使に対する唯一の抑

---

10) ベンサムのエンティティ論については，高島 (2003)，Schofield (2006, 1-27) を参照のこと。

制」になるべきものであった (Bentham 1983, 36)。そこでは道徳的あるいは民衆的サンクションが用いられ[11]、判断のための事実を提供するという統計的・証拠提供機能、判断を下すという批判的機能、法の範囲で具体的な行動をするという実効的機能、改善案を提案するという改善勧告機能という四つの機能を果たすものとされた。世論法廷に参画するのは、当該の共同体内の、参政権をもたない人々も含めたあらゆる人々だけでなく、『憲法典』においては「当該の問題に関心をもつ、あらゆる共同体のすべての構成員」にまで拡大されている (Bentham 1983, 35)。スコフィールドの表現を借りれば、「世論法廷に所属するためには、人は問題となっている主題について意見をもつことが求められるだけである。世論法廷の個々の構成員によってそうしてなされた決定を、ベンサムは投票と呼んだ」のであった (Schofield 1990, 101)。

　この世論法廷が機能するためには、統治に関するあらゆる活動について完全な公開性が確保されている必要があったが、民主政のなかでも代議政だけがこの完全な公開性を確保することのできる唯一の政体であった (Schofield 1990, 105)。ベンサムの考えでは、人民は自ら統治を担うほどの能力は有していない、言い換えれば必要とされるほどの高い知的適性や道徳的適性を欠いており、代理人を選ぶことができるのみのであった (そして、代理人は上述の従属原理によって主権者である人民の意志に従属させられている)。人民は「自己優先原理」によって、共同体の普遍的利益を犠牲にして「邪悪な利益」を追求する潜在的可能性をもっていたが、自らの代理人を選ぶ過程において、そうすることを不可能とされるようになっていた[12]。このことが示唆するように、ベンサムにとって、代議政は人民の意志を反映した政治的決定のためのものではなく、統治者の被治者に対する責任を明確にするためのものであった (高島 2009, 129)。

　世論法廷は、相対立する利害をもつ、支配される多数者からなる「民主的部門」と支配する少数者からなる「貴族的部門」という2つの部門から構成

---

11) ベンサムのサンクション論については、Bentham (1996, 34-37) を参照のこと。
12) ベンサムがこのように考えていた理由については、高島 (2009, 129-131) を参照のこと。

されていた (Bentham 1989, 68-69)。ベンサムによれば,「アングロ・アメリカ合衆国を例外として」既存のどの政府においても,貴族的部門の利害は普遍的利害と一致していなかった。彼の考えでは,「民主的部門の判断は多くの過ちをおかしてきた。……しかし,それは成熟すればするほどそれに比例して,ますます普遍的利益に一致するようになる。それに対して,貴族的部門の判断は成熟すればするほど,ますます普遍的利益に反して有害なものになる」(Bentham 1989, 76)。ベンサムが世論,とりわけその「民主的部門」にこのような信頼を置くことができたのは,多数者が一致して求める利益は普遍的利益であり,多数者は邪悪な利益を持ち得ないという考えに関係するものであっただろう。彼の考えでは,邪悪な利益である特殊的利益は少数者によってのみ生じるものであった。そして,少数者同士が結びつき共同で邪悪な利益を追求する可能性は,イギリスのような体制においてはあったとしても,主権のもとにあらゆる権力が従属する彼の国制理論においては排除しうると考えられていた。

　興味深いことに,1790年代になると,マディソンも行政府の権力拡大へ対処するための手段として世論への期待を深めていっていた。『フェデラリスト』におけるマディソンの関心は立法府(とりわけ私的な利益が直接反映されがちな下院)による横暴(「デモクラシーの行き過ぎ」)を防ぐことであり,彼は三権の間での複雑な関係・混合によってこの問題に対処しようとしていた (Hamilton et al. 1802, II, 1-15/訳212-234)。それに対して,1790年代に行政府の権限の強化の動きが見られるようになると,共和政の存続にとって抑制均衡や混合政体という仕組みだけでは不十分であると考えるようになり,行政府による権力簒奪の危険性に対抗するための拠点としての立法府を重視するとともに,そのような観点から共和政における世論の役割を重視するようになった。彼にとって世論は「政治にかんする議論が交換される空間」であり,そこで民衆が「意見を交流させることによって,私的な利害の対立を克服し,共有される利益を発見していく」ことに期待をかけた (中野 2006, 471)。

4 ベンサムのアメリカ大統領宛書簡 ── 結びにかえて

　1811年10月，ベンサムはアメリカ合衆国大統領に宛てて書簡を送った。当時のアメリカ大統領はジェイムズ・マディソンであった。書簡の中でベンサムはマディソンに対して，アメリカのために成文法の体系を編纂することを求められればただちに提供する意志を述べつつ，このような試みに関して予想されるいくつかの疑問への回答を記している。例えば，「所有権あるいはその他の既存の権利に対する混乱」をもたらすのではないかという懸念に対して，ベンサムはコモン・ローのような不文法の方がむしろ不確実であり人々の「期待」を損なうものであると主張した (Bentham 1998, 18ff.)。また，外国人であるベンサムに法典編纂を依頼することは新たな外国の軛を負うことに他ならないのではないかという懸念に対してベンサムは，むしろ外国人の方が客観的に法典を編纂することができると主張した。「北部と南部」，「民主派と連邦派」という党派対立を挙げながら，ベンサムはアメリカにおける党派的立法の問題を指摘した (Bentham 1998, 22ff.)。ただし，このような党派による私益追求の危険性はアメリカを例外とすることなく，あらゆるところに存在するものであった。「アメリカという国にこの法則に対する例外を認めるとしたら，アメリカは人間の国ではなく，天使の国ということになる」(Bentham 1998, 25)[13]。

　同じ書簡において，ベンサムは民事，刑事，訴訟手続などのいくつかの法典について作業が進んでいることを伝える一方で，憲法についてはまだ作業が進んでいないことを記している。しかし，このように憲法についての作業の遅れについて言及したのは，アメリカの憲法には「内容に関しては，私の見るところでは変更の必要はないし，私自身も何か〔変更点を〕探そうという気にもさせられない」ものであり，彼の法典構想（パノミオン）に「ごくわずかの修正をすることなく移される」ことができることを伝えるためであっ

---

13)「人間が天使なのだとしたら，政府は必要とされないだろう。天使が人間を統治するのだとしたら，外的なものも内的ものも政府に対する統制は必要とされないだろう。」(Hamilton et al. 1802, II, 26-27 / 訳 238)

た (Bentham 1998, 32)。

　ベンサムは1817年にはアメリカ国民に向けて法典編纂の働きかける公開書簡を執筆することになるが，その理由のひとつは前年の1816年にマディソンから届いた返信がきわめて消極的なものだったからである[14]。マディソンはベンサムの構想を賞賛しつつも，その実現可能性に疑問を呈するとともに，そもそもコモン・ローについての権限の多くが連邦政府にではなく州政府にあることを指摘し，ベンサムの提案には冷淡な態度を示した。

　1830年にベンサムは再びアメリカ大統領に書簡を送っている。この時の大統領はアンドルー・ジャクソンであったが，この書簡の中でベンサムは多くの間違いを犯していたように思われる。それはアメリカの国制に対する無理解ではなく，党派対立に対する無理解に起因するものであった。彼はジャクソンの前任者であったジョン・クインシー・アダムズとの親交について語り（アダムズは1815-17年に駐英大使を務めていた時にベンサムと親しくしていた），アダムズが1828年の大統領選で再選できずに一期のみで任期を終えたことへの失望の気持ちを記し，さらに自らとアダムズとが政治について同じ見解をもっていることを伝えさえしていた (Jackson 1929, 147)。このようなものはアダムズの政敵であったジャクソンの気分を害するのに十分なものであっただろう。さらにベンサムは，上院議員として政治キャリアを積んでいたジャクソンに対して，上院が「無用よりも悪い」ものであることを説得しようともした。このようにして，ベンサムのアメリカに法典編纂を提案する試みは成就することなく終わりを告げることになった。

参照文献

Bailyn, B. 1967. *The Ideological Origins of the American Revolution*. Cambridge, Mass.: Belknap Press.

---

14) 両者の書簡のやりとりについては，Jeremy Bentham to James Madison, October 1811, in Bentham(1998, 5); James Madison to Jeremy Bentham, 8 May 1816, in Bentham (1998, 36-7) を参照のこと。また，ベンサムによるアメリカの政府（連邦および州）や人民の説得の試みについては，Schofield, 'Editorial Introduction', in Bentham (1998, xi-xxi) を参照のこと。

Bentham, J. 1817. *Plan of Parliamentary Reform, in the Form of a Catechism*. London: R. Hunter.
Bentham, J. 1838-43. *The Works of Jeremy Bentham*. 11 vols. ed. by J. Bowring. Edinburgh: William Taits.
Bentham, J. 1968-. *The Correspondence of Jeremy Bentham*, vols i-xii (continued). various editors. London: Athlone and Oxford: Oxford University Press.
Bentham, J. 1983. *Constitutional Code, Vol. I*. ed. by F. Rosen and J. H. Burns, Oxford: Oxford University Press.
Bentham, J. 1989. *First Principles preparatory to Constitutional Code*. ed. by P. Schofield, Oxford: Oxford University Press.
Bentham, J. 1990. *Securities against Misrule and Other Constitutional Writings for Tripoli and Greece*, ed. by P. Schofield, Oxford: Oxford University Press.
Bentham, J. 1996. *An Introduction to the Principles of Morals and Legislation*, ed. by J. H. Burns and H. L. A. Hart. Oxford: Oxford University Press. 山下重一訳「道徳および立法の諸原理序説」,『ベンサム, J・S・ミル』所収, 関嘉彦編, 中央公論社, 1979.
Bentham, J. 1998. *'Legislator of the World': Writing on Codification, Law, and Education*. ed. by P. Schofield and J. Harris. Oxford: Oxford University Press.
Bentham, J. 2002. *Rights, Representation, and Reform: Nonsense upon Stilts and Other Writings on the French Revolution*. ed. by P. Schofield, C. Pease-Watkin, and C. Blamires. Oxford: Oxford University Press.
Crook, D. P. 1964. The United States in Bentham's Thought. rep. in *Jeremy Bentham: Critical Assessments*. 4 vols. ed. by B. Parekh. London: Routledge. 1993, vol. iv. 276-85.
Hamilton, A. et al. 1802. *The Federalist*, New York, 1802. 斎藤真・中野勝郎訳『ザ・フェデラリスト』岩波書店, 1999. (訳書の底本と版は異なっている)
Hart, H. L. A. 1976. Bentham and the United States of America. *Journal of Law and Economics*. 19: 547-67.
Hartz, L. 1955. *The Liberal Tradition in America: An Interpretation of American Political Thought since the Revolution*. New York: H. Brace. 有賀貞訳『アメリカ自由主義の伝統』講談社, 1994.
Jackson, A. 1929. *Correspondence of Andrew Jackson*. vol. iv, ed. by J. S. Bassett. Washington, D. C.: Carnegie Institution of Washington.
Kelly, P. 1990. *Utilitarianism and Distributive Justice: Jeremy Bentham and the Civil Law*. Oxford: Clarendon Press.
Pocock, J. G. A. 1975. *The Machiavellian Moment: Florentine Political Thought and the Atlantic Republican Tradition*. Princeton: Princeton University Press. 田中秀夫他訳『マキァヴェリアン・モーメント ── フィレンツェの政治思想と大西洋圏の共和主義の伝統』名古屋大学出版会, 2008.
Postema, G. 1986. *Bentham and the Common Law Tradition*. Oxford: Clarendon Press.
Rosen, F. 1983. *Jeremy Bentham and Representative Democracy*. Oxford: Clarendon Press.
Rosen, F. 1987. Elie Halevy and Bentham's Authoritarian Liberalism. rep. in *Jeremy Bentham:*

Critical Assessments, 4 vols. ed. by B. Parekh, London: Routledge. 1993, vol. iii, 917–33.
Rosen, F. 2003. *Classical Utilitarianism from Hume to Mill*. London: Routledge.
Schofield, P. 1990. Bentham on Public Opinion and the Press, in *Economical with the Truth: The Law and the Media in a Democratic Society*, ed. by D. Kingsford-Smith and D. Oliver, Oxford: ESC Publishing, 95–108.
Schofield, P. 2004. Jeremy Bentham, the French Revolution, and Political Radicalism, *History of European Ideas*. 30: 381–401.
Schofield, P. 2006. *Utility and Democracy: The Political Thought of Jeremy Bentham*. Oxford: Oxford University Press.
Williamson, C. 1955. Bentham Looks at America. rep. in *Jeremy Bentham: Critical Assessments*, 4 vols., ed. by B. Parekh. London: Routledge. 1993, vol. iv, 287–93.
Wood, G. 1969. *The Creation of the American Republic, 1776–1787*. Chapel Hill: University of North Carolina Press.
五十嵐武士．1982.「アメリカ的政治観の成立 ―― ジェイムズ・マディソンの連邦共和国観」,『アメリカ独立革命：伝統の形成』所収，東京大学出版会.
ウッド, ゴードン．1989.「徳の喪失と利益の興隆 ―― 連邦憲法制定をめぐる『私益』と『無私』」,中野勝郎訳,『アメリカ憲法の神話と現実』小川晃一・片山厚編，木鐸社.
ガネル, ジョン．1995.「アメリカ『多元主義』の系譜 ―― マディソンから行動論まで」中谷義和訳,『立命館法学』240: 493–530.
髙島和哉．2003.「ベンサムの人間観とその哲学的基礎に関する一考察」『ソシオサイエンス』9: 89–106.
中野勝郎．2006.「ジェイムズ・マディソンの共和制観」,『共和主義の思想空間 ―― シヴィック・ヒューマニズムの可能性』田中秀夫・山脇直司編，名古屋大学出版会，454–487.

第 13 章
コールリッジをめぐる理論家と歴史家の対話
—— アレン＝モロウ論争再訪

小田川大典

　コールリッジは，ベンサム同様，真に「既成のことがらに対する探求者」であった。……人びとは，他のいかなる人によって以上に，ベンサムによって，過去と現在の様々な意見について，それは果たして真であるか，と自問することを教えられたのであり，またコールリッジによって，それは一体どういう意味をもつのか，と自問することを教えられたのである。ベンサムは，うけいれられている意見の外側に立ち，全くの異邦人としてそれらを査定評価した。それに対し，コールリッジは，うけいれられている意見を内部から眺め，それを信じている者の眼をもって，それを見ようと努めた。その意見は最初はどのような明白な事実によって示唆されたのか，またどのような事情によって以来それは絶えず信じうるものとされてきたのかを，彼は発見しようと努めたのである。ベンサムは，ひとつの命題の真偽を，それが彼自身の探求の結果と一致するか否かに従って判断した。そして彼は，その命題が彼自身真であると考えたものを明白に意味していないときには，その命題によって意味されているかもしれないことを大きな好奇心をもっては探求しなかった。これに対してコールリッジにとっては，いかなる教説であれ，それが思慮ある人々によって信じられてきたということ，そしてそれがあらゆる国民あるいは幾世代もの人類によって受け入れられてきたという事実そのものが，解決されるべき問題の一部であり，また説明を要する現象のひとつなのであった。"

(J. S. ミル「コールリッジ」(1840))

第Ⅲ部

1 問題の所在 ── コールリッジ政治思想研究の現状と課題

サミュエル・テイラー・コールリッジ（Samuel Taylor Coleridge, 1772-1834）はイギリス・ロマン派を代表する思想家のひとりであるが，一般には専ら詩人あるいは文芸批評家としてのみ知られており，過去において彼の政治思想に関する研究は，彼の文学作品についての膨大な研究に比較すると，圧倒的に少なかったと言ってよい。だが，1969年に刊行が始まったキャスリン・コバーンを編集主幹とする著作集は，コールリッジの詩や文芸批評 ── 無論，狭い意味での ── が，彼のきわめて多岐にわたる思想家としての営みの，ほんの一部にすぎなかったことを白日の下に明らかにした。この著作集の刊行によって，狭義の「詩人」コールリッジあるいは「文芸批評家」コールリッジという先入観を捨て，彼をひとりの思想家として検討するための十分な客観的条件が整い始めたのである[1]。

そして1969年以降のコールリッジ研究を俯瞰するならば，われわれは『教会と国家』（1829[2]）を主著とするコールリッジの政治思想について，2つの注目すべき研究動向の存在を指摘することができよう。ひとつは，コールリッジの「公職知識人（intellectual establishment）」としての「教職者（clerisy）」論をカール・マンハイムやアントニオ・グラムシの知識人論の先駆と捉えるベン・ナイツの『教職者の観念』に代表される動向であり（Knights 1978[3]），も

---

1) Coburn et al. eds.（1969-2002）. 1969年以前における代表的なコールリッジ政治思想研究としては，コールリッジの政治的著作に現代的な政治理論を読み込もうとするCalleo（1966）や，各著作について丹念な分析を施したColmer（1959）を挙げることができよう。
2) 正式なタイトルは『教会と国家の構成原理 ── それぞれの観念に即して』（*On the Constitution of the Church and State, According to the Idea of Each*）であるが，本章においては『教会と国家』と略記する。
3) コールリッジを含む近代イギリスにおける「文化と社会」の伝統に現代における知識人の可能性と限界を探るレイモンド・ウィリアムズの試み（Williams 1958）もまた，この動向の一端を担っているといえよう。ウィリアムズが指摘したように，階級や党派の利害が複雑に絡み合う近代社会においても，「個別的な利害を超越（disinterested）」した「教養（culture）」の理念は普遍的な規範性を持ちうると考える教養（文化）論はヴィクトリア期の政治思想においてまちがいなく重要な位置を占めていた。18世紀末から19世紀のイギリスでは，「新しい種類の社会〔近代的な産業社

うひとつは歴史的文脈を重視するジョン・ポーコックらの共和主義思想史の知見を踏まえたジョン・T・ミラーやジョン・モロウらの研究に代表されるそれである (Miller 1987, Morrow 1990, Edwards 2004[4])。

　コールリッジを「国民財産 (Nationality)」によって「欲求の体系」たる市場社会から隔離された「公職知識人」の役割を ── マンハイムやグラムシに先んじて ── 唱えた「非凡なまでの歴史的な例外者」と捉える非歴史主義的解釈と，彼をハリントン的な共和主義の発展的な継承者と位置づける歴史主義的な解釈。本章はコールリッジ政治思想研究の現状と課題を明らかにすべく，この2つの研究動向が提示している問題群を，1980年代後半に *Journal of the History of Ideas* 誌上でピーター・アレンとジョン・モロウが繰り広げた論争を手がかりに再構成することを試みる (Allen 1985, Morrow 1986, Allen 1989)。蓋し，四半世紀以上前の論争であるにもかかわらず，この2人のやりとりには，その後のコールリッジ研究が反復を強いられている問いがいくつも看取できるだけでなく，思想史研究における理論的アプローチと歴史的アプローチとのきわめて興味ぶかい対話が読みとれるからである。

　　会 ── 引用者〕を推進している原動力から，特定の道徳的・知的活動が事実上離脱することの認知」（美的教養の自律化）と，「これらの活動を，実際的な社会的判断の諸過程の上位に置かれ，更にはその緩和・回復剤の代替物となるべき，人間的な上告裁判所として位置づけること」（美的教養の規範化）という二つの過程が進行し，「抽象的かつ絶対的な概念としての教養」の思想が形成されるにいたったというのである。ウィリアムズは，同書第一部において，そうした普遍的規範としての美的教養論の系譜（「教養と社会の伝統」）をバーク，コベット，ロマン派，カーライル，ミル，アーノルド等々を辿っているが，実はカルチュラル・スタディーズの祖であるウィリアムズ自身もまた，近代社会の「俗物」「功利主義者」── 「教養と作法を全く擁護せず，ベイコンやロックに由来する冷たい機械論哲学を奉じる者たち」── の低俗な「文明」の物質主義に抗し続けた「ロマン主義」的反逆の系譜に属していたというポーコックの指摘はおそらく正しい (Pocock 1985, 190)。

4) ポーコックに代表される共和主義思想史については Pocock (2003) とその書評（小田川 2010)，さらには田中 (1999) とその書評（小田川 2000）を参照。なお，わが国における1969年以降のコールリッジ政治思想研究としては，もっとも包括的な岩岡 (1990) のほか，柏 (1972)，初期に重点を置いた戸沢 (1979)，半澤 (1986)，小田川 (1995)，立川 (2007; 2011) を参照。

2 グラムシ的公職知識人論の先駆 ―― アレンの非歴史的解釈

刊行以来，ジョン・ステュアート・ミルやジョン・コルマーら数少ない例外を除けば (Mill [1840] 1985, Colmer 1959)，主として国教会に親和的な宗教哲学の書として読まれることの多かったコールリッジの『教会と国家』であるが[5]，アレンは同書を「グラムシの思想」を想起させるような「歴史的には著しく例外的な思想家」による「公職知識人階級を作り出し，維持するための手段についての説得的で首尾一貫した立論の試み」と解釈している (Allen 1985, 89)。

コールリッジ自身が述べているように『教会と国家』は 1829 年にローマ・カトリック救済法が定められた際に議論となった，カトリック聖職者の公職化という提案に対する異論の試みであったが (*Church and State*, 153)，アレンによればコールリッジの本意は，既存の国教会体制の反動的な擁護ではなく，国教会の聖職者にその「教職者 (clerisy)」としての社会的役割を自覚させることにあった (Allen 1985, 90)。

コールリッジは『フレンド』(*The Friend*, 1809-1810) 以降，この「教職者」概念を〈公教育を担う知識階層〉という意味で用いているが，アレンによれば，注目すべきは，同時代の思想家たちの多くが知識階層の「世俗的利害の超越」すなわち個別利害の渦巻く商業社会からの自律を唱えつつも，そうした脱世俗的知識人の社会的な影響力の物質的な基盤のことを考慮しなかったのに対し[6]，コールリッジの『教会と国家』がまさに知識階層の経済的基盤と政治的基盤の問題を正面から論じていることである。

アレンの整理によれば，コールリッジのいう教職者とは，国民の利益のために文化の専門家として国家に有給で雇用された「国民教会 (National Church)」の構成員にほかならない。そして国民教会は，太古の昔から，つ

---

5) 同書がイギリス国教会の神学の基本書としてどう読まれたかについては塚田 (1967) を参照。
6) 例外として公的財産によって独立を確保している国教会の重要性を唱えたマシュー・アーノルドを挙げることができよう。アーノルドについては，小田川 (2011) を参照。

ねに社会にとって必要な知識階級として存在し続けてきた。コールリッジはそのことを歴史的に証明するため，太古のヘブライの憲法に典型的にみられた「財産分割の原理」に着目する。コールリッジによれば「ある土地を手に入れ，その土地を個々の戦士や家族の長に世襲的領地として分割するに際して，民族（国民）自体に対してある一定の土地を留保すべきであるという考え方」は「すべての原始的部族に共通」であった。

> それぞれ個々の家系に割り当てられる，これらの世襲的な財産の総計を個別財産（Propriety）と呼ばせて頂きたい。そして，上に述べたような留保分を国民財産（Nationarty）と呼ばせて頂きたい。……
>
> 国民財産は，次に挙げるような任務を帯びた人の永久的な階級あるいは身分の支持と維持のための留保されたのである。すなわち，比較的少数のひとびとは人文学の水源にとどまって，既に得られた知識を耕し拡大し，また自然学および道徳学の関心を監視しなければならなかった。そして同時に，同じ身分に属する，残りの多数の階級を構成する，あるいは構成すべきひとびとの教師であらねばならなかった。この後者，すなわち前者よりも遙かに多数のひとびとからなる団体は，全国に分散され，その最小の部分ないし地区をも定住的な指導者また教師なしでは放置されないようにしなければならなかった。……
>
> この身分全体の目的と最終的意図は，上記のように，過去の文明の蓄積を保存し，その宝を護衛し，以て過去と現在とを結びつけ，それ〔蓄積と宝〕を完全にし，かつ増加させ，以て現在を未来に関連させるためにあるが，しかし特に，社会全体を通じて，またその社会の法の適用を受け権利を行使する義務のあるすべての土着の住民に対して，それらの権利を理解し，それに順応する義務を果たすのに是非必要なだけの分量と質を持った知識を普及させることにあった。最後に〔その目的はまた〕，この民族（国民）に対して，近隣諸国に対する優越性ではなくても，少なくとも平等性を —— 艦隊や陸軍や財政収支と等しく，あるいはそれ以上にその攻防の力を構成するところの，一般的文明の質においての平等性を —— 確保することにある。

一緒になって国家を形成するところの，この領土の前の2つの身分〔地主とブルジョア〕は，永久性の利害と進歩性の利害と —— 法と自由と —— を和解させねばならなかった。領土内の残りの第三の身分たる国民教会の目的は，それなくしては民族が永久的でも進歩的でもあり得ないところの，文明を確保し改善することであった (*Church and State*, 168-173)。

古来の「財産分割の原理」によって発生し，社会の発展の中で少しずつその役割 —— 文化と文明の継承と国民の教育 —— を明確にしてきた国民教会とその構成員たる教職者。ただしコールリッジによれば，それは「教会」という名を持ってはいるものの，キリスト教の教会とは異なる存在である。後者は「エクレシア (ecclesia) すなわちその特別の目的と意図に関連して，この世界から呼び出されたひとびとの団体」であるが，前者は「エンクレシア (enclesia) すなわちその領土内で，その領土の中から選ばれて，その領土のひとつの身分を構成するひとびとの団体」にすぎないからである。

アレンは草稿を手がかりに『教会と国家』のテキストを分析し，コールリッジが，たんなる司祭階級を国民教会としていた原始社会が高度な専門知を有する教職者を国民教会とする近代的な国民国家へと変化していく様子について次のような議論を展開していることを指摘する。

> 教職者と国家とを「それぞれの観念に従って」分析しながら，コールリッジは「ひとびとがそれを明確に意識しなくとも，その思想や行為に強力な影響を及ぼす」社会的な原理の解明に着手する。……原始社会における「経験の貯蔵庫」として司祭階級が発生したこと。さらにはそれが支配者と被支配者とを媒介するネットワークを統括する文化的専門家へと進化したこと。こうしたことはすべて，社会的で政治的なプロセスの中で自然に起こったことである。世論を組織し方向づけるメカニズムは支配階級が意識的に作ろうとしてできあがったものではない。国民国家の形成の中でそのようなメカニズムが不可避に発展してきたのである (Allen 1985, 95)。

国民国家の形成の中で，伝統的な聖職者階級の中から，意図せざる結果として発生してきた文化的な専門家集団。用語法からも明らかなように，アレ

ンはコールリッジの議論に，グラムシの知識人論をオーヴァーラップさせている。周知のようにグラムシは，「経済構造」の歴史的展開において，既存の支配的な階層の中から発生した「伝統的知識人」が，いわば意図せざる結果として近代的な「有機的知識人」の発生の契機となることを述べている。

> 個々の「基本的」社会集団は，それ以前の経済構造から（この構造の）発展の表現として歴史に現れるが，少なくともこれまで展開されてきた歴史のなかに以前から存在していた社会的階層（カテゴリー），社会的政治的諸形態のより複雑でより根源的な変化によってさえも中断されることのない歴史的連続性の体現者として現れていた社会的階層（としての知識人）を見いだした。これらの知識人というカテゴリーのなかでもっとも典型的なものは聖職者であり，彼らは諸々の重要な職務，つまり学校，教育，道徳，法律，慈善，扶助などとともに宗教的なイデオロギーすなわちその時代の哲学と科学とを長期にわたって独占してきた。……

> 〔しかし〕伝統的知識人の諸階層は，「団体精神」によって自己自身が中断されることのない歴史的連続性を感得し，自己を支配的社会集団から自律的で独立したものとみなすようになる。このような自己認識は，イデオロギー的，政治的領域に重大な結果，広範な影響をもたらす結果を与えずにおかない。（あらゆる観念論哲学は，知識人層の社会的総体によって採用されるこの位置づけと容易に関連づけることができる。また知識人が「独立的」であり，自律的であり，独自の性格を有しているとみなす社会的ユートピアの表現であると定義することも可能である。）……

> ……知識人は知的役割を果たすための専門的な階層として歴史的に形成される。彼らはすべての支配的社会集団との関連のなかで広範かつ多様に洗練されるのである。支配にむけて発展している各社会集団のもっとも重要な特徴のひとつは，伝統的知識人を同化し「イデオロギー的に」獲得するための闘争にあるが，この同化と獲得はその社会集団が同時にその集団の有機的知識人を育成すればするほど，より急速かつ効果的となるのである

第Ⅲ部

（グラムシ 2013, 14-17[7]）。

　近代化の歴史過程で，既存の支配階級の中から，訪れつつある近代国家の担い手たる新しい知識人階級が発生するというグラムシ的な逆説。アレンによれば，『教会と国家』のコールリッジは，近代国家を支えるべき知識人がそのようなかたちで誕生してきたプロセスを唯物論的に分析した，まさしく「歴史的には著しく例外的な思想家」にほかならなかったのである。

3　シヴィック・ヒューマニズムの批判的継承者
　── モロウの歴史的解釈

　モロウは 1990 年に包括的なコールリッジ研究（Morrow 1990）とコールリッジの政治社会論集（Morrow ed. 1990）を刊行しており，アレン批判の論文を発表した 1986 年は，まさに彼がコールリッジの政治思想と本格的な取り組みをおこなっていた時期であったと推察される。この論争におけるモロウのアレン批判のポイントは次の 2 点であった。アレンの論文は，経済的に自律した公職知識人の役割という論点に着目してコールリッジの思想史的な意義を論じた点は評価できるが，第一にコールリッジのいう教職者を「国家に有給で雇われた公職知識人」と捉えるのは誤りであるということ，そして第二に，その誤りはコールリッジの知識人論の背景にある，知識人の経済的自律を重視する思想的な系譜にアレンが気づいていないからだということ，この 2 点であった。モロウはこの 2 点を詳説すべく，知識人の経済的自律と国教会制度の意義についてのコールリッジの議論を思想形成史的に再構成している。

　1795 年に行なわれた一連の「ブリストル講演」に顕著であるが，1790 年代半ばの若きコールリッジは，ジョセフ・プリーストリやウィリアム・ゴドウィンの影響の下，政治的平等を唱えるきわめてラディカルな思想家であった[8]。だが，アメリカへの移民の計画が頓挫する等，いくつもの政治的な挫

---

7)　グラムシの知識人論に関しては，片桐（1990, 172 以下）を参照。
8)　初期コールリッジの政治的ラディカリズムとその挫折については，小田川（1995）を

折を経験した結果，90年代の末にコールリッジは政治的には隠遁してしまう。モロウによれば，そんな中，ひとつの大きな転機となったのが，1799年に『モーニング・クロニクル』に掲載したフランスの1799年憲法についての批判的な考察"On the French Constitution"であった。

同論文においてコールリッジは，アメリカのようにほぼ完全に平等が実現した国でないかぎり，政治における「数」という「物理的な力」はつねに「財産」という「人為的な力」で相殺されなければならないと述べている（'On the French Constitution', 54-55）。ここでいう「数」とは土地財産を持たないがゆえに経済的に独立できず，権力者の利益誘導にたやすく屈服するひとびとのことを指し，「財産」とは土地財産によって経済的な自律を確立しているひとびとのことを示している。政治に関わる者の経済的独立という観点からいえば，フランスの新憲法は明らかに脆弱であり，この点においてはイギリスの国制の方が遙かに優れているとコールリッジはいう。

また，若き日には反国教会のユニテリアンだったコールリッジだが，彼はこの論文を発表した前後に，教義においてのみならず，制度としても国教会に対してきわめて肯定的な評価を持つにいたっている。たとえばコールリッジは，当時の書簡の中で，フランスの教会が'standing church'だと批判している（Griggs ed. 1956: 802-806）。この表現はいうまでもなく，国王のいいなりで，お金のためならば国民の自由を平気で奪う「常備軍（standing army）」をもじったものである。すなわち，フランスでは教会が国家に従属しており，予算のためには国家に屈服する可能性もあるという批判がこの言葉には込められている。そしてそのことは，教会財産の保持によって政府からも一定の独立を確保していたイギリスの国教会への肯定的な評価と結びついている。

モロウのアレン批判の第一のポイントは明かであろう。すなわち，たしかにコールリッジは1799年以降，知識人にかぎらず政治に関わるすべてのひとびとの土地財産所有による経済的自律を重視している。政治をめぐる知は，商業社会の経済的権力に従属するものであってはならない。だがそれは，知識人が「国家から有給で雇われる」ことではない。むしろ，知識人にとって，

参照。

国家に有給で雇われることは，その生殺与奪の権を国家に握られてしまうことを意味するのであって，それを独立と呼ぶことはできない。そしてそのことは，『教会と国家』の国民教会論についてもあてはまる。

しかし，ならばなぜアレンはそのような誤読をしてしまったのか。モロウによれば，アレンは，コールリッジが政治家や教会の経済的独立を論じる際に，18世紀にカントリ派がコート・ウィッグを批判する際に用いていた共和主義の政治言語を用いていたことを見逃していたのである。そうしたイギリスの古き国制への郷愁に満ちた政治言語の使用こそが，コールリッジが初期のラディカリズムを捨て，土地財産の分散による自由な政体の実現というハリントン的構想の批判的継承に着手したことの証左であったにもかかわらず，である。

そして，以上のことから，モロウはアレンの論文が3つの点において致命的な間違えを犯していたと結論づける。まず第一に，アレンはコールリッジの議論のオリジナリティを「歴史的には著しい例外」であるとして評価したが，コールリッジの議論は当時の歴史的文脈の強い影響下にあり，そのことを「例外」と呼ぶことはできない。第二に，アレンはグラムシを引き合いに出しながらコールリッジの政治思想の理論的妥当性を現代の文脈で検証することを求めていたが，コールリッジの理論の妥当性を検証するのであれば，やはりそれが書かれた時代の歴史的文脈に即して考えなければならない。そして第三に，アレンはコールリッジの考えた教職者階級が「国家に有給で雇われている」と理解していたが，コールリッジがカントリ派のシヴィック・ヒューマニズムの政治言語に依拠して議論を展開していた以上，彼のいう教職者階級はあくまでも自らが有する土地財産によって経済的な独立を確保していたのであり，むしろ国家に経済的に従属することには消極的であったといわざるをえない[9]。

---

9) このようにモロウはコールリッジをシヴィック・ヒューマニズムの継承者と捉えているが，その一方で，コールリッジが『フレンド』を執筆した前後において，経済活動や社交による習俗の洗練を重視するスコットランド啓蒙の商業ヒューマニズムを受容していることも見逃してはいない (Morrow 1990, 145ff.)。モロウやエドワーズは，コールリッジを，スコットランド啓蒙の思想家たちの商業ヒューマニズムを受容することで，経済活動を腐敗や専制と短絡的に結びつけていたシヴィック・ヒューマニズ

4 むすびにかえて

　モロウの批判はきわめて的確であり，アレンが応答に苦戦していることはアレンの応答（Allen 1989）の行間から十分に読み取れる。コールリッジが念頭においていた共和主義という思想史の文脈を見落としていた以上，それはある程度仕方がないといえよう。

　とはいえ，モロウの3つの指摘がすべてそのままあてはまるかについては，もう少し考えてみたい。

　まず第一の批判であるが，コールリッジのオリジナリティが歴史的なものであったにしても，コールリッジ以降の，特にヴィクトリア期の知識人論に経済的独立についての議論が乏しいことは事実であって，なぜコールリッジ的な視点が見失われたかという問題については検討が必要であるように思われる。というのもグラムシの知識人論は，まさに経済的独立の問題を忘却した後の空虚な知識人論に対する批判として展開されたからである。

　第二に，コールリッジの議論の妥当性は当時の文脈に即して評価されなければならないというモロウの指摘だが，権力者に経済的に依存する「常備軍」や'standing church'の問題についてのコールリッジの議論は，われわれがごく身近なところで目にする，国家に予算的に依存する教育研究機関の問題を考える上できわめて豊かな理論的示唆を与えてくれるように思われる。果たして妥当性の文脈は歴史的に閉じられるべきなのか，もう少し考えてみる必要があるのではないだろうか。

　第三に，知識人の経済的独立とは，市場社会からの独立なのか，国家権力からの独立なのかという問題は決して古びた問いではなく，ハーバーマスが『公共性の構造転換』の新版序文（ハーバーマス 1994）で提示した，国家から

ムの復古主義的側面を克服し，より社交や洗練を重視する「教養」ヒューマニズムの成立に貢献した思想家として位置づけている（Morrow 1990, Edwards 2004）。モロウによれば，コールリッジにおいてシヴィック・ヒューマニズムと商業ヒューマニズムを媒介しているのはドイツ観念論を通じて学んだ「教養」だということだが，この点についてはより詳細な分析が必要であろう。商業ヒューマニズムについてはPocock（1983）のほか，田中（2005; 2011）を参照。

も市場からも自律的な市民社会という構想と繋がっているように思う。アレンの読みをたんなる誤読と退けるのではなく，モロウのきわめて詳細な歴史研究を踏まえた上で，アレンの現代的な問題提起をあらためて考察することは，思想史研究と理論研究との対話という観点からみても，きわめて有益であるように思われる。

参考文献

本章においてコールリッジからの著作の引用に際しては，原則としてモロウ編の選集 (Morrow ed. 1990) に依拠し，著作名と頁数を丸括弧（ ）内に略記する.

Allen, P. 1985. 'S. T. Coleridge's *Church and State* and the Idea of an Intellectual Establishment'. *Journal of the History of Ideas*, 46(1): 89–106.

Allen, P. 1989. 'Morrow on Coleridge's *Church and State*'. *Journal of the History of Ideas*, 50(3): 485–489.

Calleo, D. P. *Coleridge and the Idea of the Modern State*, New Haven: Yale University Press.

Coburn, K. et al., eds., 1969–202. *The Collected Works of Samuel Taylor Coleridge*, 23 vols., Princeton, NJ: Princeton University Press.

Colmer, J. 1959. *Coleridge, Critic of Society*, Oxford: Oxford University Press.

Edwards, P. 2004. *The Statesman's Science: History, Nature and Law in the Political Thought of Samuel Taylor Coleridge*, New York: Columbia University Press.

Griggs, Earl Leslie, ed., *Collected letters of Samuel Taylor Coleridge, vol. 2*. Clarendon Press. 1956.

Knights, B. E. 1978. *The Idea of the Clerisy in the Nineteenth Century*. Cambridge: Cambridge University Press.

Mill, J. S. [1840] 1985. 'Coleridge'. in John M. Robson, ed., *The Collected Works of John Stuart Mill*, Volume X – Essays on Ethics, Religion, and Society. Toronto: University of Toronto Press.

Miller, J. T. 1987. *Ideology and Enlightenment: The Political and Social Thought of Samuel Taylor Coleridge*. New York: Garland Pub.

Morrow, J. 1986. 'The National Church in Coleridge's *Churchand State*: A Response to Allen'. *Journal of the History of Ideas*, 47(4): 640–652.

―――. 1990. *Coleridge's Political Thought: Property, Morality and the Limits of Traditional Discourse*, London: Macmillan, 1990.

―――. ed. 1990. *Coleridge's Writings: On Politics and Society*, vol. 1, London: Palgrave Macmillan.

Muirhead, Johh H. 1930. *Coleridge as Philosopher*. London: George Allen and Unwin.

Pocock, John Greville Agard. 1985. *Virtue, Commerce, and History*, Cambridge: Cambridge

University Press. 田中秀夫訳『徳・商業・歴史』みすず書房, 1993.
―――. 1983. 'Cambridge Paradigms and Scotch Philosophers'. In Istvan Hon and Michael Ignatieff eds., *Wealth and Virtue: The Shaping of Political Economy in the Scottish Enlightenment*, Cambridge: Cambridge University Press. 水田洋・杉山忠平監訳『富と徳 —— スコットランド啓蒙における経済学の形成』未來社, 1990.
―――. 2003. *The Machiavellian Moment: Florentine Political Thought and the Atlantic Republican Tradition*, Revised ed, Princeton: Princeton University Press, 2003. 田中秀夫・奥田敬・森岡邦泰訳『マキァヴェリアン・モーメント —— フィレンツェの政治思想と大西洋圏の共和主義の伝統』名古屋大学出版会, 2008.
Williams, Raymond. 1958. *Culture and Society 1780-1950*, London: Chatto & Windus. 若松繁信ほか訳『文化と社会 一七八〇—一九五〇』ミネルヴァ書房, 1968.
石上良平. 1965a.「コールリッジの国家論 (1) —— J・S・ミル「コールリッジ論」研究のために」『政治経済論叢』(成蹊大学), 15(1): 407-30.
―――. 1965b.「コールリッジの国家論 (2) —— J・S・ミル「コールリッジ論」研究のために」成蹊大学『政治経済論叢』15(2): 1-30.
―――. 1966.「コールリッジの国家論 (3) —— J・S・ミル「コールリッジ論」研究のために」『政治経済論叢』(成蹊大学), 15(4): 1-26.
岩岡中正. 1990.『詩の政治学 —— イギリス・ロマン主義政治思想研究』木鐸社.
小田川大典. 1995.「初期コールリッジの政治思想」『神戸法學雑誌』45(1): 73-111.
―――. 2000.「書評:田中秀夫『共和主義と啓蒙』(ミネルヴァ書房, 1999年)」『イギリス哲学研究』23: 95-96.
―――. 2010.「書評:J・G・A・ポーコック『マキァヴェリアン・モーメント —— フィレンツェの政治思想と大西洋圏の共和主義の伝統』」『法制史研究』59: 369-374.
―――. 2011「アーノルドと教養 —— ヴィクトリア期における「啓蒙」」『啓蒙の運命』所収, 富永茂樹編, 名古屋大学出版会, 2011年.
柏経学. 1972.「コールリッジのロマン主義的政治思想 —— S・T・コールリッジの思想形成過程と思想基盤をとおして」『福岡大学法学論叢』16(3): 191-244.
片桐薫. 1992.『グラムシの世界』勁草書房.
グラムシ, アントニオ. 2013.「知識人とヘゲモニー ——『知識人論ノート』注解」『知識人とヘゲモニー ——「知識人論」ノート注解 —— イタリア知識人史・文化史についての覚書』(グラムシ『獄中ノート』著作集 3) 所収, 松田博編訳, 明石書店.
立川潔. 2007a.「若きコウルリッジの道徳および政治思想 (上)」『成城大學經濟研究』175・176: 39-73.
―――. 2007b.「若きコウルリッジの道徳および政治思想 (下)」『成城大學經濟研究』177・178: 57-98.
―――. 2011a.「守望者としてのS. T. コウルリッジ:感覚主義批判と万人の平等 (上)」『成城大學經濟研究』193: 145-177.
―――. 2011b.「守望者としてのS. T. コウルリッジ:感覚主義批判と万人の平等 (下)」『成城大學經濟研究』194: 135-170.
田中秀夫. 1999.『共和主義と啓蒙 —— 思想史の視野から』ミネルヴァ書房.

―――. 2005.「帝国の夢を弾劾する ―― アダム・スミスの商業ヒューマニズムと共和主義」『思想』972: 44-72.

―――. 2011.「ヒュームにおけるポリティカル・エコノミーの形成 ―― 商業ヒューマニズムの誕生」『思想』1052: 127-146.

塚田理. 1967.『近代英国の神学』日本聖公会出版部.

戸沢健次. 1979.「S・T・コールリッジの政治哲学研究 (1)」『愛媛法学会雑誌』6(1): 27-60.

ハーバーマス, ユルゲン. 1994.「一九九〇年新版への序言」『公共性の構造転換 ―― 市民社会の一カテゴリーについての探求 (第2版)』所収, 細谷貞雄・山田正行訳, 未来社.

半澤孝麿. 1986.「コールリッジにおける政治哲学の形成」『民主主義思想の源流』所収, 有賀弘・佐々木毅編, 東京大学出版会.

第 14 章

ハイエクと現代共和主義論

太子堂正称

1 はじめに

　近年の思想史研究における共和主義への関心の高まりについては，衆目の一致するところであろう。それは，社会，経済，法，政治といった幅広い思想（史）・哲学の分野にまたがって，数多くの興味深い議論を喚起している。しかし一方，共和主義とは端的に何を意味するのかという問題については，その焦点を定めることは容易ではないように思われる。歴史的概念として用いる場合でも，端的に君主の存在しない政体を意味するのか，市民の積極的な政治参加を称揚した思想なのか，またそれらと矛盾するものではないが，何らかの意味で政体の「腐敗」に対抗する原理なのか，さらにそうした「腐敗」と商業文明あるいは経済発展はいかなる関係にあるのか，など様々な問題群が存在する。

　他方，現代の規範理論においては，共和主義は自由主義や民主主義，共同体主義（コミュニタリアニズム），保守主義，社会主義といった，時には互いに結びつき，時には激しく対立し競合する思想・哲学との関連性が指摘されると同時に，それらの媒介項としての評価もなされている（田中・山脇 2006, 佐伯・松原 2007, 小田川 2008）。その意味では，共和主義とは，自由主義や民主主義といった概念の対立物，代替物ではなく，むしろ，それらの思想の根底をなす非常に多様で広範にわたる多面的なものであり，「家族的類似性（family remembrance）」に基づく「穏やかなパラダイム（moderate paradigm）」と呼ぶべきものである（犬塚 2008）。

その上で，現代の共和主義思想理解には大別すると2つの大きな流れがあることもまた共通理解となっている。1つは，ポーコックによって強調された「シヴィック・ヒューマニズム（公共的人文主義）」の伝統である（Pocock 1975）。マキアベッリを代表とする16世紀イタリア，フィレンツェの人文主義者たちは，古代ギリシアやローマの文献研究を通じて，積極的な政治参加を行う市民のあり方を，自分たちの共同体を守り存続させるための模範として見出した。また，合わせてポーコックは，そうした知的伝統が，17世紀のブリテンにおいて継承され，さらには18世紀のアメリカ独立革命へと流れ込む歴史的推移（「トンネル史」）を分析する。

　そのような専制君主や堕落した寡頭制及び民主制といった「腐敗（corruption）」への対抗原理として能動的市民による公的空間への参加の意義を強調する，バーリン的な意味で言うなら「積極的自由」の系譜に力点を置く共和主義理解の一方で，スキナーは，「腐敗」への対抗策として，より「消極的」な自由の系譜，彼自身の言葉で言えば「ネオ・ローマ的伝統」としての共和主義の系譜を議論の主軸に据える（Skinner 1998）。その特徴は，バーリンの二分法を念頭に置きつつ積極的自由主義を批判する一方で，同時に消極的自由主義も特にホッブズをその代表と位置づけ批判することである。スキナーの指摘によれば，ホッブズにとって法とは，基本的には自由に対する侵害であり秩序維持のための必要悪であり，その自由概念とは，まさにバーリンが述べるような「外的干渉の存在しない状態（non-interference）」にのみ特化されている。しかし，仮に干渉それ自体が存在しなくとも，自由が為政者の「恣意」にさらされ依存している限りは，絶えず不安定であり，それを防ぐ「依存のない状態（non-dependence）」を確保するためには，徳の涵養というよりもむしろ，法や制度など統治機構の枠組みの設立が必要とされる。スキナーが，積極的自由主義と消極的自由主義を調停する「第三の自由概念」として主張するのは，そうした統治機構論の裏付けをともなった自由主義であり，その伝統を彼はローマ共和政，あるいはローマ法の伝統に求める。

　そうした共和主義研究の隆盛を受けて，リベラリズムやコミュニタリアニズムの代表的論者が，共和主義との近縁性を自ら主張していることは興味深い。サンデルやテイラーは，コミュニタリアニズムの立場から能動的市民の

積極的政治参加としての共和主義を評価する一方[1]，第4節であらためて論じるが，ペティットはスキナーの歴史的考察を規範理論として適用しようとしており，例えばロールズも自らのリベラリズムをその系譜に位置づけようとする。その他，ケインズなどにまで共和主義の影響や貢献を検討する議論も行われている（佐伯・松原2007）。

　本章の目的は，そうした問題関心を背景として，現代自由主義の代表者であるF. ハイエクの思想を共和主義の文脈に引き寄せ，その契機について分析することである。ハイエク自身は，自らの立場を共和主義という言葉で表現したことはないし，確かにその思想はシヴィック・ヒューマニズム的な共和主義とは相いれないであろう[2]。しかし，スキナーやペティットの議論は，上記のようにリベラリズムとの親和性が強く，彼らの機構論としての共和主義の射程にハイエク思想をも位置づけようとすることは，必ずしも特異なことではない。既に，拙稿（2009；2013）においてもそうした試みの一端を示したが，まず次節においてハイエクの法の支配論とそこにおける共和主義的特徴について確認した後，第3節において，彼がその文脈において，古代ギリシアの「イソノミア」（法の平等）概念とアメリカ立憲主義に着目していること，第4節において，彼のそうした視点が，現代の規範的共和主義論の泰斗であるペティットや，自らをその系譜に位置づける現代リベラリズムの代表者ロールズの議論と大きく重なること，そしてその上で，彼らの議論とは分岐するハイエクの共和主義的な契機の独自性を示したい。

---

1) コミュニタリアニズムの立場から能動的市民の積極的政治参加としての共和主義を評価する議論については，菊池（2007）を参照。
2) ただハイエクは，ブリテンにおけるコモン・ローの発展を考察し自らの議論に組み入れるにあたって，ポーコックの『古代の国制と封建法』(1957) に依拠した上で，次のように賛辞を送っている。「私はここで，『自由の条件』において，軽率にもこの素晴らしい書物に言及しなかったという過ちを訂正したい。というのも，その本の最終的な校訂において，ポーコック氏の著作から多大な恩恵を受けたからである」(Hayek 1978, 256 / 訳71)。

2 ハイエクの「法の支配」論

(1) 法の「上位の法」への従属と階層的構造

　まず，ハイエクの「法の支配」論の特徴について見てみよう。彼のルール概念が，「ノモス (nomos)」と「テシス (thesis)」という二分法に基づいていることはよく知られている。テシスが，家族や企業，各種アソシエーション，そして政府機関といった特定の組織，すなわち「タクシス」の内部のルールであり，その目的や運営方針を定めるものである一方，ノモスは，それを包括する自由な社会（「コスモス」），自生的秩序のルールであり，所有権や私的領域の範囲，他者の行動や領域への侵害の禁止といった消極的なものに留まる。しかし，それは消極的ルールであるがゆえに，各個人や組織（テシス）の自由な行動を承認する源となる。

　またハイエクは，特定の目的の達成を目的するテシスが組織の人々の「意志」に基づくのに対して，ノモスは「行為の様々な形態あるいは一定種類の行為の望ましさ，もしくは望ましくなさに関する見解」である「意見」に基づくとしてその対照性を強調する (Hayek 1976, 13 / 訳24)。「意見」は，人々の具体的な目的を定めるものではなく，その上位概念としてそれらの当否を判断する基準であり，市場や社会活動の適切な枠組みについての認識である。

　しかし，同時に，社会活動において様々な種類の組織が必要とされるのは当然であり，ハイエクは，組織のルールとしてのテシスそのものの存在は充分に認めている。彼が問題視するのは，1つの組織のルールに過ぎないテシスがその枠を超えて，社会全体に拡張され適用されることであり，その典型例が，近代以前の家父長制的国家や近代のファシズム，あるいは社会主義体制といった統制された社会である。テシスによる国家の運営は，人口規模の小さな古代ギリシアのポリスなど（「対面社会」あるいは「部族社会」）では可能かもしれないが，大規模な人口から成り，成員それぞれの意図や目的が互いに異なる「大きな社会」では，そもそも不可能だと彼は考える。また，こう

した彼の批判は，単に社会主義やファシズムだけではなく，自由社会の正当化の方法そのものに深くかかわっている。すなわち，彼はどういった体制であろうと，社会のルールそのものを単一の理性によって「設計」することは不可能であり，理性や社会正義の名の下に強引にそれを適用しようとするのは「恣意的」以外のなにものでもないと考えるのである。

　その意味で重要なのは，ルールをより「上位の法」に基礎づけることである。すなわち，テシスはノモスに従属する範囲でその存在が認められ，またノモスは，上述の「意見」に基づくことによってその正当性を担保される。「意見」は明確に成文化されていない，あるいは当事者によってきちんと明示できないことも多いが，累積的に形成される慣習として，当該社会の人々の間に観念として存在する。われわれの行為や活動は「意見」に規制されておりそれらの当否の指針となっているのである。

　ハイエクのルール概念は，このような階層化された構造をなしていると同時に，ヒュームやスミスなどスコットランド啓蒙の思想家たちによって展開された，脱神学的，世俗的，経験的な近代自然法論との親和性，近縁性を持っている[3]。その特徴は，第一に，ノモス，あるいはそれが前提にする「意見」とは，あくまでも人間の世俗的かつ人為的な行為に基づくと同時に，一人あるいは一世代の人間の「意志」ではなく，幾世代にもわたって継承されたものであるということである。それは「人間の行為によるものではあるが，人間の設計の結果ではない」（A. ファーガスン）という意味で，また単一の立法者の目的意識的な「意志」を超えて超越的に存在しているという意味で，「恣意的」ではない「自然」なものである。第二に，そうした人間には直接全貌を把握できない体系を実践的な人間行為の中で「発見」していく重要性が強調されているが，それは同時に「発見的手続き」としての競争過程の重視という彼の市場観とも密接な関連を持っている。

(2) ハイエクの議会改革案と共和主義的特徴

　さらにハイエクは，こうしたルールの「発見」のために，独自の機構論を

---

[3]　ハイエクの議論と自然法思想の類縁性を指摘する研究は比較的多くなされている。詳しくは，太子堂（2005）を参照せよ。

提唱している。彼が，そのためにまず重視するのが「裁判官」の役割である。当然のことながら，「裁判官」は，個人や組織の行為が相対立し紛争状態になったとき判決を下す役割を担うが，彼はその時，その理由を自ら全部考案するわけでなく，基準となるのは，その時点で所与である既存の「意見」やノモス，あるいはそれに基づく蓄積された判例である。「裁判官」が行うのは，そうした既存の体系の「修正」であって，全体を「設計」することではない。またその際に裁判官に求められることとしてハイエクが強調するのは，「熟慮の上での努力（deliberate effort）」(Hayek 1973, 100 / 訳 135)であるが，為政者の恣意的な立法や適用を「設計主義」として激しく拒否する彼の思想において，それは興味深い特徴となっている。ただ，裁判官はあくまでもそうした「恣意性」を排除するために「熟慮」を行うのであり，その裁量権は常に既存の「意見」やノモスを前提にし，それに規制されている。そうしたハイエクの「法の支配」論の特徴は，次の言明によく表れている。

> 法の支配とは，法それ自体による支配ではなく，法がどうあるべきかに関する規則，すなわち，超—法的原則あるいは政治的理念である。それは立法者がその制約を自覚している限りは有効である。民主主義のもとでは，それが共同社会の道徳上の伝統，多数の人々が共有し問題なく受け入れる共通の理念の一部を形成しない限り，法の支配は普及しない (Hayek 1960, 206 / 訳II 104)

民主主義はそれ自体では成立しえず，常にそれを規制する上位概念を必要とする。その適切な立法のために上述の裁判官の役割と合わせてハイエクが強調するのが，独自の議会改革案である。彼は，民主主義が利害集団による取引民主主義という「腐敗」(Hayek 1979, 15 / 訳 28) に陥ることを絶えず警戒しており，また先述のように，それが官僚制と結びついて彼らの「意志」あるいはテシスに基づく支配を招来することを怖れていた。そうした「腐敗」を防ぎ，民主主義の維持と権力の分立というジレンマを解消するために，彼は次のような二院制のモデルを提示する。

まずハイエクは，通常想起されるような，成人の男女全員を有権者とした普通選挙で選出される下院に対して「行政院」という名を与える。彼は，そ

うした通常の議会による「ノモス」の立法を断念しており，常に利害関係の争奪の場であることを避けられないとしてその役割を「テシス」の制定，すなわち年度ごとの予算案やそれに応じた政府による公共サービスの具体的な選定や執行の規則の決定に限定する。一方，上院に相当する議会には「立法院」という名が与えられ，こちらには，課税や労働，生産，建築，食品衛生などの基準，また会社法など競争の一般的ルールを策定する役割が委ねられている。またその成員の選出基準が独特であり，45歳から60歳までの男女において社会的名声を持ち「日常生活の中で力量を示してきた人」の中から15年任期で選出される。そうした非常に長い任期は，再選を目指して選挙民の短期的な利害に議員の判断が左右されないようにするためであり，毎年15分の1ずつ改選される。また，一度「行政院」に選出された議員は，「立法院」の非選挙権を持たないなど，徹底した権力の分散が図られている。

さて，こうしたハイエクの改革案自体は興味深いものの，そもそも何をもって非選挙者の「力量」を判断するかも不明であるし，15年という長い任期を持つ議員に大きな権限を与えること自体の妥当性も問われるだろう。ハイエクが細かい具体案を示していないこともあって，そのまま現実に適応できる内容にまでそれが深められているかは疑問が残る。

しかし，そうした実行可能性は別として，まったく異なるシステムからなる元老院的な上院によって下院の権力を掣肘しようという試みや理念自体は共和主義的な性格を強く持っている[4]。先述のように，政治的な「意志」が社会全体を統括することをハイエクは拒否するし，政治参加自体に特定の意義を見出すことはなくむしろ否定的ではあるけれども，彼は，利害関係や党派抗争から「公的事項 (res publica)」を切り離し，それに左右されない領域を制度的に確保した上で，議論の場を設けることを意図していた。

以上，ハイエクの「法の支配」論の特徴は，「腐敗」への対抗，「恣意性」の排除，そのための「立法機構の構築」の三点にまとめることができるが，その意味で，彼の立場は，「消極的共和主義」の立場にあると同時に（太子堂 2013），第4節で述べるペティットの機構論としての共和主義論との親近性

---

[4] こうした権力の抑制という観点は，例えば，江頭 (2007) が指摘するような，市場の適切なルール設定としての独占禁止法への肯定的な評価にも表れている。

を持っている[5]。

3 「法の支配論」の系譜

(1)「法の支配」としてのイソノミア

　ハイエクが上記のような「法の支配」論を論ずるにあたって，先述のようにノモスやテシスといった概念など古代ギリシアに由来する概念に依拠していることはよく知られているが，その文脈で彼が強調するのが，「イソノミア (isonomia)」，すなわち，「人々のあらゆる行為に対する法律上の平等」という概念である。彼は，「政治への全員の平等な参加の要求」というこの概念こそが，専制君主の恣意的支配に対する対抗原理であるとともに，民主政の成立に先立つ存立条件であり，民主政を単なる多数決に還元することを防ぎ「人間によるのではない，法による統治」を達成することを指摘する (Hayek 1960, 164-166 / 訳II 46-49)。

　ハイエクは，こうした概念が，ルネッサンスにおける古代ローマの歴史家リヴィウスの著作の再発見を経て，ハリントンをはじめとするブリテンの思想家たちへと受け継がれる過程を強調する。一方例えば，公的空間への能動的参加という共和主義の積極的な側面を強く主張するアレントもまた，イソノミア概念が，政治的自由の根源に位置し，民主政（民主主義）に内実を与えるものとしている点は興味深い。彼女は，それを支配者と被支配者の関係を無差別するものという意味で，「無支配 (no rule)」を意味するとする。

> イソノミアは平等を保証したが，それは全ての人が平等に生まれ平等に作られているからではなく，反対に，人は自然 (Φυσις：ピュシス) において平等ではなかったからである。そこで人為的な制度たる法すなわち法律 (νόμος：ノモス) によって人々を平等にする都市国家を必要としたので

---

[5] ホノハンは，共和主義の形式を2つに分類し，政治空間への参加を重視する積極的なタイプを「強い (strong) 共和主義」，個人的自由を重視しその基盤としての機構論を重視するタイプを「道具的 (instramental) 共和主義」と呼ぶ (Honohan 2002, 8)。また，山脇 (2006) は，「実質的共和主義」と「形式的共和主義」という区分を採用する。

あった（アレント 1995, 41: 引用者により一部改変）

　ハイエクとアレントでは，もとより政治に対する力点が異なり，前者がそれを可能な限り立法過程にのみ限定しようとするのに対して，後者は，より幅広い政治空間への参加を強調する点では両者の立場は大きく相違する。しかし少なくとも，法の下においてのみ元来互いに異なった存在である人間は平等であるとする点，またそれを定めるのは人為的に構成されたノモスであるとする点では両者の立場は軌を一にするし，スキナーあるいは後述するようなペティットの「非支配としての自由」論とも大きな共通点を持つ。また，ポパーやホイジンガも多数の専制としての民主主義を批判し，それが全体主義へと転落するのを批判する目的でイソノミアの概念に着目している[6]。第2次世界大戦だけではなく戦後の全体主義の台頭は，ハイエクだけではなく様々な思想家にとって，民主主義への単純な信頼を深く懐疑させるものであった。

　ただ，イソノミアの概念の本来の意味と，そうした思想家たちが用いる現

---

[6] ポパーは，(1) 生まれつきの特権の排除，(2) 個人主義 (3) 市民の自由の保護が国家の任務ないしは目的である，という「法，権利の平等 (isonomy)」の概念をプラトンが意図的に無視したとして批判する（ポパー 1980, 103-4）。
　またホイジンガはナチス批判の文脈で次のように指摘するが，こうした理解もほぼハイエクと同一である。「実際また，古代ギリシアの言語において，デモクラティア (Demokratia) という語は，常に，軽蔑的な，あるいは嘲笑的な意味を持っていた。……人々は本来，ギリシア古代の基礎の上に築かれた諸文化が，デモクラシーという語の代わりに，もう一つの言葉，すなわち「イソノミア (Isonomia 法の平等)」という語を引き継がなかったことを残念に思うに違いない。この言葉は，歴史的由来からアテネにおいて特別な敬意を喚起したばかりか，よい政体という，この考察において本質的な思想をことに純粋に表現していた。……「イソノミア」という言葉からは，「デモクラティア」より，はるかに明瞭かつ直接的に自由の理想が語られており，また，「イソノミア」という表現に含まれている命題は，「デモクラティア」の場合と違って，実現しがたいものではない。法治国の本質的な原理は，この語の中に明瞭の確に映し出されている」（ホイジンガ 1971 / 邦訳 97 頁）。また，ポーコックも，イソノミアを「身分が等しければ広く官職が開かれている社会」という各個人を結合する普遍的原理として捉える（Pocock 1975, 89 / 訳 84）。
　一方，柄谷 (2012) は，こうしたアレントの「無支配」としてのイソノミア概念をより積極的に読み替え，経済的な実質的平等という意味を持たせることを意図して，上記の論者たちよりも踏み込んだ解釈を打ち出す。ただ，いずれの解釈においても，イソノミアを，単なる多数決原理としての民主主義を掣肘しそれを乗り越える概念として捉えていることは共通する。

代的な含意との乖離については充分な注意を払う必要があるだろう。ギリシア哲学の研究者である納富 (2013) は，イソノミアの概念がハイエクやアレントにおいて復活した意義をある程度認めつつも，その語は断片的にしか資料には登場せず，意味や解釈も必ずしも明瞭ではなく，あくまで彼らの問題意識を投影したものにすぎないとして，その単純な理想化には警鐘を鳴らしている。確かに，ハイエクの思想史理解は，実証的というよりも，自らの議論の補強のために再構成したものという性格が強く，古代ギリシアに彼らの考えるような現代的な法の支配概念の萌芽を直接求めることは危険であろう。

しかし，それでも彼自身の問題意識に議論の射程を限定するならば，彼がイソノミアの概念を通じて主張したかったこと自体は明瞭だと考えられる。すなわち，それは民主主義が多数の専制へと「腐敗」することに対する批判であり，短期的な政治的熱狂が理性の名を借りて恣意的な社会の設計と支配をもたらす危険性への警鐘であった。

(2) アメリカ独立革命への着目

ハイエクはまた，『自由の条件』(1960) の第 12 章「アメリカの貢献＝立憲制」において，「法の支配」の概念が，スコットランド啓蒙を通じて独立革命期のアメリカにおいて継承されたことを高く評価して，そうした概念を体現する具体的な制度のモデルを独立革命期のアメリカ立憲主義に見出す。彼は，アメリカ憲法にフランス的な設計主義の影響を認めつつも，ブリテン本国では，議会政治の確立がむしろ権力の制限という理念をともすれば忘却させる傾向にあったのに対して，アメリカ植民地人たちが求めたのは，「国会に代表を送っていないこと以上に，その権力にいかなる制限をも認めないこと」(Hayek 1960, 177 / 訳II 64) であったと指摘する。ブリテンではベンサムの功利主義思想の台頭によって，決議による実定法のみが法であるという観念が強まったのに対して，権力を常に「上位の法」へと従属させそれによって恣意性を排除するという理念はアメリカ立憲主義の中で色濃く受け継がれ，自由の基盤となったというのが彼の評価である。ハイエクは，アメリカ憲法が，慣習法として成立してきたブリテン憲法の理念を成文化したことの

意義を強調する。憲法とは立法府の恣意的な行為に対して制限を設けることで国民を保護し，また，国民が立法府の権力を制限する権利を持つという意味においてのみ，権力の正当性は担保される。「憲法の体系は，国民の意志の絶対的な制限を意味するのではなく，即時的な目的を長期的な目的に従属させることを意味する」(Hayek 1960, 180／訳II 69)。

　第二に，ハイエクは，アメリカ憲法制定のための1787年のフィラデルフィア会議における，J. マディソンや，J. ウィルスンらフェデラリスト（連邦主義者）たちの活動の意義を指摘する。彼らの協議によって最終的には，議員数が人口比に基づいて配分される下院と，各州同数という形式的な平等を担保した上院，そして間接的に選出される大統領という形で，連邦政府の権力の分割が達成されると同時に，連邦政府と各州の立法府の役割をも明確化し，その間の権力均衡を図るという現代につながるアメリカ政体の基本的枠組みが成立した。ハイエクにとって，権力の肥大化，専制化はそのままでは解決できない問題であり，こうした権力を抑制するための制度面の工夫や考案を積極的に評価することは興味深い[7]。

　さらにハイエクは，フィラデルフィア会議において，マディソンや A. ハミルトンが人権保障規定である「権利章典」の意義を十分認識しつつも，当初それを憲法の中に含めようとしなかった態度を高く許可する。彼らは，そうした人権規定を成文法の中に限定してしまうことで，列挙されなかった他の権利があたかも存在しない，もしくが重要でないというように解釈されることを怖れた。同様に，ハイエクにとって「法の適正手続き (due process)」の重要性は，まさしく，必ずしも明示化されない人々の意識や意見に存在し，それ自体全てを語りえないものであった。彼は，最終的には「権利章典」が明文化され，「法の適正手続き」についても修正第5条として明記されたことが[8]，法の単なる形式化ならびに空洞化をもたらす契機となったと批判す

---

7) 田中は，アメリカ憲法におけるこうした権力分割の理念について，「議員や官僚の交代制による腐敗防止という考案は，ハリントン以来の共和主義，イングランドのカントリに受けつがれてきた思想であった」（田中 2012, 506）として，共和主義的理念の意義を見出しているが，こうした観点はハイエクの議論とも重なり合う。
8) 田中は，こうした連邦主義をめぐるフェデラリストと反フェデラリストの対立を，地域主義を批判した自由主義者と，各州における自治を主張する共和主義者との対立と

る一方，後に大恐慌後のニューディール政策の一環として，F. ルーズベルト大統領が成立させようとした全国復興管理法を最高裁判所が全会一致で否決したこと（1937年）を，法の支配を擁護する司法審査制の具体例として高く評価する。「権力の分離に基づく憲法体系が，本来の法と立法によって制定される一般的規則ではないその他の法律との間に明確な区別を前提としていた」(Hayek 1960, 188 / 訳II 78-79) こと，それが自由を担保する条件となっていたことが，彼にとって，アメリカ立憲主義およびその発展の大きな意義であった。

4 現代の共和主義論とハイエク

(1) ペティットの規範的共和主義論とハイエク

本節では，これまで見てきたハイエクの議論をペティットならびにロールズと比較した上で，その共通点と相違点について論じてみたい。

冒頭で紹介したスキナーの歴史的分析を援用しつつ，現代的な規範理論として共和主義を捉える試みの代表がペティットの議論である (Pettit 1997)。彼は，スキナーと同様に，「非干渉としての自由 (freedom as non-interference)」を消極的自由主義の特徴とした上で，それを乗り越えるために，「非支配としての自由 (freedom as non-domination)」の概念を提出する。なぜ，「非干渉」だけでは不十分なのか，それについてペティットはこう述べる。

> たとえ支配者がその手を振るうことを思いとどまっているとしても，それで不自由なき支配が達成されているわけではまったくない。不自由とは，

いう構図に還元する見方を機械的であるとして批判し，双方とも共和主義に立脚しつつ，その枠内で国家の規模とその統治のあり方をめぐって行われた論争であると指摘する (田中 2012, 522)。また，ポーコックは，アメリカ独立革命にまで「徳と腐敗の言語」のパラダイムが継承されたとした上で，G. ウッドの議論を援用しつつ，市民の直接的・能動的性政治参加という「古典的理論」から，自らの利害関心に基づいてそれを実現するために統治に参加するという「共和主義から自由主義への部分的な移行」及び「徳の衰退」が，マディソンらの議論においてなされたと指摘する (Pocock 1975, 519-522 / 訳 451-454 頁)。

規制されていることにあるのではない。それどころか，公正な法制度による規制 —— すなわち非恣意的な体制 —— は，人々を不自由にはしない。むしろ不自由とは，恣意的な支配に服従すること，つまり，他者の気まぐれな意志や独断に服従させられるかもしれないということにある。自由とは，そうしたいかなる服従からも解放され，いかなる従属からも逃れているという意味を含んでいる。そのためには，同胞の市民同士の誰もが他者に対して恣意的な干渉を行う力を持っていないという意識を共有し，同じ目線で向かい合う能力を必要とする（Pettit 1997, 5）

こうした恣意性の排除としての自由の観念は，先述のようなハイエクの議論と大きく共通する。そして，恣意的な干渉あるいは権力行使を防止するための理想的な政体としてペティットが主張するのが，「人の支配ではなく法の支配」（ハリントン）の原則の貫徹という意味での「法の帝国」，三権分立など機構の整備による「権力の分割」，多数派による専制や少数派の抑圧を防止し，意志決定を単なる数の多寡に還元しない「反多数決主義」という三つの条件からなる立憲主義であり，立法が特定の党派の利害に基づくことを否定すると同時に，こうした制度的枠組みが自由を担保する（Pettit 1997, 171-183）。こうした制度案もまたハイエクと類似しており，親和的である。

近年の研究では，カッツェンエルンボーゲンも，ペティットの共和主義論とハイエク思想の近縁性を主張する（Kacenelenbogen 2011）。彼は，利己的集団の恣意性が統治に対して重大な脅威となる可能性を両者が認識している点，市場を適切に運営するための限定的な政府介入の必要性を認めている点に加えて，次の要素に大きな共通点を見出す。

> ハイエク主義的な観点と共和主義概念は基本的な（現代的かつ自由主義的な）洞察を共有しており，そこでは，法と自由とは本質的に対立物ではない。そうした両者の関係は，法の特徴である一般性及び確実性，さらには権力者の持つ裁量権に対して法が課す制限に根源的に基づいている（Kacenelenbogen 2011, 462）

こうした「法の支配」の特徴に加えて，彼は，両者ともこうした自由を担

保する法が形成される際の習慣の役割を強調し，設計主義的ではない累積的な知識の進化を両者が重視しているとして，同じ「穏健な認識論的立場 (a modest epistemological position)」(463) を取っていると指摘する。

しかしカッツェンエルンボーゲンも留保をつけるように，両者の立場には大きな相違も存在する。両者を弁別する要素とは，ペティットの強調する「異議申し立て型民主政 (contestatory democracy)」(Pettit 1997, 185) の概念である。彼は，権力の単なる干渉だけではなく恣意性を排除し，公正な法の支配を達成するためには，単に選挙による統一的な権力の樹立だけではなく，むしろ，それに対する絶えざる異議申し立てのための具体的な権利や制度の確立が必要となると主張する。それによる討論こそが，恣意的支配なき「熟議共和制 (deliberate republic)」(Pettit 1997, 187) のための条件なのである。

一方，ハイエクは，そうした直接的な討議過程の有効性を強調することはない。彼の観点を敷衍するならば，討議そのものは当該社会の目指すべき「意見」を涵養するためにはもちろんある程度の役割を果たすであろう。しかし，そこでの意志決定は，そのまま全体の方針として採用されるべきものではない。むしろ，それを抽象化し長期的な慣習との整合性を図る作業がより重要であり，そのために上述のような裁判官の役割の強調や，上院の成員資格の制限を図るのである。その意味では，ハイエクは政治過程を無視はしないまでも，その影響を可能な限り制限し，立法過程に従属させることを重視する。彼が腐心するのは，討議への直接的参加やそれを即時に政策に反映させることではなく，いかにそれを間接的に取り扱うかということにある。その背景には，ハイエクにとって知識とはあくまでも個人に分散したものでしかなく，それを総体として把握することは不可能であり，基本的には市場活動の「結果」としてのみ示されるという独自の知識論がある。

しかし，そうした相違はあるものの，第一に，「法の支配」を達成するための統治機構論として共和主義を捉える点，第二に，恣意性としての権力の排除，第三に，累積的な知識の進化の重視という認識論的立場において，彼らの立場は共通すると言うことができよう。

ペティット自身は，ハイエクの議論を「非支配としての自由」ではなく，「非干渉としての自由」論の代表者であるとして，自らの議論とは区別しようと

する (Pettit 1997, 89)。彼はそうした区別によって，一般的な意味での消極的自由主義——特にホッブズやベンサム——と自らの共和主義的自由の観念の差異を強調して，後者の独自性を際立たせようとするとともに，自身の自由概念が，リベラリズム（リバタリアン含む）とコミュニタリアニズムとの間の論争を調停する可能性を意図するが，ただ，そもそも彼の自由主義理解そのものが図式的に過ぎ，両者の差異はそれほど明瞭ではないことも確かである。むしろ，それらは重なり合う部分が大きく，次節のロールズの議論との関係も含めて，自由主義それ自体を背後から補強する議論の1つと考える方が適切であろう。少なくともペティットは，後述するようにハイエクの議論が狭い意味での消極的自由主義とは区別される点を見落としている。また，ハイエクの議論はコミュニタリアンの議論とも一定の親和性があることが指摘されている（土井 2013）。

　ハイエクは有名な論考「真の個人主義と偽の個人主義」(Hayek 1949) や，『自由の条件』(Hayek 1960) 第4章において，個人主義あるいは自由主義の「真」の伝統として，ロック，マンデヴィル，ヒューム，スミス，ファーガスン，タッカー，バーク，ペイリー，アクトンらブリテンの思想家を列挙する一方，モンテスキューやコンスタン，トクヴィルもその一員に加える。他方，「偽」の伝統としては，デカルト，百科全書派，ルソー，重農主義らフランスの思想家を挙げた上で，ホッブズやベンサム，ゴドウィン，プリーストリ，プライス，ペインをその一員とする。また，アメリカ独立革命期の思想家も，先述のようにマディソンを高く評価する一方で，ジェファースンを後者の伝統に位置づける。先述のように，こうしたハイエクの思想史理解は，あくまで自らの議論の補強を目的としたものであって，「フランス的伝統」に属するとされた思想家たちの果たした客観的意義や役割とは区別せねばならない。

　しかし，その評価の是非は別として，ハイエクが，ホッブズやベンサムを「偽の個人主義」と呼んだ理由は，彼らが個人を原子論的な最小単位へと分解し，その意志による契約や設計のみを法の基盤とした点にあった。ハイエクの観点からは，それは長期的過程において吟味されない短期的な理性あるいは情念の働きのみに焦点を当てたものであり，個人の知識や理性の限界を

前提とすれば，いかなる形であろうと恣意的の誹りを免れないものであった。スキナーやペティットが，消極的自由主義の代表として彼らを取りあげ，それに代わる第三の概念としての共和主義的自由の観念を提唱しようとするのも，それだけでは，自由に対する恣意的な干渉を排除することができないと考えるからであった。その意味では，ハイエクの自由概念は，狭い意味での消極的自由主義の範疇に収まらないものであり，スキナーやペティットらの主張する共和主義的自由の概念とも大きな接点を持つ[9]。

(2) ロールズにおける共和主義的契機とハイエク

ロールズは晩年の『公正としての正義　再説』(2001年) において，政治参加による人格の完成や卓越そのものを目標とする「シヴィック・ヒューマニズム」と，スキナー的な，統治機構を道具的に立案する「古典的共和主義」の2つの伝統を対置させた上で，後者は自らの「公正としての正義」としてのリベラリズムとは「全く矛盾しない」とする (Rawls 2001, 142-143 / 訳 253-254)。その理由は，前者が主張する，個人の特定のあり方を政治参加に見出す「包括的教説 (comprehensive doctrine)」とは異なり，リベラリズムは，個人のより多元的な善のあり方を認め，それらに対して中立的であらねばならないからである。この点に関連して，井上 (2007) は，ロールズが，「法の支配」を達成するための制度的条件として，やはりマディソンらフェデラリストの議論に着目し，立法府が取引民主主義を体現する場とならないための，権力分散のシステムや裁判所の違憲立法審査権を重視していたことを，彼の共和主義的契機の1つとするが，そうした観点は基本的に上述のハイエクのフェデラリスト理解と重なる。

ロールズが自認する共和主義もまた，スキナー＝ペティット的な「ネオ・

---

[9] 消極的自由と積極的自由という二分法の祖であるバーリンにおいても，単に前者のみを称揚し，いかなる個人の選好をも同一平面上に扱うという価値相対主義を目的としていたわけではない。むしろ彼は，個々人の価値観の共約不可能性を認め，それらは無制約，恣意的なものであってはないとし，その上で，他者の価値理念に対する無関心という相対主義ではなく，それらの相互承認と寛容を目的とする多元主義を主張する。消極的自由主義はあくまでそうした多元主義の前提なのである。バーリンの多元主義については，濱 (2008, 45-54) を参照せよ。

ローマ的」なものであるが，その上で，上記のような中立性を担保するためにも，有名な「格差原理」に基づき富と資産の所有を分散化させる「財産所有制民主主義 (property-owning democracy)」の制度構築が必要とされるのが特徴である。彼が『正義論』改訂版 (1999) の序文において，従来，自らが擁護者の立場にあったと考えられてきた福祉国家を「福祉国家資本主義 (welfare-state capitalism)」と呼んだ上で，それを「財産所有制民主主義」と対比させて批判している点は興味深い。渡辺 (2007) が，強調するように，ロールズの認識では，前者は，あくまでも人々が貧困線以下の「見苦しくない最低生活の水準」に落ちないよう，「再分配」として事後的に補償するだけであり，政治的自由における公正な価値を達成するための制度ではない。一方，後者は，「運」や「才能」も含めて本人の意志や努力に依存しない基本財をまさに「公正」に「分配」する制度であり，それによって社会に参加するための初期条件が与えられるのであって，そもそも「再分配」を意図したものではない。そうした政治的構想に基づいた人間像ならびに社会像が，彼の共和主義的観点を表している。

一方，ハイエクも独自の観点から福祉国家を批判したことはよく知られているが，その要点は，先述のような，民主主義と個人や集団の個別利害が結びつくことにより恣意的な支配をもたらしてしまう危険性への警鐘にある。そうした恣意性批判は共和主義の文脈と大きく重なる一歩で，彼が貧困再策のための対案として提示する最低所得保障や強制年金制度，義務教育制度は，あくまでも再分配の範疇に属するものである。ハイエクはそうした再分配のための制度設計について相当量考察しており，その意味では，彼もまた福祉国家論者の一員と呼ぶべき立場にあるものの (太子堂 2011)，その点が，まさにロールズとの差異を表している。また秩序論を巡っても，特定の政治的構想に基づいて社会全体の理想的な秩序そのものを樹立しようとするロールズと，そうした秩序パターンの構築そのものを断念して，あくまで秩序の出発点となる基本的ルールのみに関心を限定するハイエクとの間には大きな差異が存在する (渡辺 2013)。

しかし，同時に，そうした基本的ルールの構築にあたって先述のような共和主義的契機をハイエクの議論の中には見ることができるし，さらに，ハイ

エクの福祉制度論,というよりはむしろ,その前提となっている独特の人間像においても,ロールズとは異なった形での共和主義的契機が存在する。ハイエクの議論で興味深いのは,彼が絶対的貧困を克服するために「すべての人に対する一定生活の保障」としての最低所得保障を擁護する一方で,それが機会の平等を達成するためのものであることを否定している点である(太子堂 2011)。最低所得保障の額自体は社会状況に合わせて当然変動するし,適応される具体的な政策それ自体は,他の論者が主張するものと結果的には同じものとなるかもしれない。しかし,その上で彼は,競争社会における初期条件の不平等の意義をあくまでも強調し,自らの議論を「機会の平等」論として捉えることを断固として拒否する。なぜなら,各人の持つそれぞれの所有権は,自らの状況を把握して固有の目的のために使用するために必要となる個々人の知識と不可分だからである (Hayek 1976, 9 / 訳 18)。市場競争が重要なのは,それのみが,個々の所有権に基づく個人の差異や個性に基づく分散化された知識を統合できるからであり,また,そうした差異や個性,またそれを基にして他者の恣意に阻まれることなく行為できることこそ,彼にとっては「自由の本質」(Hayek 1976, 86 / 訳 121) であった[10]。

　古代のギリシアやローマにおいては,市民権は自力で武装できるだけの所有権を持った人間に限定されていたことがよく知られているし,名誉革命期に共和主義思想を唱導したハリントンは,腐敗を防ぐための官職輪番制と合わせて,土地均分法である農地法によって共和主義的市民の成立を制度的に確立しようとした。「人格は所有に基礎を置く」(Pocock 1975, 507 / 訳 440) という人間像が共和主義の1つの特徴であり,ロールズのように平等主義を主張するか,あるいはハイエクのようにその差異を重視するかの違いはあれども,所有権のあり方をどう設定するかという問題それ自体が,それぞれの自由論ないしは社会哲学を担う人間像の基盤となっている。

---

10) この点に関連して渡辺は,「自由はわれわれの無知と深く関係している。ハイエクによれば,自由とは予測不可能な事態が生じる可能性を甘受すること,意外性の余地を受け入れることの別称なのである」(渡辺 2013, 29) と述べて,責任の概念をロールズよりもハイエクの方がより適切にとらえていると評価する。

5 おわりに

　これまでの議論において，ハイエク思想の持つ共和主義的契機について考察してきた。彼の法の支配論において特徴的である，「腐敗」への対抗，「恣意性」の排除，そのための立法機構の構築という要素は，ペティットやロールズなどが依拠する「道具的」あるいは消極的な共和主義論と大きく重なる部分がある。しかし，その上で，ハイエクは，『法と立法と自由』の第18章において，権力の分割・抑制ならびに恣意性の排除に基づく適正な立法のための独自の機構論は最終的に「政治の退位」を意図したものであるとして，あらためて，政治機構の継続的な肥大化とその影響が様々な領域に拡大していくことに率直な嫌悪を示す。ファシズムや社会主義，福祉国家といった社会正義の観念による特定の価値基準による全体の支配は，民主主義の中にその台頭の萌芽があると同時に，民主主義を蝕み崩壊させる危険性を持つ。そうした「恣意的権力に対する最終闘争」(Hayek 1979, 152 / 訳207) のために，彼の意図する長期的な原理ならび制度に基づく「法の支配」の必要性があった。

　繰り返してきたように，ハイエクの議論に積極的な政治参加それ自体を称揚する意図は全く見られないし，それはあくまでも個人の選択的な行為の一部でしかない。ただ，付言しておくならば，ハイエクが，関心を制度論にのみ限定し，まったく政治家の卓越性を求めていないかといえば，それには例外が存在する。松原 (2011, 288) が指摘するように，一般的な法の原理を施行し遵守するだけでは対応出来ない例外状況が起きた場合に，「緊急権力」を樹立させる必要を彼は認める。

> 外敵が迫っているとき，謀叛や無法な暴力が発生したとき，あるいは大きな天災が，対応可能なあらゆる手段による迅速な行動を要求するとき，正常時には誰も保有しない強制的な組織化の権力が誰かに与えなければならない (Hayek 1979, 124 / 訳169)。

もちろん，ハイエクは歴史上，多くの独裁が「緊急」の名のもとに行われた

ことに注意を払っており，そうした権力を付与する方法については慎重な検討を要するとしている[11]。

しかし，これはあくまでも例外的な事例についてであり，なにより興味深いことは，これまで見てきたようにハイエクは，政治的領域の確保というよりもむしろ，その抑制のために共和主義的な概念を援用する。この点に彼の議論の独自性があると同時に，その議論は，自由主義と民主主義をいかに調和させ，その安定を図るかという現代の課題に対して，新たな視点を投げかけるであろう。

参考文献

Kacenelenbogen, E. 2011. Epistemological Modesty within Contemporary Political Thought A Link between Hayek's Neoliberalism and Pettit's Republicanism, *European Journal of Political Theory*, 8(4), pp. 449-471.

Hayek, F. A. 1949. Individualism: True and false, *Individualism and economic Order*, London: Routledge & Kegan Paul. 嘉治元郎・嘉治佐代訳「真の個人主義と偽りの個人主義」『個人主義と経済秩序』〈新装版ハイエク全集第Ⅰ期第三巻〉，春秋社，2008.

Hayek, F. A. 1960. *The Constitution of Liberty*, Chicago: The University of Chicago Press. 気賀健三・古賀勝次郎訳『自由の条件　Ⅰ〜Ⅲ』〈新装版ハイエク全集第Ⅰ期第五〜七巻〉，春秋社，2007.

Hayek, F. A. 1973. *Law Legislation and Liberty, volume1: Rules and Order*, Chicago: The University of Chicago Press. 矢島鈞次・水吉俊彦『社会正義の幻想 —— 法と立法と自由Ⅰ』〈新装版ハイエク全集題Ⅰ期第八巻〉，春秋社，2007.

Hayek, F. A. 1976. *Law Legislation and Liberty, volume 2: The Mirage of Social Justice*, Chicago: The University of Chicago Press. 篠塚慎吾訳『社会正義の幻想 —— 法と立法と自由Ⅱ』〈新装版ハイエク全集Ⅰ期第九巻〉，春秋社，2008.

Hayek, F. A. 1978. Dr Bernard Mandeville, In *New Studies in Philosophy, Politics, Economics and the History of Ideas*, Chicago: The University of Chicago Press. 八木紀一郎他訳『思

---

11) 坂本 (2011, 86) は，ヒュームもまた，飢饉や戦争，内乱といった「例外的事態」においては，あらゆる実定法が一時停止される可能性を認めていたことを強調する。一方，ハイエクが「例外的」とみなした政治家の卓越性への依拠を，むしろ政治において本質的とするのがC. シュミットの議論である。両者は，政党政治が互いの利害や利権の奪い合いと化し，それに歪められた立法が横行する近代民主主義に対する批判という点で共通するが，ハイエクが「例外状況」の存在を認めつつ，主権概念の無力化を意図する (Hayek 1979, 124 / 訳 168) のに対し，シュミットはそうした状況における「主権者」の意義を強調する。両者の比較については，山中 (2013) を参照せよ。

想史論集』〈新装版ハイエク全集題II期第七巻〉，春秋社，2009．
Hayek, F. A. 1979. *Law Legislation and Liberty, volume 3: The Political Order of a Free People*, Chicago: The University of Chicago Press. 渡部茂訳『自由人の政治的秩序 —— 法と立法と自由III』〈新装版ハイエク全集題I期第十巻〉，春秋社，2008．
Honohan, I. 2002. *Civic Republicanism*, London: Routledge.
Pettit, P. 1997. *Republicanism: a theory of freedom and government*, Oxford University Press.
Pocock, J. G. A. 1975. *The Machiavellian moment: Florentine political thought and the Atlantic republican tradition*, Princeton: Princeton University Press. 田中秀夫・奥田敬・森岡邦泰訳『マキァベリアン・モーメント』名古屋大学出版会，2008．
Rawls, J. 1999 [1971]. *A Theory of Justice Revised Edition*, Cambridge, Mass.: Harvard University Press. 川本隆史・福間聡・神島裕子訳『正義論　改訂版』紀伊國屋書店，2010．
Rawls, J. 2001. *Justice as Fairness: A Restatement* (edited by E. Kelly), Cambridge, Mass: Belknap Press of Harvard University Press. 田中成明・亀本洋・平井亮輔訳『公正としての正義　再説』岩波書店，2004年．
Skinner, Q. 1998. *Liberty before liberalism*, Cambridge: Cambridge University Press. 梅津純一訳『自由主義に先立つ自由』聖学院大学出版会，2001．

アレント，H. 1995．『人間の条件』志水速雄訳，ちくま学芸文庫．
犬塚元．2008．「拡散と融解のなかの「家族的類似性」」『社会思想史研究』32，藤原書店，pp. 54-67．
井上彰．2007．「共和主義とリベラルな平等」佐伯啓思・松原隆一郎編『共和主義ルネサンス —— 現代西欧思想の変貌』NTT出版．
江頭進．2007．「法人資本主義論 —— ハイエク」平井俊顕『市場社会とは何か —— ヴィジョンとデザイン』上智大学出版．
小田川大典．2008．「現代の共和主義」『社会思想史研究』32: 18-29．
柄谷行人．2012．『哲学の根源』岩波書店．
菊池理夫．2007．「現代のコミュニタリアニズムと共和主義」佐伯啓思・松原隆一郎編『共和主義ルネサンス —— 現代西欧思想の変貌』NTT出版，103-134．
佐伯啓思・松原隆一郎編．2007．『共和主義ルネサンス —— 現代西欧思想の変貌』NTT出版．
坂本達哉．2011．『ヒューム　希望の懐疑主義 —— ある社会科学の誕生』慶応義塾大学出版会．
太子堂正称．2005．「ハイエクにおける自然と自然法の概念」『経済論叢』（京都大学経済学会），175 (5・6): 70-87．
―――．2009．「ハイエクにおける共和主義」『創文』526: 16-19．
―――．2011．「ハイエクの福祉国家批判と理想的制度論」，小峯敦編著『経済思想のなかの貧困・福祉 —— 近現代の日英における「経世済民」論』ミネルヴァ書房，193-230．
―――．2013．「ハイエクの「法の支配」—— 自然法論と共和主義的性格」桂木隆夫編

『ハイエクを読む』ナカニシヤ出版，5-34．
田中秀夫．2012．『アメリカ啓蒙の群像 —— スコットランド啓蒙の影の下で 1723-1801』名古屋大学出版会．
田中秀夫・山脇直司編．2006．『共和主義の思想空間 —— シヴィック・ヒューマニズムの可能性』名古屋大学出版会．
土井崇弘．2013．「ハイエクの共同体論 ——「大きな共同体」と「薄い伝統」」桂木隆夫編『ハイエクを読む』ナカニシヤ出版，62-88．
納富信留．2013．「古代ギリシアと向き合う —— 最新の歴史・哲学史研究の成果から」『atプラス』15: 62-74．
濱真一郎．2008．『バーリンの自由論 —— 多元論的リベラリズムの系譜』勁草書房．
ホイジンガ，J..　1971．『汚された社会 —— ホイジンガ選集 5』河出書房新社．
ポパー，K..　1980．『開かれた社会とその敵 —— 第一部　プラトンの呪文』内田詔夫・小河原誠訳，未来社．
松原隆一郎．2011．『ケインズとハイエク —— 貨幣と市場への問い』講談社現代新書．
山脇直司．2006．「シヴィック・ヒューマニズムの意味変容と今日的意義」田中・山脇編『共和主義の思想空間』名古屋大学出版会，528-552．
山中優．2013．「ハイエクのファシズム論 —— 日本議会政治への警告」桂木隆夫編『ハイエクを読む』ナカニシヤ出版，142-163．
渡辺幹雄．2007．『ロールズ正義論とその周辺 —— コミュニタリアニズム，共和主義，ポストモダニズム』春秋社．
———．2013．「ハイエクとロールズ —— 自生的秩序と社会正義」桂木隆夫編『ハイエクを読む』ナカニシヤ出版，280-303．

第 15 章
アイン・ランド
―― 経済学のマキアヴェッリ

村井明彦

1 はじめに

　政治思想史研究におけるケンブリッジ学派の総帥ジョン・ポーコックは大著『マキァヴェリアン・モーメント』で積極的自由としての「徳」の思潮の地中海から北海への北漸と大西洋横断を跡づけた (Pocock 1975)。彼はこの思潮の解明範囲に関して自ら「トンネル史」だとして留保をつけた (Pocock 1981, 53)。これはブリテン以外への拡大、消極的自由としての「法」の確立史を省いたというほどの意味であろうが、もっと目立った欠落があるのは明白である。それは経済学という優れてモダンな学知とこの思潮との関連の定式化である。しかもこの点に関する沈黙は彼の著作全体に及ぶ。むろん経済学成立事情の研究はポーコックの第一の関心事ではないが、彼の見解はいまでは一定の影響力を持っている。

　名誉革命後のファイナンス革命 (Financial Revolution) と政治思想に焦点を当てた彼は、すでに十分発達していた「法」でもなければ「徳」でもなく「作法 (manners)」という新たな基本価値を基盤に経済と社会の関係が分析されたこと、それが扱った具体的問題が産業革命でないのはもちろん商業ですらなく国債制度の進展を反映した「信用」であったことを解明した。これは『マキァヴェリアン・モーメント』だけでなく『徳・商業・歴史』の第三部「ファイナンス革命からスコットランド啓蒙へ」でも再述され、古代派フレッチャー対近代派デフォーというイデオロギー対立の構図のもとヒュームがデフォーの側についてスミスもそれに続くことで経済学が成立したと示唆した

(Pocock 1985, 230-253)。

　だがこの見方には限界がある。まずそれはイギリス経済学の成立の説明にすぎない。むろん彼は各国経済学成立事情の多様性を意識しているが詳論してはいない。次に政治思想史を重視しすぎている。彼の分析では近代派に古代派を超克させた具体的な信用理論，中世以来の商業をめぐる決疑論の展開など，経済学の内的発展の経緯が見過ごされている。中世には自由な市場取引に関する基本的見方が制約論から擁護論にゆっくりだが不可塑的にシフトしている。外為取引自由化論も展開していた経済学は神秘も残る中世には目立って世俗的であった。「作法」も基本線で世俗的言語ではあるが経済学はその後これを核に発展していない。『国富論』第5編に公信用をめぐる「作法」的言説は見当たらない。『徳・商業・歴史』はより正確には『徳・信用・歴史』とすべきであった。彼は結果的に共和主義とヒューマニズムをシヴィック・ヒューマニズムに限定してしまった。ポーコック版の共和主義には剣を持った市民という像が重なるがこれに経済学の形成を関連づけるのは困難である。フレッチャーは17世紀にはすでに古代的すぎたし，近代派が生み出した経済学は必ずしも彼の疑問に対する答えに軸足を置いてはいない。

　近年の中世経済学史研究は，経済学が宗教と対立するどころかむしろカトリック内部から生まれ，しかも自然法・自然権思想を背景に所有権重視を基本原理としていたことを解明した。アリストテレスやアクィナスは倫理学では個人の意志を重視したが社会理論では共通善を強調し一種の二面性のもとにとどまった。ところが商業の発達につれて13世紀以降前者の原理が徹底化され始め，カジェタン，ビール，サンベルナルディーノなどが自由な市場取引の擁護論を構築していく。16-17世紀スペインのサラマンカ学派は効用価値説，時間選好論，投機の購買力平価誘導効果論などでこれらを集大成し，啓蒙期にはフランスやイタリアで継承されて大陸経済学の伝統が形成される (Rothbard 2006, I, 村井 2014)。

　経済学史はラカトシュ的な単線的進化過程などではなく，むしろクーン的なパラダイム・シフトと隔世遺伝の奇妙な混合物であった。600年以上続く大陸経済学が主観的価値論をとるなら『国富論』から限界革命までの100年が一時的例外期となるし，同書以来の英米経済学も重商主義を前史として，

第 15 章　アイン・ランド

　古典派の自由主義，ケインズ派の新重商主義，シカゴ学派の新自由主義という航跡をたどった。逆説的なことに，ウィッグ史観の限界を指摘したポーコックのシヴィック・ヒューマニズム史もどこか単線的であった。だが国(ポリス)を第一とする立場と個人を第一とする立場とはいまも対立し続けている。

　ルネサンス期に古学 (antiquary) への関心が勃興し，18 世紀人はその延長上にシヴィック・ヒューマニズムを発展させた。だがその源泉を求めてギリシア，ローマ文献を繙いてみても，生産の奴隷労働への依存は近代的人権思想の観点からは受け入れがたい。古代だから仕方ないとこの部分に目をつぶり，マキアヴェッリをヒントに共和主義を一度融解して理想的な鋳型に流し込むとすれば，いくつかの問題に直面するだろう。誰がどのように生産を担うのか，この生産活動は市民社会の紐帯を断ち切らないか，学的探究者は生産行為に従事しないだけでなくその従事者と敵対して生きるべきなのか，等々。これらはいかにも現代的だが，共和主義をもっぱら過去の思潮と見るのでない限り必ず直面すべき諸問題でもある。ケンブリッジ学派はいまのところ共和主義研究を基本的に歴史研究として推進しており，こうした問題は十分取り扱っていない。むろんいかなる研究分野も相対的に独立なのでそれらへの応答の不在が彼らの研究の意義を直接制約するわけではない[1]。かといって今後とも応答を差し控えるべき理由もない。

　こうして共和主義とは何かが改めて問題になる。19 世紀前半までのその展開の中でシヴィック・ヒューマニズムを重視するほどモダニティとの間に溝が生まれる。ジャクソンまでの南部系大統領たちはフレッチャー派でも素朴な農本派でもなくハードマネーのもとでの商品作物取引の繁栄を求めるフリートレーダーであったし (Rothbard 2006, II. 212-214)，ティーパーティのロン・ポールも彼らに範を仰いでいる (村井 2010)。共和主義の歴史的展開だけでなく現代的意義も視野に入れるなら今後の発展に寄与しうる分派に光を当てる必要がある。本章では共和主義を基本権の保証のもとでの市民の自律的統治をもたらす原理とみなす。基本権の多くは政治学的問題だが所有権は経済学にもまたがる。啓蒙が確立に寄与した政治的自律も所有権が侵害され

---

[1]　筆者は以前ダヴナントの信用論を作法論的に読み解く論考を公にしている (村井 2006)。

ただけで簡単に掘り崩される。経済的自律なき政治的自律など存在しないことをこれから苦い思いをして学ばされる懸念すらある。

ロシア生まれの作家・思想家アイン・ランド（Ayn Rand, 1905-82）は20世紀後半に「客観主義」という新思潮を立ち上げ，上の諸問題に一定の答えを与えた。その中核には所有権の神聖に基づくレッセフェール資本主義が唯一の正しい社会構成の原理だという主張がある。彼女は初めて自由主義経済学の哲学的基礎を定立したのである。筆者にはランド哲学の体系的理解の試みがあるが（村井 2012a; 2012b），これを踏まえて以下では権利論の観点から彼女の道徳哲学的資本主義論を概観する。

2 ランドの生涯と『アトラス』

ランドは家庭教師や調理係を雇う裕福な薬屋の娘として1905年にペテルスブルクで生まれた。しかし大革命のあと財産を没収され，一家はクリミヤに逃げおちる。ペトログラード大学では哲学や文学を学ぶが，故国に愛想を尽かした彼女はシカゴで映画館を経営していた親戚を頼って亡命する。彼女はポップカルチャーとも縁が深く，まずは脚本家としてハリウッドやブロードウェイで名をなそうとした。いくつかの作品が採用されるが，作家デビューは『われら生きる者』（Rand 1936）で，『水源』（Rand 1943）が出世作となる。だが圧巻は1957年刊の『肩をすくめるアトラス』である（Rand 1996）。

同作は「資本主義運動」を通して現代社会の自己矛盾を衝いた文明論的寓話である。鉄道会社の社長ダグニーは人材流出で企業活動が混乱に陥りつつあることに気づく。その原因を調査すると，ゴールトという技術者が山中にある自分の共同体に優秀な人物を引き抜いているためと判明する。その「ゴールト渓谷」では真のレッセフェール資本主義が営まれていた。アメリカを含む現代経済は資本主義と社会主義の混合経済だが，この作品でランドは繁栄の真因は前者であって後者ではないことを社会主義運動のパロディという形で浮き彫りにした。そのプロット構成法は自然科学における「対照実験」を思わせる。植物を明所と暗所に置くと前者が繁茂するが，生育条件のうち両者で異ならせたもの，つまり光が原因であることになる。何が現代社

会を暗所の植物にしているかは小説の最後の方で長々と展開されるゴールトの全米向けラジオ演説で道徳という根底部から明らかにされる[2]。それによると，人類は生命の維持という基本的な権利を自ら放棄し道徳という重要な概念を生命や自己を否定するようなモチーフで埋め尽くしている。これはいわば植物が自ら根を切り刻んでいるようなもので，人間が自ら狂気に陥っていることを意味するのに，誰一人そのことに気づかない。

過去に述べたとおり（村井 2012a），この作品が強い衝撃を与える理由はプロット以上にゴールト演説に代表される哲学的思弁にある。ランド自身も同作のテーマは「人間の存在における知力(マインド)の役割」であって政治的側面はその一帰結にすぎないと述べている（Rand 1986, 164-165）。彼女の考えでは，人間は無為では生きられず，食物や水を得るといった基本的な生存条件の確保にさえ理性を用いなければならない。つまり平時に人間にとって本質的な生存様式は利己性である。利他性で利己性を代替することは自分を他人のために犠牲にすることなので一見意義深そうに見えるが，実は利他的献身は逆に利己的に自己を生存させないと日常的な行為原則にはなりえない。後述のとおり利他道徳は利己道徳に包摂される。

3 ランドの権利論

こうした議論は形而上学を伴うが，それを見る前にランドの体系において哲学と経済学をつなぐ最も大きな論点である権利論を検討する。

思想史家タックは啓蒙期の自然権論の起源を，古来ローマ法の中で主に経済的支配権（所有，用益，処分の一部または全部）を意味した「ドミニウム」（dominium; property）と権利一般（法，正理なども意味し，神意との一致，互恵的合意も含む）を指した「ユス」（ius; right or justice）の関係から考察した。父は子を保護するのがユスに適いドミニウムを用いて養うのに対して，子は父に対してユスをもって接すべきだがドミニウムは持たない。つまり権利には支配を伴う能動的権利と伴わない受動的権利があり，後者は所与または他人が

---

[2] ランドは道徳を禁止事項というより推奨事項の体系とみなした（村井 2012a）。

与える。ところがここからある問題が生じる。ある人の受動的権利を実現するには他人の協力が必要な場合も多いが，その協力には当人の行為を妨げないという消極的な無為だけでなくときにその促進のための積極的な行為が必要だという点である。例えば子に教育を受ける権利があるとしても，その具体化のための手続論としては子に教育を受けさせる義務を親が負うことになる。しかしそうするといつの間にか権利が義務に転じてしまう。つまり能動的権利論においては自由は不可欠の属性になるのに対して，受動的権利論では自由は二義的なものにとどまるのである (Tuck 1979, 5-7[3])。

ランドの権利論は自同性 (identity; 事物の「それ自身性」) の哲学から導出されるが，この哲学とは上述のような利己性を人間の自同性とみなす存在論と認識論である。彼女の権利論には現代資本主義のもとで生きる人間の道徳を展望するという独自の側面もあるが，基本的にはアリストテレス哲学を基盤にしているので，権利論史のコンテクストの中で理解されるべきである。

ランドは「人間の権利」，「政府の本質」などの試論において政治的権利と経済的権利の混同や権利の細分化がもたらす権利概念の曖昧化について述べている。彼女によると，権利とは社会内存在としての個人を保護する道徳の原理である (Rand 1964, 108, 110 / 訳 172, 176)。社会という実体はそもそも存在せず実在するのは個人だけであるが，人間は一人で生きてはいけないので個人が生存するための条件は社会の中で探られなければならない。「ポリス的生き物(ゾーオン・ポリティコン)」というアリストテレスの人間観は両義性を孕むが，ランドはミクロな個人からアプローチする。個人の権利とは社会を道徳法則に従わせるための原理である。専制下では社会が道徳法則の外部に立ちそれに従わなくてもよい。したがって法は権力の道具にすぎない。

> 個人が努力して生み出した生産物を個人から奪ったり，彼を奴隷にしたり，精神の自由を制限しようとしたり，彼自らの合理的判断に反して行為するように押しつける社会，定めた布告と人間の本性が求めるものに抗争を生じさせる社会といったものは，厳密に言えば社会などではなく，組織を持つ暴力団のルールのもとに束ねられた暴徒の群れである (*Ibid.*, 126 / 訳

---

3) 能動的権利，受動的権利という用語法はライオンズ (David Lyons) による (*Ibid.*, 5)。

205-206[4]）。

　しかしアメリカ憲法は人類史上初めて社会を道徳に内属させ権力を道徳法則に従わせた。アメリカは初めての道徳的社会である。同国成立以前の歴史は人間を手段として扱ってきたのだから人類の前史であって人類史ではなかった。そしてアメリカがこうした快挙を成し遂げたのは個人の権利の確立を通してである。ところがその後「権利」概念が拡張され，それとともにその本来の意味が拡散して意味不明の権利が主張されるようになった。しかも政府自身によって。ランドが取り上げるのは1960年の民主党綱要である。そこでは有利な職に就く権利，十分な収入を得る権利，実業家が独寡占のない状況で取引を行える権利，良い家に住める権利，良い医療や教育を受ける権利などが謳われた。だがこれは権利概念の濫用である。建国の父たちが定めたのは幸福の権利ではなく幸福を追求する権利にすぎない（*Ibid.*, 112-114 / 訳181-183）。

　問題は能動的権利を受動的権利とすり替えた上に後者の範囲を拡張し，それに伴って義務を山ほどつけ足した点にある。誰かが雇用をつくり十分な収入を与えないといけない。しかも彼は他社に対して競争優位に立つのを諦めねばならない。誰かが今より良い家や医療や教育を与えなければならない。しかも過酷な競争を強いられるのだから彼は良い収入を諦めねばならない。要するに「綱要」は自家撞着にすぎず，原理的に実現可能性がない。ランドはこうした権利拡張主義の風潮を「内なる腐食」と呼び，面白いことにそれをインフレに喩えている。

　　物的世界で一国の富の略奪が通貨を膨張させることで完成するのとまったく同じく，権利の世界にもインフレが適用されつつあるプロセスを私たちは目にしている。このプロセスは新たに公布される「権利」の増加を伴うが，そのことで権利概念の意味が反転していることに人々は気づいていない。悪貨が良貨を駆逐するごとく，こうした「印刷機的諸権利」（printing-press rights）は本来の権利を否定している（*Ibid.*, 112 / 訳181）。

4）　本章では必ずしも既存の訳文に従っていない。

第Ⅲ部

　ロシアでは同様の経緯で強制収容所がつくられた。なぜかくも基本的な矛盾に気づかないままこうした事態が進行したのか。それは政治的権利にも経済的権利にも能動的権利概念に関わる部分があるが、前者では入口での機会しか求めないのに後者では出口での結果も求める思考習慣が支配的なためである。よく民主主義的な統治は機会の平等は与えるが結果の平等は与えないと言われる。これは独裁的な統治が機会の平等を犠牲に結果の平等を保証することとの対比で資本主義の社会主義に対する優位を示唆している。しかしそれならば権利論でも同様のことが成り立つ。ある政党や候補者が選挙で当選する「権利」を求めることはありえない。政治活動は競争に晒されており、当選のための努力は政治家の仕事そのものだからである。ところが話が経済に及ぶと人々は平気で十分な収入や快適な生活を「権利」として求める。しかしそうした結果を実現できるよう原因をつくる活動こそ各経済主体の仕事ではないか。

　またなぜ誰も企業家に収益を増やす権利を保証しようとしないのに、労働者が雇用を得る権利だけは求めるのか。賃金の源泉は収益ではないのか。経済に関し受動的権利の範囲を拡張するということは、新たな料理を用意する義務を誰かに課すことと同義であるのに、拡張者はそのための食材やコックを調達するつもりはないと開き直るのである[5]。結果としての経済的権利を

---

[5] この論点は経済学の専門的知識に関わるので、補足しておこう。ランド哲学と整合する経済学は現状ではオーストリア経済学だけだから、その企業・雇用理論の枠組が理解の前提になる。主流派経済学では完全競争を仮定するが、そもそもそれは原理的に実現しない。完全情報が入手できない上に、競合他社と同質の財を利益ゼロで製造する企業は存在しない。どの企業も製品が同質で利益がゼロなら、定義によって競争は存在しない。完全競争において競争が消滅するとは意味不明の主張である。他方オーストリア学派においては、不確実性ゆえの不完全情報のもとで合理的に行為する経済主体が異質財をなるべく高い利益でつくるのが「競争」であり、日常言語と同じ意味である。そして独寡占に問題はない。企業はシェアの拡大や確保のために競争上優位に立とうとするから、その結果独寡占は生じうる。それでも参入が自由である限りそれも崩れる。例外があるとすれば、政府が介入して独寡占を法で保護したときだけである。恒久的な独寡占はこの場合にしか実現しない。アメリカを含む各国で実際に生じているのはそれである。ランドも『資本主義——いまだ知られざる理想』所収の試論「アメリカの迫害される少数派としての大企業」、「アメリカ自由企業史に関する覚書」(Rand 1986, chapters 3 and 7) でこの点を力説している。原発のような不効率かつ危険な発電方式を存続させることに執心しているのは政府であって市場ではない。
　また最低賃金の法定を撤廃すれば失業は原理的に解消する。それは低賃金でも働こ

求めることは略奪であり窃盗である。それはある者が別の者の経済的権利（所有権）を侵害する事態の別名にすぎない。要するに人は定義によって機会としての経済的権利しか求めてはならない。にもかかわらず平然と自らのために他人の権利侵害を要求する声が堂々と発せられている。これに対してランドは，マスコミ（press）が騒ぎ立てて権利をやたらと増やすことを正貨の裏づけなき紙幣を印刷機（printing press）で刷って貨幣として通用させることに被せてこの事態が大変奇怪なものであると訴えているのである。権利インフレが義務インフレを呼び，結局権利デフレに帰着する。これではまるで「権利の景気循環」ではないか。

> 所有権が意味するのは，人間には財産を得るのに必要な経済行為を行ってそれを使用し処分する権利があるということであって，他人が財産を与えないといけないということではない。……
> 　「就職権」なるものはない —— 自由取引の権利があるだけだ。……誰も支払おうとしない，すなわち人を雇ったり人の製品を買ったりしないなら，「〈公正〉賃金権，〈公正〉価格権」なるものもない。……特殊な集団の権利といったものもない……あるのはただ人間の権利だけだ……
> 　ただ所有権と自由取引権だけが人間の「経済的権利」である（実はそれこそが政治的権利である）—— だから「経済的権利章典」なるものは存在しえない。だがしかと見よ，それに賛成する者が所有権と自由取引権をほとんど台無しにしている（*Ibid.*, 114-115 / 訳 183-185）。

社会内存在としての人間は労働力の販売を含めて他人との交換行為なくして生きられない。経済的権利があるときのみ政治的権利が成立する。それらを分離してはならない。ドミニウムなきユスなるものは白昼夢にすぎない。しかし同時に経済的権利とは結果に対する権利ではありえない。企業家の権利を侵害すれば雇用が減る。お菓子を食べてしまえばもうそのお菓子はないのである。

うとする市民から基本権を奪う蛮行である。時給100円でも労使が合意すれば契約する権利がある。生活が成り立たないので応募が減れば企業側は賃上げするしかなくなる。賃金はいずれ労働者が生活できる水準に落ち着くであろう。これが自由市場の作用原理である。

4 哲学の崩壊と資本主義の未成立

権利の根にはたった一つの権利、自己の生命への権利しか存在せず、他の諸権利はその派生物にすぎない (*Ibid.*, 110 / 訳 176)。権利インフレは所有権のような基本権を攻撃するので人間は自己矛盾に逢着する。ではなぜそうなるのか。ランドはこの問いに組織的な答えを返しているがそれは驚くべきものである。すなわち原因は諸学の王たる哲学が人間の自同性である利己性を正しく捉えることに失敗していることにある。この意味で哲学は崩壊していると彼女は言う。

ランド哲学の体系は存在論を核とする形而上学で人間の利己性を導出し、それを肯定する倫理学をへて、最終的には政治学に及ぶ三層構造をなしており、これら全体を人間本性に適う資本主義が支えると見る独自のものである（村井 2012a）。彼女の哲学叙述はユークリッド幾何学のような体系的論証モデルである。それは公理 (axiom) で始まる。公理とは反論不能の自明の理で、存在の公理（存在するものは存在する）、意識の公理（意識は対象に関する意識である）、自同性の公理 (A = A) が三大公理である。そして自己の存在の本性に気づいた人間が自己利益を追求することが人間の本来的な生き方である。つまり人間はその「存在」の「自同性」を「意識」するなら利己的であらざるをえない (Rand 1996, 919-930 / 訳 1094-95)。

ランドは利己性 (self-interest) をレトリカルに、逆理を弄びながら擁護しているわけではない。彼女は宗教を嫌うが、その議論を敷衍すると伝統的な宗教について次のような矛盾を指摘できる。宗教の多くが献身を説いてきたことはそれが教祖や教団の政治的支配の完遂と一体となっている限り結局は利己的であるし、また信者の側が求められる利他性も適度の利己性を前提しなければ存続できない。利他主義者はそもそも利他的ではない。自らの命を他人のために捧げることは利他道徳の最高の表現であろうが、定義によって1回しか行えないから行為「原則」にはなりえない。それにそもそも行っても喜ばれるとは限らない。完全に利他的な人はすでにこの世にいないはずである。言葉と裏腹にその者は利他的行為を利己性に基づいてのみ実行できる。

利他的行為とは拡張された利己的行為である。それは不特定多数を助ける者はいないことを見ればわかる。他人を助ける者は相手を選んでいるし，それでよい。この選定の基準は自己にとっての相手の重要性であり，さらに相手が援助によって腐敗しないかまで考慮する場合は相手の自己利益を勘案することになる（勘案しないならそもそも「利他」しない）。結局利他的行為には当事者の少なくとも一方の利己性が不可欠なのである。利他主義は利己主義の対概念とはなりえない。人間は利己的であり，それがこの世の理法である。

ランドの真理観は認識の実在との一致であるから古代的である。実際彼女は認識を表明する言葉は実在を映す鏡でなければならないと考えている。したがって彼女の利己主義論を逆理とか誇張と考えることは誤りである。それは人間に関する存在論的論証から導き出された結論であって，むしろ幾何学の定理のようなものである。つまりそれはアプリオリな真理である。AはAである。

彼女の真理観が古代的だと述べたが，その形而上学や倫理学は実はアリストテレスの再述である。彼は『倫理学』において人間がポリス的だとしながらも善は自足的でエウダイモニアもそうだと述べている（Aristotle 1934, I.vii. 6／上巻 31）。エウダイモニアは通常「幸福」と訳されるが，単なる心的状態ではなく行為による充足感を指すので英語では well-being, prosperity, success などと訳される（Wheeler 1984, 87）。それが自足的であるとは目的であって手段ではないという意味だが，アリストテレスはさらに「エルゴン」（機能，本務）によって論旨を補足する。大工や職工にはそれぞれのエルゴンはあるが人間のエルゴンなるものはあるのか。生きるには食物摂取なども必要だが，人間特有のエルゴンは魂の「理性的部分」が担う。それはハープ奏者のエルゴンがうまく演奏することであるのと同じく卓越を示して行為するときに達せられる（Aristotle 1934, I.vii.10–16／上巻 32–33）。このようにアリストテレス倫理学はポリス内存在としての人間観にもかかわらず基本的に個人主義や利己主義を主調音とする。

近代に入ってアリストテレスと正反対の見解を提出したのはコントである。有名な「3段階論」を通して展開されるのは，神学的段階では超自然的な力に圧倒されていた人間が形而上学的段階では自然を抽象的に把握するこ

とを覚えたが，社会に対する個人の優位は神学的段階以来消えなかったので利己主義が支配的であったのに対して，実証的段階では社会が首座に据えられて初めて利他主義的な生を送れるという議論である。『実証精神論』でコントはこう述べてさえいる。

> この［実証］精神から見れば，固有の意味での人間は存在しない。存在するのは人類だけである。なぜなら，人間の発達は，どの角度から考えても，すべて社会によるものだからである。もし，「社会」という観念が依然として知性の抽象的産物のように思われるとしたら，それは主として古い哲学体制の影響である。なぜなら，少なくとも人類にあっては，抽象的性格を持っているのは，実は「個人」の観念のほうだからである。(Comte 1844／訳 206．強調は引用者)

しかしアリストテレスにはポリス重視の一面もあるからこの「哲学体制」批判は一知半解である。コントはキリスト教に代わる「人類教」を創始するなど，その「実証精神」は現代科学のそれとは異質だが，形而上学を軽視する点ではその親である。しかし形而上学の侮蔑者はきまって人間を物体と同視して脱人格化するという不自然な仮説を論証なしに導入する。それはいわば人間物体論の形而上学にすぎない。だが形而上学は正しい形而上学でしか論駁できない。

個人などいない。社会のみがある。だがこのときコント自身は「社会」の外に立って個人として発言している。個人がいないという言葉にコント個人が発現している。彼が「社会学」なる学と「利他主義 (altruism)」なる語の考案者であるのは偶然ではない。こうして利他主義が個人の定立という手続を省いてはびこることはある深刻な帰結を生む。まずは社会生活への国家の無用な介入である。『肩をすくめるアトラス』には利他道徳の蔓延によってニューヨークが大混乱に陥る場面がある。ランドは試論「アトラスは肩をすくめているか」で，『アトラス』を一読したときは大袈裟な話だと思ったが最近は社会情勢が作品にそっくりに見えるようになったという読者からの手紙が増えていると述べている (Rand 1986, 164)。彼女はこう続ける。

第15章　アイン・ランド

『肩をすくめるアトラス』の物語は二つの不倶戴天の敵手たち，哲学の2つの対立流派，生命に対する2つの正反対の態度の間で生じている抗争を目の前に示している。区別のための略称としてそれぞれを「理性―個人主義―資本主義軸」対「神秘主義―利他主義―集産主義軸」と呼びたい。物語が明るみに出したのは，この時代の基本的な抗争は単に政治や経済に関するものではなく，道徳や哲学に関するものだということである。この時代に支配的な哲学は，理性に対する有害きわまる反逆であり，いわゆる富の再分配とは神秘主義―利他主義―集産主義軸が表面に姿を現したものにすぎず，その軸の本性，最も内奥にある究極の意味は反人間，反精神，反生命だということである (*Ibid.*, 166)。

第2軸という植物は有毒であるが，道徳や哲学など人間を突き動かす最も根底的な部分に根ざしているからその毒が回る範囲は政治や経済を超える。重要なのは戦争への影響である。試論「戦争の根」はこの問題を扱っている。国家が食い物にする対象には順番がある。まずは経済，次が国民，最後に外国である。砕いて言えば，それぞれ私企業の製品や資本，不当な徴税や徴兵や強制労働，戦争を指す。逆説的なことに，外国は武装しているため容易には攻めないが市民は丸腰なため安易に食い物にするのが国家である。ランドは第2軸が国民を「万両 (coral bush)」とか「馬草 (fodder)」として扱うと述べる (*Ibid.*, 5, 39)。彼女はこの観点を兵制論にも適用して徴兵制に反対する。「道徳と実践に矛盾はない。志願兵軍が最も効果的であることは多くの軍事専門家が証言するとおりである」。ただ朝鮮やベトナムなどへの侵略戦争には多くの志願者は期待できなくて当然である。第1軸がぶれない国では対外侵略は起きない。19世紀末からの帝国主義は決して資本主義の必然的帰結などではなく，むしろ知識人の野望の帰結である。彼女は両大戦を起こしたのは第2軸が強い国であり，またアメリカ帝国主義に関しては19世紀の伝統的な個人主義的リベラリズムを自ら覆した民主党の介入路線[6]の帰結だと考え

---

[6] 民主党は伝統的に金本位制とレッセフェールを支持して対外融和的であったが，世紀転換期にこの常識は完全に覆る。これはアメリカの政党システムの変遷史の中で理解されるべきである。そしてこの転換に最も貢献した（させられた）人物はウィリアム・ジェニングズ・ブラインである (村井 2013)。

ている (*Ibid.*, 34-39)。

　第2軸の根底にあるものは何か。それは物理的な力で善を実現しようとする思想,「法の支配」ならぬ「力の支配 (rule of force)」である (*Ibid.*, 30, 37, 39)。しかしものや行為が善であるのはその受け手が善と評価したときだけである。だから他人が誰かに善を与えようとするとき評価のミスマッチが避けられない。いわゆる「公共善」も少数の為政者による善の押しつけにすぎず,大半が受け手側にとってはまったく善などではない。ランドは「力で善を実現しようとする試みはある人の目を抉るかわりに画廊を与えるようなものである」と看破したが (*Ibid.*, 16),これは故国ばかりかアメリカも含む第二軸が肥大した現代国家に対する根源的な批判である。

　この結果彼女がたどりつくのが取引者(トレーダー)社会論である。人間は自己の活動の成果である財やサービスを他人に提供し,後者は気に入ったときだけそれを買う。価値の実現に力は要らない。そこでは生産者は利益のために生産し消費者も満足のために消費するから誰もが利己的だが,生産者の活動は消費者を利し,逆も真である。利他主義は利己主義へと発展的に解消し,利己性こそが最もよく利他性を実現する。こうして取引者たる個人に関するミクロ理論はそのまま社会に関するマクロ理論に接続する。しかもこのことによって取引者社会論は資本主義の道徳的正しさの無矛盾な論証を与えるのである。徳 (virtue) と道徳 (moral) は似ているが違う。だが有徳であることこそ道徳的であることなのだ。そして私たちがそうなるまで資本主義は成立しない。

　このようにして哲学の迷走が過てる社会構成の原理を,さらには戦争を生み,人間は自分が誰かさえわからぬまま現象の海に溺れてきたことが,人類史の叙事詩的な通覧の中で洗いざらい明らかにされる。

　とはいえ財の取得活動の自由を人間の本性と結びつけたのはランドが初めてではない。先述した自然権論史の続きを見ればそのことは明らかである。帝政ローマではドミニウムは下位概念としてユスに包摂され,自由は自然な所与にすぎず,人為的取決めによる神意への接近を含むユスとは対立する場合もあると見られていた。中世フランスのジェルソン (Jean Gerson 1363-1429) が近代的自然権論の確立にとって決定的に重要な一歩をしるした。彼は初めてユスに権能 (facultas; ability) を結合したが,これは非道徳的な主体

の権能さえ神の恩寵と見る急進的な見解であった。ジェルソンは自由が正しい理性による権能であると訴え，神が各存在に認めた目的を実現するためのあらゆる行為を承認するのが法であるとした。こうして動物や人間が自らを生かすために必要なものを獲得・維持するためのドミニウムはそのままユスと同視されるに至る (Tuck 1979, 25-27)。

　こうした道徳神学者の連綿たる思惟の伝統の中で見てみるとランドの議論もさほど目新しくはないかもしれない。ただ彼女が資本主義の歴史的展開を踏まえて所有権論を再述したことは，「社会」の進歩のためなら大量殺戮を行っても構わないと確信する「個人」が次々と現れるに至った時代においては目立って道徳的である[7]。「イデオロギー的」だとして彼女の議論を嫌う者は，自らが資本主義の現実的進展の中でどのようなイデオロギーを抱きそれは道徳的に本当に正しいのか，自らは社会の内部のどこに立っているのかを，人類の思想史全体を踏まえた上で無矛盾な体系を携えて遺漏なく論証すべきである。ことは「文化闘争」に関わり，戦場は形而上学である。この点を理解しないいかなる反論も空言にすぎない。

5　おわりに

　経済学は political economy という名でデビューしたがのちに economics と改名した。political の原義は広大な領域国家さえ自らを都市国家とイメージしてきた西洋の言語習慣に従って「一国の」であったが，現在 political economy は「政治経済学」と理解されている。economics の方は均衡論の体系として発達するが現実の経済は均衡と無縁に見える。原因を顧みるに，まずは政治の介入が均衡を阻んでいるらしいし，そうでなくとも現に均衡がないなら介入が必要と思われる。「政治経済学」という名の説得力はいや増しその原義とのずれには関心も持たれない。同分野を主にケインズ派とマルクス派が担っているのは偶然ではない。国際関係論の隣接学科として発達して

---

[7]　先に個人の自己利益を阻む社会は社会以前の集団だとするランドの議論を紹介したが，ジェルソンは教会組織をめぐる論争の中でほとんど同じことを述べている (Skinner 1978, II.114-117 / 訳 392-395)。

いる international political economy も political の意味の変化を踏まえなければ単なる形容矛盾となる。この変化は経済学の中心理念である「レッセフェール」や「見えざる手」の挫折を反映している。

　啓蒙というプロジェクトが資本主義とどう折り合うべきかについて共通理解はない。ナチスやボルシェヴィキがヒューマニズムに負わせた傷はいまもって癒えず，現代の思想家も思想史家もこの衝撃が開示してしまった問題圏の中を彷徨しているだけかもしれない。そんな中で啓蒙の意義を積極的に評価するとすれば考えられる道筋は2つとなろう。まず中世の停滞を打ち破って啓蒙が成立し，未解決問題を残しながらも大きな方向性は示したとして彼らの試みを肯定することである。しかしより適切なのは啓蒙の期間を拡張したうえで次代の啓蒙像を思い描くことである。この視点からの啓蒙史の時期区分を示す。

1) スコラ的，自然法的だが国家に超越する宗教的権威にも依拠する普遍啓蒙（中世）
2) 国民国家的だが実は帝国的な西洋諸国がアジアの帝国とも覇を競うもとでの初期帝国啓蒙（近代）
3) 力の政治の時代における西洋的帝国システムのもとでの帝国啓蒙（現代）

　これは通説の前後への拡張である。まず啓蒙はスコラ学者によってすでに着手されていた。また通説が独占的にそう呼ぶ第2期の啓蒙（enlightenment）が近代化を開明性（enlightenedness）の外的移植で実現しようと考えていた程度に応じて，それには全体主義的傾向がつきまとう。啓蒙が全体主義の温床になったとの見解もあるが，筆者は「全体主義」にナチスの国家社会主義やボルシェヴィキの共産主義だけでなく，イギリス型の功利主義もフランス型の共和政も日本型の立憲君主的な実質一党独裁政も中国型の金権的な法制一党独裁政も含めている。啓蒙のプロジェクトは現在なお進行中であるからそれを閉じられた物語として語ることはできない。第2期から第3期末にpolitical economy が「一国経済学」から「政治経済学」になって介入は増え

た。それを反省して第3期の全体主義的性格を克服した共和国啓蒙として第4期を構想するとともに，第1期の現代的な部分を取り入れて第2期をやり直し，political economy を自由放任の「地球一国経済学」(planetary economy)にアップデートすることが第2の道筋である[8]。迂遠ではあるが，真の理性的社会で真の繁栄を享受したければ何百年かかっても歩み続けるべき長い長い旅路である。啓蒙が全体主義をもたらしたというのが正しいとしても，問題は啓蒙の徹底によってのみ解決可能となる。

　共和主義は共同体主義的(コミュニタリアン)なのか個人主義的(リバータリアン)なのか，活動的生活を送って舵取りをする市民は生産を支援するのか妨害するのか，古代共和主義が統治の理想を示せたと判断するなら奴隷制なくそれをどう継受するのか。こうした問いに矛盾なく答える必要がある。オーストリア学派もランド派も特に共和主義を標榜しないがアメリカ史に注目するときそれに学んでいる。彼らは「急進資本主義派 (radicals for capitalism)」と呼ばれる (Doherty 2007)。21世紀において共和主義を考えるという作業が資本主義との関係にふれずに完遂されることはありえない。そしてこの時代に共和主義を語るには啓蒙期以降それが巻き込まれた後日譚全体を念頭に置かねばならない。この問題に対するランドの答えは，資本主義を哲学的に基礎づけて今後は個人主義的な自由主義と最小政府の時代を現出させ取引者たる個人が政府の干渉から自由に自己

---

[8] 議論の枠組については村井 (2005) を見よ。ポーコックは論文「ゴグとマゴグの間で」の中で，『マキァヴェリアン・モーメント』は反マルクス的でアメリカの支配層に迎合的だとしたフィレンツェ大学のペッキオーリ (Renzo Pecchioli) の批判に応戦した。ペッキオーリはポーコックの視座が帝国主義的で「歴史に関する〈大西洋的〉視点と本質的に全地球的なもの (tendenzialmente planetaria)」を持つと批判した (Pocock 1987, 327)。これに対してポーコックは，歴史を地球の端に及ぶ距離の中で見たが全地球を統合するつもりはなく，「〈大西洋的視点〉と〈全地球的〉であることは私にとって程遠い。諸大陸が大西洋を挟んで向かい合うのでそれは大きな海峡であるが，太平洋は文字通り水惑星の表面である」と述べた (Ibid., 334)。しかし議論を大西洋の範囲に限定することでアメリカ帝国主義の体現者という批判に応じるのは無用の譲歩であり，むしろ真の全地球化，環球化を遠望すべきである。そもそもアメリカ共和主義が直接帝国主義を生んだのではない。人類の宿命は依然として商業の拡大による第四期啓蒙と地球一国経済学の確立であり続けている。グローバリズム (環球主義) の問題点も，自由主義の貫徹にではなくその不全にある。「アトランティック」が「アトラス」の形容詞形であることにはあるアイロニーが潜む。私たちが目指すべきなのは太平洋もインド洋もアトランティック (海峡的) にすることである。そのためには人間自身がアトランティック (アトラス的) にならなければならない。

実現を図るべきだというものであった。むろんこの答えに不足を見出す者もいるだろう。しかし近代以降の経済学がレッセフェールを核とする知であった以上，これはある意味で経済学自体が必然的に生み出した哲学である。このことは政治をめぐる言説が古来さまざまな形で存在したにもかかわらず近代政治学を生み出したのはマキアヴェッリだったということを思い起こさせる。では近代政治学がその認識の基盤を定式化したマキアヴェッリとともに生まれたのに，経済学は生まれて数百年もしてから認識の基盤を見出したという事実はどう説明されうるのか。

　政治学では通常ミクロ的行為主体（個人）の意志がそのままマクロな帰結（社会）の中に反映されるのでミクロとマクロの分裂はあまり問題にならない（民主的選挙で独裁者が生まれれば問題になる）。他方，経済学では自由放任は社会を混乱させるだけに見え，直感はミクロとマクロに分裂を見出す。「信用」の決疑論が「作法」の言語で表明されたとしても，「商業」の決疑論である経済学は均衡や均整（balance）などの「法則（law, or economy）」に陣取った。理論はミクロで利己的でもマクロでは調和が実現すると教え，直観にとって「見えざる」プロセスを可視化したからこそ説得力を持った。経済学史を振り返ると，初めマクロ的問題が注目され，限界革命とともにミクロ的問題が焦点となり，大恐慌を境にマクロ中心主義が復位した。だがケインズの疑似科学的な政策経済学（political economics）はあからさまに反近代的である。かの「力の支配」の匂いは消えず，形而上学や道徳を侮ってただ「実証」する社会外的存在の色が濃い。ミクロを軸にした次の段階への移行はせいぜい実験段階にしかない。ランドが経済理論ではなく哲学からそれを実行したとき経済学は初めてその建設者たちの懐にあった中心理念と整合する学的基盤を確立した。しかも彼らより明確で一貫性ある枠組の中で。企業家的徳こそ繁栄の唯一の源泉である。

　商業と文明社会だけでなく徳をも一つの構図の中に矛盾なく収めて「徳・商業・文明社会」の一体の共存を展望するには形而上学的基礎が不可欠である。第2期にも第3期にも経済学は「社会」の言語に深入りしすぎた。見えざる手の挫折が新重商主義を，その再挫折が新自由主義を招いたが，世界同時不況で実に現代経済学全体が漂流している。私たちは政策で経済を随意に

コントロールできるという素朴な科学神話に溺れ,そのためには所有権の制限も妥当だとみなしている。何かが現代を非近代的にしている。

　個人の復権を唱えるランドの修正近代主義は千年紀単位の趨勢を丸ごと覆そうとする気宇壮大な試みである。彼女には十分な経済学はなくミクロとマクロの反直感的調和の論証はないが,20世紀の獰猛な全体諸主義と直接格闘することで鍛え上げられたオーストリア経済学がこの仕事を代行できる。結論はミクロな利己性こそがマクロな厚生をもたらすというものである。個人のエウダイモニアこそポリスの栄えを生み出す。社会主義の理想を達成できるのは資本主義だけである。資本主義こそが社会主義なのである。社会主義は自分の脚で立てず無理を通すときまって野蛮が戴冠する。現にそうなった東の果ての国から地球のイデオロギー的対蹠点である西の果ての国に「ゴールト渓谷」を求めてやってきた一女性が,利己性の解放を通して資本主義の哲学的な基礎を据えるというまことに雄々しい思想を創造した。政治的自律が経済的自律なしに実現しえないなら,政治学の完成にはそれと整合する経済学が不可欠となる。そしてそれが収まる枠組を形而上学から無矛盾な演繹で導出したのはランドである。だとすれば私たちはこう言うことができる —— アイン・ランド,それは「経済学のマキアヴェッリ」である。

参考文献

一次文献

Aristotle. 1934. *The Nicomachean Ethics*, ed. by H. Rackham, 2nd ed., Cambridge, MA: Harvard University Press.
Comte, A. 1844. *Discours sur l'esprit positif*, Paris: Garnier Frère, 1926. 霧生和夫訳『実証精神論』,清水幾太郎編『世界の名著81　コント,スペンサー』中央公論社,1987.
Rand, A. 1936. *We the Living*, New York: Macmillan. 脇坂あゆみ訳『われら生ける者』ビジネス社,2011.
———. 1943. *The Fountainhead*, Indianapolis: Bobbs-Merrill. 藤森かよこ訳『水源』ビジネス社,2004.
———. 1964. *Virtue of Selfishness*, New York, Signet. 藤森かよこ訳『利己主義という気概——エゴイズムを積極的に肯定する』ビジネス社,2008.
———. 1986. *Capitalism: The Unknown Ideal*, New York: Signet.
———. 1996. *Atlas Shrugged*, New York: Signet. 脇坂あゆみ訳『肩をすくめるアトラス』ビ

ジネス社,2004.

二次文献

Doherty B. 2007. *Radicals for Capitalism: A Freewheeling History of the Modern American Libertarian Movement*, New York: Public Affairs.

Pocock, J. G. A. 1975. *The Machiavellian Moment: Florentine Political Thought and the Atlantic Republican Tradition*, New Jersey: Princeton University Press. 田中秀夫・奥田敬・森岡邦泰訳『マキァヴェリアン・モーメント ── フィレンツェの政治思想と大西洋圏の共和主義の伝統』名古屋大学出版会,2008.

―――. 1981. "The Machiavellian Moment Revisited: A Study in History and Ideology," *Journal of Modern History*, 53(1): 49-72.(Pocock 1975 の邦訳第 16 章)

―――. 1985. *Virtue, Commerce, and History*, Cambridge: Cambridge University Press. 田中秀夫訳『徳・商業・歴史』みすず書房,1994.

―――. 1987. "Between Gog and Magog: The Republican Thesis and the *Ideologia Americana*," *Journal of the History of Ideas*, 48(2): 325-346.

Rothbard, M. N., 2006. *Economic Thought before Adam Smith: An Austrian Perspective on the History of Economic Thought, Volume I; Classical Economics, Volume II*, Auburn, AL: Ludwig von Mises Institute.

Skinner, Q. 1978. *The Foundations of Modern Political Thought*, Cambridge: Cambridge University Press. 門間都喜郎訳『近代政治思想の基礎 ── ルネッサンス,宗教改革の時代』春風社,2009.

Tuck, R. 1979. *Natural Rights Theories: Their Origin and Development*, Cambridge: Cambridge University Press.

Wheeler, J. 1984. "Rand and Aristotle: A Comparison of Objectivist and Aristotelian Ethics," in D. J. Den Uyl and D. B. Rasmussen, eds., *The Philosophic Thought of Ayn Rand*, Champaign, IL: University of Illinois Press, 81-101.

村井明彦.2005.「新しい帝国,米国とその危機」,本山美彦編『帝国と破綻国家』ナカニシヤ出版,184-233.

―――. 2006.「新マキァヴェッリ派の経済思想と共和主義 ── ダヴナントの経済・社会分析の基盤」,田中秀夫・山脇直司編『共和主義の思想空間』名古屋大学出版会,76-108.

―――. 2010.「連邦準備廃止論のオーストリア学派的コンテクスト ── ミーゼス,ロスバードの遺産とロン・ポール議員」『調査と研究』36: 73-95.

―――. 2012a.「グリーンスパンのアイン・ランド・コネクション 1 ── 我あり,ゆえに我思う」『同志社商学』64(1・2): 76-120.

―――. 2012b.「グリーンスパンのアイン・ランド・コネクション 2 ── 中央銀行を嫌う中央銀行家の肖像」『同志社商学』64(3・4): 54-106.

―――. 2013.「グリーンスパンの「根拠なき熱狂」講演の翻訳と解説」,『同志社商学』65(1): 149-172.

―――. 2014.「マリアナの貨幣論 ── 貨幣を操作する暴君は王にあらず」田中秀夫編

『野蛮と啓蒙 —— 経済思想史からの接近』京都大学学術出版会,47-77.

第 16 章
ゲーム理論とスミス『道徳感情論』

穂刈　享

　人間は自然に，……称賛だけでなく，称賛にあたいすることを，すなわち，だれによっても称賛されないとしても，それにもかかわらず称賛の自然で適切な対象であることを，欲求する。かれは，非難だけでなく，非難にあたいすることを，すなわち，だれによっても非難されないとしても，それにもかかわらず非難の自然で適切な対象であることを，恐れる。

　私が，自分自身の行動を検査しようと努力するとき，私が，それにたいして判決をくだしてそれを是認または非難しようと努力するとき，つぎのことはあきらかである。すなわち，すべてそのようなばあいには，私はいわば自分をふたりの人物に分割するのだということ，そして，検査官であり裁判官である私は，自分の行動が検査され裁判される人物である他方の私とは，ちがった性格をあらわすものだということである。前者は観察者であって，私は自分をかれの境遇におくことによって，またその特殊な観点から見られたばあいに，自分の行動が私にどう見えるだろうかを考察することによって，私自身の行動についてのかれの諸感情に，はいりこもうと努力する。後者は行為者であり，私が私自身とよぶのが正当な人物であって，その人物の行動について，私は観察者の性格で，ある意見を形成しようと努力していたのである。

（アダム・スミス『道徳感情論』）

第Ⅲ部

1 はじめに

　本章では，上記の『道徳感情論』からの引用で始まる論文 Bénabou-Tirole (2011) で考察されているモデルの簡易版を考え，この論文の内容のエッセンスを紹介する。

　一般的に，ゲーム理論を用いて道徳的な行動を説明する場合には，以下のようなアプローチがとられることが多い。

1. プレイヤーが利他的な選好を持つと仮定する。
2. ゲームにおける利得以外の行動規範を持つと仮定する（例えば，全員がその行動を選択すると大変なことになるようなものは選択しない，など）。
3. 道徳的に振る舞うことが（長期的には）得になる繰り返しゲームをつくる。
4. 道徳的な行動パターンが生き残りやすくなるような進化ゲームをつくる。
5. 「無知のヴェール」の向こう側での選択を考える。

『道徳感情論』におけるスミスの議論とゲーム理論の関わりについては，上記の 2 から 5 に対応したものとして，囚人のジレンマのスミス的解消についての研究 (Brown 2010)，繰り返しゲームにおける「評判」の分析と結びつけたもの (Meardon-Ortmann 1996)，進化ゲームの理論を用いた規範の形成過程についての考察 (サグデン 2003)，ロールズ流の「原初状態」と共感 (sympathy) の議論を結びつけたもの (Harsanyi 1992; Binmore 2005) などがあるが，Bénabou-Tirole (2011) は少し変わっていて，自分のアイデンティティーを一定の確率で忘れてしまうという想定を取り入れたベイジアン・ゲームを考察している[1]。このゲームを用いることで，人々の道徳的行動に関するど

---

[1] 著者の一人であり，2014 年のノーベル経済学賞を受賞したジャン・ティロール (Jean Tirole) は，経済学全般にわたる非常に多様なトピックに関する膨大な数の論文を書いていて，興味深い経済現象を説明する非常に単純なモデルを考えだすのが得意な経済学者として有名である。

のような分析ができるのかを見ていくことにする。

2　Bénabou-Tirole (2011) のモデル

(1) モデルの設定

　0期と1期と2期の3期間を考える。プレイヤーは I_0 と I_1 の2人で、I_0 は「0期の私」で I_1 は「1期の私」であると考える。I_0 は0期の初めに A_0 だけの「資産」を持っていて、0期に投資をする（$a_0=1$ を選択する）と1期の初めの資産は $A_1=A_0+r_0$ になり、投資をしない（$a_0=0$ を選択する）と $A_1=A_0$ となる。I_1 は1期の初めに $A_1=A_0+a_0r_0$ だけの資産を持っていて、1期に投資をする（$a_1=1$ を選択する）と2期の初めの資産は $A_2=A_1+r_1$ になり、投資をしない（$a_1=0$ を選択する）と $A_2=A_1$ となる。

　I_0 と I_1 に共通の「タイプ」は v_H と v_L の2種類があり、0期の初めに確率的にタイプが決まり、以降は変わらないものとする。タイプ v_H の I_0 および I_1 は2期の初めにおける資産 A_2 から $v_H A_2$ だけの効用を得る。同様に、タイプ v_L の I_0 および I_1 は A_2 から $v_L A_2$ の効用を得る。ここで $v_H>v_L>0$ とする。また、ここでいう「投資」は「社会的な貢献」もしくは「他の人の幸せに対する貢献」を表し、タイプ v_H の人はより利他的な人であると考える。

　0期における投資のコストはタイプにより異なり、タイプ v_H の場合は c_0^H、タイプ v_L の場合は c_0^L で $c_0^H \leq c_0^L$ とする。1期における投資のコストは両タイプに共通なのだが、I_0 にとっては c_1 で、「当事者」の I_1 にとっては $\dfrac{c_1}{\beta}$ であるとする。ここで $0<\beta<1$ とする。

　0期において I_0 は自分のタイプが v_H であるか v_L であるかを知っているが、1期において I_1 は一定の確率で自分のタイプが分からなくなるという状況を考える。（このような状況をゲーム理論では、前に知っていたことを忘れるという意味で、imperfect recall と呼んでいる。）

　具体的なゲームのルールは以下のようになる。

- 0期の始めに v の値が確率 ρ で $v=v_H$、確率 $1-\rho$ で $v=v_L$ に決まる。
- 0期において I_0 は v の値を知りつつ $a_0=1$ または $a_0=0$ を選択する。
- 1期の始めに I_1 は a_0 の値を知る。さらに、確率 λ で v の値を知り、$a_1=1$ または $a_1=0$ を選択し、確率 $1-\lambda$ で v の値を知らないまま $a_1=1$ または $a_1=0$ を選択する。
- $a_0=1$ かつ v の値が分からない場合には、I_1 は「確率 $\hat{\rho}(1)$ で $v=v_H$、確率 $1-\hat{\rho}(1)$ で $v=v_L$ である」という信念 (belief) を持つと考える。同様に、$a_0=0$ かつ v の値が分からない場合には、I_1 は「確率 $\hat{\rho}(0)$ で $v=v_H$、確率 $1-\hat{\rho}(0)$ で $v=v_L$ である」という信念を持つ。$\hat{\rho}(1)$ と $\hat{\rho}(0)$ の値は、内生的に決まる。

このルールと各タイプの I_0 と I_1 の利得は図1の「ゲームツリー」に示されている。このゲームにおいて、s と r_1 の値に条件をつけることにより、2種類のゲーム（AU/SE ゲームと SC ゲーム）が得られる。ここで、AU は anticipated utility、SE は self-esteem、SC は self-control を表している。

AU/SE ゲーム：$s>0, r_1=0$。

　AU/SE ゲームのゲームツリーは図2に示されている。δ は $0<\delta\leq1$ を満たす時間割引因子である。このゲームの特徴は、I_1 が自分のタイプに関してどのような信念をもっているかが直接 I_0 の効用に入ってきていることである[2]。例えば、上から3つめの I_0 の利得は

$$-c_0^H + [s(\hat{\rho}(1)v_H + (1-\hat{\rho}(1))v_L) + \delta v_H](A_0+r_0)$$

となっていて、I_1 は確率 $\hat{\rho}(1)$ で自分のタイプが v_H であると予想するのだが、この確率の値が大きい程、I_0 の効用も大きくなる。実際のタイプだけでなく、I_1 が持つ自分のタイプに関する信念が I_0 の効用に影響するという点が、冒頭の『道徳感情論』からの引用に対応するこのゲームにおけるスミス的要素ということができる。このゲームにおいては、$\dfrac{c_1}{\beta}$ が正である限り、I_1 によ

---

2) このようなゲームは Geanakoplos-Pearce-Stacchetti (1989) で詳しく考察されていて「心理学的ゲーム」と呼ばれている。

る選択は必ず $a_1 = 1$ となる。

SC ゲーム：$s = 0, r_1 > 0$。

SC ゲームのゲームツリーは図3に示されている。このゲームでは I_1 が持つ自分のタイプに対する信念は直接 I_0 の効用に入ってきてはいないが，I_0 が I_1 の信念をコントロールするインセンティブを持つ場合がある。例えば，I_0 が何もしなければ，I_1 が投資のコストを過大評価している為に I_0 の冷静な観点からみたら行われるべき投資が行われないとしよう。このとき，I_0 が 0 期に動くことで I_1 の信念が変更され，結果として投資が行われるようにできる可能性がある。そうした意味では，SC ゲームにおいては，I_0 のほうが「公平な観察者」の立場に近く，I_0 が冷静な観点から I_1 に対してシグナルを送り，I_1 はそのシグナルを利用して誘惑に打ち克つといったことが起こりうるのである[3]。

以下では，AU/SE ゲームおよび SC ゲームのどちらについても，

$$-c_0^L + \delta v_L r_0 < -c_0^H + \delta v_H r_0 < 0$$

が成り立つことを仮定する[4]。4 これは，v_H と v_L の両方のタイプの I_0 にとって，0 期における投資の直接的なネットのリターンが負となることを示している。

(2) AU/SE ゲームにおける均衡

図4で示されている状況を考える。「タイプ v_H の I_0 が $a_0 = 1$ を選択し，タイプ v_L の I_0 が $a_0 = 0$ を選択する」と I_1 が予想する場合には，$\hat{\rho}(1) = 1$，$\hat{\rho}(0) = 0$ となる。この $\hat{\rho}(1) = 1$ と $\hat{\rho}(0) = 0$ を所与とすると，タイプ v_H の I_0 の利得は，$a_0 = 1$ を選ぶと，

$$-c_0^H + (s v_H + \delta v_H)(A_0 + r_0)$$

---

[3] スミスがこの種の問題を議論していたことについては，Ashraf-Camerer-Loewenstein (2005) が詳しい。

[4] 厳密には，$c_0^H \leq c_0^L$ と $v_H > v_L$ を既に仮定しているので，2つめの不等式を仮定するだけでよい。

となり，$a_0 = 0$ を選ぶと，

$$\lambda (sv_H + \delta v_H) A_0 + (1-\lambda)(sv_L + \delta v_H) A_0$$

となる．したがって，タイプ v_H の I_0 にとって $a_0 = 1$ が少なくとも $a_0 = 0$ と同程度に好ましくなるためには

$$-c_0^H + (sv_H + \delta v_H) r_0 + s(1-\lambda)(v_H - v_L) A_0 \geq 0 \tag{1}$$

となることが必要十分である．

同様に，$\hat{\rho}(1) = 1$, $\hat{\rho}(0) = 0$ を所与とすると，タイプ v_L の I_0 の利得は，$a_0 = 1$ を選ぶと，

$$\lambda \{-c_0^L + (sv_L + \delta v_L)(A_0 + r_0)\} + (1-\lambda) \{-c_0^L + (sv_H + \delta v_L)(A_0 + r_0)\}$$

となり，$a_0 = 0$ を選ぶと，

$$(sv_L + \delta v_L) A_0$$

となる．したがって，タイプ v_L の I_0 にとって $a_0 = 0$ が少なくとも $a_0 = 1$ と同程度に好ましくなるためには

$$-c_0^L + \{s(\lambda v_L + (1-\lambda) v_H) + \delta v_L\} r_0 + s(1-\lambda)(v_H - v_L) A_0 \leq 0 \tag{2}$$

となることが必要十分である．

上記の 2 つの条件の下で，図 4 に示された I_0 と I_1 の戦略の組み合わせと I_1 の信念は次のような性質を持っている．

- I_1 の信念は I_0 の戦略と整合的である．
- I_0 の戦略は I_1 の戦略と信念に対する最適反応になっている．
- I_1 の戦略は I_1 の信念の下で I_0 の戦略に対する最適反応になっている．

このような性質をもつ戦略の組み合わせと信念のことを完全ベイジアン均衡 (perfect Bayesian equilibrium) という．特にここで考えている均衡では，各タイプの I_0 が異なる行動を取るので，I_1 が自分のタイプを知るためのシグナルとなっている．このような均衡のことを分離均衡 (separating equilibrium)

という。

次に図5に示されている状況を考える。「タイプが v_H と v_L のどちらであっても I_0 は $a_0 = 0$ を選択する」と I_1 が予想する場合には，$\hat{\rho}(0) = \rho$ となる。$\hat{\rho}(1)$ の値はこの予想だけからは決まらない。以下では，$\hat{\rho}(1) = 1$ を仮定して，この状況が均衡となるかどうかを調べることにする。

タイプ v_H の I_0 の利得は，$a_0 = 1$ を選ぶと，

$$-c_0^H + (sv_H + \delta v_H)(A_0 + r_0)$$

となり，$a_0 = 0$ を選ぶと，

$$\lambda(sv_H + \delta v_H)A_0 + (1-\lambda)\{s(\rho v_H + (1-\rho)v_L) + \delta v_H\}A_0$$

となる。したがって，タイプ v_H の I_0 にとって $a_0 = 0$ が少なくとも $a_0 = 1$ と同程度に好ましくなるためには

$$-c_0^H + (sv_H + \delta v_H)r_0 + s(1-\lambda)(1-\rho)(v_H - v_L)A_0 \leq 0 \qquad (3)$$

となることが必要十分である。

同様に，タイプ v_L の I_0 の利得は，$a_0 = 1$ を選ぶと，

$$\lambda\{-c_0^L + (sv_L + \delta v_L)(A_0 + r_0)\} + (1-\lambda)\{-c_0^L + (sv_H + \delta v_L)(A_0 + r_0)\}$$

となり，$a_0 = 0$ を選ぶと，

$$\lambda(sv_L + \delta v_L)A_0 + (1-\lambda)\{s(\rho v_H + (1-\rho)v_L) + \delta v_L\}A_0$$

となる。したがって，タイプ v_L の I_0 にとって $a_0 = 0$ が少なくとも $a_0 = 1$ と同程度に好ましくなるためには

$$-c_0^L + \{s(\lambda v_L + (1-\lambda)v_H) + \delta v_L\}r_0 + s(1-\lambda)(1-\rho)(v_H - v_L)A_0 \leq 0 \quad (4)$$

となることが必要十分である。

上記の2つの条件の下で，図5に示された I_0 と I_1 の戦略の組み合わせと I_1 の信念は完全ベイジアン均衡となる。この均衡では，各タイプの I_0 が同じ行動を取るので，I_0 の行動は I_1 が自分のタイプを知るためのシグナルと

なっていない。このような均衡のことを一括均衡（pooling equilibrium）という。

(3) SC ゲームにおける均衡

まず，

$$\delta v_H r_1 > \frac{c_1}{\beta} > \delta v_L r_1 > c_1$$

を仮定する。タイプ v_H の I_1 にとっては，$\delta v_H r_1 - \frac{c_1}{\beta} > 0$ なので，コストを過大に評価しているにもかかわらず，1期における投資は実行するに値する。タイプ v_L の I_1 にとっては，$\delta v_L r_1 - \frac{c_1}{\beta} < 0$ なので，コストを過大に評価しているために，1期における投資は実行するに値しない。ただし，タイプ v_L の I_0 の冷静な観点からすると，1期における投資のネットのリターンは $\delta v_L r_1 - c_1 > 0$ なので，タイプが v_L であっても1期における投資は行われることが望ましいことになる。この仮定の下で，タイプ v_H であることがわかっている I_1 は $a_1 = 1$ を選択し，タイプ v_L であることがわかっている I_1 は $a_1 = 0$ を選択することになる。

図6に示されている状況を考える。「タイプ v_H の I_0 が $a_0 = 1$ を選択し，タイプ v_L の I_0 が $a_0 = 0$ を選択する」と I_1 が予想する場合には，$\hat{\rho}(1) = 1$，$\hat{\rho}(0) = 0$ となる。このとき，$a_0 = 1$ であることは知っているが自分のタイプが分からない I_1 は，確率1で自分のタイプは v_H であると思い込み，$-c_1 + \delta v_H r_1 > 0$ なので，$a_1 = 1$ を選択する。また，$a_0 = 0$ であることは知っているが自分のタイプが分からない I_1 は，確率1で自分のタイプは v_L であると思い込み，$-c_1 + \delta v_L r_1 < 0$ なので，$a_1 = 0$ を選択する。

以上の I_1 の信念とそれに基づく行動を所与とすると，タイプ v_H の I_0 の利得は，$a_0 = 1$ を選ぶと，

$$-c_0^H - c_1 + \delta v_H (A_0 + r_0 + r_1)$$

となり，$a_0 = 0$ を選ぶと，

$$\lambda\{-c_1+\delta v_H(A_0+r_1)\}+(1-\lambda)\delta v_H A_0$$

となる。したがって，タイプ v_H の I_0 にとって $a_0=1$ が少なくとも $a_0=0$ と同程度に好ましくなるためには

$$-c_0^H+\delta v_H r_0+(1-\lambda)(-c_1+\delta v_H r_1)\geq 0 \qquad (5)$$

となることが必要十分である。

同様に，I_1 の信念とそれに基づく行動を所与とすると，タイプ v_L の I_0 の利得は，$a_0=1$ を選ぶと，

$$\lambda\{-c_0^L+\delta v_L(A_0+r_0)\}+(1-\lambda)\{-c_0^L-c_1+\delta v_L(A_0+r_0+r_1)\}$$

となり，$a_0=0$ を選ぶと，$\delta v_L A_0$ となる。したがって，タイプ v_L の I_0 にとって $a_0=0$ が少なくとも $a_0=1$ と同程度に好ましくなるためには

$$-c_0^L+\delta v_L r_0+(1-\lambda)(-c_1+\delta v_L r_1)\leq 0 \qquad (6)$$

となることが必要十分である。

上記の2つの条件の下で，図6に示された I_0 と I_1 の戦略の組み合わせと I_1 の信念は完全ベイジアン均衡（分離均衡）となる。

次に図7で示されている状況を考える。「タイプが v_H の v_L のどちらであっても I_0 は $a_0=0$ を選択する」と I_1 が予想する場合には，$\hat{\rho}(0)=\rho$ となる。$\hat{\rho}(1)$ の値はこの予想だけからは決まらないが，以下では，AU/SE ゲームの場合と同様に，$\hat{\rho}(1)=1$ を仮定して，この状況が均衡となるかどうかを調べる。

$\hat{\rho}(0)=1$ の下では，$a_0=1$ であることは知っているが自分のタイプが分からない I_1 は，確率1で自分のタイプは v_H であると思い込むので，$a_1=1$ を選択する。

他方で，$a_0=0$ であることは知っているが，自分のタイプが分からない I_1 は，確率 ρ で自分のタイプが v_H であると思い込むので，$a_1=1$ を選んだ場合の利得は

$$\rho\{-c_1+\delta v_H(A_0+r_1)\}+(1-\rho)\{-c_1+\delta v_L(A_0+r_1)\}$$

となり，$a_1=0$ を選んだ場合の利得は

$$\rho\delta v_H A_0 + (1-\rho)\delta v_L A_0$$

となる。したがって，$a_0=0$ であることは知っているが，自分のタイプが分からない I_1 にとって，$a_1=1$ が少なくとも $a_1=0$ と同程度に好ましくなるためには

$$-c_1+\delta(\rho v_H+(1-\rho)v_L)r_1 \geq 0$$

となることが必要十分である。以下では，ρ の値が十分に大きく，

$$-c_1+\delta(\rho v_H+(1-\rho)v_L)r_1 > 0$$

が成り立つ場合について考える。このとき，タイプ v_H の I_0 の利得は，$a_0=1$ を選ぶと，

$$-c_0^H-c_1+\delta v_H(A_0+r_0+r_1)$$

となり，$a_0=0$ を選ぶと，

$$-c_1+\delta v_H(A_0+r_1)$$

となる。したがって，タイプ v_H の I_0 にとって $a_0=0$ が少なくとも $a_0=1$ と同程度に好ましくなるためには

$$-c_0^H+\delta v_H r_0 \leq 0$$

となることが必要十分である。

同様に，タイプ v_L の I_0 の利得は，$a_0=1$ を選ぶと，

$$\lambda\{-c_0^L+\delta v_L(A_0+r_0)\} + (1-\lambda)\{-c_0^L-c_1+\delta v_L(A_0+r_0+r_1)\}$$

となり，$a_0=0$ を選ぶと，

$$\lambda\delta v_L A_0 + (1-\lambda)\{-c_1+\delta v_L(A_0+r_1)\}$$

となる。したがって，タイプ v_L の I_0 にとって $a_0=0$ が少なくとも $a_0=1$ と

同程度に好ましくなるためには

$$-c_0^L + \delta v_L r_0 + s(1-\lambda)(1-\rho)(v_H - v_L)A_0 \leq 0 \tag{7}$$

となることが必要十分である。以上の2つの条件の下で，図7に示されたI_0とI_1の戦略の組み合わせとI_1の信念は完全ベイジアン均衡（一括均衡）となる。

(4) 比較静学

　AU/SEゲームまたはSCゲームにおいて，各パラメータの値が変化した場合に均衡におけるI_0の行動がどうなるかを調べることにより，心理学や行動経済学の実験で観察される人々の道徳的行動についての様々な現象を説明することができる。ここでは，2つの例を取り上げる。

- 自分の利益と他の人の利益のトレードオフの関係がほんの少しだけ曖昧になるだけで，人々の行動は利他的なものから利己的なものに劇的に変化するという例が様々な実験で報告されている（例えば，Dana-Kuang-Weber, 2007）。

  両方のタイプのI_0が投資をしない状況が均衡となるための条件である(3)，(4)，および(7)の左辺はλの減少関数になっている。その意味では，「λの値が小さいほうがI_0はより道徳的な行動をとる」ということがいえる。ここで，このλを，自分が道徳的な人間であるかそうでないかについての信念を形成する際に0期での行動を考慮することが重要となる程度を表していると解釈してみる。（λの値が小さければ，0期での行動がよりinformativeということになる。）このとき，例えばSCゲームにおいて，もう少しだけλの値が少し大きくなれば(7)が成り立つという状況を考えることによって，このゲームで上の現象を説明することができる。

- λの値が小さい場合と同様に，I_0にとっての，自分が道徳的な人間である事前の確率であるρの値が大きくなると，両方のタイプとも投資をし

ない均衡が存在しやすくなる。ある場面で道徳的な行動をとった人が同じようなゲーム的状況に直面した時には，ρ の値が以前よりも大きくなっていると考えると，ある場面で道徳的な行動をとったすぐ後の別の場面で利己的または差別的な行動をとるという，いわゆる「モラル・ライセンス」の現象を説明できる。

3 おわりに

他の人の利益を犠牲にしてでも自分の利益を追求するのが利己的行動の定義であるが，Bénabou-Tirole (2011) のモデルにおいては，そうした利己的行動に歯止めがかかるメカニズムをどのように説明しているのかをまとめると次のようになる。

AU/SE ゲームの場合：「将来の私」が考える自分が道徳的な人間である確率の値が大きい程，「現在の私」の効用も大きくなる。これは「将来の私」が自分自身の人間性に対して良いイメージを持つことになるのなら「現在の私」にとっても嬉しいという想定である。

SC ゲームの場合：「将来の私」の近視眼的 (myopic) な観点から評価したコストが過大となるために，「将来の私」が考える自分が道徳的な人間である確率の値が十分に大きくないと，「現在の私」の冷静な観点から見ると実行されることが望ましい投資が行われないという状況。

どちらの想定の下でも，現在における道徳的な行動を，自分が道徳的な人間であることのシグナルとして受け取ってもらえると予想される場合には，「現在の私」には道徳的な行動をとるインセンティブが生じる。実際にそうするかどうかはコストとの兼ね合いで決まる。

以上で解説してきたモデルを「スミス的なモデル」と呼ぶのが適切かどうかは疑わしいものの，『道徳感情論』におけるスミスの議論をヒントに今まで無かった新しいモデルを作っており，それを用いて，ちょっとしたことで人々の行動が利他的なものから利己的なものへ（またはその逆方向に）切り替わってしまうという現象を説明している Bénabou-Tirole (2011) は，今後『道徳感情論』の現代的意義を考える上で重要な論文となっていくと考えられ

る。

参考文献

Ashraf, Nava, Camerer, Colin F. & Loewenstein, George 2005. "Adam Smith, behavioral economist." *Journal of Economic Perspectives*, 19(3): 131-145.

Benabou, R. & T., Jean 2011. "Identity, morals, and taboos: beliefs as assets." *Quarterly Journal of Economics*, 126: 805-855

Binmore, K. 2005. *Natural Justice*. Oxford University Press.

Brown, V. 2010. "Intersubjectivity, The Theory of Moral Sentiments and the prisoners' dilemma." *Adam Smith Review*, 6: 172-190.

Dana, J., Kuang, Xi & Weber, R. A. 2007. "Exploiting moral wriggle room: experiments demonstrating an illusory preference for fairness." *Economic Theory*, 33: 67-80.

Geanakoplos, J., Pearce, D. & Stacchetti, E. 1989. "Psychological games and sequential rationality." *Games and Economic Behavior*, 1: 60-79, 1989.

Harsanyi, J. C. 1992. "Game and decision theoretic models in ethics." In: R. J. Aumann and S. Hart (eds.) 1992. *Handbook of Game Theory with Economic Applications*, volume 1, Chapter 19, 669-707.

Meardon, S. J. & Ortmann, A. 1996. "Self-command in Adam Smith's Theory of Moral Sentiments: a game-theoretic reinterpretation." *Rationality and Society*, 8(1): 57-80.

スミス，アダム．2003．『道徳感情論』水田洋訳，岩波文庫．

サグデン，ロバート．2008．『慣習と秩序の経済学 —— 進化ゲーム理論アプローチ』友野典男訳，日本評論社．

第Ⅲ部

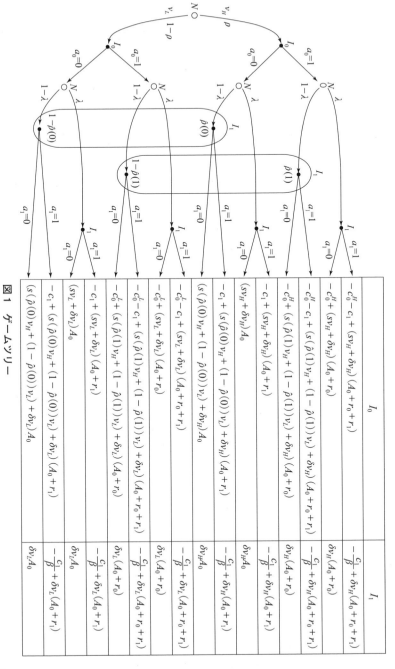

図1 ゲームツリー

第 16 章　ゲーム理論とスミス『道徳感情論』

図 2　AU/SE ゲームのゲームツリー

図1のゲームで $r_1=0$ としたもの。このとき，自分のタイプが分かっていてもいなくても I_1 は $a_1=1$ を選択する。

	I_0	I_1
$-c_0^H - c_1 + (sv_H + \delta v_H)(A_0 + r_0)$	$-\frac{c_1}{\beta} + \delta v_H(A_0 + r_0)$
$-c_0^H + (sv_H + \delta v_H)(A_0 + r_0)$	$\delta v_H A_0$
$-c_0^H - c_1 + (s(\hat{p}(1))v_H + (1-\hat{p}(1))v_L + \delta v_H)(A_0 + r_0)$	$-\frac{c_1}{\beta} + \delta v_H(A_0 + r_0)$
$-c_0^H + (s(\hat{p}(1))v_H + (1-\hat{p}(1))v_L + \delta v_H)(A_0 + r_0)$	$\delta v_H(A_0 + r_0)$
$-c_1 + (sv_H + \delta v_H)$	$-\frac{c_1}{\beta} + \delta v_H A_0$
$(sv_H + \delta v_H)$	$\delta v_H A_0$
$(s(\hat{p}(0))v_H + (1-\hat{p}(0))v_L + \delta v_H)A_0$	$-\frac{c_1}{\beta} + \delta v_H(A_0 + r_1)$
$-c_1 + (s(\hat{p}(0))v_H + (1-\hat{p}(0))v_L + \delta v_L)(A_0 + r_0)$	$-\frac{c_1}{\beta} + \delta v_L(A_0 + r_0)$
$-c_0^L - c_1 + (s(\hat{p}(1))v_H + (1-\hat{p}(1))v_L + \delta v_L)(A_0 + r_0)$	$\delta v_L(A_0 + r_0)$
$-c_0^L + (s(\hat{p}(1))v_H + (1-\hat{p}(1))v_L + \delta v_L)(A_0 + r_0)$	$-\frac{c_1}{\beta} + \delta v_L(A_0 + r_0)$
$-c_0^L - c_1 + (sv_L + \delta v_L)$	$\delta v_L(A_0 + r_0)$
$-c_0^L + (sv_L + \delta v_L)$	$-\frac{c_1}{\beta} + \delta v_L A_0$
$-c_1 + (sv_L + \delta v_L)$	$\delta v_L A_0$
$(sv_L + \delta v_L)$	$-\frac{c_1}{\beta} + \delta v_L A_0$
$-c_1 + (s(\hat{p}(0))v_H + (1-\hat{p}(0))v_L) + \delta v_L A_0$	$\delta v_L A_0$
$(s(\hat{p}(0))v_H + (1-\hat{p}(0))v_L) + \delta v_L A_0$	

379

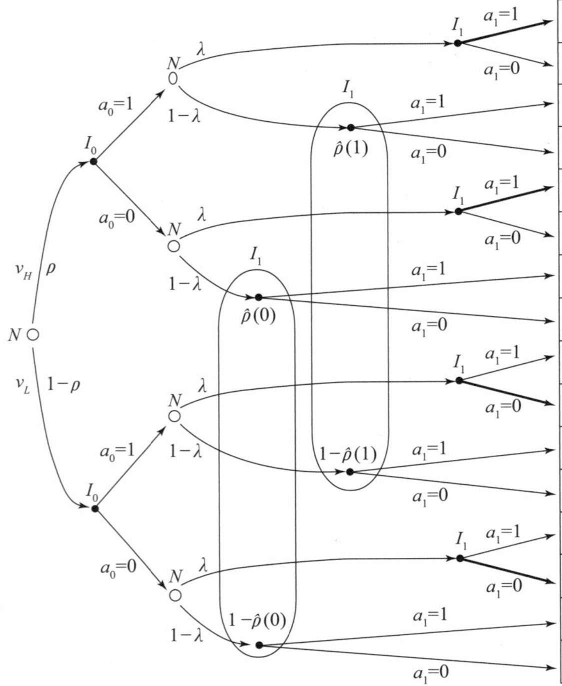

図1のゲームで$s=0$としたもの。$\delta v_H r > \frac{c_1}{\beta} > \delta v_L r > c_1$ を仮定すると、タイプv_Hであることが分かっているI_1は$a_1=1$を選択し、タイプv_Lであることが分かっているI_1は$a_1=0$を選択することになる。

図3　SCゲームのゲームツリー

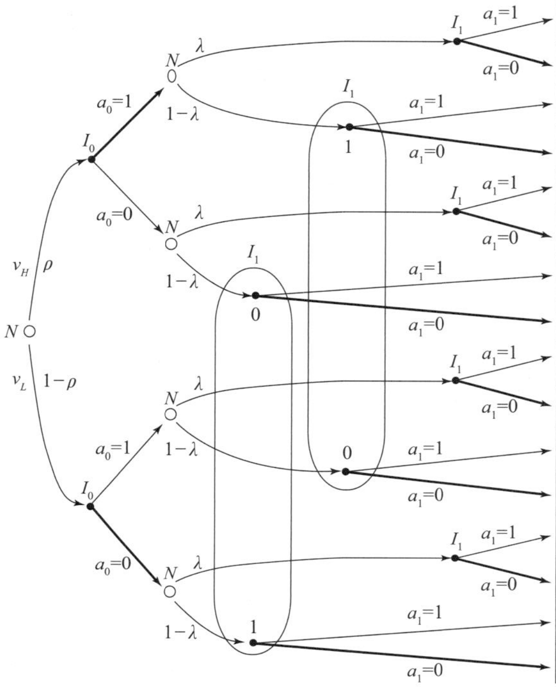

I_0	I_1
$-c_0^H - c_1 + (sv_H + \delta v_H)(A_0 + r_0)$	$-\frac{c_1}{\beta} + \delta v_H(A_0 + r_0)$
$-c_0^H + (sv_H + \delta v_H)(A_0 + r_0)$	$\delta v_H(A_0 + r_0)$
$-c_0^H - c_1 + (sv_H + \delta v_H)(A_0 + r_0)$	$-\frac{c_1}{\beta} + \delta v_H(A_0 + r_0)$
$-c_0^H + (sv_H + \delta v_H)(A_0 + r_0)$	$\delta v_H(A_0 + r_0)$
$-c_1 + (sv_H + \delta v_H)A_0$	$-\frac{c_1}{\beta} + \delta v_H A_0$
$(sv_H + \delta v_H)A_0$	$\delta v_H A_0$
$-c_1 + (sv_L + \delta v_H)(A_0 + r_1)$	$-\frac{c_1}{\beta} + \delta v_H(A_0 + r_1)$
$(sv_L + \delta v_H)A_0$	$\delta v_H A_0$
$-c_0^L - c_1 + (sv_L + \delta v_L)(A_0 + r_0)$	$-\frac{c_1}{\beta} + \delta v_L(A_0 + r_0)$
$-c_0^L + (sv_L + \delta v_L)(A_0 + r_0)$	$\delta v_L(A_0 + r_0)$
$-c_0^L - c_1 + (sv_H + \delta v_L)(A_0 + r_0)$	$-\frac{c_1}{\beta} + \delta v_L(A_0 + r_0)$
$-c_0^L + (sv_H + \delta v_L)(A_0 + r_0)$	$\delta v_L(A_0 + r_0)$
$-c_1 + (sv_L + \delta v_L)A_0$	$-\frac{c_1}{\beta} + \delta v_L A_0$
$(sv_L + \delta v_L)A_0$	$\delta v_L A_0$
$-c_1 + (sv_L + \delta v_L)A_0$	$-\frac{c_1}{\beta} + \delta v_L A_0$
$(sv_L + \delta v_L)A_0$	$\delta v_L A_0$

図 4　AU/SE ゲームにおける分離均衡

$\hat{\rho}(0) = 1$,　$\hat{\rho}(0) = 0$。

第Ⅲ部

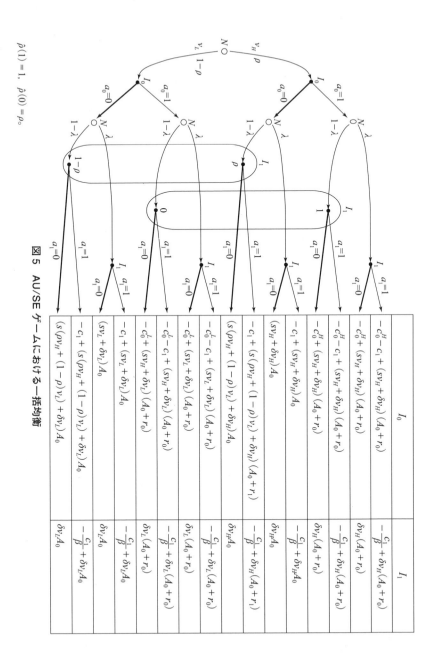

図5 AU/SE ゲームにおける一括均衡

$\hat{\rho}(1) = 1, \ \hat{\rho}(0) = \rho_\circ$

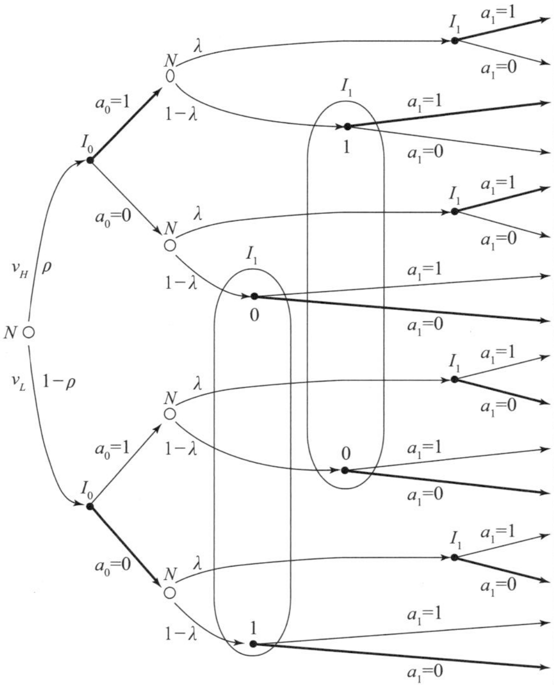

I_0	I_1
$-c_0^H-c_1+\delta v_H(A_0+r_0+r_1)$	$-\frac{c_1}{\beta}+\delta v_H(A_0+r_0+r_1)$
$-c_0^H+\delta v_H(A_0+r_0)$	$\delta v_H(A_0+r_0)$
$-c_0^H-c_1+\delta v_H(A_0+r_0+r_1)$	$-\frac{c_1}{\beta}+\delta v_H(A_0+r_0+r_1)$
$-c_0^H+\delta v_H(A_0+r_0)$	$\delta v_H(A_0+r_0)$
$-c_1+\delta v_H(A_0+r_1)$	$-\frac{c_1}{\beta}+\delta v_H(A_0+r_1)$
$\delta v_H A_0$	$\delta v_H A_0$
$-c_1+\delta v_H(A_0+r_1)$	$-\frac{c_1}{\beta}+\delta v_H(A_0+r_1)$
$\delta v_H A_0$	$\delta v_H A_0$
$-c_0^L-c_1+\delta v_L(A_0+r_0+r_1)$	$-\frac{c_1}{\beta}+\delta v_L(A_0+r_0+r_1)$
$-c_0^L+\delta v_L(A_0+r_0)$	$\delta v_L(A_0+r_0)$
$-c_0^L-c_1+\delta v_L(A_0+r_0+r_1)$	$-\frac{c_1}{\beta}+\delta v_L(A_0+r_0+r_1)$
$-c_0^L+\delta v_L(A_0+r_0)$	$\delta v_L(A_0+r_0)$
$-c_1+\delta v_L(A_0+r_1)$	$-\frac{c_1}{\beta}+\delta v_L(A_0+r_1)$
$\delta v_L A_0$	$\delta v_L A_0$
$-c_1+\delta v_L(A_0+r_1)$	$-\frac{c_1}{\beta}+\delta v_L(A_0+r_1)$
$\delta v_L A_0$	$\delta v_L A_0$

図 6　SC ゲームにおける分離均衡

$\hat{\rho}(1)=1$,　$\hat{\rho}(0)=0$。

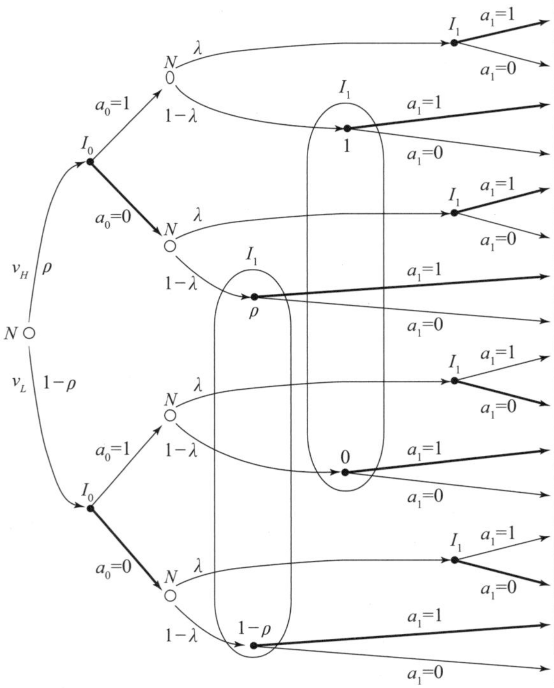

図7 SCゲームにおける一括均衡

$\hat{p}(1)=1, \ \hat{p}(0)=p_\circ$

終　章

特別寄稿

「徳，商業，文明社会」の諸問題

田中秀夫

　本書の主題である「徳，商業，文明社会」は，社会思想史を専攻する研究者として私自身が関心を深めてきた主題にほかならない。1980年代初めから今日まで，日本の大学に職をもち，社会思想史と経済思想史の分野で研究し，それらの分野を中心に講義を続けてきた私にとって，現代の世界と日本のありよう，すなわち「理念と現実」について思いをめぐらしながら，過去の思想の研究に携わることは，当然のことながら，趣味や夜店（丸山真男）といったものではもうとうなく，「職業としての学問」（ウェーバー）であった。

　「職業としての学問」であるからには専門に徹することが必要である。私は思想史研究者として意味のある仕事をしたいと思ってきた。自らが選んだ「スコットランド啓蒙思想史研究」や「近代社会思想史研究」といった領域で，学問的遺産に学びながら，歴史学の手法で，確固たる仕事をすることが課題となった。それを私は「小林昇さんの手法で水田洋さんの分野を耕す」ことだというふうに思ってきた。

　専門研究に徹しなければならないとは言っても，私はいつも重圧を感じていたわけではない。むしろ時代のおかげもあって，かなり自由な研究を楽しんできたというのが事実であり，今なお自由な研究に携わっているという実感が強い。それは啓蒙思想史研究を選んだことにも負っていると思う。我が国の啓蒙思想史研究は，華々しいフランクフルト学派やフランス現代思想の研究の影に隠れがちであった。現代が生んだ病理的な社会現象に分析のメスをふるう現代思想に啓蒙思想は太刀打ちできないように思われるし，啓蒙思想は古典的な価値があるとしても，同時に古典的ゆえの限界があるから当然

であろう。そうだとしても，内田義彦，水田洋，野澤協といった巨匠に始まる本格的な研究の時代があり，その影響下で我々の世代は仕事をすることができたのである。

　マルクスとウェーバーの読書から，あるいは戦後啓蒙の市民社会論 ── 戦後啓蒙の市民社会論のキー・パースンはロックやスミスにもましてマルクスとウェーバーであった ── から社会科学に導かれた20代の私にはいくつかの選択肢があった。まずマルクスの経済理論の研究，あるいはマルクス自身かマルクス主義の学史的・思想史的研究があった。1960年代から70年代にかけて，我が国の学問的なマルクス研究は頂点に達したという観があり，我々の世代はその影響を受けたのである。これは当時の田中真晴先生を継承する道であった。当時はマルクス主義に可能性があると思われていた。

　ウェーバーを選ぶ道もあった。ウェーバーは田中先生の研究対象でもあったが，それ以上に大野英二先生が示唆する道であった。当時の京大は大塚ウェーバーと対抗するウェーバー研究の拠点であった。出口勇蔵先生はすでに名誉教授，経済研究所の青山秀夫先生は定年を間近に控えておられたが，大野，田中，上山安敏教授たちはウェーバリアンとして研究の頂点に差し掛かっていた。ますます管理社会化が昂進していく現代社会分析にとってウェーバーの歴史社会学には有効性があるように思われたのも事実である。

　しかし，当時の私にとっては，ウェーバーにもましてフランクフルト学派が輝いて見え始めていた。これは平井俊彦先生が専攻された道である。またアルチュセールやフーコーのフランス現代思想もフランス啓蒙思想も専攻可能であった。これは河野健二先生のクライスに入ることであった。ドイツであれフランスであれ，現代思想の射程と可能性は社会科学を学ぶものを惹きつけるものがあった。現代思想を研究しながら現代と過去の思想と社会を考えるのは魅力的に思われた[1]。

---

1) 私はロビンズに関連してフランクフルト学派の受け入れ問題にふれた論考を書いたが，それは若い頃の願望の部分的実現でもある。「ロンドン・スクールとフランクフルト学派―1930年代のイギリス社会思想の一齣」，『経済論叢』第183巻第3号（八木紀一郎教授記念号），2009年7月。

師をもたずに進む選択はありえなかった。博士課程では何を専攻するかを決めねばならない。それは偶然に決まった面とそうでない面がある。私は華々しいフランクフルト学派やフランス現代思想の研究ではなく，地味なイギリス思想史研究を選んだ。稀に接するイギリス系の研究者に惹かれる点があったことも，イギリス思想史研究に関心を深める理由の一部であった。こうして 20 代後半の私は 17 世紀イングランドの社会思想史の研究に没頭することになった。17 世紀の思想家は社会の危機に直面し，社会秩序とは何かを根源的に考えた点に優位性があった。ホッブズを中心に，ベイコン，ハリントン，ミルトン，レヴェラーズ，ロック，シドニーなどの「イギリス革命思想」を研究することにしたのである。私は田中真晴先生からゲールケのミール共同体研究を読むように指導を受けていたが，先生はこの選択に賛同された。

17 世紀研究

1976 年に社会思想史学会と日本イギリス哲学会が出来て，そこで多数の 17 世紀研究者と出会うことになる。1970 年代に 17 世紀イギリス思想史研究，あるいはイギリス革命思想 —— その中心にホッブズ，ロックが位置づけられていた —— 研究は一つのピークに達していた。水田洋，福田歓一，田中浩，田村秀夫，松浦高嶺，田中正司，平井俊彦，浜林正夫，井上公正，藤原保信などの主要な研究がこの時期までに出揃った。高橋慎司などの新しい世代の研究成果も出始めていた。クリストファ・ヒル，ローレンス・ストーン，ホブズボーム，C. B. マクファースンなどの翻訳も多数出ていた。戦後からこの時期までイギリス革命思想史研究は我が国の学界の根強い伝統となっていたが，それは戦前の日本への反省に関わっており，とりわけ人権の概念，民主主義と寛容に焦点が当てられた。

私はホッブズで修士論文を書いた。ホッブズの『物体論』，『市民論』，『リヴァイアサン』，そして「法学要綱」や『ビヒモス』などを読んだが，修士論文としては彼の哲学の方法に焦点を当てた。ホッブズはルネサンス・ヒューマニズム，科学革命やベイコンとの関係も重要なら，宗教改革と宗教戦争も重要であった。キリスト教，絶対主義国家とブルジョアの関係をホッブズがどうつかんでいたか。そういった問題は彼の哲学の方法の背後に隠れてい

た。この時点で参考になったのは，レオ・シュトラウスとワトキンスのホッブズ研究だった。ともに，翻訳ノートを作って学ぼうとした。

　歴史や慣習を自然の概念によって突破することが彼の目指した方法であった。自然法による歴史の解体，秩序の根源的な形成としてホッブズの社会思想を把握できるというのが，私の結論だった。ホッブズの方法は自然から規範への飛躍，人間本性から自然法の演繹を焦点とするものであるが，絶対主権と市民的自由の対決が避けられない権力国家を必然化せざるをえなかった点に彼自身と彼の時代の限界があった。そこにホッブズの思想の過渡性もあった。ロックやヒューム，スミスが登場しなければならない必然性があった。

　私はイギリス革命思想との比較という関心からフランス革命研究やドイツの革命史なども追いかけたが，英雄的，千年王国主義的な，様々なタイプの革命思想の研究に満足できたわけではない。

　17世紀研究は難しかった。「聖書の時代」とも言われる時代であるから，宗教がネックとなった。キリスト教の教義になじみがない私には，様々な宗派（セクト）の教義の相違を理解することは至難の技に思われた。原典も難解であった。専門家として17世紀を究めるためには古典学の知識とともにラテン語を習得しなければならなかった。ホッブズにしても『リヴァイアサン』の英語版とラテン語版の差異が問題になっていたから，ラテン語は回避できなかった。いわゆる「エンゲイジメント論争」がそれである。それは，クロムウェルの共和国にホッブズが加担したのか否かを両版の比較分析から割り出そうという問題であった。

　17世紀は「危機の時代」でもあったから，思想家は人間と社会をめぐる根源的な問題に直面していた。原理的な問題と言ってもよい。それを権利と義務の問題，あるいは自由と必然の問題と言い換えてもよい。彼らの思想を通じて生存をめぐる原理的な問題について「我がこと」として考えなければならなかった。そういう時期をもてたことは研究者としての問題意識を形成する上で幸いであったと思う。イングランドの内乱では「人民憲章」のような画期的な提案も生まれたし，自由の思想，「共和国」あるいは民主主義の思想が光り輝いた。もちろんユートピアもあった。

終章 「徳，商業，文明社会」の諸問題

　危機の17世紀は「天才の世紀」でもあった。ヨーロッパの各地で科学革命が進行し，ベイコン，ガリレオ，ライプニッツ，デカルト，スピノザ，ハーヴェイ，ロックやニュートンなどが様々な学問研究を進めた。ペティーの「政治算術」もこの時代に生まれた。ライデンでヴェッサリウスの解剖学を一緒に学んだホッブズとペティーが，国家分析に好対照な方法，すなわち一方は幾何学的手法，他方は代数的手法を適用して，それぞれに独創的な社会分析を成し遂げたのは興味深い事実である。グロティウスの国際法やプーフェンドルフの自然法思想もこの時代の遺産である。

　しかし私は17世紀の専門家を目指したわけではない。ホッブズ，ハリントン，ミルトン，ロックなどに深い根源的な社会理解があったとは思うけれども，彼らの思想に魅了されることはなかった。17世紀の思想家は近代国家の本質に鋭く迫っていたとしても，富，商業，経済の分析が未熟であったことも理由の一つであった。富と階級，そして支配とは何かを究めなければならないと思っていた。

　当面の課題は18世紀で，包括的な思想家，アダム・スミスがターゲットだと思っていた。スミスは素朴であるとしても，私にはマルクスやウェーバーにもまして豊饒な思想家なのではないかと思われた。そしてスミスを究めるために17世紀から接近しようと考えていた。したがって，18世紀の研究もほどなく始めたのである。まず主にヒュームとミラーを読んだ。そのうち英米でスコットランド啓蒙研究の進展が際立った動向になり，影響を受けることになる。焦点は啓蒙の自由主義にあった。

アダム・スミス

　なぜアダム・スミスだったのか。それは「デンカー」(Denker) 内田義彦のスミス研究に魅了されていたことにもよれば，水田洋や小林昇の研究からもスミスに誘われていたことにもよると言えるだろう。高島善哉，大河内一男，大道安次郎，白杉庄一郎，出口勇蔵から田中正司，山﨑怜，星野彰男，和田重司といった人たちまでのスミス研究の蓄積もまたスミスをやらねばならないという思いを強めた。

　内田の「文明社会の危機意識」をルソーとスミスに見る視点は魅力的で

あった。それは我が師匠の世代をも捉えていた。内田によれば，文明社会の危機はルソーにおいてはアンシァン・レジームの行き詰まりであり，それをルソーは社会契約という革命思想で克服しようとしたが，スミスにとっては文明社会の危機とは英仏7年戦争からアメリカ独立戦争を導いた大ブリテンの重商主義政策，それを推進した「ウィッグ全体主義」の危機にほかならず，まさにウィッグ全体主義を克服することがスミスの課題であって，その処方箋を示したのが『国富論』である。これが名著『経済学の生誕』に書きこまれた内田のプロットである。およそ30年後にこの見取り図はイグナティエフによって内田説を知らずに再論されることになる。

　実際にスミスが眼前にしていた大ブリテンは文明化の過程にあったが，名誉革命後，対外戦争を繰り返し，1756年から63年にかけては英仏7年戦争という大戦争をアメリカやインドで繰り広げていた。これは消耗戦であり，内田が言うように，大ブリテンは文明社会の危機に直面していたと言えるであろう。それは旧植民地体制の危機であった。フランスとの長期にわたる戦争に勝利した大ブリテンは，財政危機を克服すべく，アメリカ植民地への課税を強行し，アメリカの抵抗を招き，アメリカとの戦争へといたるが，『国富論』の刊行とアメリカ独立宣言は奇しくも同じ年の出来事である。その後，大ブリテンとアメリカはさらに8年ものあいだ戦争を続け，両国がパリ講和条約に漕ぎつけたのは1783年のことである。

　スミスが言うように軍隊は不生産的であるが，さらに戦争は富の消尽に他ならず，文明の破壊にほかならない。それは創造的破壊とはならない。にもかかわらず，文明社会はなぜ戦争を起こすのか。スミスはその根源を人間の権力欲に求めた。重商主義帝国を目指そうとする支配者の権力欲に。権力欲こそ腐敗の根本原因であった。それはホッブズが戒めた傲慢でもあった。

　プライドや野心や勇気（Virtù）はマキアヴェッリにあっては小国を大国にする原動力であった。大国と小国がある世界では，小国は現状のバランスを維持することが困難である。小国分立状態のイタリア半島がカトリック大国フランスに侵略されるのは弱小だからであった。大国とバランスを維持するためにもイタリアは大共和国にならねばならない。こういう文脈においては野心やプライドはポジティヴな価値でありえた。しかし，大国の場合は異な

る。大ブリテンは今やフランスと覇権を争う大国として植民地帝国を築いていた。スミスは社会が豊かになることを支持したけれども，強欲や権力には批判的で，帝国支配の野望を断罪した。西洋による世界支配の展開という現実をスミスはよく認識していたが，やがて西洋とアジアのバランスが実現することを期待とともに遠望していた。

しかし，「文明社会の危機」という問題設定はスミスの思想を把握する枠組みとして必ずしも十全なものではない。なぜなら，スミスは重商主義を批判したけれども，社会の進歩が支配者の思惑を超えて実現してきたという前進的な文明史理解に立っていたからである。実際に18世紀の大ブリテンはほぼ世紀の半分，対外戦争をしており，国内でも政争が絶えなかった。にもかかわらず，大ブリテンの商業文明は勤労，分業，資本蓄積，市場，競争を通じて繁栄しているというのが，スミスの基本的な視点であった。

したがって国内の危機があるにしても，内乱の前世紀とは比較できないほど社会は安定しているというのがスミスの揺るがぬ認識であった。そもそも名誉革命体制は形式的には混合政体，実質的には議会主権という国制を確立し，三権分立の統治制度を初めて実現したのであり，統治の安定とともに法の支配が実現し，商工業は前代未聞の繁栄の時代をもたらした。確かに腐敗はあった。党争も激しかった。ビュート卿の政権が生まれてからはスコットランド人攻撃もあった。植民地の産業規制や航海条例による海運支配もあったが，しかしアメリカ植民地は繁栄していた。

こうした名誉革命以後のイングランドの，さらには合邦以後の大ブリテンの繁栄を「ぶんぶん唸る蜂の巣」に擬したのはマンデヴィルであった。スミスは文明社会の繁栄を認識したうえで，しかし重商主義という権力的な政策が商業社会の繁栄を妨げており，対外戦争を不可避にしているとして，それを危機と捉えたにすぎない。

ウィッグ全体主義とは内田の命名である。そしてヒュームがウィッグ全体主義を体現した思想家として捉えられていた。これは歴史感覚としても，ヒューム理解としても，きわめて疑わしい議論である。しかし当時は，先鋭な独創的な分析として感心していたように思う。フォーブズの圧倒的な

ヒューム研究[2]が出るまでは、ヒュームとバークを保守的な思想家と見なす見解が主流であった[3]。ヒュームにいくらか保守的な要素があることは否めないにしても、やがて私は疑問を深め、この点について内田批判を試みることになる。内田の描くスミスは、ヒュームを大ブリテンのいわばアンシァン・レジームのイデオローグとして把握し貶めることで、いっそう輝きを放っていた。

　第二に、スミスをターゲットした理由としてあげられるのは、スミスには近代社会に対するポジティブな分析があることである。これは内田スミスからも教わったが、スミスには資本主義に搾取と支配を見るマルクスにはない近代市民社会の明るい面の把握があり、また硬直した官僚制支配を近代の帰結に見るウェーバーより救いがあるという認識である。マルクスには資本主義に生産力の解放を見る明るい視点があるし、ウェーバーにも合理的経営に拠って立つ市民的資本主義というポジティヴな評価があるけれども、それ以上に、スミスの「同感」の概念を梃子にした社会形成論には、より豊かな社会思想の可能性があるのではないかという問題意識であった。

　社会を把握するには様々な方法がある。ホッブズ、ロック、ルソーの社会契約説のように権利・義務概念で演繹することも可能なら、モンテスキューのように相関関係に着目して接近することも可能であり、ウェーバーのように支配の観点から把握することも可能である。またマルクスのように生産関係と生産様式、あるいは階級関係に即して把握することも可能である。しかし、同感のメカニズムによって把握することも可能であることをスミスは教えていた。もとよりスミスには利己心に発する分業社会論としての文明社会

---

[2]　Duncan Forbes, *Hume's Philosophical Politics*, Cambridge U. P., 1975.（田中監訳『ヒュームの哲学的政治学』昭和堂、2011年）私が本書を監訳したのは、遅まきながら、フォーブズの研究をしっかり理解し、検証したいと思ったからにほかならない。田中敏弘氏の紹介で本書を知ったのは、1976年のことであった。「政治思想におけるヒュームとスミス —— D・フォーブズ氏のヒューム研究によせて」、『経済学論究』（関西学院大学）第30巻第2号、1976年7月。

[3]　ヒュームが『イングランド史』においてチャールズ1世を擁護する叙述を残していることから、ヒュームをトーリーとみなす見解が強く、また小松春雄『イギリス保守主義史研究』（御茶の水書房、1961年）ではバークに影響を与えた保守としてヒュームが描かれていた。

論，商業社会論もある。利己心の体系と同感の体系がスミスにおいてどのような関係にあるのかについては，長い論争があるが，スミス自身が矛盾しているとは思っていなかったことは明らかであろう。

当時，私にはよく議論していた同期の友人がいた。彼はやがて心の病気を患って学界から去っていったが，ある時期まで私以上の熱烈な内田ファンであった。彼は年齢が少し上でもあったが，すこぶる博識で，彼からいろいろ刺激を得たし，彼と一緒に『経済評論』のNNN論文をコピーして読んだ。彼は初期の内田義彦論を書こうとしていたが，それは実らなかった。

私は内田スミスに惹かれていたというだけではなく，内田マルクス(『資本論の世界』，岩波新書，1966年)も，内田ウェーバーにも魅了されており，非常に面白いと思っていた。とりわけ『日本資本主義の思想像』(岩波書店，1967年)は私の愛読書となっていた。

内田義彦から小林昇，水田洋へ

やがて私の関心は達人的な内田義彦氏の仕事から専門的な小林昇氏と水田洋氏の仕事へ，そしてポーコック氏の仕事へと移っていった。内田流の直観を否定するわけではないが，より文脈主義的で，より文献学的な学史・思想史研究へと導かれていったのである。それは小林昇氏の著作，水田洋氏の仕事，そしてポーコック氏の著作に傾倒するようになった当然の結果であった。

小林昇先生の仕事になぜ惹かれたのだろうか。先生の仕事は，リスト，スミス，ステュアート，およびステュアートまでの重商主義という広大な対象を扱いながら，「国民経済」とは何か，自由主義と保護主義の関係，先進国と後進国の関係，後進国の経済政策はいかにあるべきかといった，近代から現代にかけての普遍的な問題，根本問題の解明に向けられていた。それは戦中から戦後にかけての我が国が直面していた焦眉の課題に取り組んだ業績であった。文献学的で冷静かつ緻密な学史的接近からなる経済学の業績として，きわめて信頼できる成果であった。

しかし，小林経済学史は一国モデルであった点に疑問の余地もあった。望ましい国民経済の姿が求められていたのである。農工商の均衡がとれた国民経済がモデルであり，望ましい理念であった。そのような国民経済こそ「経

世済民」を可能にするものであった。この点で小林経済学史は大塚史学の学史版であった。

小林経済学史は，一国モデルの産業的にバランスのとれた国民経済を理念ないし基準として，それに到達する道は先進国と後進国では異なることを主張するものであった。先進国は重商主義的な保護主義や低賃金による製造業の育成の段階から，そうした保護政策を漸次克服し，高度な生産力と高い賃金，そして農工商のバランスと自由貿易へと移行する道が示され，後進国は幼稚産業保護を通じて工業の育成をはかり，やがて自立した国民経済を確立した暁には自由貿易に移行するという発展経路が示された。

小林経済学史の重要な点はスミスの絶対化を退けたことである。スミスの功績は相対化された。スミスの絶対化は日本のスミス研究にのみならず，思想史においてしばしばみられる傾向であり，バターフィールドが「ウィッグ史観」として批判したものである。先行者を後継者が乗り越えるといった単純な進歩史観は間違いであることを彼は力説した。

小林は，タッカー，ステュアート，スミス，リストのそれぞれの理論の強みと弱点の両面に注目し，それぞれを相対化している。タッカーは18世紀中葉のイングランドにあって，バーミンガムやシェフィールドなどミッドランド地方の金属機械工業，工業生産力についてスミスにない進んだ認識をもっていた。スミスはミッドランド地方の産業資本が高度な工業製品を輸出するにいたっている生産力認識に不十分で，タッカーに譲る。ステュアートは重商主義の最終段階の理論家として，為政者による有効需要創出とそのための貨幣政策という現実政策論に強みがあり，それはスミスにないものである。スミスは貨幣を資本として有効利用する思想をもたなかった点で，ステュアートに譲る。

リストはどうか。後進国としてのドイツの保護主義を西南ドイツの工業地帯にとっての有効な政策として主張したリアリストの強みを示したリストは，一方で大ドイツ主義と鉄道敷設を梃子にしたバルカンへの帝国主義的な進出を提唱した点で，ロマン主義的で，はるかにナチズムに繋がっていく思想家であった点に問題があった。

ステュアートのジャコバイトとの関連はどう理解すべきなのか。彼は名誉

革命によって王座を追われたステュアート家の王座復帰を画策するジャコバイト主義に偶々加担した。それはスコットランドの国民の願望に根ざすものであったが，しかし歴史の流れからすると反動であった。ジャコバイト主義は経済学という普遍的な科学の構築と結びつかないであろう。しかし，スコットランドの下級貴族として生を受けたステュアートにとって，ジャコバイト主義はイングランドの抑圧を受け内地植民地にも似た境遇に置かれていたスコットランドの愛郷主義であり，ある種の先駆的なナショナリズムであったから，おのずからそれにアイデンティティを見出したのである。したがって，ジャコバイトだからただちに反動であるとは言い切れないであろう。もとよりイングランドと大ブリテンの文脈では，ジャコバイト主義は復古運動であり，歴史の針を逆転させるものにほかならない。なぜなら名誉革命と合邦は，党派性や腐敗といった様々な問題があったにせよ，議会民主主義政治の確立，「ブリテンの自由」に向かって前進する体制だったからである。

　我が国は農工商のバランスを目指すべきであるのか。小林先生は直接にそう語りはしなかった。18世紀と19世紀の大ブリテンとドイツの事例を基礎にして，重商主義と自由主義の関係を文献学的に解明するのが小林経済学史であったから，戦後日本に対する処方箋を直接に説くものではなかった。その意味で歴史学にほかならず，そこに過剰な現代への示唆を読みとってはいけないであろう。しかし，小林経済学史が，読者に様々な示唆を与えることも確かなのである。

　私が小林昇先生と直接に出会ったのは大学院のオーヴァー・ドクターのときである。経済の院生の希望で小林先生に集中講義に来ていただいた。院生が『小林昇経済学史著作集』を分担報告した。先生の講義は圧巻であった。滔々と語られる講義は，それまでに経験したことのないナラティヴであった。多彩なエピソードを織り込みながら静かに語られる講義は，思想史・学史を主題とする客観的な話でありながらドラマがあり，過去の思想家と学者への尽きない愛惜と批評がにじみ出るといった風であった。

水田社会思想史とポーコック

　水田洋先生の仕事に惹きつけられたのはなぜだろうか。それはマキア

ヴェッリからベントゥーリやホブズボームにまでいたる思想家・学者についての広大な範囲の仕事であるだけではなく，思想分析が人間描写を絡めて，分かりやすく遂行されていて，ある種の経験主義的な社会思想史であったからではないかと思われる。先生は日本の研究者としては例外的に多数の外国の研究者との交流があった。それは思想と人間へのあくなき関心ということだろう。こうした幅広い交流が先生の人格を作っている。内田義彦の言う「市民社会青年」とは水田先生のことではないか。先生の文体に力み，あるいは権威主義がないのが独特であった。先生は旧制高校弁論部流の文体を嫌われた。それは人柄を物語っているように思われた。それこそ市民社会ではないか。水田社会思想史が強調しているのは民主主義である。長い思想史の流れのなかに民主主義の困難な戦いを析出しているのが水田社会思想史の特徴である。それは英雄史観とは異なる。

　なぜ民主主義なのか。それは天皇の臣民として帝国主義戦争に駆り出された原体験に根ざしているのではないかと思われる。水田先生の著作にはラディカルな民主主義の思想が刻印されている。それをマルクス主義と言うべきかどうかは定義次第であろう。先生が進歩派（左翼）であることは否めないが，バークなどの保守にも敵としての価値を認める包容力あるいは寛容さが不思議であった。その恐るべき博識はなぜなのか，それもまた魅力であった。

　水田洋先生との直接の出会いも同じ時期で，これまた集中講義のときであった。それは法学研究科において上山安敏先生の世話で行われた。私は分担報告を求められたので，分かる限りで「水田洋著作目録」を作成して（上山ゼミの院生が著作目録を作成したが，脱落が多かったので，それを補正する意図もあった）報告をしたが，目録作成が有効な作業であることはすぐに分かった。水田社会思想史の射程は途方もなく広大で，ルネサンスから現代までにわたっていることが一目瞭然となったが，しかしそれが自前の文献収集によって支えられていることは，当時はまだ分からなかった。

　やがて私は二人を意識して研究を進めることになる。文献学的研究である。それは軸足を直感から調査へ移すことを意味した。すなわち，Denkerではなく Historian を目指すことであった。ほどなく私はポーコック先生の仕事

終章 「徳, 商業, 文明社会」の諸問題

に出会い, その方法と成果によっていっそう視野を開かれたように思う。ポーコック先生の仕事は, 『マキァヴェリアン・モーメント』(1975年) がその最たるものであるが, 最初は親密感をおよそ抱けるものではなく, むしろ途方もない隔絶感にとらわれた。まるで歯が立たないという感じなのである。しかし, 「シヴィック・ヒューマニズム」がヨーロッパの無視すべからざる思想的伝統であることはすぐに分かった。こうして, その内実を理解することが1980年代の私の課題の一つとなった。

小林先生は1916年生まれ, 水田先生は1919年生まれ, ポーコック先生は1924年生まれである。時代経験の差はあるけれども, 1930年代から40年代のファシズムの時代はイデオロギーの時代でもあれば, 狂気の時代でもあって, 三者ともファシズムと第二次世界大戦を経験している。三人は研究対象も重なっている以上に違っているし, また方法論も厳密な意味では同一というより三人三様とも言えるけれども, ドグマに警戒し, 対象に歴史的に接近する文献学の方法に徹している点で共通点がある。そういった点では三人の方法は, 一見すると内田義彦氏の方法と大きく違う。そうは言っても, 内田義彦の方法もある種の文脈主義であることは否定できない。

私の方法は, 三人の先生の方法の影響を受けている。すなわち, 一点集中的にスミスに取り組むのではなく, 文脈主義的なアプローチでスミスに接近する方法であり, 言いかえれば, 迂回戦術での接近であって, 17世紀から18世紀に力点を移しながら, スコットランド啓蒙とは何かを追究するなかでスミスとミラーの独自性を解明するという方法となっていった。

スコットランド啓蒙

スコットランド啓蒙は内田義彦がほとんど知らない概念であった。その前に登場したスコットランド歴史学派の概念は水田洋によって紹介されたが, それにも内田義彦が強い関心をもった形跡はない。内田のデーモンはルソーであり, マルクスであり, スミスであったが, 同時にクラシック音楽であったと言うべきかもしれない。

その後継の概念であるスコットランド啓蒙の概念も, いち早く水田洋によって紹介された。こうして両概念は我が学界に広く知られるようになるが,

ステュアートとスミスとの関連で小林昇も意識していた。しかし，小林はスコットランド啓蒙に深入りしなかった。それはあくまで経済学史家としての専門への禁欲の帰結であっただろうし，イデオロギーや思想のような「あやふや」なものに信をおかないという立場の帰結であっただろう。

　なぜスコットランド啓蒙というトピックが英米とヨーロッパの学界で1970年代に注目されるようになったのだろうか。第二次大戦後四半世紀が過ぎ，啓蒙研究が中心から周辺・周縁へと目を向け始めたとき，辺境スコットランドの目覚ましい学問の興隆があることが浮かび上がったということだろうが，それ以外の理由があったのだろうか。ピーター・ゲイの大著『啓蒙』(1966年) は依然としてフランス中心であり，スコットランド啓蒙の概念はまだ登場しないが，しかし確実にヨーロッパの周辺へと視野が拡大していた。

　水田洋氏が指摘するように，第4回啓蒙思想国際会議 (1971年, セント・アンドルーズ) がスコットランド啓蒙を取り上げてから，スコットランド啓蒙研究がにわかに本格化した。我が国では水田洋氏によって2号雑誌に終わった『エディンバラ・レヴュー』(1755-1756) や民兵論争のパンフレットの復刻が行われ，研究基盤が形成されていった。各大学がスコットランド啓蒙の関連資料を集めはじめた。中央大学がヒュームを中心とするプライス・コレクションを購入したのはその一例である。

　1986年はエディンバラで啓蒙思想国際会議などがあり，大いに盛り上がった。その時に18世紀スコットランド研究協会が結成されたが，はやくも四半世紀が過ぎた。シャーが中心となって刊行しているニューズ・レター *Eighteenth-Century Scotland* は2013年春に第27号となった。

　私がスコットランド歴史学派からスコットランド啓蒙へと関心を拡大したのは，1970年代の終わりころであり，フィリップスン・ミチスン編『改良時代のスコットランド』(1970年) からレンドル『スコットランド啓蒙』(1976年)，そしてキャンベル・スキナー編『スコットランド啓蒙の起源と性質』(1982年) とホント・イグナティエフ編『富と徳』(1983年) を参照しながら，スコットランド啓蒙のメジャーな著作を漸次読み広げていったのが1980年代である。またその頃にポーコック教授の仕事との出会いもあった。

共和主義

　スコットランド啓蒙研究は私の関心を道徳哲学，歴史意識，経済学へと誘うとともに，共和主義への関心を深めた。それはポーコック教授の仕事との出会いがもたらした。パスカル，マクフィー，レーマンなどのミラー研究は歴史主義あるいは唯物史観の先駆としてミラーに注目するものであったが，私はミラーを読んで唯物史観の先駆という把握ではつかみきれないという歯がゆさを感じていた。その時に，ポーコック教授の『古来の国制と封建法』と『マキァヴェリアン・モーメント』がヒントとなって，ミラーにおける「古来の国制と封建法」と共和主義のモーメントに注目することになった。

　フレッチャーとハチスンを文脈主義的に研究すれば，共和主義に出会うことになる。フレッチャーの共和主義はポーコックに教わったが，ハチスンのそれはキャロライン・ロビンズに導かれた。キャロラインがライオネル・ロビンズの妹であることは，最近まで知らなかった。

　私は甲南大学に9年いたが，スコットランド啓蒙を中心に文献を収集し，研究に没頭し，平均年2本の論文を書いた。スコットランド啓蒙の群像のなかで，ヒューム，スミスの他にケイムズ，ファーガスンとミラーが魅力的であった。「文明社会と国制」を枠組みとする研究がまとまりそうに思われたのは80年代の終わり頃である。郷里の先輩，伊藤忠兵衛基金での出版が決まっていた。紆余曲折があって，これを辞退したので，『スコットランド啓蒙思想史研究』が刊行できたのは京大に移ってからの1991年である。すでに42歳となっていた。本書にミラーを盛り込めなかった。それは続いてミラーを中心とするスコットランド啓蒙の研究を継続することを意味した。

　京大では，講義と院生の指導のために，研究の守備範囲をスコットランド啓蒙から広げる必要も痛感した。とりわけ院生諸君との演習や学位論文の指導などは楽しみともなったがいろんな意味で大変でもあった。しかし，それが，私の視野を広げることに役立ったことは言うまでもない。私は特別に親切な人間ではないが，雑用を本業と心得ることを先輩から教わって以来，同僚や職員や院生たちからの依頼は基本的にすべて引き受けることにした。それがどの程度役に立ったかは定かではない。大学院ではできるだけ本格的な

英文の研究書を読むことを原則としたが，それは学者としてさほど取り柄がない私にも可能なこととして，英語を読む力を院生たちが身につける機会を提供できるかもしれないと思ったからである。その結果は何冊かの翻訳となっている。

　私は定年まで京都大学に23年いたが，その時期の学界の友人（先輩もおられる），そして私の研究室でお互いに切磋琢磨した若い研究者が私の定年を記念して，本書を企画してくれた。ポーコック教授に寄稿してもらえたのは望外の幸せである。教授に寄稿してもらえるか否かの打診だけは引き受けたが，それ以外，本書の企画と実務に私は一切関与していない。主要な役割を担われた坂本達哉・長尾伸一両教授および太子堂正称・川名雄一郎両氏に特別のお礼を申し上げなければならないし，本書に力編を寄稿された皆さんにも厚くお礼申し上げる。

平成 25 年（2013 年）12 月

あとがき

　本書の出版計画が具体化したのは，2012 年の夏頃であった。計画のきっかけは，田中秀夫教授が京都大学経済学部をその翌年に定年退職されることであった。その意味では，本書が田中教授の退職記念論文集という性格をもつことは否定できない。しかし当初から，本書を月並みな記念論文集とはしないということが関係者の共通認識であった。というのも，田中の長年にわたる研究・教育活動は，日本の社会思想史，経済思想史，より広くは欧米思想史研究の歴史における特筆すべき出来事であったし，いまもあり続けていると考えたからである。長尾伸一による「はじめに ── 文脈主義とその彼方」が指摘するように，田中は，ジョン・ポーコックをはじめとする欧米の共和主義研究の新展開と正面から真剣に取り組んだパイオニアのひとりであり，その中核にある「文脈主義 (contextualism)」の方法を積極的に取り入れ，これを日本の伝統的な思想史研究の遺産と対峙させるという画期的な試みを実践した，学問的指導者なのである。

　いまなお活発な研究活動を続ける田中自身の論文を収録していること自体が，本書が通常の退職記念論集ではないことの証明であるが，思想史家田中秀夫の業績は，どのような基準で見ても，非凡というほかはない。『スコットランド啓蒙思想史研究』(1991 年) に始まり近著の『スコットランド啓蒙とは何か』(2014 年) にいたるまでの 10 点におよぶ単著，『野蛮と啓蒙』(2014 年) に代表される 5 点の編著，そして，とりわけ多くの思想史研究者が多大な恩恵を受けている，ポーコック『マキァヴェリアン・モーメント』(2008 年) やヒューム『政治論集』(2010 年) に代表される，古典と研究書の多数の翻訳がある。これら一連の業績は，同世代はもとより，前後の諸世代と比べても，質・量ともに傑出したものである。その最も本質的な学問的意義 (「文脈主義」の方法にかかわる諸問題) については長尾の序文に詳しいので，ここでは本書の成立事情にかかわる 3 つの側面について簡単に記し，編者としての「あと

がき」に代えたい。

　第一に，田中の長年にわたる研究活動が京都大学経済学部における教育活動と不可分の関係をもっていたことである。本書への寄稿者のうち，比較的に若い世代の多くが田中の大学院ゼミで思想史研究の基礎的トレーニングを受けた研究者たちである。種々の事情によって加わるべくして加わることができなかった人びとを含め，その大半は順調に博士号を取得して大学の専任職を確保しており，昨今の"ドクター難民"の時代にあって，とりわけ就職状況の厳しいこの分野において，これは特筆すべき研究者養成の成果であった。田中は大学院の授業で西欧思想の諸古典を教材として取り上げる一方，最新の欧米の研究成果を精力的に吸収し，田中ゼミとしての共通の知的基盤を形成した。こうした地道な努力の積み重ねによって，教育と研究の好循環が生まれ，数多くの優れた研究者が田中の指導の下に養成されてきたのである。「継続は力なり」という言葉があるが，これほど長期にわたる持続的な研究・教育活動の連携と研究者養成の大きな成果には，日本の人文・社会系大学院の関係者が多くを学ぶべきものがある。

　第二に，田中の研究活動がわが国でほとんど初めての，英語圏の思想史を対象とする共同研究の成果であることである。本書収録の諸論文がその最先端の成果ということになるが，数度におよぶ科学研究費補助金（科研費）の申請・獲得とも連動して，研究者は一国一城の主という傾向に陥りがちな日本の思想史研究のスタイルを，田中は大きく塗り替えてきた。田中の共同研究は京都大学を超えた広がりをもつ点でもユニークであり，科研費メンバーとして参加する田中と同世代のベテラン研究者や他大学出身の若手研究者にも開かれたものであった。それら京大以外の研究者の多くが本書の執筆にも参加しており，本書の内容に多様性と重みを加えている。何よりも，田中が決定的な影響を受けてきたジョン・ポーコック教授ご自身の新稿を本書のために執筆頂けたたことは，編者にとって，大きな喜びである。教授は，2005年に田中の招きに応じて京大大学院で講義をおこなったが，それは田中の共同研究の充実ぶりを象徴する出来事であった。言うまでもなく，『徳・商業・文明社会』と言う本書の書名は，田中が翻訳したポーコック教授の名著『徳・商業・歴史』を応用したものである。

あとがき

　第三に，このような田中主導の開放的な共同研究のスタイルが，スコットランド啓蒙をはじめとする西欧の初期近代思想の歴史的研究に何をもたらしたかという点である。人文社会系の共同研究と言えば，同じ京大の人文科学研究所（人文研）による著名な共同研究がある。その意味では，後者を指導した桑原武夫や河野健二の役割を田中が一人で担ったと見ることもできるかもしれない。後者において梅棹忠夫が提唱した「京大カード」方式に代わって，田中の共同研究では，ECCO (Eighteenth-Century Collection Online) をはじめとする最新・最強の思想史データベースが研究活動の共通基盤をつくったし，田中の開放的な研究主導のスタイルは，たしかに人文研の共同研究との類似性を感じさせる。しかし，両者には大きな違いもある。人文研の共同研究が同時代の西欧（主としてフランス）におけるフランス革命研究等を独自の視点から見直し，日本独自の西欧（思想）研究を組織的・体系的に推進して大きな成果をあげたのに対し，田中主導の共同研究は，ポーコックに代表される英語圏の思想史研究の最新の成果に学び，その最先端の水準に追いつくことに主目標が置かれていた。その背後には，旧人文研の時代には考えられないほどに高度化した学問世界のグローバル化という現実があり，田中の共同研究はそれに連携することを自覚的に選択したのである。

　何より，田中の共同研究は，参加者に同じ目標設定を強いることを避け，自由で独創的な問題設定や分析を許す点で最も独自なものであった。事実，本書収録の各論文はいずれも執筆者独自の問題関心にもとづいており，かならずしもポーコック的な「共和主義的総合」の方法論にコミットしているわけではない。それにもかかわらず，本書収録の諸論文に一貫するのは，長尾が指摘した「文脈主義」の分析手法である。ある特定・共通の問題意識を前面に掲げることを自己抑制する態度が各論文に共通しており，程度の差はあるとしても，思想史の一次資料の探索と読解から対象となる思想家が直面した問題を重層的に浮き彫りにしていく方法が，いずれにおいても意識的に取られている。結果として本書は，欧米の最新の研究成果にも見劣りしない水準の力作揃いとなった。もちろん，このことは，田中をはじめとする本書の執筆者たちが，日本独自の西欧思想研究の伝統に無関心であるということではない。田中自身は言うまでもないが，内田義彦，丸山眞男，小林昇，水田

洋といった旧世代の業績に対する文句なしの敬意を，本書の著者たちは例外なく共有しているのである．

　最後に，編者 2 人のことについて記しておきたい．本書の計画が関係者によって始められたとき，難問は編者をどうするかであった．そこで白羽の矢が立てられたのが長尾・坂本の 2 人であった．長尾は，京都大学大学院における田中の後輩であり，平井俊彦を共通の指導教授としていたが，微妙な世代上のすれ違いから，適度な距離感を維持してきた．坂本はと言えば，田中との世代的・制度的な距離はさらに遠いが，尊敬する同学の先輩として，良好な交友関係を維持してきた．この 2 人が田中ゼミの出身者からの熱心な依頼によって編者の役割を引き受けたのであるが，当時はともに別の仕事に忙殺されていたために論文を寄稿できる見込みがなく，躊躇もなかったわけではない．しかし，両名とも長年にわたり田中をよく知り，田中の研究・教育活動に対して深い敬意を抱いていることに間違いはなく，最後は喜んでお引き受けすることになった．

　本書の編集作業では京都大学学術出版会の皆様，とりわけ國方栄二氏の適切なアドバイスを頂いた．記して感謝申しあげる次第である．また，田中ゼミの出身者であり本書の執筆者でもある太子堂正称，川名雄一郎のおふたりには編集上の煩瑣な作業を全面的にお引き受け頂き，編者 2 名は大いに助けられた．あらためて感謝したい．本書の刊行には，京都大学教育研究振興財団の平成 26 年度研究成果物刊行助成を受けることができた．大部の学術書の刊行が厳しい昨今，心よりの感謝を記しておきたい．

2015 年 1 月 27 日　　　　　　　　　　　　　　　　　　坂本達哉

執筆・翻訳者紹介(執筆・翻訳順, [ ]内は担当章)

特別寄稿者

J・G・A・ポーコック(John Greville Agard Pocock)[序章]

ジョンズ・ホプキンス大学名誉教授
The Ancient Constitution and the Feudal Law (Cambridge University Press), *The Machiavellian Moment* (Princeton University Press), *The Discovery of Islands* (Cambridge University Press), *Political Thought and History* (Cambridge University Press), *Barbarism and Religion* (6vols, Cambridge University Press) 他多数。

田中秀夫(たなか　ひでお)[終章]

愛知学院大学経済学部教授・京都大学名誉教授
『スコットランド啓蒙思想史研究』(名古屋大学出版会), 『共和主義と啓蒙』(ミネルヴァ書房), 『アメリカ啓蒙の群像』(名古屋大学出版会), 『近代社会とは何か』(京都大学学術出版会), 『スコットランド啓蒙とは何か』(ミネルヴァ書房) 他多数。

執筆者

伊藤誠一郎(いとう　せいいちろう)[第1章]

大月短期大学教授
'The Making of Institutional Credit in England, 1600–1688' (*European Journal of the History of Economic Thought*, vol. 18), 'Registration and credit in seventeenth-century England' (*Financial History Review*, vol. 20) 他。

林　直樹(はやし　なおき)[第2章]

尾道市立大学講師
『デフォーとイングランド啓蒙』(京都大学学術出版会) 他。

生越利昭(おごせ　としあき)[第3章]

兵庫県立大学名誉教授
『ジョン・ロックの経済思想』(晃洋書房) 他。

門亜樹子（かど　あきこ）［第 4 章］
　　京都大学経済学研究科経済資料センタージュニアリサーチャー
　　「ジャン・バルベラック『娯楽論』研究序説 —— 福音道徳と理性」（『調査と研究』（京都大学）第 38 号），「ジョン・ロックにおけるプロパティ論の形成」（『思想』第 972 号）他。

米田昇平（よねだ　しょうへい）［第 5 章］
　　下関市立大学経済学部教授
　　『欲求と秩序』（昭和堂）他。

犬塚　元（いぬづか　はじめ）［第 6 章］
　　東北大学法学研究科准教授
　　『デイヴィッド・ヒュームの政治学』（東京大学出版会）他。

篠原　久（しのはら　ひさし）［第 7 章］
　　関西学院大学名誉教授
　　『アダム・スミスと常識哲学』（有斐閣）他。

渡辺恵一（わたなべ　けいいち）［第 8 章］
　　京都学園大学経済学部教授
　　「アダム・スミスの文明社会論」（田中秀夫編『野蛮と啓蒙』京都大学学術出版会），「『道徳感情論』における徳の政治学」（佐々木武・田中秀夫編著『啓蒙と社会』京都大学学術出版会）他。

野原慎司（のはら　しんじ）［第 9 章］
　　東京大学経済学研究科講師
　　『アダム・スミスの近代性の根源』（京都大学学術出版会）他。

森岡邦泰（もりおか　くにやす）［第 10 章］
　　大阪商業大学経済学部准教授
　　『深層のフランス啓蒙思想』（晃洋書房）他。

中澤信彦(なかざわ　のぶひこ)[第11章]

関西大学経済学部教授
『イギリス保守主義の政治経済学』(ミネルヴァ書房)他。

川名雄一郎(かわな　ゆういちろう)[第12章,序章翻訳]

京都大学白眉センター特定助教
『社会体の生理学』(京都大学学術出版会)他。

小田川大典(おだがわ　だいすけ)[第13章]

岡山大学社会文化科学研究科教授
「J・S・ミルと共和主義」(田中秀夫・山脇直司編『共和主義の思想空間』名古屋大学出版会),「アーノルドと教養——ヴィクトリア期における「啓蒙」」(富永茂樹編『啓蒙の運命』名古屋大学出版会)他。

太子堂正称(たいしどう　まさのり)[第14章]

東洋大学経済学部准教授
「ハイエクの「法の支配」——自然法論と共和主義的性格」(桂木隆夫編『ハイエクを読む』ナカニシヤ出版),「ハイエクの福祉国家批判と理想的制度論」(小峯敦編『経済思想の中の貧困・福祉』ミネルヴァ書房)他。

村井明彦(むらい　あきひこ)[第15章]

関西大学非常勤講師
「グリーンスパンのアイン・ランド・コネクション3——〈根拠なき熱狂〉講演の根拠」(『同志社商学』第65巻),「大平準と〈グリーンスパン問題〉の生成」(『同志社商学』第65巻)他。

穂刈　亨(ほかり　とおる)[第16章]

慶應義塾大学経済学部教授
'Consistency implies equal treatment in TU-games' (*Games and Economic Behavior*, vol. 51), 'On properties of division rules lifted by bilateral consistency' (with W. Thomson), (*Journal of Mathematical Economics*, vol. 44) 他。

翻訳者

佐藤一進（さとう　たかみち）[序章翻訳]
　京都精華大学芸術学部専任講師
　『保守のアポリアを超えて』（NTT出版）他。

索　引

人名

アレント，H.　29, 328〜330
ヴォルテール　83, 223
内田義彦　1, 2, 4, 389〜393, 397
エピクロス　123, 141, 225, 227〜230, 235, 239
カント，I.　83, 124
ギボン，E.　18, 205
ケインズ，J. M.　60, 61, 262, 263, 275〜280, 323, 345, 357, 360
コンドルセ　11, 264, 266
ゴドウィン，W.　9, 264, 265, 266, 314, 335
小林昇　1〜3, 385, 389, 393, 395, 398, 403
サン゠ピエール　7, 123〜132, 134〜139, 141
スキナー，Q.　4, 198, 322, 323, 329, 332, 335, 336, 398
スピノザ，B.　111, 112, 231, 389
スミス，A.　4, 8, 9, 12, 23, 29, 59〜61, 74, 84, 93, 108, 137, 148, 162, 173〜176, 178〜187, 191, 192, 195〜219, 223〜228, 231, 234〜240, 263, 269, 271, 274, 277, 279, 325, 335, 343, 366, 368, 369, 376, 386, 388〜394, 397〜399
　法学講義　191, 196, 197, 200, 206, 207, 209, 211
　『国富論』　8, 59, 74, 148, 171, 173〜175, 178, 181, 183, 191, 195〜203, 206, 210〜217, 219, 238, 263, 270, 274, 277, 344, 390
田中真晴　2, 386, 387
ダヴナント，C.　34, 35, 58, 345
ダン，J.　4, 86
ティロール，J.　366
デフォー，D.　7, 34, 58, 63, 68〜73, 75〜79, 343
ニコル，P.　7, 92, 124〜126, 128, 131〜134, 141, 143
ニュートン，I.　7, 9, 83, 85, 172, 226, 230, 389
ハイエク，F. A.　11, 323〜340
ハイド，E.（クラレンドン伯）　151〜154, 156, 157, 160〜167
バーク，E.　263〜266, 309, 335, 392, 396
ハチスン，F.　61, 107, 108, 118, 148, 184, 190, 236, 399

ハリントン，J.　84, 95, 168, 309, 316, 328, 331, 333, 338, 387, 389
ヒューム，D.　8, 84, 93, 147〜156, 160, 161, 163, 165〜169, 172, 173, 186, 190, 192, 214, 215, 226, 325, 335, 343, 388, 389, 391, 392, 398, 399, 401
ファーガスン，A.　196, 198, 205, 325, 335, 399
フィルマー，R.　25, 46, 154, 157, 159, 160
フォーブズ，D.　147, 148, 167, 168, 172, 391, 392
プーフェンドルフ，S.　7, 8, 107〜112, 114〜120, 243〜248, 250〜258, 389
ベイコン，F.　43, 83, 85〜87, 89, 160, 165, 309, 387, 389
ペイン，T.　9, 47, 75, 263〜266, 295, 335, 344
ベンサム，J.　9, 285〜305, 307, 330, 334, 335
ペティット，P.　323, 327, 329, 332〜336, 339
ホッブズ，T.　3, 7, 84, 94, 96, 108〜111, 114, 115, 132, 155〜158, 163, 165, 166, 172, 230, 231, 244, 322, 334, 335, 387〜390, 392
ポーコック，J. G. A.　4〜6, 84, 95, 172, 200, 207, 289, 309, 322, 323, 329, 332, 343〜345, 359, 393, 395〜403
　『マキァヴェリアン・モーメント』　343, 359, 397, 399, 401
マキアヴェッリ，N.　4, 27, 95, 149, 164, 205, 207, 345, 360, 361, 390, 395
マディソン，J.　292〜295, 297, 298, 301〜303, 305, 331, 332, 335, 336
　『フェデラリスト』　292〜294, 297, 301, 304
マルサス，T. R.　9, 261〜280
マンデヴィル，B.　7, 123, 127〜129, 131, 133, 141, 143, 235, 335, 391
水田洋　1〜4, 265, 385〜389, 393, 395〜398, 403
ミラー，J.　309, 389, 397, 399
ムロン，J. F.　123, 124, 128, 130, 136, 138, 141
モミリアーノ，A.　16〜18, 20〜24, 26, 29
モンテスキュー　123, 124, 136, 138, 139, 141, 143, 148, 196, 205, 244, 335, 392

409

ルソー, J. J. 8, 124, 223, 243〜245, 250〜255, 257, 258, 335, 389, 390, 392, 397
ロック, J. 7, 58, 83, 85〜103, 152, 165, 216, 230, 288, 289, 309, 335, 386, 387, 388, 389, 392
ロールズ, J. 12, 323, 332, 335〜339, 366

事項

[あ]
アウグスティヌス主義 7, 123, 125, 128, 138, 141
ウィッグ 3〜6, 62, 96, 97, 147, 266, 316, 345, 390, 391, 394

[か]
快楽 92, 103, 121, 125, 127〜133, 136, 138, 141
革命
　イギリス—— 3, 86
　価格—— 217
　科学—— 387, 389
　近代—— 4
　限界—— 344, 360
　財政—— 6, 33
　産業—— 6, 214, 343
　独立—— 289, 298, 322, 330, 332, 335
　反—— 262, 263, 271, 273, 274, 279
　ピューリタン—— 8
　ファイナンス—— 343
　フランス—— 3, 9, 60, 262〜266, 280, 288, 291, 403
　ブルジョア—— 265
　暴力—— 261, 264, 271, 275, 279, 280
　名誉—— 34, 41, 93, 97, 167, 263, 338, 343, 390, 391, 394, 395
貨幣 7, 33〜35, 37〜40, 44〜48, 51, 52, 58〜60, 62, 65, 67, 70, 73〜75, 96, 99, 137, 202, 218, 272, 273, 276, 278, 351, 394
神 12, 19, 22, 28, 83, 86, 90〜93, 101, 102, 108, 118〜121, 138, 157, 158, 160, 180, 181, 184, 223〜236, 239, 240, 246, 247, 252, 253, 255, 357
寛容 27, 50, 85, 99, 100, 336, 387, 396
蓋然性 88, 89, 149
貴族 78, 93, 124, 138〜140, 143, 154, 157, 158, 162, 163, 176, 207, 212, 247, 248, 258, 263, 266, 286, 300, 301, 395
　——政 291
教育 20, 37, 44, 50, 61, 92, 100〜102, 124, 131, 173〜178, 180, 185, 243, 244, 270, 274, 275, 280, 310, 312, 313, 317, 337, 348, 349
共同体主義/コミュニタリアニズム 321, 322, 323, 335
共和 157, 264, 305, 334
　——主義 4〜6, 9, 11, 34, 84, 95, 97, 98, 102, 168, 172, 289〜291, 294, 304, 305, 309, 316, 317, 321〜323, 325, 327, 328, 331〜334, 336〜339, 340, 344, 345, 359, 399, 401, 403 →シヴィック・ヒューマニズム
　——国 29, 48, 85, 95, 97, 205〜208, 210, 305, 388, 390
　——政 21, 148, 156, 161, 164, 207, 208, 286, 293, 294, 301, 358
キリスト教 12, 23, 47, 84, 90, 100, 121, 177, 180, 181, 185, 225, 226, 312, 354, 387, 388
議会 9, 44, 45, 62, 93, 96, 152〜159, 161, 162, 165, 166, 173, 263, 266〜268, 270, 271, 273, 294, 298, 325〜327, 330, 342
君主 97, 136, 149, 150, 157〜160, 162〜164, 169, 172, 263, 286, 321, 322, 328, 358
　——政 147〜151, 153〜169, 207, 208, 286, 291
啓蒙 5〜7, 11, 27, 28, 33, 58, 83〜86, 88, 89, 91, 93, 97, 99, 100, 102, 103, 123, 124, 128, 129, 136, 138, 141, 143, 149, 168, 169, 172, 180, 197, 201, 205, 223, 243, 264, 280, 344, 345, 347, 358, 359, 385, 386, 389, 398
　スコットランド—— 5, 7, 8, 84, 85, 197, 226, 236, 316, 325, 330, 343, 385, 389, 397〜399, 401, 403
契約 97, 98, 102, 157, 164, 244, 256, 257, 335, 351
　社会—— 96, 102, 244, 255〜257, 390, 392
ケンブリッジ 4, 5, 70, 161, 267, 343, 345
功利主義 9, 11, 124, 128, 129, 135, 138, 141, 287, 288, 292, 309, 330, 358
国制 67, 153, 155, 156, 161〜163, 166, 263〜265, 286〜288, 292, 296, 299, 301, 303,

315, 316, 323, 391, 399
　古来の―― 93〜95, 399

[さ]
財産　41, 43, 46, 75, 94〜96, 98, 99, 100, 113, 116, 148, 150, 151, 160, 163, 164, 177, 180, 244, 264, 265, 292, 309〜312, 315, 316, 336, 337, 346, 351
シヴィック・ヒューマニズム　95, 289, 305, 314, 316, 317, 322, 323, 336, 344, 345, 397
自然
　――権　93, 94, 96〜98, 100, 263, 285, 288, 344, 347, 356
　――法　7, 8, 11, 52, 86, 87, 90, 93, 94, 96, 107〜110, 112, 114〜120, 191, 226, 243〜245, 264, 265, 325, 344, 358, 388, 389
自己愛　108, 114〜118, 120, 121, 123, 125, 127, 131〜134, 141
自由主義　3, 8, 9, 11, 169, 261, 266, 287〜289, 291, 304, 321〜323, 331〜336, 340, 341, 345, 346, 359, 360, 389, 393, 395　→リベラリズム
自律　26, 27, 91, 92, 96, 99, 100, 132, 134, 256, 309, 310, 313〜315, 318, 345, 346, 361
ストア　6, 118, 119, 125, 224〜227, 232, 234〜240
社交　85, 116, 172, 253, 316, 317
　――性　7, 9, 12, 34, 108, 115〜117, 120, 121, 244
主権　23, 24, 26, 93, 96, 97, 98, 102, 156, 157, 158, 159, 160, 161, 162, 163, 164, 165, 166, 169, 224, 249, 299, 300, 301, 388, 391
囚人のジレンマ　366
所有　25, 29, 36, 39, 40, 44, 45, 75, 95, 96, 98, 99, 109, 153, 164〜166, 196, 200, 207, 208, 213, 249, 250, 253, 254, 274, 292, 302, 324, 336, 338, 344〜347, 351, 352, 357, 361
商業　6, 12, 34, 37, 44, 48, 62, 63, 67, 70, 72〜75, 79, 123, 124, 136〜139, 143, 148, 151, 168, 196〜199, 201〜204, 206〜209, 212〜215, 217, 218, 261, 273, 280, 316, 317, 321, 343, 344, 359, 360, 389, 391
　――社会　29, 123, 124, 128, 131, 136, 140, 141, 197, 310, 315, 391, 393
信用　6, 7, 33〜35, 38〜42, 45〜49, 51〜53, 58, 59, 62, 65, 67, 69〜73, 75, 76, 79, 80, 343〜345, 360
専制　71, 83, 85, 93, 143, 147, 148, 157, 159, 166, 201, 316, 329〜331, 333, 348

[た]
代議制　11, 211, 286, 291, 293〜295
秩序　19, 84, 99, 123〜125, 131〜135, 139, 141, 143, 150, 160, 212, 213, 224〜226, 231, 233〜235, 237, 245, 247, 248, 251, 255, 265, 288, 322, 324, 337, 387, 388
デモクラシー　169, 301, 329
徳　4, 12, 34, 85, 93, 95, 97, 101, 120, 121, 125, 127〜129, 133, 135, 138, 143, 175, 184, 188, 189, 191, 192, 207, 225, 234, 235, 238, 253, 256, 290, 305, 322, 332, 343, 344, 356, 360, 398
トーリー　97, 149, 162, 392
道徳　7, 8, 12, 19, 20, 23, 28, 34, 35, 49, 85, 91〜93, 107, 108, 117〜120, 124, 126〜129, 131〜135, 141, 170, 180, 181, 184, 190, 191, 223, 225, 226, 233, 235, 237, 243〜258, 265, 269, 287, 291, 298〜300, 304, 309, 311, 313, 326, 346〜349, 352, 354〜357, 360, 366, 375, 376, 399

[は]
東インド　65, 202, 205, 216〜219
百科全書　101, 257, 258, 335
フェデラリスト（連邦主義者）　9, 331, 336
腐敗　34, 36, 74, 165, 174, 207, 211, 294, 298, 316, 321, 322, 326, 327, 330〜332, 338, 339, 353, 390, 391, 395
文明　9, 123, 143, 147〜151, 153, 155, 160, 161, 163〜169, 172, 195, 196, 197, 200〜207, 210〜214, 219, 246, 254, 255, 261, 273, 280, 309, 311, 312, 321, 346, 390, 391
　――社会　6, 8, 12, 13, 175, 195〜199, 211, 213〜215, 219, 360, 389〜391, 392, 399
法の支配　147, 148, 150, 159, 160, 162, 323, 324, 326〜328, 330, 332〜334, 336, 339, 356, 391
保守主義　4, 10, 149, 265, 321

[ま]
民主政／民主主義　8, 12, 207, 286〜288, 291, 293〜295, 297, 298, 300, 321, 326, 328〜330, 334, 336, 337, 339, 340, 350, 387, 388, 395, 396
　直接――　293, 294
　代議制――　286, 291, 295

411

モラル・エコノミー　269, 274
理神論　84, 90, 91, 102, 225

[や]
野蛮　33, 148, 149, 172, 196〜200, 209〜212, 280, 361
世論　34, 71, 93, 98, 134, 299, 300, 301, 312

[ら]
立憲　93, 102, 158, 162, 263, 330, 358
　——主義　158, 169, 289, 323, 330, 332, 333
リベラリズム　289, 322, 323, 335, 336, 355
ローマ　17, 19, 21, 23, 42, 47, 61, 62, 95, 114, 152, 157, 158, 160, 164, 177, 200, 201, 205〜213, 215, 310, 322, 328, 336, 338, 345, 347, 356

[編者紹介]

坂本達哉（さかもと　たつや）
慶應義塾大学大学院経済学研究科博士課程単位取得退学。日本学術振興会海外特別研究員，慶應義塾大学経済学部助手・助教授を経て，1996 年より慶應義塾大学経済学部教授。
主著に，『ヒュームの文明社会』（創文社），『ヒューム　希望の懐疑主義』（慶應義塾大学出版会），『社会思想の歴史』（名古屋大学出版会）。

長尾伸一（ながお　しんいち）
京都大学大学院経済学研究科博士課程単位取得退学。滋賀大学経済学部助手・講師・助教授，広島大学経済学部助教授，名古屋大学経済学部助教授を経て，2003 年より名古屋大学大学院経済学研究科教授。
主著に，『ニュートン主義とスコットランド啓蒙』（名古屋大学出版会），『トマス・リード』（名古屋大学出版会），『複数世界の思想史』（名古屋大学出版会）。

徳・商業・文明社会　　　　© T. Sakamoto and S. Nagao 2015

2015 年 3 月 31 日　初版第一刷発行

編　者　　坂 本 達 哉
　　　　　長 尾 伸 一
発行人　　檜 山 爲 次 郎

発行所　**京都大学学術出版会**
京都市左京区吉田近衛町 69 番地
京都大学吉田南構内（〒606-8315）
電　話（075）761-6182
FAX（075）761-6190
URL　http://www.kyoto-up.or.jp
振　替　01000-8-64677

ISBN 978-4-87698-617-0　　印刷・製本　㈱クイックス
Printed in Japan　　　　　　定価はカバーに表示してあります

本書のコピー，スキャン，デジタル化等の無断複製は著作権法上での例外を除き禁じられています。本書を代行業者等の第三者に依頼してスキャンやデジタル化することは，たとえ個人や家庭内での利用でも著作権法違反です。